高等教育房地产类专业精品教材

社区运营管理

主　编　张　洋　张　进　李红艳
副主编　邢力文　包　进　高世春　来　欣
　　　　刘宇钏
参　编　王芷若　林昕怡　孙　洁　胡智鸿
　　　　申雪飞　袁文静　方　良
主　审　陈国胜　周国军

北京理工大学出版社
BEIJING INSTITUTE OF TECHNOLOGY PRESS

内 容 提 要

本书共十章,主要内容包括概述、社区运营、社区商业建设、社区服务保障、社区安全治理、社区法规、社区环境、社区文化、智慧社区和案例分析。

本书可作为高等院校物业相关专业的教材,也可作为社区运营管理培训教材或社区运营管理人员的学习参考书。

版权专有　侵权必究

图书在版编目(CIP)数据

社区运营管理/张洋,张进,李红艳主编.—北京:北京理工大学出版社,2021.1(2021.5重印)

ISBN 978-7-5682-9441-6

Ⅰ.①社… Ⅱ.①张… ②张… ③李… Ⅲ.①社区管理 Ⅳ.① C916.2

中国版本图书馆 CIP 数据核字(2021)第 005057 号

出版发行 /	北京理工大学出版社有限责任公司
社　　址 /	北京市海淀区中关村南大街5号
邮　　编 /	100081
电　　话 /	(010)68914775(总编室)
	(010)82562903(教材售后服务热线)
	(010)68948351(其他图书服务热线)
网　　址 /	http://www.bitpress.com.cn
经　　销 /	全国各地新华书店
印　　刷 /	北京紫瑞利印刷有限公司
开　　本 /	787毫米×1092毫米　1/16
印　　张 /	19.5
字　　数 /	462千字
版　　次 /	2021年1月第1版　2021年5月第2次印刷
定　　价 /	55.00元

责任编辑 / 钟　博
文案编辑 / 钟　博
责任校对 / 周瑞红
责任印制 / 边心超

图书出现印装质量问题,请拨打售后服务热线,本社负责调换

编写委员会

组织编写　中国建设教育协会
　　　　　中国房地产业协会

顾　　问　王凤君　胡安东　张永岳

主　　任　丁祖昱

副 主 任　严　安　宗　磊　张　燕　唐代中　罗　荣
　　　　　李明峰　张崇飞

主　　编　张　洋　张　进　李红艳

副 主 编　邢力文　包　进　高世春　来　欣　刘宇钏

参　　编　王芷若　林昕怡　孙　洁　胡智鸿　申雪飞
　　　　　袁文静　方　良

主　　审　陈国胜　周国军

前言

为了推动社区运营高等教育和职业技能工作的开展,在中国建设教育协会、中国房地产业协会的指导下,房教中国组织全国高校专家编写并审定了《社区运营管理》教材。

本书力求体现"以职业活动为导向,以职业能力为核心"的指导思想,突出职业培训特色。本书的使用有助于促进社区运营、物业管理等专业的高等教育工作,提高人才培养质量。本书涵盖了社区运营、社区商业、社区服务、社区安全、社区法规、社区环境、社区文化和智慧社区等核心内容,理论知识与实践紧密结合。

本书针对即将步入职场的在校大学生、职场新人或基层员工,重点突出,简单明了,方便实用。学习本书是高校大学生走向社会、进入物业行业的捷径,能让大学生快速全面地熟悉物业管理的主要知识和流程,掌握需要的专业技能,提高专业水平。

本书由北京林业大学张洋、青岛酒店管理职业技术学院张进、辽宁生态工程职业学院李红艳担任主编,由通化师范学院邢力文、重庆涉外商贸学院包进、辽宁生态工程职业学院高世春和来欣、远洋建筑设计院有限公司刘宇钏担任副主编,王芷若、林昕怡、孙洁、胡智鸿、申雪飞、袁文静、方良参与编写。全书由上海易进文化发展有限公司陈国胜、房教中国周国军主审。

本书在编写中参考了相关文献和国家有关的法律、法规及规范等,上海万街商业经营管理有限公司的蓝玲、东原地产原聚场的张崇飞、华远社区的罗荣等行业专家在编写过程中提出了许多宝贵的意见,在此深表谢意。

由于编者的理论水平和实践经验有限,书中错误及不妥之处在所难免,恳请各位专家和读者批评指正。

编　者

目 录

第一章　概述 ·· 1
 第一节　社区属性 ·· 1
  一、起源 ··· 1
  二、社区相关理论 ·· 1
  三、社区定义 ·· 4
 第二节　社区类型 ·· 7
  一、农村社区 ·· 8
  二、城市社区 ·· 9
 第三节　社区管理 ·· 11
  一、社区管理的概念、范围及内容 ·········· 11
  二、社区管理模式 ······································ 11
 第四节　社区治理 ·· 14
  一、社区治理的定义 ·································· 14
  二、社区治理多元主体 ······························ 15

第二章　社区运营 ·· 23
 第一节　社区运营相关属性 ·························· 23
  一、理念起源 ·· 23
  二、含义 ·· 23
  三、理论探究 ·· 23
 第二节　社区运营模式 ·································· 25
  一、城市社区运营模式 ······························ 25
  二、城市外来社区运营模式 ······················ 35

 第三节　社区配套服务运营 ·························· 36
  一、社区商业运营 ······································ 36
  二、社区公共文化业运营 ·························· 38
  三、社区服务业运营 ·································· 39
  四、社区休闲娱乐业运营 ·························· 42

第三章　社区商业建设 ···································· 46
 第一节　社区商业概述 ·································· 46
  一、社区商业的概念 ·································· 46
  二、社区商业的起源 ·································· 46
  三、国外社区商业概况 ······························ 47
  四、国内社区商业概况 ······························ 48
 第二节　社区家政服务 ·································· 49
  一、社区家政服务的含义 ·························· 50
  二、社区家政服务的现状 ·························· 50
  三、社区家政服务的内容 ·························· 51
  四、社区家政服务管理 ······························ 51
 第三节　社区养老服务 ·································· 56
  一、社区养老服务的含义 ·························· 57
  二、老年人的特点 ······································ 57
 第四节　社区电商零售 ·································· 65
  一、社区电商零售的含义 ·························· 65
  二、社区电商零售的特点 ·························· 66

三、社区电商零售商业模式 …………… 67
　　四、线下实体门店有效引流的方法 …… 68
第五节　消费者分析与培养 …………… 70
　　一、消费者的购买对象 ………………… 70
　　二、消费者的购买行为 ………………… 71
　　三、消费者的购买角色 ………………… 73
　　四、消费者的购买行为类型 …………… 74
　　五、影响消费者购买行为的因素 ……… 75
　　六、用户黏性培养 ……………………… 78
第六节　社区商业服务监督 …………… 81
　　一、政府监管 …………………………… 81
　　二、市场调节 …………………………… 82
　　三、社会力量的介入 …………………… 83

第四章　社区服务保障 …………… 89
第一节　社区服务概述 ………………… 89
　　一、社区服务的含义 …………………… 89
　　二、社区服务的性质 …………………… 89
　　三、社区服务的功能 …………………… 90
　　四、社区服务保障 ……………………… 91
第二节　社区服务基本内容 …………… 92
　　一、社区服务类别 ……………………… 92
　　二、社区组织概述 ……………………… 96
第三节　社区服务保障机制 ………… 101
　　一、西方发达国家的社区保障事业 … 101
　　二、我国社区保障的发展历程 ……… 103
　　三、促进社区服务发展的启示与建议 … 107
第四节　社区服务保障管理 ………… 109
　　一、社区服务保障管理的特点 ……… 109
　　二、社区服务管理措施 ……………… 116
　　三、社区服务管理模式 ……………… 119

第五章　社区安全治理 …………… 125
第一节　社区安全 …………………… 125
　　一、社区安全的含义 ………………… 125
　　二、社区安全的特征 ………………… 126
第二节　社区安全影响因素 ………… 127
　　一、社区安全背景 …………………… 127
　　二、社区易损性 ……………………… 127
　　三、社区安全能力 …………………… 128
第三节　社区安全管理与建设 ……… 129
　　一、社区安全管理的含义 …………… 129
　　二、社区安全管理的特征 …………… 130
　　三、社区安全管理的任务 …………… 130
　　四、社区安全管理的原则 …………… 132
　　五、社区安全管理的模式 …………… 134
　　六、社区安全管理的新挑战 ………… 136
　　七、社区安全管理组织机构建设 …… 137
　　八、安全社区建设 …………………… 139
第四节　社区安全治理 ……………… 144
　　一、社区安全治理的内涵 …………… 145
　　二、社区安全治理的现实意义 ……… 146
　　三、社区安全治理的目标 …………… 147
　　四、社区安全治理的模式 …………… 149
　　五、社区安全治理组织体系 ………… 153
　　六、社区安全治理运行机制 ………… 155

第六章　社区法规 ………………… 163
第一节　社区法规概述 ……………… 163
　　一、社区法规的概念 ………………… 163
　　二、社区法规的分类 ………………… 163
　　三、社区法规的特征 ………………… 165

第二节　社区法规重要性……166
　一、社区法规对社区各主体具有明示
　　　作用……166
　二、社区法规对社区工作开展具有
　　　促进作用……166
　三、社区法规对社区建设具有连续作用……166
　四、社区法规对社区工作人员素质具有
　　　提升作用……167
　五、社区法规对社区法治具有推动作用……167

第三节　社区法规建设……167
　一、社区法治化的理论依据……167
　二、现行社区法规存在的不足……169
　三、社区法规建设路径……173

第四节　社区法规宣传……175
　一、社区法规宣传主体及职责……175
　二、社区法规宣传的意义……176
　三、社区法规宣传的措施……178

第五节　社区法规咨询……181
　一、社区法规咨询主体……181
　二、开展社区法规咨询的措施……183
　三、社区法规咨询范围及常见问题
　　　列举……185

第七章　社区环境……190
第一节　社区环境概述……190
　一、环境与社区环境……190
　二、社区环境建设的新要求……196
　三、社区环境建设的新趋势……197
　四、研究社区环境的意义……198

第二节　社区环境建设与管理……199
　一、社区环境建设与管理……199
　二、住宅区环境建设与管理……201

第三节　社区环境污染治理……204
　一、大气污染及其防治……205
　二、水污染及其防治……207
　三、固体废弃物污染及其防治……210
　四、噪声污染及其防治……213

第四节　绿色社区的构建……216
　一、社区环境绿化的功能……216
　二、社区绿化的建设……217
　三、和谐绿色社区的建设……220
　四、绿色家庭的构建……221
　五、社区环境教育……223

第八章　社区文化……226
第一节　社区文化基础知识……226
　一、社区文化的内涵……227
　二、社区文化的特点……228
　三、社区文化的功能……229
　四、开展社区文化服务……231

第二节　中国社区文化的历史发展……231
　一、中国古代社区文化的建设……232
　二、中国近代社区文化的变革……234
　三、中国现代社区文化的发展……237

第三节　社区文化的类别……238
　一、环境文化……239
　二、行为文化……240
　三、制度文化……240
　四、精神文化……241

第四节　社区文化服务的方式……241
　一、社区文化服务体系的不断完善……242
　二、社区文化服务方式的不断丰富……242

三、社区文化服务效果的不断加强………243
   四、社区文化制度效果的不断提升………244
 第五节 社区文化管理实施与活动的
       程序…………………………………244
   一、社区文化管理实施…………………244
   二、社区文化管理面临的主要问题………246
   三、社区文化管理的实施策略……………247
   四、社区文化服务的程序…………………249
   五、社区文化服务存在的问题与对策……249

第九章 智慧社区……………………………252
 第一节 智慧社区概述……………………252
   一、智慧社区的概念………………………252
   二、智慧社区形势下社区运营的特点……253
   三、我国智慧社区建设现状………………256
 第二节 智慧社区相关技术………………257
   一、大数据技术……………………………257
   二、云平台技术……………………………259
   三、物联网技术……………………………261
   四、人工智能技术…………………………262
 第三节 智慧社区总体架构及其主要
       系统的管理…………………………264
   一、典型的智慧社区架构…………………264
   二、综合布线系统…………………………265
   三、火灾自动报警及消防联动系统………267
 第四节 智慧社区下的社区运营…………273
   一、智慧社区相关生态链构建……………273
   二、智慧社区商业服务模式创新…………275
   三、智慧社区经营模式创新………………277

第十章 案例分析……………………………281
 第一节 华远Hi平台：引领社区运营
       新风尚…………………………………281
   一、房地产白银时代，社区运营成为
       新蓝海…………………………………281
   二、华远Hi平台：社群+空间+服务，
       重新定义房企竞争力…………………283
   三、经验启示………………………………292
 第二节 缤纷里·壹号街：缤纷不只
       陶潜诗，缤纷已成桃源景……………295
   一、引言……………………………………295
   二、绿城集团的理想小镇探索……………295
   三、万街商业社区商业探索………………295
   四、项目研判篇……………………………296
   五、商业定位篇……………………………296
   六、招商策略篇……………………………299
   七、运营服务篇……………………………303
   八、总结……………………………………304

第一章 概　　述

第一节　社区属性

一、起源

"社区"一词源于拉丁语，本意为"关系密切的伙伴和共同体"。1887年，德国著名社会学家滕尼斯发表著作 *Gemeinschaft Und Gesellschaft*，在该著作中，"社区"的概念首次被用于社会学研究，其定义是"与社会相对的一种传统的精神状态、生活方式和组织形态"，后来被许多学者引用流传。

微课：社区属性

1940年，美国社会学家罗密斯（C.P.Loomis）将这本书翻译成英文 *Fundamental Concepts of Sociology* 出版，之后再版又翻译为 *Community and Society*，并进一步阐释："社区是自生的，而社会是结合的；社区是同质或异质共生的，而社会则是异质的；社区是相对封闭的、自给自足的，而社会则是相对开放的、相互依存的；社区往往是单一价值取向的，而社会则是多元价值取向的；社区是人们感情和身份的重要源泉，而社会则是人们理性和角色的大舞台。""社区"一词于20世纪30年代初传入中国，源自费孝通先生翻译的英译版著作《社区与社会》（*Community and Society*）。

二、社区相关理论

1. 社群

一般社会学家与地理学家所说的社群（community），广义而言是指在某些边界线、地区或领域内发生作用的一切社会关系。它可以指实际的地理区域或在某区域内发生的社会关系，或指存在的较抽象的、思想上的关系。除此之外，Worsley 曾提出社群的广泛含义：社群可被解释为地区性的社区；社区用来表示一个有相互关系的网络；社群可以是一种特殊的社会关系，包含社群精神（community spirit）或社群情感（community feeling）。

社群的特征表现为：有稳定的群体结构和较一致的群体意识；成员有一致的行为规范、持续的互动关系；成员间分工协作，具有行动一致的能力。

2. 社区归属感

社区归属感是指社区居民把自己归入某一地域人群集合体的心理状态。这种心理既有对自己社区身份的确认，也带有个体的感情色彩，包括对社区的投入、喜爱和依恋。

西方社会学者在研究社区归属感时发现，居民在社区内的社会关系越好，对社区环境的满意程度越高，在社区内居住的时间越长，参与社区的活动越多，对社区的归属感也就越强；人口密度低的社区居民比人口密度高的社区居民的社区归属感强。对中国社区的研究结果表明，它与西方社区有所不同。在中国香港，对居民社区归属感影响最大的因素是对社区环境的满意程度。居民的居住年限、社会关系和参与社区活动的多少，与居民的社区归属感关系不大。对中国其他社区居民归属感的一些初步研究结果表明，影响居民社区归属感最重要的因素是社会关系，其次是对社区环境的满意程度及社区活动的参与程度，而居民居住年限的影响则不明显。社区归属感的研究是对社区发展的基础性研究，它有助于社区制定各种发展策略与措施。

3. 社区邻里关系理论

对居民社区归属感、成员共同情感或邻里关系的研究形成了三种不同的理论，即社区失落论、社区继存论和社区解放论。

（1）社区失落论的代表人物是齐美尔和沃思。1903年，齐美尔发表了题为《大城市与精神生活》的论文，指出农村与城市给予人的影响是不同的，农村的生活节奏和感官刺激都比较稳定和平缓，城市则是一种强刺激环境，给居民带来过度的心理负荷。城市代表着高度理智、高效率的社会活动和庞大而复杂的社会组织，而为使城市的所有活动能顺利进行、社会组织能顺利运转，必须有一种共同的媒介，就是金钱，只有金钱才是最具效率的媒介。沃思认为，城市众多的人口必然会出现大量的潜在差别，特别是文化上的差异性和职业上的专业化明显扩大，这些原因促进了"社会裂化"的过程，城市居民通常是作为高度分化的角色相遇的，他们之间的接触多是肤浅的、短暂的、支离破碎的、非人格的，城市居民是以次级关系而不是以初级关系为特征，大量人口本身还必然造成分散与混乱。人口密度使人们易产生厌烦的心理，促使人们丧失了对他人"较有人情味的方面"的感受能力，变得麻木不仁甚至冷漠无情；高密度还使居民在身体方面接近，同时又扩大了彼此的社会距离；高密度还会引起反社会行为的增加，因为越是拥挤的地方，越容易出现摩擦与冲突。异质性的后果是容易带来人际冲突的增加，人与人之间的猜疑多于信任，彼此不再是互助互赖，更多的是猜忌与利用，是金钱计算的关系。

（2）社区继存论的代表人物是刘易斯和甘斯。刘易斯在其于1952年发表的《未崩溃的城市化》一文中指出，墨西哥村民移居到墨西哥市后，生活方式并无显著的变化，人际关系也无解体的情况，社会合作与人情味仍然相当强；大城市的多人口、高密度和异质性，对这些村民的影响很小。后来，他进一步提出，许多居住于大城市的人，仍保留着自己小圈子的活动，在这些圈子内，人与人之间仍保留着亲密与互助互信的关系；圈外的陌生人似乎与他们毫无关系，对他们的生活、行为方式和人际关系以及精神心理并无多少影响。1962年，甘斯出版了后来成为城市社区研究名著的《城市村民》，在该书中，他描述了波士顿西区意大利移民的生活，所指出的当地人际关系和社区生活状态与刘易斯的观察十分相像。因此，他认为，沃思提出的城市生活方式并非起源于众多人口、高密度和异质性，而是起源于其他原因。

（3）社区解放论的代表人物是费舍尔（Fischer）、韦尔曼和雷顿。1975年，费舍尔发表了《城市性的亚文化理论》一文，在文中他提出，任何人在社会中生活，都需要他人的帮助和关心，这种人际关系中的相互依赖性若得不到满足，就会产生个人心理上的孤独与疏离感。1977年，费舍尔出版了《社会网络与场所：城市环境中的社会关系》一书，在书中他阐述了社会网络在城市居民生活中的作用，指出居住在非邻近地域的居民，通过特定关系（如共同兴趣或爱好、共同价值观等）组成群体，从而形成自己的社会网络。在费舍尔的影响下，韦尔曼和雷顿于 1979 年发表了《社会网络、邻里关系和社区》一文，他们总结了以往城市社会学家社区研究的主要特点，指出直到 20 世纪 70 年代，社区生活和人际关系的研究一直局限在同一地域的邻里关系之间，邻里之间因物理或空间上的接近而形成的群体关系纽带成为社区讨论的唯一基础。这种研究视角将导致社会学忽视人们其他重要的日常活动和社会交往领域，而社区的概念也会缠绕在对场所和居住的强调之中。

4. 作为共同体的社区

关于共同体的理论资源主要来源于滕尼斯出版的 *Gemeinschaft Und Gesellschaft* 一书，滕尼斯所使用的"Gemeinschaft"与"Gesellschaft"这两个概念，通常被译为"礼俗社会"与"法理社会"，或者"共同体"与"社会"。他强调这两种类型的对立，即"礼俗社会"是有着相同价值取向、人口同质性较强的共同体，它体现的是一种亲密无间、守望互助且具有共同信仰和共同风俗习惯的人际关系，它们有共同的善恶观念、共同的朋友和敌人，存在着"我们"或"我们的"意识。它们不是社会分工的结果，而是由传统的血缘、地缘和文化等自然因素造成的。"法理社会"则与劳动分工以及法理性的契约联系在一起，体现的是一种自私自利、契约与个人主义至上、缺乏感情交流与关怀照顾的人际关系。

滕尼斯提出"默认一致"的概念，并将其作为共同体研究的核心。"默认一致"就是"相互之间的共同点，有约束力的思想信念作为一个共同体自己的意志"，从这个意义上来说，共同体就是"结合的本质意志的主体"，而社会则是"结合的选择意志的主体"。滕尼斯将共同体的几个类型概括为家庭生活、乡村生活和以宗教为特色的城市生活。他也将共同体运用到民族、国家等社群中。涂尔干在《社会分工论》中使用了"机械团结"一词来阐述他的共同体思想。他认为机械团结代表了集体类型，而有机团结代表了个人人格。马克斯·韦伯认为，家族共同体是在严格的个人尊卑关系的基础上形成的。杜威提出了社会共同体的观点，指出个人与社会的关系问题是必须解决的最初的和最终的问题，因此，只有把社会共同体作为问题的出发点，这一问题才能得到彻底解决。从这个意义上说，好的社会共同体是人充分展现"个体性"的前提。将社区作为"共同体"是由于社区的基本组织形式体现了人类作为生命个体彼此之间相互依赖和相互帮助的特征，生命的共同体本能或生命的生态系统在社会学意义上就是社区。这种社区最原始的形式就是自然村落，或者称为"初级群体"，这与滕尼斯的共同体如出一辙。随着农业社会向工业社会的转变，传统的共同体逐渐削弱甚至消逝，而作为共同体的社区也因此有了新的形式。

5. 作为城市社区的社区

社区研究虽然起源于西欧，但在美国得到了较快的发展。芝加哥学派的帕克所定义的"社区"被普遍认可为"城市社区"的权威概念，即"被接受的社区本质特征包括：一是按区域组织起来的人口；二是这些人口不同程度地完全扎根于他们赖以生息的土地；三是社区中的每个人都生活在相互依赖的关系中"。"城市社区"的含义也因此迅速流传开来。帕克的城市区位人文生态学对于城市社区的理解并没有偏离滕尼斯的共同体传统，而且将共同体理论与美国城市兴起的背景联系起来，拓展了社区的研究范围。在不断推进的城市化过程中，帕克也推进了城市社区理论，他的这一思想开启了芝加哥学派关于社区邻里关系的研究，社区居民的归属感、成员的共同情感以及城市居民心理状态开始成为社区研究的重要内容，并引发了其后学术界关于社区失落论、社区继存论与社区解放论的争论。

城市社区显然不同于原始的共同体社区，尤其是它与城市有着紧密的联系，因此，就会更多地表现为滕尼斯所说的"契约关系"社会的性质，必然也会出现复杂的权力问题。美国社会学家罗伯特·林德和海伦·林德夫妇提出了精英控制模式，1929年，他们出版的《中镇研究》开创了社区权力研究。社区权力研究最初大都局限于精英论和多元论的争论，如亨特（F.Hunter）的"声望"分析与米尔斯（W.Mills）的"职位"分析，他们也因此被称为"精英论"的主张者。与此相反，达尔（Robert Dahl）的"决策"分析则被认为是构成了多元论理论和方法的核心。此后，巴克拉科（Peter Bachrach）和巴拉兹（Morton Baratz）提出了"无决策制定"，在此基础上，卢克斯（S.Lukes）进一步提出，权力就是"当A以一种有悖于B的利益的方式影响B时，A就是在对B行使权力"。可见，将社区权力作为城市社区研究的一个组成部分，其关注点主要在于探讨权力组织及权力机制对社区发展的推动或阻碍作用。

随着现代通信技术的迅速发展，特别是互联网的广泛普及，人们不再局限于地域束缚，城市社区也出现了新的存在形式。社会网络理论逐渐兴起，推动了网络社区（Cyber Community）、虚拟社区（Virtual Community）、想象的社区（Imagined Communities）等新型社区的形成，城市社区也因此被赋予更多新的内涵。布洛克兰（Blokland）就曾将想象的社区描述为"作为认为和感觉到'我们彼此归属'的印象和日常实践而存在"。从这一描述中可以看出，新型社区已不再受限于时空的约束，而是可以通过彼此的感觉交流。这种新型的共同体也因其便捷的交往形式而得到快速的发展。然而，需要思考的是，这些新兴的社区是否能够发挥传统社区的基本功能？也就是说，虚拟社区是否能够取代实体社区而成为社区未来的主流形式？对此，学术界也表示出一定的担忧，如奈斯比特就曾指出，非实体社区虽然突破了地域限制，但是"对地域缺少认同会产生人们之间联系的疏远"。在他看来，虚拟社区只是实体社区的补充，是加强地域性社区成员互动的一种手段，就如同电话一样，不能取代实体社区。

博克斯在《公民治理——引领21世纪的美国社区》中写道："民众时常在情感上强烈地归属于他们的社区，他们将社区视为大城市生活的避难所，是维系家庭生活的场所，也是创造它们梦想的生活环境的机会。"城市社区虽然有着滕尼斯所谓的"疏离感"，也已不再是传统的亲密互助的"礼俗社会"，但它仍然有着与社会那种"冷漠的理性"不同的情感因素。正如高蒂安妮在《繁荣社区的智慧资本》中所指出的，成功的社区在拥有共同目标或活动的同时，还有着共同的经历和共同的信念。在城市社区里，社区组织和居民共同构成了社区的主要部分，尤其是社区组织，它们在城市社区发展过程中发挥重要作用，可以说，它们是联结传统社区与现代社区的"共同态"因素。所谓的"共同态"，也可以称为"共同态规制"，是指维持"共同体"框架所需要的制度规则，即'共同体'成员的"个人的私的活动的态意性"，需要由"共同体"全体来抑制。社区组织也正是通过这种具有"共同态"的组织形式，使城市社区并没有完全脱离共同体的特征。

三、社区定义

随着社区的经济、政治和社会意义的日益拓展，可以看出社区概念发生了多次演变。希勒里（G.A.Hillery）在1955年发表的《社区定义共识的领域》一文中对社区的定义进行了比较系统、规范的统计，指出"除了人包含于社区这一概念之外，有关社区的性质，并没有完全相同的解释"。在此之后，一些社会学家也对社区的定义进行了统计，贝尔（C.Bell）和纽柏（H.Newby）在1971年的统计过程中就发现社区的定义已经增至98个，1981年，美籍华裔社会学者杨庆堃统计的社区定义多达140多种。到目前为止，学术界考察的社区定义的数量已随着经济社会的发展而不断增多，社区的内容和特征也发生了不同程度的变化。社区已然成为包含地理区域、地域性社会组织、共同情感和互动关系等特征的更为广泛的概念。一般来讲，社区通常被描述为两种类型，一种是地域性类型（如村庄、邻里、城市等地域性社会组织），另一种是关系性类型（如虚拟社区、网络社区等社会关系与共同情感），其中，社区的关系性类型显得越来越突出。费舍尔指出，如何保持社会的秩序及成员的整合是讨论"社区"的核心问题。与芝加哥学派主张的"聚落模式"（Settlement Pattern）观点不同，他认为，社区应以亲密的社会关系性质来定义，而不是以地理范围来界定。

然而，对社区概念界定的不统一及模糊，使社区概念显得模棱两可、漫无边际、弹性极大，从而造成社区研究的随意性和局限性。如有学者指出，一个街区、居民区、中小城镇、乡村群落等地域要素，往往又是同一定的行政区划吻合的，都可以称为社区；还有学者指出，社区范围可大可小，大至一国，小至一村一巷，皆可称为社区；也有学者提出，社区是由居住在某一地方的人们所构成的社会生活共同体，其表现形态或者是一个村庄、一个乡镇，或者是一座城市的街区，乃至整个城市；有学者更进一步指出，社区唯一的前提条件是能够不依赖外界因素独立进行人口和经济的产生与再生产。丁元竹指出，从空间入手，确定社区的空间特点，是把握社区概念的关键。米纳尔（David W.Minar）和格瑞儿（Scott Greer）在《社区的定义》一书中从三个不同的角度对社区进行了定义，他们认为，社区是人们在一定位置上的互动和由这种互动产生的群体，是一个特定空间的团体中的人们，是人们居住的物质空间。从上述三种定义中可以发现，虽然它们的出发角度不同，但是将空间单位作为社区定义的关键却是一致的。可见，在社区概念的界定中，空间因素无疑是不可缺少的，甚至是核心的因素。强调社区的空间因素对于社区研究过程中的变量选择也是非常关键的。

我国社区研究的首创者之一费孝通就曾指出，现代社会学的一个趋势就是社区研究。与费孝通的观点相似，吴文藻也认为，社区研究是指在一个特殊社区之内，社会生活的各个方面都密切的相互联系。费孝通和吴文藻都把社区看作有边界的具体的实体，认为只有在一个边界明晰、自成一体的社会单位里，才能研究整体文化中各个因素的功能。丁元竹从区域与社区的角度去界定社区的定义，指出社区的精华一方面是其"地方"意义，另一方面是其一定的"居住的集体人口的活动"。从这两个层面上去理解社区，社区的概念就显得非常具体和明确了。

可以说，这种社区认知思路，可以避免在社区研究中由于社区的定义过于宽泛造成研究对象的模糊，也可以使社区研究更容易聚焦到不同的社区类型。如对农村社区的研究，对城镇、城乡社区的研究或者对城市社区的研究，都因为有了明确的地域界定而显得更接近社会研究的目标。

四、社区性质

不管是作为共同体的社区还是作为城市社区的社区，它们都具有一些共同的性质，主要表现为：第一，社区是生活共同体。现代意义上的社区区别于在血缘基础上形成的互助合作的亲属群体。社区是培育社区精神和激励合作的平台，正如丁元竹所指出的，社区包括一群人为了共同的承诺和目标所具有的热情、天赋、洞察力和经验。第二，社区的核心价值是以人为本。以人为本是历史唯物主义的一项基本原则，社区发展中以人为本的实质就是把对社会整体的关注具体化为对每个个体的照顾，通过社区服务来关注社会各类群体。第三，社区是实现社会公平和社会正义的渠道和平台。正义原则植根于一种人的理想，它为判断社会基本结构提供了一个阿基米德支点。社区作为实现社会公平和社会正义的渠道和平台，协调社区居民利益和相互之间的关系，使社区居民能够表达自己的诉求，这是社区作为实现社会公平和社会正义的渠道和平台的意义。

五、社区功能

社区功能是指社区在社会建设与社会发展环境下对"社区人"、社区事务以及社区发展所产生的影响和发生的效用、效果。

1. 社区功能的三个层面

（1）生活层面。生活层面即物质生活和精神生活层面。

（2）人的层面。人的层面即对"社区人"的教化，培育"公民意识"，培养"公民义务"，促进"居民"向"公民"转化。

（3）社会层面。社会层面即化解社会问题，促进社会稳定和社会和谐。

2. 社区功能的构成

（1）社区自治功能。社区自治功能是指社会生活共同体共住共管，广泛参与社区管理，既是"社区人"的要求，也是社区自治功能的本质体现。社区管理体制的特点是：社区自治与政府行政管理良性互动、社区自治功能与政府行政功能互补、社区民主协商机制与政府依法行政机制互联。社区管理体制的优势在于："社区人"的自我管理、自我教育、自我服务、自我监督与多元主体的广泛参与的有机结合。

（2）社区服务功能。社区的一个重要作用就是"服务群众"。服务居民是社区以及社区工作的主题。强化社区服务功能就是坚持以人为本，拓展社区服务领域，构建以社区为平台的社会服务网络，发挥社区在改善和提高居民的生活水平、生活质量、生活品质的服务作用。

（3）社会教化功能。广泛开展"社区人"喜爱的社区文化体育活动，深入挖掘各民族的传统节庆文化，在潜移默化中使"社区人"受到教育，从而形成共住共生、相互依存、守望相助的社区生活理念。通过广泛参与社区公益活动，使居民认识到自我价值，提升其社会功能，逐步树立公民的责任意识和义务意识，使"社区人"向"社会人"转化。根据"社区人"的组织意愿，积极培育各类社会组织，发展社会组织，使社区成员"组织化"。制定自我约束的规则，开展自我组织活动。组织居民进行自我发现、自我发展、自我完善，发挥潜能，促进居民全面发展。

（4）基层社会管理功能。社区是区域型社会。社区管理是具体的、可操作的社会管理。社区是社会构成的基本单位，家庭是社会构成的基本单元。社区是家庭与社会联系的中间环节，即社会—社区—家庭。"社区—家庭"是城乡基层社会结构的第一层面；第二层面，无论什么性质的"单位"，都在一个明确的社区辖区之内，即"社区—单位"。社会管理的各项事务都可以分划到、落实到一个具体的社区。社区是社会管理的基本平台，是社区自治管理与社会参与的资源整合配置平台，是政府管理力量与社会调节力量互动的平台，是政府行政功能与社会自治功能有机互补的平台。

（5）化解社会矛盾、促进社会稳定功能。社区稳定是社会稳定的基础和基本保证。社会问题社区化，是"大事化小"；社区问题不能社会化，否则就是"小事化大"。

（6）实践、干预政策功能。社区是人们获取社会公共服务的平台。一方面，人们要通过社区获得应得的社会提供的均等化社会公共服务和适度普惠的社会福利保障，社区在让人民分享发展成果方面，起着再分配的作用，要"把蛋糕分好"，要"患不均"；另一方面，社区通过提供的均等化社会公共服务和适度普惠的社会福利保障活动和实践，还能发现问题，提出建议，促进社会公共政策的改进，促进社会保障制度的健全与完善。

> 思考题

1. 社区的基本属性是什么？
2. 社区的功能有哪些？

第二节　社区类型

社区类型有地理区域和区位体系两种划分标准。

（1）地理区域的社区是指有一定地域边界的社区。其主要依据是否为自然状态和是否从事农业生产活动，区分为不同的社区类型。依据是否为自然状态可以分为自然社区和法定社区。自然社区以自然居住群体的形成、发展来确定，如村落。法定社区以行政管理的权力范围来确定，如乡、镇、县、市等。依据是否从事农业生产活动可以分为农村社区和城市社区。农村社区是以农业生产活动为基本特征、人口相对分散的社区，城市社区是以从事非农业生产活动为基本特征的人口相对集中的社区。

微课：社区类型

（2）区位体系的社区是指按照人类生活必需品的生产与分配的区位过程和规模来划分的社区。美国社会学家 R.D. 麦肯齐在《人类社区研究的区位学方法》一文中，将社区分为以下四种类型：

①基本服务社区。这类社区既是基本生活资料分配过程中的第一环节，又是其他制成消费品分配过程中的最后一个阶段，如农业村镇，居民主要从事捕鱼、采矿、林业等的社区。社区的规模主要取决于当地消耗自然资源的生产事业的性质和形式，以及它与周邻地区贸易往来的程度。

②在生活资料分配过程中履行次要功能的社区。它是原料和商品的集散中心，通常叫作商业社区。其规模取决于行使各地产品分配功能的程度。

③工业城镇。它是商品制造业的中心，兼备基本服务社区和商业社区的功能。它的发展规模取决于该地区内工业的发展状况及市场组织的状况。

④自身缺乏明确的经济基础的社区，如当代的一些娱乐旅游地点、政治和教育中心。这类社区的发展在经济上依赖其他社区，并在商品的生产以及分配过程中不承担特殊的功能。

我国的社区主要按照行政区域划分为农村社区和城市社区（都市社区）两种。

一、农村社区

（一）定义

农村社区是由居住在农村的一定数量和质量的人口所组成的相对完整的区域社会共同体。农村社区是人类社会最早出现的社区，形成于原始农业的产生时期。原始农业的出现使人们可以在相对固定的土地上通过种植农作物取得较为可靠的生活资源，为人类创造了比较稳定的居住条件，人们开始定居并形成了最原始的村落，产生了最早的农村社区。农村社区从产生到发展至现代社会大体经历了原始农村社区、传统农村社区和现代农村社区三个发展阶段。

（二）概况

农村社区是具有广阔地域、居民聚居程度不高、以村或镇为活动中心、以从事农业生产为主的社会区域共同体。农村社会学家对农村社区的含义有着不同的理解。有的强调农村社区有一个共同的中心点，有的强调其居民有较强的认同感，有的强调其具有特定的社会组织和社会制度，有的则强调其具有特殊的生活方式等。概括各家的观点，构成农村社区的基本要素如下：

（1）具有广阔的地域，居民聚居程度不高，并主要从事农业生产；
（2）结成具有一定特征的社会群体和社会组织；
（3）以村或镇为居民活动的中心；
（4）同一农村社区的居民有大体相同的生活方式、价值观和行为规范，有一定的认同意识。

（三）类型

根据发展的时间顺序和居民点分布的状况，农村社区可分为散村社区、集村社区、集镇社区等类型。

1. 散村社区

散村社区是最初形成的或因特殊地理环境而形成的零散的小村落。这类社区的特点是：一般发育程度低，聚居程度不高，三五家、七八家在一起，非亲即故；居民大多从事种植、养殖业，经济单一，居民往来频繁，相知甚深，关系密切，能守望相助。这类社区一般与外界较隔绝，信息不灵，交通不便，居民传统观念强，比较保守，社区变迁缓慢，社会流动较少。随着社会经济的发展，散村社区逐渐向集村社区过渡。

2. 集村社区

集村社区是人数较多、规模较大、居住较集中的村庄，一般是几十户甚至几百户聚居在一起，多以平原、沿海、交通沿线、三角洲等地为聚居点。集村社区的人际关系不如散村社区密切，血缘氏族关系开始淡化，常以一个或数个大姓宗族杂以外来的居民共同聚居。集村社区的社会组织、社会制度较散村社区多。集村社区多有服务中心，有的集村社区已有"期集"（定期的聚会）或集市。

3. 集镇社区

集镇社区由集村社区发展而成，已成为农村小型政治、经济、文化中心。在现代集镇社区中，已存在加工业、商业、服务业等，这类社区已成为农村小型商品集散地和农村工业基地。集镇社区的，经济结构和居民成分比集村社区更复杂，人际关系比集村社区更疏远，居民间的血缘关系和地缘关系逐步向业缘关系过渡，居民的传统观念也逐步向现代观念转变，社会组织和社会制度更健全。随着农村商品化、社会化、现代化的发展，集镇社区的社会功能日益多样。

除了上述划分之外，还可按区位将农村社区划分为平原村、滨湖村、沿海村、山村以及城郊农村等，按居民所从事的行业将农村社区划分为农业村、渔村、牧村、矿业村、综合村等。

（四）特点

与城市社区相比，农村社区具有如下特点：

（1）具有较广阔的地域，对自然生态环境的依赖性更强。广义农业（以有生命的动植物为劳动对象的种植、林、牧、渔、虫、微生物等业）的主要生产资料是土地及其附属物，在土地上生长的植物和以土地为载体的动物占据着大量的地域空间；国土中不适宜人口居住的大量的山地、水域也主要分布在农村社区，农村社区具有较广阔的地域，有比城市社区更为优越的生态环境。而生态环境对农村社区的生产与生活有直接的影响，农业生产对生态环境的依赖性较强。如破坏了植被、森林，则会造成水土流失，影响气候，导致自然灾害，造成农作物减产等。

（2）人口密度小、受教育程度较低。农村社区所据地域较广，人口密度相对于城市社区较为稀疏。一般来说，发展中国家的农村社区经济结构单一，教育、文化、科技发展水平较低，卫生事业不发达，交通、信息较闭塞，传统文化积淀较深，人口的职业结构比较简单，同质性较强。

（3）农村社区的社会问题不如城市社区复杂、集中和突出，犯罪率较低。

（4）农村社区的居民所从事的职业以广义的农业为主。农村社区是随着原始农业的产生和发展而出现的。随着农村社区的发展，产业结构发生着重大变化，非农产业比重逐渐上升，农业劳动力逐渐向非农产业转移，第二、三产业有所发展，小城镇相应增多。

（5）农村社区的社会组织比城市社区简单。在传统的农村社区中，习俗组织（如宗族、宗教、帮会组织）较多而法定组织较少，分科执掌、分层负责的科层制组织尚不发达。

（6）经济、文化、技术相对落后。城乡的长期对立和分离，是造成农村社区经济、文化、技术相对落后的重要原因之一。农村社区居民的教育普及程度没有城市社区高，先进科学技术的普及和应用程度也较城市社区低。

（7）居民的血缘、地缘关系较密切。特别是在自然经济长期占统治地位的农村社区，人际关系受狭小地域的限制，尚未摆脱血缘、地缘关系的束缚。

（8）生活方式比较单调，传统色彩较浓，时间观念不强，生活节奏较慢。在文化、教育、体育、娱乐等不够发达的情况下，居民的闲暇生活比较单调，个人消费品结构较单一，消费水平不高，居民对政治生活兴趣不浓，参政意识比较淡薄。由于长期受自然经济生产方式的影响，居民比较迷信保守，地域观念、乡土观念较强，不愿离乡背井，求稳怕乱，重农轻商，重生产轻经营，认同意识强，传统文化积淀较深。

二、城市社区

（一）定义

城市社区是指由居住在城市的一定数量和质量的人口组成多种社会关系和社会群体，从事各种社会活动所构成的相对完整的地域社会共同体。城市社区产生于第三次社会大分工时期。手工业者和商人逐渐从农业中分离出来，聚居在交通便利、地理位置适当和利于商品交换的地方从事工业生产和商业活动，形成了城市社区。随着社会生产力的发展、交通的发展和贸易规模的扩大，城市社区逐渐由原始型、传统型发展成为近现代型的城市社区。

（二）概况

城市社区的主要构成要素如下：
(1) 有一定的地理位置和范围；
(2) 有着众多的异质性居民，他们可能属于不同的民族，有着不同的语言、文化和生活方式；
(3) 有一定的经济活动；
(4) 集聚的居民有某种共同的利益、兴趣和凝聚力；
(5) 人们相互交往，从事相互依存的社会活动，共同维持正常的社会秩序。

城市社区与城市可能等同，也可能不完全等同。它由城市发展情况和科学研究的需要而定。有的城市社区不一定是一个城市，可能是由一个中心城市和若干个其他城市或卫星城镇有机构成的。在许多情况下，城市社区是指城市的某一小区，如中国城市中的街道、居民点（里弄、胡同）、邻里、卫星城镇、工厂区等。从这个意义上说，城市是由许多个城市社区组成的。

古代城市社区多是封闭式的。德国社会学家 M. 韦伯认为"完全的城市社区"应当具有的条件为：具有防卫力量；具有市场；具有自己的法院；具有相关的社团；至少享有部分政治自治权。按照他的观点，只有中世纪具有防卫力量并能自治的城市才称得上是"完全的城市社区"，而现代城市社区已经丧失法律和政治方面的自治，不能称为"完全的城市社区"。一些西方现代社会批评家以现代城市社区日益复杂、人际关系疏远为理由，宣称城市社区已经消失。有些社会学家则认为，城市社区已冲破原来单一组成的格局，由一个或一个以上的大城市加上它们的郊区组成。他们把这种区域称为城市区，实际上也认为原来意义的城市社区已经消失。但多数研究者认为，无论城市社区的内涵、外延发生怎样的变化，它依然存在。

（三）类型

城市社区按人口数量划分，有特大都市、大都市、中等都市、小城市、建制镇，具体标准各国有所不同；按地理位置划分，有沿海都市、内陆都市、群岛都市、卫星城；按功能划分，有工业都市、商业都市、港口都市、文化都市、政治都市、宗教都市、防御都市、综合性都市等。

（四）特点

城市社区是相对于农村社区来说的，二者有着天然的普遍联系，但又有许多差异。其特点主要如下：
(1) 人口高度集中，密度大；
(2) 生产力水平高，商品经济发达；
(3) 经济、政治活动集中，金融、信贷、商业贸易、科学技术、文化、信息、服务等系统综合功能强；
(4) 社会结构复杂，社会群体活跃；

（5）人际关系由血缘关系和地缘关系转向业缘化，官僚制普遍推行；

（6）社会服务机构齐全，家庭的经济、教育等功能明显削弱；

（7）社会流动性大，个人地位和角色易变；

（8）个人社会化程度高，个性得到较全面的发展；

（9）社会控制主要靠正式机构和法律；

（10）生活方式多样，生活节奏快，紧张压迫感强；社会问题呈"急性"状态，彼此因果制约性强。

这些特点在不同的国家和地区有程度不同的表现。随着城市化的发展及城市与乡村差别的逐渐缩小，城市社区的特点将逐渐渗透到农村社区。

随着我国城镇化进程的不断加快，城市社区已成为我国社区运营管理的重心。本书关于社区运营管理的讨论主要聚焦于城市社区。

思考题

1. 社区有哪些分类指标？
2. 城市社区与农村社区有哪些区别和联系？

第三节　社区管理

一、社区管理的概念、范围及内容

（一）含义

社区管理是指一定的社区内部各种机构、团体或组织，为了维持社区的正常秩序，促进社区的发展和繁荣，满足社区居民物质和文化活动等特定需要而进行的一系列的自我管理或行政管理活动。以城市社区为例，城市社区管理是指在辖区人民政府的领导下，以街道为主导，居委会协同，在社区建立必要的组织，以社区居民为主体，达到充分利用、合理配置社区资源，建设和谐社区的目的，进而全方位提升社区成员的生存质量，促进社区经济和社会协调发展的过程。

微课：社区管理

（二）范围及内容

城市社区管理的范围主要是指经过社区改革后做了规模调整的居民委员会辖区。社区管理的内容包括社区服务、社区卫生、社区文化、社区教育、社区环境、社区治安、社区经济等。社区管理不仅涵盖了"人的住用环境"的内容，而且涵盖了包括"人的社会生活"在内的更为广泛的内容。

二、社区管理模式

自20世纪90年代中后期开始，我国大中城市掀起了社区建设的热潮，民政部首先选择在北京、上海、天津、沈阳、武汉、青岛等城市设立了26个全国社区建设实验区。通过几年的实践总结和经验概括，形成了几种具有代表性的社区管理模式，下面重点介绍上海模式、沈阳模式、江汉模式和深圳模式的主要特征。

（一）上海模式

上海在实行"两级政府、三级管理"改革的过程中，将社区定位于街道范围，构筑了领导系统、执行系统和支持系统相结合的街道社区管理体制。

（1）社区管理领导系统：由街道办事处和城区管理委员会构成。在"两级政府、三级管理"体制下，街道办事处作为一级管理的地位得到明确。随着权力的下放，街道办事处具有以下权限：部分城区规划的参与权、分级管理权、综合协调权、属地管理权。因此，街道办事处成为街道行政权力的中心，"以块为主、条块结合"。与此同时，为了有效克服各块分割，建立了由街道办事处牵头，派出所、房管所、环卫所、工商所、街道医院、房管办、市容监察分队等单位参加的城区管理委员会。城区管理委员会定期召开例会，商量、协调、督查城区管理和社区建设的各种事项，制定社区发展规划。城区管理委员会作为条与块之间的中介，发挥着重要的行政协调功能，使条的专业管理与块的综合管理形成了有机的整体合力。

（2）社区管理执行系统：由4个委员会构成。上海模式在街道内设置了4个委员会，即市政管理委员会、社区发展委员会、社会治安综合治理委员会和财政经济管理委员会。它们的具体分工为：市政管理委员会负责市容卫生、市政建设、环境保护、除害灭病、卫生防疫、城市绿化；社区发展委员会负责社会保障、社区福利、社区服务、社区教育、社区文化、计划生育、劳动就业、粮籍管理等与社区发展有关的工作；社会治安综合治理委员会负责社会治安与司法行政；财政经济管理委员会对街道财政负责预决算，对街道内经济进行工商、物价、税收方面的行政管理，扶持和引导街道经济。以街道为中心组建委员会的组织创新，把相关部门和单位包容进来，使街道在对日常事务的处理和协调中有了有形的依托。

（3）社区管理支持系统：由辖区内企事业单位、社会团体、居民群众及其自治性组织构成。它们通过一定的组织形式，如社区委员会、社区事务咨询会、协调委员会、居民委员会等，主要负责议事、协调、监督和咨询，从而对社区管理提供有效的支持。上海模式还将居民委员会这一群众性自治组织作为"四级网络"，抓好居民委员会干部的队伍建设，充分发挥居民委员会的作用，推动居民参与社区管理，维护社区治安稳定，保障居民安居乐业。

（二）沈阳模式

沈阳模式将社区定位于小于街道而大于居民委员会辖区的范围，在社区内创造性地设立了社区成员代表大会、社区协商议事委员会和社区（管理）委员会3个社区自治的主体组织。这套制度设计在全国产生了广泛的影响，其具体内容如下：

（1）社区成员代表大会，即"决策层"，是社区最高的民主管理权力机构。社区成员代表由社区居民、驻社区单位、团体按一定比例推荐产生。

（2）社区协商议事委员会，即"议事层"，是社区成员代表大会推荐产生的协商议事机构。成员由社区内有声望的知名人士、居民代表以及单位代表等人组成，主任一般由社区党组织负责人兼任。社区协商议事委员会作为社区成员代表大会闭会期间的常设的义务工作机构，定期召开会议，行使社区民主议事、民主监督的职能。

（3）社区（管理）委员会，即"执行层"，是经社区成员代表大会选举产生的执行机构。社区（管理）委员会设主任、副主任及委员若干名，一般为3～6名。社区（管理）委员会是社区各项工作的实际组织者、实施者。

（三）江汉模式

江汉模式是指武汉市江汉区社区制实践的经验，它以主动转变政府职能为核心特征。江汉区在学习借鉴沈阳模式的基础上重新将社区定位为"小于街道、大于居民委员会"，通过民主协商和依法选举，构建了社区自治组织，即社区成员代表大会、社区居民委员会和社区协商议事会（与沈阳模式不同的是，江汉模式没有把社区协商议事委员会作为社区成员代表大会的常设机构），并明确提出社区自治的目标，而实现这一目标的路径是转变政府职能和培育社区自治。它的主要做法如下：

（1）理顺社区居委会与街道、政府部门的关系，明确职责，保障社区居民委员会的自治性。明确居民委员会与街道办事处的关系是指导与协助、服务与监督的关系，不是行政上下级的关系。重新界定街道各行政部门与社区组织的职责，街道负责行政管理，承担行政任务，而居民委员会负责社区自治，不再与街道签目标责任状，并有权拒绝不合理的行政摊派工作。同时建立社区评议考核街道各职能部门的制度，并以此作为奖惩的主要依据。

（2）政府职能部门面向社区，实现工作重心下移。区街政府部门要做到"五个到社区"，即工作人员配置到社区、工作任务落实到社区、服务承诺到社区、考评监督到社区、工作经费划拨到社区。

（3）权随责走，费随事转。其包括两种情况：一种是区街政府部门需要社区居民委员会协助处理"与居民利益有关的"工作时，经有关部门批准，并征得社区组织同意后，区街政府部门必须同时为社区组织提供协助所需的权利和必要的经费；另一种是区街政府部门做不好也做不了的社会服务性职能向社区转移时，必须同时转移权利和工作经费，做到"谁办事、谁用钱，谁负责、谁有权"，从而保证社区在协助工作时或在承接社会性服务职能时，做到"有职、有权、有钱"。

（4）责任到人、监督到人。这主要是指为了保证区街政府部门职能转换到位，不走过场，根治过去那种"遇见好事抢着做，遇见麻烦事无人做，遇见责任'踢皮球'"的顽症，建立"责任到人、承诺到人、监督到人"的实施机制。通过这些措施，江汉区力图建立一种行政调控机制与社区自治机制结合、行政功能与自治功能互补、行政资源与社会资源整合、政府力量与社会力量互动的社区管理模式。

（四）深圳模式

自1999年开始，深圳盐田区以创新公共服务型政府、提高行政效率为动力，对社区管理体制进行了三次制度改革。深圳模式可以用"一会二站"来总结，即居民委员会与社区工作站、社区服务站适度分离，社区工作站和社区服务站分别承担原来由居民委员会承担的政府职责和自治职能。其中，社区工作站主要完成政府下放的任务，社区服务站则处理专门为居民服务的事务。这一改革一方面意味着政府的力量通过制度化的渠道全面进入社区，城市政府管理体制从之前的"两级政府、三级管理"发展为"两级政府、四级管理"，社区工作站凭借其法定的权威地位和较为充足的财政资源取得了强势地位；另一方面随着社区工作站的建立，社区居民委员会在权力和资源分配上处于弱势地位。

从上述我国四种社区管理模式的实践可以看出，参与社区管理的主体越来越多，呈现多元化发展的趋势，除了政府、政党，还有一个重要的主体就是社会力量。"社区人"的成长与居民自治组织的蓬勃发展,建立了一种政府力量与社会力量结合、行政资源与社会资源互补的新格局,有效提升了社区自治功能,这尤其可以从沈阳模式和江汉模式中得到体现。可以说,我国城市社区多元主体的发展方向可以从社区管理模式中得到体现,以下对这4种社区管理模式中相关主体间的关系进行归纳和对比,具体参见表1-1。

表1-1　4种社区管理模式中相关主体间的关系

管理模式	上海模式	沈阳模式、江汉模式	深圳模式
社区类型	政府主导型	合作自治型	合作型
社区管理主体	政府组织居民委员会	社党组织 社区成员大会 居民委员会 社区协商议事委员会	居民委员会 社区工作站 社区服务站
主体间的关系	政府控制居民委员会,以政府行政管理为主	居民委员会实行自治,各主体共同参与、共同分担责任	社区工作站更加强势,居民委员会更加弱势
组织运行方式	以块为主,条块结合	共住共建,资源共享	议行分设,"一会二站"

思考题

1. 比较上海模式、沈阳模式、江汉模式、深圳模式4种社区管理模式的优劣。
2. 根据本节所学的内容,提出我国社区管理模式的优化建议。

第四节　社区治理

一、社区治理的定义

社区治理是指政府、社区组织、居民及辖区单位、营利组织、非营利组织等基于市场原则、公共利益和社区认同,协调合作,有效供给社区公共物品,满足社区需求,优化社区秩序的过程与机制。

微课:社区治理

社区治理主要是相对于传统的社区管理而言的,蕴含着治理理论。自"管理"到"治理"的语义变迁体现了后工业社会对全新的社会治理模式的理论需求,同时也是一种回应当前改革诉求、实现治理目标的必然选择,还是将治理理论的核心要素内嵌于城市社区的建设中,响应客观情境与现实实践的应然结果。因此,清晰把握社区管理与社区治理之间的区别,有助于更好地定义社区治理。二者的区别主要体现在以下几点:

首先,从主体上看,社区管理的主体一定是社会的公共机构,主要以政府、街道办事处为主要力量;社区治理的主体是多元的,既包括公共机构,也包括非政府部门、市场组织、辖区单位、居民等与社区发展相关的利益主体。

其次,从权力产生基础和运作方式上看,社区管理的权力来自作为统治阶级的政府,是运用政府的政治权威,对社会公共事务实行自上而下的、单一向度的管理;社区治理的权力来源于公众的认可，它主要通过合作、协商、伙伴关系、确立认同和共同的目标等方式实施对公共事务的管理，是一个上下互动的管理过程。

再次，从组织网络上看，社区管理体系是一种按照责任进行层次划分的分工网络；社区治理强调的是所有参与者的自主性互动网络，在社区治理结构中，多元主体以各自的平等地位为前提，通过相互沟通交流形成网络结构。

二、社区治理多元主体

治理的核心在于政府组织与非政府组织、私人组织、公民个人协调管理公共事务的过程。如果说治理理论内嵌于城市社区的发展中为治理主体多元化的建构提供了必要性说明，那么公民社会的日益成熟、市民参与热情的日益高涨则使这种建构成为可能。因此，作为治理理论的内生语义与核心要旨，多元主体共治城市社区已成为不可逆转的潮流，也因此成为当前及今后研究城市社区的重要议题。无论是理论的发展，还是现实实践的运作，都可以清晰地看到，在城市社区空间内公共权力正逐渐从政府向社会转移，原有的政府一元管理体制正在消失，非政府组织与个人作为主体参与社区治理的地位日渐突出。

另一方面，利益相关者理论、多中心治理理论、网络化治理理论等相关理论的发展与引入，也为多元主体共治社区提供了合理的话语阐释，以此表明政府、市场、社会合理分权的治理导向是应对公共管理模式嬗变的根本选择，同时，也为确定城市社区的治理主体提供了理论上的依据。例如，从利益相关者理论的角度阐述，"社区治理的主体是社区利益相关者，即与社区需求和满足存在直接或间接利益关联的个人和组织的总称，它包括政府组织、社区组织、社会中介组织、驻社区单位和居民等"；从多中心治理理论的角度阐释，社区治理以承认政府能力有限及有限政府为前提，强调由多个权力中心和组织体制来治理社区公共事务，提供公共服务；从网络化治理理论的角度阐述，网络化治理指的是为了实现与增进公共利益，政府部门和非政府部门（私营部门、第三部门或公民个人）等众多公共行动主体彼此合作，在相互依存的环境中分享公共权力，共同管理公共事务的过程，这一理论同样也被引入城市社区研究。

由此观之，无论从哪一理论出发阐释城市社区多元治理主体这一概念，都关注到与社区治理结构具有利益相关性，且在社区发展中能够发挥功能的多元主体。因此，本书在此将社区多元治理主体界定为：包括基层政府在内的社区党组织、社区自治组织、社区营利组织、非营利组织和社区居民等与社区发展利益相关的组织或个人组成彼此关联的互动网络，共同为社区提供公共物品和服务，促进社区良性发展，如图1-1所示。

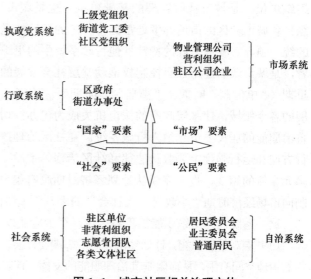

图1-1 城市社区相关治理主体

（一）执政党系统

社区党组织是经过社区党员代表大会选举产生的，由上级党组织认可，对街道党工委负责的准政府科层组织。"社区党组织是本社区的领导核心，它的权力资源主要是理论资源、政策资源和广泛的党员群众基础，其组织覆盖面比政府组织还要广泛，所以，它在社区治理中具有独特的组织、思想优势。"因此，本书将社区内代表党发挥政治职能，扮演领导核心角色的相关组织统一纳入执政党系统。

这一系统内的组织在社区治理的过程中主要发挥以下职能：

（1）政治领导职能。中国共产党是中国特色社会主义事业的领导核心，基层党组织是基层社会建设的核心力量，而城市社区作为基层社会的重要治理平台，其健康有序的发展同样离不开社区相关党组织的政治领导。在城市社区多元主体中，社区党组织依托自身所拥有的强大政治资源，实现对社区总体发展方向的宏观把握，确保党的路线、方针、政策的贯彻和执行，保障多元主体有效参与社区治理。

（2）价值引领职能。党组织发挥核心职能的表现形式不仅指依靠合法性权力来源赋予的政治领导，也强调党员的先锋模范作用所努力塑造的文化价值引领，从而以其良好认同价值的政治力量倒逼社区治理发展方向转变。社区内相关党组织发挥广泛的群众基础作用，以提高社区凝聚力和归属感为目标，以提升社区文化氛围和思想意识为内在要求，充分释放党组织和党员的正效应。

（3）整合协调职能。社区各级党组织对社区公共事务治理所发挥的宏观导向作用是以对各治理主体的整合协调方式所达到的。主要表现在：整合各治理主体所占有的独特资源，协调治理主体间的矛盾冲突，将多中心秩序下的优势要素重组，以便达到社区治理合力的最优化。

（二）行政系统

本书中的行政系统仅包括在社区治理主体中具有合法使用暴力权力、依靠科层制的组织结构、代表国家行使行政职权而参与治理的组织。街道办事处作为城市社区的基层行政组织单位，是城市社区管理的基础单位，也是城市社区中唯一具有直接行使指挥权的组织。各城市社区的街道办事处都处于特定的城区，是区政府的派出机构，直接接受区政府的统一领导。权威来源的特殊性使行政系统中的组织成为社区治理主体权力结构中的主导者，是城市政府运用社会控制权推动基层社会发展的重要途径。因此，在城市社区发展的早期（"单位制"时期、"街居制"时期），政府以其强有力的行政主导力量管控社区发展的各个领域，使基层政府的派出机关成为包办一切服务的直接提供者，甚至把本应发挥自治职能的居民委员会纳入行政系统。在社区治理蓬勃发展的今天，政府在社区的权力运行方向和运行强度上要服从法律和社区治理的本质，要完成从管理到治理、从单一主体到多元主体的嬗变，也要完成从计划经济时期政府集中管理的"大政府、小社会"的行政体制向市场经济时期"小政府、大社会"的多元治理结构的转变。

这一系统内的组织职能需重新定位，至少应从以下几方面考虑：

（1）宏观管理职能。计划经济体制的弊端使社会、市场、公民依附政府一元管理模式，面临的治理空间有限，从而限制其治理职能的发挥。伴随经济体制改革与基层民主政治的发展，从"全能基层政府"到"有限基层政府"的整体推进需要很多方面的提升路径，最为核心的就是政府在承担本身治理责任和义务的基础上将更多的职能归还社区，在社区治理的过程中规范权力运行边界，更多地关注社区发展的宏观层面，对社区建设提供指导和协调。

（2）资源保障职能。对于城市社区内的众多非营利组织而言，物质资源的匮乏使其在公共物品与公共服务的供给上出现缺失，同理，各系统内部的治理主体都会因自身所占有社会资源的有限性而影响治理效应的发挥。行政系统中基层政府的职权决定了它们掌握着主要的经济资源、物质资源与人力资源，使政府在资源调动能力和资源整合能力方面拥有无可比拟的优势，为其他治理主体提供人、财、物方面的支持，进而为社区发展提供必要保障。

（3）培育主体职能。社会组织和公民自治能力的不足决定了多元主体协同治理的基础必须是政府积极培育的社会中介组织、社区志愿团体等一系列自治组织。政府还权于社会、还权于民的一个主要特征就是把培育自治组织作为一种治理方式贯彻到社区管理的各个方面，而不是单纯地以职能转变为核心下放权力，其发展路径为防止基层政府控制权力进一步式微提供了支撑，为弘扬公共精神和传播公共意识提供了有效载体，也在推动非政府组织逐步走向健全成熟的基础上创新了社区民主自治的互动平台。

（4）制度建设职能。一方面，政府应从战略层面制定出符合本社区实际情况、操作性强、具有前瞻性的社区发展规划，从全局角度指导社区发展方向。"民政部也曾在相关文件中明确指出，各地要在充分把握政府关于经济、社区发展规划的相关政策文件的基础上，深入基层社区开展广泛的调查研究，以科学负责的态度，制定城市社区建设的发展规划以及具体的年度实施计划。"另一方面，管理制度的创新对现代社区治理的作用不容忽视，政府应不遗余力地促进城市社区基本管理制度的建设，为社区发展提供良好的制度环境，进而推进治理机制的可持续发展。

（三）市场系统

市场要素在城市社区中的繁荣是伴随着市场经济体制改革而逐步建构起来的。相对于农村社区，物业管理公司作为治理主体而存在是新时期城市社区的独有特点，而这一主体也在城市住房制度改革的浪潮下获得蓬勃发展。本书中的市场系统是指在城市社区中主要以获得自身可持续发展和利润最大化为目标，从事商业经营活动，为社区提供有偿管理与服务的营利组织，主要包括物业管理公司和辖区内的商业机构。其一，对物业管理公司的需求始于改革开放的政策创制，从改革开放前集体统一的社会体制，到改革开放之后住房商品化、产权私有化促使社会空间相对分离，不难看出，整个社区在需求日益多元化的推动下为专业化物业管理机构创设了发展空间。物业管理公司主要对居住小区的物业进行专业化管理，例如房屋维修、车辆停放、园林绿化、公共设施利用等。其二，辖区内的商业机构虽以营利为目的，但也在一定程度上促进了社区发展，尤其在满足社区居民多元化需求方面发挥了独特的优势，因此，它与社区的建设息息相关，是多元治理主体不可或缺的重要组成部分。

这一系统在城市社区治理中主要扮演以下角色：

（1）多元公共服务的供给者。如前所述，政府是提供公共产品与服务的核心组织，但并不是唯一组织。"治理主体多元化"倾向于在满足居民差异化需求结构的基础上建立较为包容、平等的话语机制，以求达到产品服务供给的主体异质化，而市场系统以其多样而灵活的供给方式获得越来越多公民的青睐。一方面，基层政府通过购买或竞标的方式不断促进公共服务的第三方供给，通过授权委托使社区内的企业为居民提供了更为多元化的公共服务；另一方面，物业管理公司和辖区商业机构只有以居民需求为导向，提供更为优质的服务才能获得更大的利润空间，这也在一定程度上促进了服务供给网络的完善。

（2）社区治理效能的改善者。"从技术角度讲，现代公共治理强调'以企业精神改革公共部门（奥斯本语）'，这与新公共管理运动密切相关。"这一运动强调通过市场化改革在政府和社会间建立起新型的"委托－代理"的契约关系，而这一核心内容也在社区场域内得以最新诠释。城市社区内的市场组织以其专业化的管理方法和企业化的运作模式使社区的管理效率得以提高。以物业管理公司为例，它受业主的委托对社区内的物业实施专业化管理，并对业主提供相关服务。通过物业管理公司提供的服务，社区内公共设施的维修及居民的需求都可以得到有效解决，改善了社区公共事务的治理效能。

（3）自主发展能力的提升者。城市社区内的市场系统处于一定的地域内，其发展水平已经与社区整体发展相融合，重塑了公共价值与市场效益的互动模式并形成了复杂的互嵌结构。营利组织在日益发展的同时，通过资金支持、居民就业与环境治理等方面的补充为城市社区建设提供发展契机。作为社区治理主体必不可少的构成部分，市场系统在追求经济利益的同时也应承担志愿服务和慈善捐赠的社区公益责任。基于社区治理主体多元的先验预设，市场系统为社区建设所带来的资源支持和发展潜能皆属于城市社区内部自我发展范畴，因此，它是社区自主发展能力的提升者。

（四）社会系统

社会要素在城市社区中主要以驻区单位和社区非营利组织（通常也称为第三部门、非政府组织等）两类治理主体为表现形式。驻区单位通常包括社区范围内的行政单位和事业单位，由于拥有较强的社会资源，它们在社区治理过程中发挥着不可替代的作用。"社区非营利组织主要是指在社区内以社区居民为成员、以社区地域为活动范围、以满足社区居民的不同需求为目的，由居民自主成立或参加，介于社区主体组织（社区党组织和社区居民委员会）和居民个体之间的志愿性或趣缘性组织。"目前大多数社区通常以社区志愿者团体和各种文体社团为主。因此，本书中的社会系统是指在城市社区范围内由具有共同价值和思想意识，追求共同利益的社区居民组成社会团体，以组织的形式从事非营利性质的活动，为社区居民提供直接公益服务的基层社会组织。城市社区中社会组织的发展是伴随着"政治－社会"结构变迁以及社会自主性力量的不断成长而逐步推进的，进而提出了社会要素参与社区治理和通过社会组织平台完善居民参与的时代命题。

社会系统以致力于社区内公益事业的发展和居民需求的满足为前提，加之基层区域这一地缘优势，使其逐渐在社区治理中呈碎片化态势发展。

（1）居民有序参与的组织者。城市社区自治是现代社区发展的最终目标，而依据社区内部发展逻辑与制度生存空间寻求居民自治的实现路径则是实现这一目标的核心所在。城市社区社会组织力量的增长是国家层面"政治－社会"关系嬗变的内生产物，以此为契机，发挥其载体依托与平台优势，最大限度地促进社区居民实现有序公共参与、力量整合和通力合作，共同致力于打造和谐社区。由于社会组织的建立基础是成员间价值观的认同，是共同目标的指引，所以在参与动员、协商决策、运作机制上较其他系统具有独特的组织优势,是公民渗透到社会力量由此滋生的自下而上的参与式治理。

(2)社区精神纽带的联结者。在质量与效率逐渐融入当今以结果为导向的社会生活中时,文化意识的建构显得尤为珍贵。社区居民之间相互合作的意愿、彼此凝聚力的大小,是社区"软实力"的一个重要因素,它在一定程度上能够塑造居民个体参与社区治理的认知模式与行为导向。社会组织功能多样,有的以提供公益服务为主,有的以为特殊群体提供帮助为主,有的以文体互动为主,但无论何种组织,都使社区的多元主体在众多公共性活动中得以充分互动,为增进居民融合,建立良好的公民关系起到了推动作用。社区居民的交流互动能够发挥在正式制度形成规约之前的潜在治理效能,进而有助于形成高度的社区归属感。

(3)社区综合发展的推动者。一方面,社会组织通过政府主动培育和支持的路径获得更大的发展空间,从成立到运作较传统模式更具灵活性、创造性与专业性,能够组织策划与居民需求密切相关的公益活动,在丰富居民文化生活的同时完善了社区公共事务的管理与服务,提升了社区的自治能力;另一方面,辖区单位既是社区地域范围内的治理主体,也是整个社会的公共组织,以其整体占有的资源在社区建设中发挥重要作用,体现了作为更广阔意义上的社会组织对基层社区公共事务的社会责任,使人们看到社区所有成员共建共享和谐社区的美好图景。

(五)自治系统

从某种意义上来说,业主委员会属于社区非营利组织,而居民委员会由于现实所扮演的角色,更倾向于行政系统。本书之所以将这两类主体连同社区居民统一纳入自治系统,是缘于对其理论上的权力来源和产生方式的思考。居民委员会是由全体居民或居民代表选举产生的,是居民自我管理、自我教育、自我服务的基层群众性自治组织;业主委员会是由业主选举产生的,是物业管理区域内代表全体业主对物业实施自治管理的组织。由此可见,本书中的自治系统是指合法性权威来自社区居民(业主),通过代表选举的方式形成自治组织(个体),以社区居民(业主)构成其全部组成人员,发挥自我管理与自我服务的功能,进而影响社区发展的一类组织。社会系统的合法性权威同样来自社区居民,但某些社会组织并不具备必然存在性,其由所在社区的不同状况决定。相反,一般社区都会设立居民委员会,在没有居民委员会的社区,业主委员会就会代行其职能。普通居民作为城市社区重要的组成部分,已经从被管理者转变为多元治理主体之一,通过发挥个体自治的优势,在社区治理过程中承担越来越多的公共责任。

这一系统的组织及个人在城市社区治理中主要扮演以下角色:

(1)公共事务的支持者。从现实形态来看,街道办事处仍或多或少地对居民委员会实行直接控制,使居民委员会承接了大量来自行政系统组织委派的业务,俨然成为科层制政府权力在社区的延伸,而应然角色的自治组织功能却出现弱化。这种现象的出现是由居委会在社区建设中的特殊地位所决定的,作为社区发展的中坚力量,宏观政策宣传与公共事务的执行确实是居民委员会服务居民的必要任务,但这并不意味着身份性质的转变。概而言之,自治系统内的组织和普通居民通过相互合作、彼此协商的方式,从居民需求出发,促使公共产品和服务的提供更趋人性化,并为这一过程的顺利进行提供支持,而非贯彻。

(2)基层民意的表达者。无论是代表社区居民利益的居民委员会,还是代表业主利益的业主委员会，其成员构成都是社区的居民，是社区治理的出发点和立足点。从微观视野的社区基层居民来看，社区居民通过居民委员会、业主委员会的自治平台表达诉求，提出民意，强烈的参与意识与意见表达愿望正不断冲击着社区公共决策，影响着社区重要事务的决定。社区居民自治组织是居民权益的代表，也是政府与居民沟通的重要桥梁，是公民权益的代言人。

（3）社区建设的监督者。在城市社区中，政党、行政、社会、市场的利益诉求不同，产生分歧是不可避免的现象，这就需要在国家意志与社会其他不同意志之间形成较佳的融通点，使它们能够找到共同的利益基础。社区居民自治组织的核心地位恰恰在整体价值取向之间提供了平衡的标准。因此，社区自治系统的组织和个人可以监督其他系统内的组织在城市社区治理中的行为表现，并提出合理的建议和意见，这一角色是符合权力来源的合法性基础和现实实践需求的。

思考题

1. 社区治理与社区管理有哪些相同点和不同点？
2. 评价社区多元治理主体的互动网络关系。

参考文献

[1] 朱鹏程. 社区公共产品与社区治理模式研究[D]. 北京：国防科学技术大学，2005.
[2] 廖敏. 江西省城市社区建设与发展研究[D]. 南昌：南昌大学，2006.
[3] 白柯. 成都市居民社区参与行为及其方法研究[D]. 成都：西南交通大学，2005.
[4] 肖羽. 中国智慧社区发展实践及其前景研究[D]. 上海：上海社会科学院，2016.
[5] 李慧凤. 社区治理与社会管理体制创新[D]. 杭州：浙江大学，2011.
[6] 郑岚. 城市社区治理主体关系研究——以传统单位型 X 小区和新型商品房 Y 小区为例[D]. 南昌：南昌大学，2012.
[7] 陈旭. 协同治理视阈下城市社区多元主体间关系研究[D]. 长春：吉林大学，2016.
[8] 吕蕾. 我国城市社区治理中政府角色定位研究[D]. 郑州：河南大学，2011.
[9] 张旭. 基于共生理论的城市可持续发展研究[D]. 哈尔滨：东北农业大学，2004.
[10] 方德岩. 城市社区服务的发展研究[D]. 大连：大连理工大学，2003.
[11] 高海燕. 新型城镇化进程中"满意社区"创建研究[D]. 杭州：浙江农林大学，2013.
[12] 安娟. 社区归属感与和谐城市社区的构建研究[D]. 成都：四川大学，2007.
[13] 殷玉芳. 从约制到认同：乡村社区环境治理路径研究[D]. 上海：华东理工大学，2014.
[14] 吴峰. 新城市主义理论与社区环境规划设计研究[D]. 西安：西安建筑科技大学，2003.
[15] 尹纯. 我国城市社区治理模式创新研究[D]. 北京：首都经济贸易大学，2008.
[16] 高贵如. 城市社区建设与管理现状及对策研究[D]. 保定：河北农业大学，2002.
[17] 王烨. 东南沿海地区农村社区养老问题研究[D]. 长春：吉林财经大学，2019.
[18] 夏学銮. 中国社区建设的理论架构探讨[J] 北京：北京大学学报（哲学社会科学版），2002（01）：127-134.

[19] 刘学贵．论现阶段我国城市社区管理的现状及对策[J]．云南行政学院学报，2014（01）：134-136．

[20] 田亚鹏，金占勇，康晓辉，等．智慧社区运营管理中的利益相关者及其利益诉求分析[J]．价值工程，2018，37（35）：39-40．

[21] 王宸．常熟市新型农村社区自治存在的问题及对策研究[D]．南京：南京理工大学，2018．

[22] 何海兵．我国城市基层社会管理体制的变迁：从单位制、街居制到社区制[J]．管理世界，2003（06）：52-62．

[23] 陈伟东．城市基层社会管理体制变迁：单位管理模式转向社区治理模式——武汉市江汉区社区建设目标模式、制度创新及可行性研究[J]．理论月刊，2000（12）：3-9．

[24] 魏姝．中国城市社区治理结构类型化研究[J]．南京大学学报（哲学·人文科学·社会科学版），2008（04）：125-132，144．

[25] 陈伟东，李雪萍．社区治理主体：利益相关者[J]．当代世界与社会主义，2004（02）：71-73．

[26] 张洪武．城市基层社区的协同治理研究[J]．中共石家庄市委党校学报，2010，12（03）：39-41．

[27] 梁莹，黄健荣．协商民主中的公共治理[J]．中国行政管理，2005（09）：107-110．

[28] 王梅．利益相关者逻辑下城市社区的治理结构[J]．北京行政学院学报，2008（02）：30-33．

[29] 何平．温州城市社区治安建设研究[J]．温州大学学报（社会科学版），2003（04）：19-26．

[30] 袁振龙．社区安全治理格局与应急管理思路探索[J]．华南理工大学学报（社会科学版），2016（06）：52-60．

[31] 唐晓阳，袁忠．创建广东和谐平安社区的主要任务[J]．广东行政学院学报，2005（06）：56-60．

[32] 李慧凤，蔡旭昶．“共同体”概念的演变、应用与公民社会[J]．学术月刊，2010（06）：19-25．

[33] 赵定东，杨政．社区理论的研究理路与"中国局限"[J]．江海学刊，2010（02）：132-136．

[34] 何海兵．我国城市基层社会管理体制的变迁：从单位制、街居制到社区制[J]．管理世界，2003（06）：52-62．

[35] 何海兵．社区制的理论、实践与思考[J]．华东理工大学学报（社会科学版），2003（02）：28-32．

[36] 华伟．单位制向社区制的回归——中国城市基层管理体制50年变迁[J]．战略与管理，2000（01）：86-99．

[37] 黄元山．城市社区建设的实践思考——以湖北省恩施自治州为例[J]．清江论坛，2008（02）：54-58．

[38] 陈旭．协同治理视阈下城市社区多元主体间关系研究[D]．长春：吉林大学，2016．

[39] 陈文婧．社区运营再升级[J]．住宅与房地产，2018（04）：18-19．

[40] 高鉴国．西方国家社区中心的功能定位与运营模式——现代性视角的考察[J]．社会

科学，2019（06）：74-86．

[41] 夏建中．从社区服务到社区建设、再到社区治理——我国社区发展的三个阶段[J]．甘肃社会科学，2019（06）：24-32．

[42] 夏建中．治理理论的特点与社区治理研究[J]．黑龙江社会科学，2010（02）：125-130．

[43] 夏建中．基于治理理论的超大城市社区治理的认识及建议[J]．北京工业大学学报（社会科学版），2017（01）：6-11．

[44] 陈振明．公共管理学——一种不同于传统行政学的研究途径[M]．2版．北京：中国人民大学出版社，2013．

第二章 社区运营

第一节 社区运营相关属性

一、理念起源

社会工作根植于西方古罗马、古希腊及基督教文化,并随着工业化和城市化衍生的社会问题而产生。作为来自西方的舶来品,社会运营自进入中国以来就经历着本土化的蜕变。改革开放以后中国进入了社会转型与经济转轨时期,随着民众思想的开化与政府执政思维的转变,中国的公民社会逐渐成长,政府与社会的关系被逐渐厘清,中国进入了"小政府、大社会"的创建时代。社会工作作为社会福利的发送体系,承担着改革传统社会服务和创建新型社会服务的重任,同时也在回应日益繁多的社会问题方面被寄予厚望。

微课:社区运营相关属性

二、含义

社区运营是社区生活服务,包括物业服务、社区关系与商业服务三个部分,即"通过物业关系建立良性的社区关系,进而延展出商业服务"。社区运营作为经营战略或营利手段的企业行为已有时日。从可以查到的媒体资料来看,2007年1月,对一家名为"卓越"的物业服务企业"社区运营服务"经验的报道已经出现。此后,社区运营在物业管理行业内逐渐被视为企业的"创新"战略和"创富"手段。2013年,龙湖、长城、招商、中海、万科和花样年等宣布引入"社区服务运营"战略,从而将这一概念正式推向社会。其中一些企业甚至认为,社区运营是物业服务企业原有经营模式的颠覆性的革新,"颠覆了传统物业仅对'物'的服务,从人的需求出发,从被动服务转化为积极的主动服务,为客户创造全面的价值"。

三、理论探究

社区作为复杂社会架构治理下的一个多属单元,在不同的视角下或者说不同的商道论调下皆有不同的角色定义,但每一条路都是走向特色运营与创新转型的方向,时下各种针对物业社区的新定义或者新解读皆是一种实践的新探索。

(一)阵地论

从战争学的角度来审视市场商道,每一个零散的物业小区都是一块主权阵地,也是当下各大物业公司在市场规则下玩命博弈的攻守之巅,谁的主权阵地多,或者说谁的运营体量大,那么,谁在市场商道上的话语权就大。由此可见,没有主权阵地的物业公司是不可想象的。

（二）链接论

物业社区作为一个实体空间，也是多级社会架构的基本单元，对外的协作性说明了物业社区是复杂社会有效治理可控链条中的关键一环，对内的团结性体现了物业社区是资产共同体多元独立区分的唯一连接纽带，至此，链接论的定性佐证清晰了，物业社区是社会大系统分工下的个体元素，是社区小系统协作上的一个众筹标的。

（三）平台论

物业社区的商业变异或者运营溢价不是凭空吹出来的，必须借助有效的介质平台去实现，相当于一台计算机必须安装了操作系统才能具有多样功能一样。也就是说，无论是偏技术的，还是偏经营的，物业社区必须通过适配的运营机制和技术平台才能突显应有的价值溢价，否则，离开了中介平台一切皆无从谈起。

（四）资源论

从资源的稀缺性以及变现方面考虑，互联网时代下的物业社区就是一座沉甸甸的金矿。有人曾说，得"社区"者得天下，可见物业社区这个实体端口的重要性。每一个城市的角落都有零散的物业社区，每个不同的物业社区皆聚集着无限宽广的潜力资源，如行业大咖所言，物业公司是社区金矿的守护者。

四、服务机制

一个合理有效的社区运营服务机制设计要求做到两方面：一方面，政府对于社会组织积极参与公共服务的供给不能撒手不管，而应给社会组织提供更多的政策资源和财力支持，为社会组织提供社区公共服务创造一个较为宽松的外部环境；另一方面，社会组织也有必要处理好与政府的利益关系。随着政府的转变，各类社会组织应积极主动地与政府进行合作，与政府建立良好的信任关系。

五、所有权

社区中心作为开展公共或非营利服务的康乐设施，其产权形式主要有以下几种。

1. 政府所有

社区中心属于地方政府所拥有的设施（包括建造社区中心的土地产权属于政府），但其管理责任不一定由政府部门直接承担，通常委托给社区非营利组织运营。

2. 社区所有

社区中心由社区组织（如社区协会）所拥有并管理，得到地方政府部门的承认和资助。

3. 私人商业公司或宗教组织所有

可能出现两种情况：一种是私人或私人公司拥有产权，但出于慈善和公共关系的目的而无偿提供其使用权；另一种是有偿或低价出租，供社区非营利组织开办社区中心使用。

六、必要性

由于社区能够通过面对面的交往、邻里互助和非正式的行为规范满足社区成员的情感需求、人际交往需求和生活需求等，并影响社区成员的思考和行为的方式；又由于社区是一个介于初级群体和次级群体的组织，对于居民有着具情感性和易接近性的功能意义，是每一个人从家庭走向社会的第一个空间，所以，社区治理应当是全部治理系统的基础。再者，"社区"这个概念的首倡者滕尼斯认为，社区的特征就是"亲密、单纯的共同生活"，"从出生之日起，就休戚与共，同甘共苦"，其"成员由共同的价值观和传统维系在一起，他们有共同的善恶观念，有共同的朋友和敌人，在他们之间存在着'我们的'意识的共同体"。"共同体是持久的，真正的共同生活。社会只是一种暂时的、表面的共同生活。因此，共同体本身应该被理解为一种生机勃勃的有机体，而社会应该被理解为一种机械的聚合和人工制品。"所以，社区作为民众生活的共同体与治理的"共建、共治、共享"共同体在社区治理中统一起来，在学术逻辑上以及社会现实中得到了完美的结合。两者的出发点一致，目标也一致，这无疑说明了社区治理是非常必要的。更为重要的是，城乡社区是人民群众安居乐业的家园，是党和国家许多政策措施落实的"最后一公里"，它对于巩固党的执政基础具有重大意义。

思考题

1. 什么是社区运营？社区运营应遵循什么原则？
2. 社区运营的主要内容有哪些？

第二节 社区运营模式

一、城市社区运营模式

（一）智慧社区运营

1. 定义

智慧社区是一种社区管理和服务的创新模式，它利用物联网、云计算、移动互联网、信息智能终端等新一代信息技术，通过对各类与居民生活密切相关的信息的自动感知、及时传送、及时发布和信息资源的整合共享，提升社区治理、社区管理现代化，促进公共服务和便民利民服务智能化，让居民生活更智慧、更幸福、更安全、更和谐、更文明。

微课：社区运营模式

2. 运营理念与要求

智慧社区的服务运营应遵循以人为本的服务理念，即立足社区实际，通过智能化基础设施建设和相关信息化服务，实现社区治理现代化、小区管理自主化、公共便民服务多元化等目标，促进社区健康可持续发展。智慧社区服务主要涵盖三大范畴，即基本公共服务、社区生活服务和社区主题服务。

（1）基本公共服务，指建立在一定社会共识的基础上，由政府主导提供，与经济社会发展水平和阶段相适应，旨在保障全体公民生存和发展基本需求的公共服务。享有基本公共服务是公民的权利，提供基本公共服务是政府的职责。

基本公共服务的范围一般包括保障基本民生需求的教育、就业、社会保障、医疗卫生、计划生育、住房保障、文化体育等领域的公共服务，广义上还包括与人民生活环境紧密关联的交通、通信、公用设施、环境保护等领域的公共服务以及保障安全需要的公共安全、消费安全和国防安全等领域的公共服务。

（2）社区生活服务主要分为小区管理服务和便民服务两类。小区管理服务包括房屋产权管理、房屋租赁等房屋管理服务和民情互动、安防消防、便民快递、智能停车、环境卫生等物业管理服务。便民服务包括便民利民网点、家政服务、餐饮服务等社区生活服务和一卡通、便民缴费等社区金融服务。社区生活服务一般由政府相关部门主导规划，由企业、个人通过市场化方式有偿提供服务。其特点是与居民生活密切相关，需求相对明确，业态比较成熟，既受政策法规、行业自律和公序良俗规范，也通过市场竞争机制进行调节。

（3）社区主题服务是指在社区生活服务的基础上，进一步挖掘社区民众需求，提供特定主题的服务（智能家居、绿色出行、社区互动、社区银行）或关联、融合的服务（如商业社区、旅游社区）。其特点为居民尚未形成需求惯性，相关商业氛围、服务标准、产业链等尚不完善，需要企业提供服务体验加以引导。

智慧社区的服务运营应依托必要的场地和设施，按照一定的标准与流程，以可感知、可监督、可持续的方式提供，促进民众生活质量的提升。

3．运营模式

基本的运营模式简单说就是供应商以提供服务换取最大收益的模式，具体来说就是为市民、商家、政府和属地化的自由职业者四类用户服务：为市民提供基本服务和收费服务；为商家提供收费服务（推广、宣传、促销等）；为政府提供政策宣贯、民意收集、网格化管理通道等服务；为属地化的自由职业者提供其与居民沟通的平台。具体收费采用"一事一议"方式，并且谁收费谁负责。因为在互联网时代不能完全依赖传统管理模式，当然，不是说传统管理模式完全没有用武之地。原则是可以标准化的服务尽量标准化，不可以标准化的部分与标准化的部分结合，寻求最佳实践方式，定价可以随行就市。

4．服务对象

智慧社区运营管理的服务对象主要包括基层政府、物业公司、业委会、本地商家以及居民。主要方式是通过信息化平台，为基层政府提供上通下达的管理平台和渠道；为物业公司提供管理信息化平台与居民沟通的渠道；为业委会提供网上工作平台；为商家提供服务平台。政府、物业、业主委员会、商家可以通过智慧社区信息化平台为居民提供网上办事、网上报修与付费、网上议事与投票、网上订购与订餐等服务。当然，这一切都离不开系统的支撑，运维服务也是智慧社区运营不可或缺的部分。

运维服务管理对象包括系统基础硬件设施、应用系统、用户、供应商，以及IT运维部门及其人员，具体内容如下：

（1）系统基础硬件设施包括网络、主机系统、存储/备份系统、终端系统、安全系统以及机房动力环境等。

（2）应用系统包括服务平台网站、网站信息发布系统、移动终端发布系统、面向公众的应用系统等。

（3）用户包括使用如上IT应用系统的市民百姓、街镇政府、非政府组织、居民委员会、物业公司、服务商家等最终用户。

（4）供应商包括基础设施和提供应用系统的供应商以及 IT 运维服务的供应商。

（5）运维部门及其人员包括内部参与 IT 运维活动的相关部门及其人员，以及提供运维服务的企业及其相关人员。

5．基本思路

智慧社区运营管理的基本思路是借助信息化平台为基层政府、物业、业委会、商家、会员居民提供服务，以服务换取收益。智慧社区项目是以生活需求为导向，通过整合与市民生活密切相关的衣、食、住、行等服务信息及项目，保障民生，便民利民。其通过整合政府、市场、社会三大服务资源，并将网上服务与线下服务相结合，达到保障民生，提供就近、便捷、个性化的服务目标，从而提高市民生活的幸福指数。为保障项目正式运营后能够具有较好的营运效果，就此探讨制定相关的运营考核管理办法。通过建立定期对"市民百事通"服务平台运营的考核和评价，建立运营考核管理制度，以从多方面衡量平台的服务能力、客服水平以及服务资源的配合程度等，持续完善服务平台网站的建设，提高服务质量，扩大社区目标客户群的范围，更好地为社区居民的日常生活服务。

（1）建立规模效应。利用政府主导地位，以社区信息化为契机，开展智慧社区建设、运营和服务。建设以街道社区为单位，目前上海市区一个区县下辖近 10 个街镇，一个街镇下辖十几个居委，每个居委管理 3～4 个小区，平均每个小区有 2 000～3 000 居民，这样每个街镇有 10 万～15 万人。居民委员会抽样调查显示，社区内超过 30% 的居民愿意加入智慧社区，从目前几个区县的工作开展情况来看，在不久的将来"市民百事通"的规模效应就会显现。

（2）与互联网服务商合作。与互联网服务商合作主要看对方的服务是否已经形成事实闭环，如果已经形成闭环，合作的机会不是没有，而是合作的价值难以体现。狭缝的合作往往处在边际效应递减的拐点上。虽然真正的创新（颠覆性的竞争）也来自这种边缘（利润低、不稳定、无须验证、风险系数高），但是显然还是以互联网思维来看合作的价值，互联网由点和线构成，专业的人或组织就像互联网上的"点"，而运营主要作互联网中的"线"，连接这些点，使整个网络可以发挥最大效用。只要在合作过程中双方都有利润，合作就可以持续并且稳固；只要合作模式成熟，一个运营平台就多一项服务。

（3）信息资源吸引用户。心理学表明大多数人都只关心与自身相关的信息，并且在这些信息中选择自己喜欢看的内容，时间久了人们就被自己选择后的信息禁锢起来了。桑斯坦（哈佛大学法学院教授）称其为"信息茧房"。

假设这个结论在大部分情况下成立，它一方面说明不是所有的信息都可以吸引用户；另一方面说明可以利用这个现象来增加运营平台的黏度。问题的关键是如何进入用户的"茧房"。

针对社区内用户的分析，根据基本信息借助大数据交叉，复现用户的消费习惯以及个人喜好，与可以提供的信息作筛选和匹配，后台规则引擎给出符合的信息，根据分析结果有针对性地推送不同信息给不同的用户，然后将用户删除信息或者信息在有效期内始终未被打开等情况，回传到规则引擎进行再筛选，持续改进用户信息渠道体验。

（4）稳定用户群体。根据互联网业内资深人士、《失控》的作者、《连线》杂志创始人兼主编凯文·凯利（Kevin Kelly）的预测，未来人类将与互联网共生共融，搜索引擎的地位将被社群连接或者指引取代。稳定用户群体的策略就是以建立属地化社群为主，以简单实用信息吸引为辅，确立稳定的用户群体，为本地社群提供尽可能的便利条件；支持一切新奇、有趣、好玩的人和组织及活动组委会入驻，吸引"粉丝"，策划公关、娱乐、健身活动，吸引用户，潜移默化用户的上网习惯，让属地化电商运营深入社区人心。

智慧社区运营通过大数据分析、客户管理系统的建立和运行，利用社区App、微信公众号等运营手段，提前预测潜在需求所涉及的消费形式并形成一个完整的服务系统，具体包括客户的隐性需求、与之相符的商家的介入、可能出现的投诉处理机制、服务过程中的风险规避、客户感知服务效果的满意程度、低成本运行的成熟模式以及更高利益回报率。

社区O2O是围绕"人"进行的业务活动。"知人"比"识物"难，要运营好则更难。社区生态圈很大，业务十分丰富，参与者众多。有了物联网和互联网的互相补充、共同加持，线下任何服务、消费、管理场景的触点都可以成为入口，只要客户做出了贡献（互助、公益、消费等行为），就可积累权益。如今，无论线上线下，客户行为和状态信息均可被搜集和捕捉，从而跳出"无线上，不运营"的困局，形成线上线下全渠道的权益循环，打造一个立体的数据化社区运营系统。

6. 运营范围

互联网时代的发展趋势是"颠覆传统行业的节奏进一步加快"，所以智慧社区的运营范围是只要不违法，不排斥任何针对人的服务提供者进行其经营活动。目前的做法是"成熟一个上一个"，即经过论证评估且试行成功后得到居民认可，就在平台上正式开展新的业务，且以滚雪球的方式开展新业务。

7. 收入运营模式

服务运营的良性循环，是通过为社区居民提供有价值、满意度高的服务使使用者付费，因此，找准切入点尤为重要。传统物业公司提供的服务都是最基础的社区服务，由于经常出现物业费收缴困难、物业服务不理想等情况，物业管理在很多社区都是一个难解决的问题。通过智慧社区让业主和物业公司建立标准服务规则，业主缴纳物业费用后可以对物业服务人员进行评分，业主也可以根据自己的特定需求购买家庭安防保卫等物业增值服务。建立社区周边的电商系统，覆盖社区短距生活圈，可以让社区购物实现本地化、零距离。通过与一些知名超市和供应商合作，可以为社区业主提供生鲜、食品、蔬菜以及生活用品等购物服务，方便社区业主的生活采购，提高业主的生活质量。通过整合一些生活常用服务，比如洗衣、保洁、家政、维修、洗车、观影、餐饮等服务，形成社区O2O服务（即生活服务类项目的线上线下服务），让小区周边的服务跟社区业主直接对接，省去了找寻的成本，并可以通过收取一定的服务平台佣金来实现营收。社区也可以根据自身社区小站服务点，与电信运营商方面合作，推广通信和宽带方面的产品，比如可以实现手机的零售和宽带业务办理，业主在家里的平台即可看到社区小站的合作项目，升级宽带或者更换业务等。社区还可以通过跟各大广告公司和传媒公司合作，出租自己的社区门口机和室内机的广告位，提供覆盖小区的精准广告服务，如果智慧社区能形成规模化，这类服务也同样可以形成比较固定的广告营收。

综上所述，智慧社区的建设发展能够平衡社会、商业和环境需求，同时优化可用资源，通过应用信息技术规划、设计、建造和运营社区基础设施，提高居民生活质量和社会经济福利，从而促进社区和谐，推动社会进步。当前，需要通过坚持问题导向，综合运用经济、行政、法律、科技、文化等手段，构建权责明确、服务为先、管理优化、执法规范、安全有序的社区治理体制，打造共建、共治、共享的社区治理格局，从而解决人民日益增长的美好生活需要和不平衡不充分的发展之间的矛盾。

8. 运营发展前景

从目前的发展形势来看，未来的物业管理接驳智慧社区运营模式，很有可能成为物业管理行业及企业存在的重要形态。

物业管理接驳智慧社区运营模式是未来智能化服务的一个过渡阶段，目前存在的问题随着互联网的快速发展可以找出解决的方案和办法，如快速响应机制、客户体验沟通、投诉问题处理等。

物业管理接驳智慧社区运营模式需要物业管理行业及企业的共同努力，打破壁垒，共享资源，同时政策引导、法律规范、市场监管、政府监督、客户接受都会成为物业管理接驳智慧社区运营模式的辅助发展条件。

物业管理接驳智慧社区运营模式只是新型服务模式的一级形态，随着行业的发展、科技的应用、模式的普及必将再次升级，不断完善模式发展过程中存在的各种不足，从而成为未来服务模式创新的参考和借鉴。

（二）绿色社区运营

1. 概念及标志

绿色社区是指具备符合生态环境保护要求的设施，实施长期有效的社区环境管理并建立健全公众参与环境保护机制的社区，包括硬件建设、软件建设和持续改进三个要素。

硬件建设包括绿色建筑、社区绿化、垃圾分类、污水处理、节水、节能及使用可再生能源、环保宣传栏等设施；软件建设是指在社区管理中建立生态环境保护监督管理体系，建立社会层面的公共参与环保的机制，包括建立一个由政府各有关部门、驻区单位、民间环保组织、物业公司、居委会和居民代表组成的联席会，建立一支起骨干作用的绿色志愿者队伍，开展一系列持续性的环保活动，居民选择与环境友好的生活方式等；同时，只有长期保持良好的环境管理并且不断改进工作，才能实现绿色社区的创建目标。

一般来说，绿色社区要有健全的环境管理和监督体系，有完备有效的污染防治措施，具有健康优良的生态环境；生态文明建设理念深入传播，有良好的环境文化氛围，简约适度、绿色低碳的生活方式深入人心；有解决公众环境问题的一定措施，社区居民整体环境保护意识较强。

2. 运营发展前景

（1）从政策层面来看，目前国家正大力鼓励推动绿色健康发展。"十三五"规划中明确指出要牢固树立、贯彻落实"创新、协调、绿色、开放、共享"的发展理念。住房和城乡建设部也明确指出，必须以绿色城市建设为导向，推动绿色发展，全面提升全领域、全过程绿色化水平。

（2）经济增长正驱动绿色社区需求的增长。随着国家经济发展日益加快，国民生活水平逐渐提高，人们对自身的居住生活环境的要求也逐渐提升，从科技住宅的舒适度到健康环保的社区环境，绿色社区概念已经深入人心。

（3）绿色社区助力环保节能、低碳减排。绿色社区具备了一定的符合环保要求的硬件设施，建立了较完善的环境管理体系和公众参与的社区，最初的绿色社区概念是被一个活跃的环保组织 NGO 引进中国的。如今，绿色社区已经逐渐发展成为推动环境治理与节能环保的主要阵地。所以，绿色社区的运营很重要。

（4）通过绿色建筑可以夯实绿色社区的硬件基础。说到绿色社区，就不得不谈到绿色建筑，以往的社区建设只是考虑人们的基本生活需求，对绿色社区乃至设计空间、材料、人体健康的环境影响考虑得并不多。现在，不仅要人有所居，还要生活得健康，生活得环保，生活的质量越来越高。而绿色建筑在全生命周期内最大限度地节约资源，包括节能、节地、节水、节排，保证环境与自然和谐共生，所以绿色建筑的技术注重低耗、高效、经济、环保、优化，更是可持续发展的重要手段。

（5）绿色物业承载着绿色的软件服务。绿色建筑必然需要绿色物业服务。绿色物业服务就是在保证客户需求和服务质量的前提下，通过科学管理、技术改造、行为引导，有效降低各类设施设备乃至自身运行的能耗，最大限度地节约资源和保护环境，致力于构建节能、低碳、智慧物业服务的活动。绿色物业和传统物业虽然在管理范围、管理目标方面有很多相同之处，在管理模式和机制上却存在着本质区别。如果说传统物业是在项目建成后交付管理，那么，绿色物业在开发阶段就要早期介入，在规划设计阶段就要参与进去，从未来社区物业使用角度、从环保节能角度和节能减排的角度提出意见。

（6）绿色服务对整个行业的发展具有非常重要的意义。它有利于资源环境保护，有利于人居生活质量改善，有利于环保产业发展，有利于业主绿色文明意识提升，也有助于经济的可持续发展。

（三）社区邻里中心运营

1. 运营主体

有社区基因的社会组织、社区营造专业机构以及相关的社会企业，应该兼顾公益和商业，兼具商业运营能力以及便民服务能力、社区共治能力。

2. 运营模式

社区邻里中心可以采取"全民皆兵"的做法，让每个人入股集体企业，每个人的产权都在企业里面，激励每个人去参与村子的建设与服务，形成一个共同富裕、深度参与的社区共同体。此外，社区邻里中心的运营由政府大力倡导，提供土地、免租、产业引导、企业扶植等各种优惠政策吸引各方参与，创新运营模式，激活一地的活力。

社区邻里中心运营主体中与特色小镇相似的有以下几类：一是大型地产商及其物业公司，它们认为这是社区价值、物业升级服务的一部分，是品牌和社区连接的好项目；二是文旅企业；三是当地想要转型的大企业，例如，当地最大的模具厂要做模具特色小镇，它会成立一个新公司去运作，但最终还是要看运营结果；四是当地国有企业，甚至一些村办企业；五是社区营造的专业机构，在其中进行咨询、社区动员、社区营造。有社区基因的社会组织、社区营造的专业机构以及相关的社会企业是运营主体。特色小镇运营中存在的最大问题不是硬件，有专家认为特色小镇运营失败的原因是运营欠缺，当地的文化特色以及社区参与不够充足，跨界跨得失去了特色。特色小镇具有活力的关键就在于当地老百姓的积极参与。

3. 运营关键

（1）不能只靠硬件。硬件可以吸引人们来一次，但时间久了会失去吸引力与新鲜感，社区邻里中心的硬件再好也比不过特色小镇，毕竟特色小镇具备较高的投资水平和设计水平。

（2）社区邻里运行主体应是社区专业运营机构。社区邻里中心运营交给地产商很难成功的原因在于地产商习惯高投资、快周转的运营模式，它们对利润、绩效的要求十分苛刻，因此，很难深入去做服务居民之类的复杂事。而且，社区邻里中心回本周期长，要和社区众多单位协作，协调成本高，单纯以营利为目标的企业很少有做邻里中心项目的意愿。

社区邻里中心的主体，应该兼顾公益和商业，兼具商业运营能力或者便民服务能力、社区共治能力，有社区基因的社会组织、社区营造专业机构以及相关的社会企业是运营主体。当然，这样的专业机构仍在摸索过程中，并且做这个领域的机构也会面临类似社区养老机构被大地产、大资本同剿的命运，未来到底会产生什么样的机构，只能边走边看。

（3）服务模式上要整合服务而非单一服务。在社区邻里中心，即使是非常专业的高端单向式服务也不可行，整合运营模式才是未来的发展方向。社区邻里中心既要提供空间服务、项目活动服务，还要提供社群服务、社区治理服务，动员社区居民，降低运营成本。社区邻里中心的特殊定位导致其运营具有复杂、利润低等特性，很多产品、服务、项目、活动要和公益、社区基金会、政府购买服务项目打通，而这样的模式只能是整合创新模式。

（4）运营机制上要构建全面参与、共治共享的社区治理体系。社区邻里中心的运营，要重点培育全面参与、共治共享的社区治理体系，消费合作社，经营有故事的产品，打造二手商店，吸引更多人参与邻里中心的运营，可以使其作为会员或者消费者、志愿者去推动中心建设。

在邻里中心的建设过程中应该设计一些参与式的内容，例如，让居民参与整体的规划与设计，目标是使居民将社区邻里中心的事当成自己的事，将居民的主体意识激发出来，而且有了情感连接之后，居民可以帮助产品、服务、公益项目向更好的方向发展。只有通过共治、多元资金、丰富的项目、高颜值的空间、共建共享的机制，社区邻里中心才能够真正活跃起来。

特色小镇的成功与失败的经验，对于目前的社区邻里中心启发较大。社区邻里中心重在运营，运营的背后是一个好的专业运营机构、一个好的机制，它们能够把社区居民联系起来，营造更好的社区，取得更好的收益。

（四）养老社区运营

1. 我国养老模式

随着养老市场需求的变化，在居家养老逐渐形成主流的同时，社区养老也正与其他各类方式形成捆绑态势，例如保利旗下项目采用的居家、社区、机构"三位一体"养老方式。下面列出五种已成雏形的养老模式。

（1）居家式：居家养老仍将是我国养老的主流方式。尽管满足了老年人世代同堂的需求，但还需要通过"虚拟养老服务"的创新来进一步提升养老质量。

（2）候鸟式：该养老模式是指老年人随着季节的变化，每年抽出一段时间到具备更舒适环境的地方去养生度假，例如成都的养老部落、武汉的颐乐园、杭州长寿村老年公寓等。这种方式在不久的将来也会实现跨国互动。

（3）活跃式：其最大的特点是关注老年人的精神世界，针对具有某一共同特征的老年人开展服务，同时提供平台增强老年人与社会的交流，鼓励老年人发挥余热，增强自我学习。其中还包括阶梯式养老、搭伙养老等模式。目前匹配的有上海南汇租赁式老年社区、大连国际书香怡养院、峨眉山国际健康城等项目。

（4）异地式：该养老模式是指老年人为了更好地生活，异地置业或寄居于异地的养老公寓等，长时间在异地进行养老的一种方式。如安吉异地老年养生基地、苏州吴中区高端老年产业带、广东的粤港合作养老等项目，通过养老产业带动了周边地区经济的发展。

（5）以房养老式：鼓励老年人将市中心的房子出租，用以支付养老社区租金。比较著名的有"倒按揭"模式，老年人可将房子抵押给专门机构，每月从该机构领取一定数额的生活费，在去世后，房子由该机构所有。这种以房养房的模式也是一种投资方式。

2. 养老社区开发运营模式

当前的养老社区的开发运营模式的划分还没有一个相对统一的说法，目前研究引用较多的几种方法如下：

（1）按照开发投资主体来区分，目前的养老社区的开发运营模式分为以下3种：

1）政府投资的保障房，也就是政府开发的社会福利院和保障院。

2）企业投资营利性的养老设施，国外的养老模式皆属于此类。

3）保险公司的养老保险产品，这也是当前正在研究的一种新模式。

（2）按照主体参与方占比，目前的养老社区的开发运营模式可以分为以下4个方向：

1）重资产模式：政府或者企业投入大笔资金开发养老地产的方式，一般用以追求"规模效应"，用以给养老行业带来信心。由于其带来的"瓶颈效应"，未来开发的养老项目基本不会采用此模式。

2）公建民营模式：主体开发还是政府投入，通过市场和选聘机构负责后期运营，包括购买服务、委托管理等模式。

3）PPP模式：这种政府与企业合作开发的模式包括BOO、BOT等模式，当前研究最多的是BOT模式。

4）纯商业开发模式：这类模式我国暂时没有成型的理论和可复制的模型，且先前民营的养老机构有不少陷入了资金短缺困境。这是一种纯靠开发商独立投资或联合投资建设养老地产的模式，目前有在建案例的都是国内顶尖的房地产开发商，如万科、保利、绿地等。这类模式强调政府只有政策覆盖、不参与开发运营，全由各类企业参与开发和运营。

（3）按照功能配置来加以区分，目前的养老社区的开发运营模式可以分为以下4种：

1）独立护理型：相关设施并设型，在城市中建设单独的护理型社区，与周边社区没有关系，但需要周边有医疗机构、教育设施等区域。目前比较成功的是恭和苑和星堡中环，对选址和医疗要求高，且前期投入大，资金回笼慢。

2）综合开发型：适应各年龄阶层老年人，设置多种盈利模式，包含多种服务的大型社区，基本上选址都在城市郊区，目前高端的项目大多采用这种模式。由于社区规模大，可以嵌套旅游和商业地产结合的模式，通过划分功能区为不同分区提供养老服务。

3）社区嵌入型：在成熟或新建的住宅社区内，加配或同时建设老年设施，形成老年公寓、照料中心等。对医疗护理水平要求高，但普适性强，目前万科良渚、保利和熹会等养老地产项目使用这种方式。这也是目前研究的热点模式之一。

4）医养结合模式:"医"是指传统的医疗服务,包括体检、疾病诊治、护理以及疾病康复等服务。"养"包括生活照护、精神心理、文化活动和养生理疗服务等,更多是一种预防医学和应急医疗体系的搭建。从当前我国养老社区医疗搭接情况来看,大体可以分为以下3种:

①结合社会资源搭建的医疗支撑体系:同社会上的专业健康研究机构、医院诊所、护理机构等展开合作,在社区内建设分医院、护理所等。例如富椿佘山养生社区、江苏盱眙金陵天泉湖养生养老社区等都采用了这种模式。

②医疗机构主导建立的养老社区:也就是医疗机构直接转变为养老机构。例如目前台湾最大的养老社区长庚养生文化村,就是通过长庚医院和长庚大学专业的医疗服务和技术团队支持展开建设。

③养老社区开发商自建医疗机构:这种方式是由开发商自行在社区内设置医院和护理机构,目前国内这么做的社区较少,上海亲和源和泰康申园这类大型项目使用了这种方式。

3. 养老社区规划设计

规划设计与人民群众的需求息息相关,但很多时候规划设计考虑因素太多又跟不上市场需求的变化。近年来,我国学者通过对西方发达国家规划设计模式的研究,提出了一些以生命周期理论和马斯洛五层次需求理论为核心的应用型规划设计模式。这里列出几种通用的设计模式:针对安全展开无障碍化设计;针对老年人记忆力衰退的空间导向设计;针对身心健康展开的多种社区娱乐设施设计;针对生活空间、同居需求展开的户型设计;针对环境需求的选址规划、园林和水景设计。

目前我国养老行业融资模式有两个热点:一是养老保险和基金的介入;二是PPP模式的体系构建。目前比较常见的融资模式如下:

（1）REITs模式:门槛低、分红高、资金流动快、风险低,但国内没有支持发展的政策和制度。

（2）ABS模式:收益大、信用高、融资成本低、风险小、可预期现金流,但国内缺乏完善的法律法规和健全的市场规范。

（3）TOT模式:政府建好直接移交项目给企业,尽管上手就有收益,但定价困难,政府主导性强但后续基本没有权益。

（4）BOT模式:PPP模式的一种,政府提供土地,开发商减少前期投入但需承担全部风险。政府减轻财政负担减少风险,且提高管理效率,但承包商的融资成本较高。强调政府对项目的最终拥有。

（5）PFI模式:PPP模式的一种,在转移并分担风险的同时,因为项目主体增多,协调困难。这类模式企业方需要承担大投资和大风险。

（五）社区运营发展创新点

1. 共享美好童年——闲置物品共享细分市场的新机遇

随着人民生活水平的不断提升,为孩子度过美好童年创造条件已成为重中之重。其中儿童用品、玩具和书籍的闲置量占很多城市居民家中储物量的很大一部分。众所周知,儿童用品很多与年龄阶段直接相关,过了那个年龄阶段这些用品基本就失去了作用。很多家庭对过时的儿童闲置物品,觉得丢了可惜因此只能暂存起来,这部分暂存儿童闲置物品就压缩了家中的生活空间。因此,如果物业服务企业能将这些儿童闲置物品搜集起来或者搭建互联网平台让业主之间进行共享使用,物业服务企业通过收取押金、服务费、消毒费等费用,不仅将小区的儿童闲置物品进行再次利用,降低了客户重新购置成本;而且新增了服务项目,增加了企业的经营服务收入。

2. AA制消费活动——睦邻友好关系的共建商机

近年来,随着互联网技术的发展,物业服务企业的社区文化活动也开始不落窠臼,从以前的联欢会、竞赛猜谜等传统方式向着更加多元的方向发展,其中AA制消费不仅成为物业服务企业开展社区文化活动的新方式,也成为社区运营的新模式。"共享经济"的核心要求就是去掉"中间环节",一件商品的"中间环节"越少,参与共享的人才能得到更多的利益,也更愿意去共享。如果所有的商品服务,只有生产者、物业服务企业和社区客户三者,那么三者的利益都能最大化。

随着生活水平的提高,人们已经不满足于日常的消费,不仅想获得品质更好的物质产品,而且对精神文化领域的消费不断攀升,因此社区AA制消费活动不仅是商品的团购,而且包括各类周边旅游活动、文体活动、演出活动的组织,而这些活动最值得客户信赖、最具有客户信息资源优势的组织方非物业服务企业莫属。

3. 微型集中式养老——居家式养老服务细分市场

国家统计局于2019年统计60周岁以上人口达到2.53亿,占全国总人口的18.1%,因此如何度过一个安乐晚年已经成为如今的热点话题。对于老年人来说,他们最大的需求是陪伴,而子女往往因为工作原因无法陪伴左右。传统的养老院养老已经无法满足高层次客户的养老需求,而且越来越多的年轻人不想送父母住养老院,于是居家式养老成为当今养老模式探索的新领域,这也催生了很多专门以"养老为名"开发的住宅项目。

但是对于全国的老年人口而言,不可能都有经济实力重新购置专门的养老房屋,大部分的人都只能选择在自己家里养老。如此对于物业服务企业而言,开展居家式养老服务不仅能迎合国家政策顺应经济发展,而且有助于提升客户的满意度增加经营收入。目前很多物业服务企业探索居家式养老服务,大多数是制定多元化菜单式的养老服务项目,让客户根据自身情况进行相应的选择,其实物业服务企业也可以进一步探索居家式养老服务市场,开展面向已经独居老年人的"微型集中式养老服务"。物业服务企业通过租赁小区空置住房,通过改造增加适合老年人居住的各项基础设施,将小区内兴趣爱好相近的独居老年人安排在一套住房内,让这部分已经独居的老人相互之间能有照应、有陪伴、有活动,既丰富了这部分老年人的晚年生活,又能增加企业在这一细分领域的服务收入。

随着互联网技术对传统行业的升级改造,社会分工细化的步伐在进一步加快,对于中小型企业而言既是机遇也是挑战。作为社区管理服务的物业服务企业,由于中国经济发展的不平衡和各地乡土人情的巨大差异,物业服务企业在社区运营探索中所面临的实际情况和所面对的具体困难也会不一样。正是这些差异才会让目前的互联网巨头无从下手,而这也是中小型物业服务企业的发展机遇和发展优势。

因此,在社区运营商业模式探索领域注定是"百花齐放、百家争鸣"。对于中小型物业服务企业而言,除了做好传统的上门维修、商品配送、家政服务、房屋中介和闲置物品交易等服务外,在对项目情况和客户群体情况进行仔细分析研究的基础上,可以大胆探索新的细分服务市场,大胆尝试新的社区商业模式,如此才能紧跟社会和行业的发展步伐。

二、城市外来社区运营模式

（一）概念

众所周知，城市的外来进城务工人员对所在城市的经济和社会发展起到了重要的促进作用，但也增加了人口的管理难度。必须认识到的是，在城市外来社区中占主体地位的是农村的进城务工人员，这些拥有农村户口身份的"城市人"，是我国城市化和工业化进程的产物，同时这部分人员与我国"三农问题"有着紧密的联系。研究城市中外来社区的运营对于解决我国当今的现实问题非常重要，对城市外来社区给一个明确的定义，以方便对其进行探讨。城市外来社区是这样一个群体，它是基于经济和社会的快速发展，劳动力供求在城乡之间、城际之间不均衡的现状而形成的以流动人口为主体的，在身份认同的作用下，聚居形成的拥有共同人口特征的地域生活共同体。

（二）运营现状

1. 城市对外来的进城务工人员"经济上接纳，而身份上排斥"

一个新生的社会现象，在其出现的早期，由于自身的不健全，力量单薄而其又是对主流社会价值观念和意识形态的挑战，其发展必然受到主流社会的限制。但只要其符合社会生产力的发展要求，就必然会被社会逐渐接纳。而现阶段城市对外来的进城务工人员所存在的经济上允许进入，但不承认他们在城市中的社会成员资格现象，使进城务工不能平等地享受公共服务，在住房、子女教育、医疗卫生、妇幼保健和社会保障方面受到政策性歧视，而在个别城市中所出现的对外来的进城务工人员以管制为主，而缺乏必要的服务意识，将外来的进城务工人员推到社会的边缘，都是这种"经济上接纳，身份上排斥"的现实表现。这种表现也正是新生事物寻求自身发展过程中必然遇到的困难。

2. 政策法规不健全

政策法规不健全主要是政策法规和城市外来社区的飞速发展脱节，出现法律上的空白。往往仅以行政的手段对所遇到的外来社区运营中的问题进行行政干预，而缺乏法律条文上的明确性。特别是对进城务工人员的土地承包权的保障力度不够，法规薄弱，从而加大了进城务工人员的就业风险，不利于他们融入城市社会。

（1）管理体制问题。在城市中对外来进城务工人员实行社区化管理，减少多头管理的弊端，加强了社区的综合管理能力，但结构化的体制矛盾尚未完全解决。其主要表现在以下几个方面：

①管理主体不明确，造成管理上的混乱。由于进城务工人员所具有的双重身份，使其既联系于农村社区，又基于现实的经济活动与所在的城市社区有紧密的联系，因而出现了管理主体的重叠，而这种重叠造成有的事情没人管，有的事情都管了，由于这种管理主体冲突的存在，管理的效果不是十分明显。

②管理队伍合力不强。对外来社区成员的社区化管理过程中，特别需要整合各职能部门的力量，形成整体合力，但目前责、权、力还不能实现统一，还存在各自为政、相互指责、相互推诿等现象。而这些现象的存在又加大了社区的管理混乱，造成了社区不稳定因素的增多。

（2）管理方式问题。在管理方式上，由于城市管理者与外来进城务工人员缺乏相似的

社会经济文化背景,存在身份上的不认同现象,容易把外来进城务工人员当作对立面,主要表现在以下3个方面:

①重监督,轻服务。目前城市对外来社区人员以防控为主,社区所在地的治安问题往往成为管理的主要内容,这不仅伤害了进城务工人员的感情,同时也使城市外来社区和城市原住社区的隔阂不断加深。而现有的城市福利制度也是以户籍为基础的,这使外来务工人员很少能够享受到社区的公共福利。

②重视对外来进城务工人员的行为规范的管理,而忽视了对"头脑"的重视。这使外来进城务工人员的思想、情操、修养等涉及精神世界的"头脑"问题在引导上出现了空白,不利于外来进城务工人员形成与城市主流文化相符合的社会意识形态。

③管理的持久性不够。现今,对城市中存在的外来社区的管理往往以阶段性的重点整治和突击性的检查作为主要的管理方式,难以做到常规的动态管理,管理的效果缺乏持久性。

1. 社区运营的实践模式的基本特征有哪些?
2. 我国社区运营模式存在的问题和矛盾表现在哪些方面?

第三节 社区配套服务运营

一、社区商业运营

(一)社区商业综合体运营

1. 相关概念

城市社区商业综合体作为社区商业的一种重要形式,由于采用了"统一规划设计、统一进行招商和统一经营管理"的"三统一"建设经营管

微课:社区配套服务运营

理方式,不仅满足了城镇居民的日常生活需求,而且创造了良好的购物环境,为社区居民提供了很大便利。由于其商业带动效应强,容易凝聚人气,它已经成为社区商业的一大亮点。这种集中的、一站式的消费特点,改变了我国传统社区商业"小而散"的形态,解决了沿街底商与社区居民的矛盾,是未来城市社区商业发展的主流形式。

2. 开发与运营

(1)选择合理区位。社区商业项目的成功与否,一个很重要的因素是项目区位选择,如果区位选择正确,即现在或未来有足够的消费力支撑,且周边配套设施完善,那么项目就成功了一半。如果区位选择过于偏僻,将导致没有足够的消费人口支撑,那么项目很可能失败。社区商业项目合理区位选择主要考虑项目所在区域的规划、区域交通设施等因素。

首先,项目所在区域未来规划决定了该区域未来的发展方向,决定了该区域消费人口

档次，从而决定了该区域人口的消费水平，而社区居民消费水平最终将影响该社区商业综合体的运营。因此，区域规划因素是决定社区商业项目是否成功的决定性因素。其次，项目周边的交通状况也是影响项目是否成功的重要因素。交通的便利性对社区商业的成功起着至关重要的作用，交通状况可以影响居民的出行、聚集等行为，便捷的交通环境、良好的交通组织，如临近交通干道或公交站地，可以增加社区周边的流动人口量，吸引人流，从而使城市社区商业综合体的可达性得到保证。同时，便利的交通还会带来次商圈和边缘商圈的消费者，增大客流量。

（2）协调功能比例。社区商业是一种属地型商业，一般具有购物、餐饮、休闲/娱乐、服务四大功能。购物功能主要满足社区居民对生活日用品、各种便利品和日用百货等的需求，这些商品具有使用频率高、购买批量小的特点；餐饮功能主要是为社区居民提供就餐、订餐、送餐等服务，以早餐店、特色饮食店为主；休闲/娱乐功能主要为社区居民提供各种休闲娱乐，如电影院、茶室、咖啡屋、健身房等；服务功能主要是为社区居民提供一些日常生活和公共类型等服务，如银行、邮政、电信、美容美发、洗衣、维修等。

（3）丰富业态组合。从社区居民的需求层次来划分，第一层次为超市和菜场（生鲜超市），由于超市和菜场与居民的日常生活密切相关，起到满足社区居民基本生活需求和吸引人气的作用。第二层次为餐饮、生活服务类店铺，该类业态主要是为社区居民的日常生活提供便利的生活和社会服务。第三层次为零售购物类店铺（除超市、菜场外）和休闲娱乐类店铺，以居民需求为主导来进行社区商业业态配置。

（4）集中产权。管理社区商业综合体的运营管理模式主要分为3种，分别是开发商自持、租售结合和出售等。大部分考察项目采取了产权集中式的统一管理模式（即运营商自持物业）。采取运营商自持物业这种运营管理模式有三个方面的优势：第一，能够使运营商获得长期的收益；第二，运营商能够对功能组合和品牌档次进行把握；第三，能够保证项目的完整性和舒适性。

（二）社区O2O电子商务运营

1. 相关概念

O2O电子商务模式起源于美国，指的是利用互联网技术，将线下的商品信息推送给线上客户，通过线上交易，引导客户线下消费。经过多年的发展，O2O商业模式已由原始的线上交易到线下消费，扩展到线下营销到线上交易、线下营销到线上交易再到线下消费体验、线上交易或营销到线下消费体验再到线上消费等多种模式。

有学者将社区O2O定义为"线上－线下"双向引流共同发展的商业模式，一方面通过便捷且符合消费习惯的线上交易引导客户进行线下消费；另一方面通过线下的商品展示和服务体验，吸引更多的线上交易。当代的社区O2O模式更注重线上与线下的交互，通过线上线下相互促进，实现共赢。

也有学者从不同角度出发，将社区O2O界定为一种场景经济，目的是满足社区居民的日常生活需求，是以社区居民为目标客户，将线下实体经营和线上虚拟交易相结合的新型商业模式。

2. 运营模式

（1）兼顾到店消费与线上交易。对于年龄层次较大、退休在家的社区居民，他们时间较为充足，也习惯于到店挑选的消费模式，并且他们大多没有线上购物的消费习惯，那么社区便利店能很好地满足他们到店消费的需求。对于白领阶层，他们平时工作较忙，习惯于网络购物，在线挑选并送货上门能够很大程度上节约他们的时间成本，因此更受青睐。社区O2O模式提供到店消费和线上交易两种消费模式，可以匹配不同人群的消费需求，因此更具竞争力。

（2）"线上＋线下"双向引流。通过线上平台发布营销信息吸引线上流量，不仅可以增加线上销售，还可以通过发放线下优惠券、店铺消费红包等形式吸引顾客到店消费。并且线上营销活动24小时持续进行，可以多渠道触达消费者，线上活动的线下同步也会吸引一部分顾客到店体验，为实体店铺带来流量。与此同时，店铺营销人员也可以向线下顾客介绍App、小程序或等三方平台等线上平台，引导消费者关注线上消费平台，为线上平台引流。并且，线下门店承担起商品展示、体验消费的功能，可以增强消费者的认可度，进一步带动线上消费。

（3）大数据分析精准定位、营销。线上与线下的整合，有助于经营数据的商业化运用。首先，商家可以根据订单信息跟踪获取用户数据，通过用户画像及消费偏好分析实现更具针对性的用户维护和精准营销。其次，平台可以通过追踪促销活动流量转化相关数据，分析营销活动效果，通过活动复盘为以后营销活动策划提供参考。再次，线下店铺可根据商品消费信息合理安排采购规模及店面展示，节约经营成本，实现千店千面。

二、社区公共文化业运营

（一）政府主导型

政府主导型即由政府在社区公共文化服务建设中扮演主要角色、承担经费并发挥核心作用。现阶段主要是以街道办事处、乡镇政府为主体，在村居委、社会团体等共同参与配合下，对社区的公共文化服务进行投资和管理。例如，由群艺馆、文化馆、文化活动中心创作编排文艺节目送到基层社区；由文化活动中心组织各种社区巡演、创作节目会演等各类群众性文化活动，牵头组建舞蹈、戏曲、合唱队等各类群众性文化队伍，安排各种文化技能培训。

（二）社会主导型

社会主导型即以企业、非政府组织等社会主体为主角，由企业、非政府组织等社会主体独立承担公共文化资金的提供以及文化产品的生产。例如，重庆渝中区依靠企业力量举办"解放碑周末文化广场活动"，实现了200场以上连续运作；武汉百步亭社区引入企业资金建设了一批公共文化设施。相比依靠政府一己之力，依靠社会力量提供公共文化服务，既可以提高服务的质量，又有助于推动社区公共文化服务体系的进一步健全和高效运转。但就目前来看，我国大部分的企业还缺乏强烈的社会责任意识，相对于文化事业等社区事务，大部分企业更多的是关注经济利益。同时，尽管我国登记注册的非政府组织有29万多个，但大部分非政府组织依附高校、科研机构、国家公有企事业单位，官办色彩浓烈，其组织的规范性、独立性和承担公共服务的能力都还有待提高。因此，目前由企业等社会主体提供的公共文化服务大部分都是停留在小范围试点和某些特定的文化项目上。

(三) 政府社会合作型

政府社会合作型即不再直接依靠政府文化主管部门办文化，而是由政府提出运营目标，给予财政补贴，将服务承包给具有一定资质和声誉的文化机构与组织。在实施过程中，政府与企业或非政府组织相互之间是合作关系。当前，通过政府与社会主体合作开展社区公共文化服务的实践在一些经济社会发展比较快的城市比较普遍，也取得了一些成效。例如，杭州在全国最早试行了"公益性文化产品政府采购制度"，即以20万的资金采购了杭州滑稽艺术剧院"双百场进社区"活动和杭州红星"开启音乐之门"系列音乐会的公共文化需求，成立了以东方宣教中心、东方讲坛、东方社区学校指导中心、东方永乐农村数字电影院线、东方社区信息苑、东方社区文化艺术指导中心等配送机构为基础的"东方系列"公共文化配送系统（在配送机构中，既有事业法人如东方宣教中心、东方社区学校指导中心，也有企业法人如东方永乐农村数字电影院线，还有非营利机构如东方社区信息苑），向社区推送大量的优质公共文化产品，其中东方宣教中心在2009年就已实现向全市31个区县委办宣传部门、160个社区的经常性资源配送，共采集、制作、配送DVD、书报刊等宣教产品960多万件，采集戏曲等400个品种的文艺演出1 665场，放映电影339场，配送优秀健身活动项目12 339场次，策划组织各类经典艺术讲座141场，直接受众达591万人次。

三、社区服务业运营

1. 运营思路

（1）"政府主导、民间化运作"的指导思想。社会工作作为舶来品，并不是由民间的需求发展到一定程度自发产生的，而是由政府利用行政手段先在国家政策层面予以构建，然后由上而下地推动。这也是社会工作在本土化过程中，走出的具有中国特色的社会工作建设道路。政府主导是指政府由上而下地推动社工行业的发展，具体表现在制度设计、发展定位、经费支持、项目提供、社工组织培养、服务监管、岗位开发、职业资格考试、引入中国香港督导和培育本地督导等方面。这种由政府自上而下主导的方式为当前社工的快速发展起到了决定性作用。它既是政府服务意识和职能转变的要求，也是民众对于高质量、高效率的社区服务要求。民间化运作是指政府不直接参与社工机构的运作和具体服务的提供，而是通过设置岗位、项目和社区服务中心以"政府购买服务"的方式将其承包给社工服务机构。最近几年各个区（新区）都会向社会公布社区服务中心的招标公告，即由政府牵头，采用招标投标的方式吸引社工机构或其他社会组织参与竞标。竞标成功的社工机构或其他社会组织将获得该社区的服务运营权。

（2）政社结合的多重监管方式。传统的社区工作带有浓厚的政府色彩，在监管方式上采用的是政府内部自行监管的方式，这导致社区服务的效率不高、偏重社区管理而非社区服务等弊端。而社区服务中心运营研究服务中心模式打破了服务的提供与服务的监管都属于政府行为的特点，由于采取的是民间化运作的方式，因此服务的提供权交给了民间社会组织。服务的监管也由原来的"政府一元"特点变成了"社会多元"特点。社会组织有了更多地参与社会公共事务的机会和空间。这从某种意义上体现了我国公民社会也在逐渐地强大。具体来说，社区服务中心要接受来自政府部门、社工机构、社区居民、第三方支持组织和评估机构等多重监管，不同监管主体的监管方式与侧重点有所不同。

（3）督导与顾问制度相结合。以深圳市南山区南山街道 DL 社区服务中心为例，顾问每个月会给该中心提供两次指导，指导内容涵盖专业技术、宣传与外联工作、人事与行政工作、公益项目申请、中心运营的战略规划等。深圳社工督导与顾问制度为社区服务中心自身的发展和服务质量的提升提供了内部与外部相结合的支持。社工督导负责中心内部专业能力的支持，机构顾问则为中心提供全方位的外部支持。这两种制度的结合保障了社区服务中心及其人员各方面能力的提升以及各项工作的顺利完成。

（4）建立"社区为本"的为民服务平台。社区服务中心的运营管理思路是以社区为阵地，以居民需求为导向，充分整合和利用社区内资源解决社区及社区居民的问题，满足居民需求。概括来说，"社区为本"的思路就是"立足社区、搭建平台、资源链接、营造社区"。可见，在以"社区为本"的思路下，社区服务中心是一个能够利用社区资源为居民提供综合性服务的平台。

（5）注重社区基础与特色服务相结合。社区服务中心的基本工作就是根据居民的需求开展多样化的服务，这种多样化的服务既包含基础性的社区服务，又包含个性化的特色服务。社工机构还要求所属社区服务中心，在基础服务之上，根据本社区实际情况开发特色服务项目，以便形成服务品牌。例如，作为首批试点的社区服务中心之一的大浪社区服务中心就建立了"五个一、四社联动、三加服务、两大平台、一条道路"的运营模式，注重公益服务带来的经济增长、就业增长、居民参与等增值内容。

（6）强调资源整合与多方合作。社区服务中心原则上应配备的全职工作人员在 6 名以上，其中注册社工应在 60% 以上。在人员配置上要建立社工师、社工员、康复师、护理师、心理咨询师等多种专业人才为一体的专业队伍。在实际操作中，一个社区服务中心一般配备的全职工作人员也都在 6 名左右，仅凭社区服务中心的工作人员很难将服务覆盖到所有居民，所提供的服务也无法包含所有社区服务项目。于是，社区服务中心面临着极少服务提供者与大规模服务人群之间、综合服务能力与居民对各专业服务的需求之间的矛盾。由于服务提供者技能不足、服务领域多、服务范围广、服务对象多造成了服务的缺失与服务供给的不足，为了解决由此带来的一系列问题，强调社区资源整合成为解决问题的必然选择。

2. 社区服务中心运营

（1）社区服务资源整合。

①在人员配置上要多专业人才搭配，例如，在以社工为主力的基础上配备康复师、护理师、心理咨询师等。

②从社区工作站居民委员会中获取更多人、财、物资源，例如，通过整合社区联防队保障社区消防安全，将各居民小组的妇女工作联系人发展成为义工等。

③从社区居民中寻找人、财、物资源，例如，寻找社区中从事教育的居民为社区儿童青少年提供课外辅导。

④链接社区内外部的其他公众资源，例如，整合社区健康服务中心的资源为社区居民提供义诊服务、联系各类媒体报道本中心的服务活动等。

通过整合社区资源，让社区服务中心成为资源互补与再分配的平台，使看似弱小的社区服务中心功能得以成倍地放大。这体现的不仅仅是社工的专业理念，还是对建设以"社区为本"的社区服务中心的深刻诠释。

（2）"社工＋义工"的双工联动模式。双工联动模式采用"社工引领义工开展服务、义工协助社工改善服务"的运行机制，社工为联动的核心，义工群体中潜在的各类人才和志愿精神与社工专业服务理念和技术相互补充与支持。在社工的引领下，众多各怀特长的人以义工身份投入社区服务，组建起以服务社区为共同出发点的"同盟军"。构建起跨部门、综合性、专业化的非行政性社区服务新模式。这种服务模式打破了行业与行业之间、部门与部门之间的分割格局，整合了社区资源。并采用民间运作机制，发挥专业机构和专业人才作用，有效提高了社区服务整体水平。

（3）运营成效。

①创新了社区服务理念与服务模式。社区服务中心强调"社区为本"，注重社区服务供需一致，通过有针对性地开展社区居民所需的社区服务，充分满足社区居民的生活需求和精神需求；改变以行政化推动为主的传统社区工作理念，通过引入专业服务团队、培育发展社会组织，有序推进居民自治，广泛调动社区各类组织资源参与社区建设。在服务模式上，社区社工实行积极主动的服务策略，主动发现问题和问题人群。通过专业的评估，找到服务对象特殊的需求，采用一对一、一对多、多对多等服务模式，以实现服务供给的专业化。

②社区服务中心的设置使社工服务更具体化。岗位社工是驻守于某个工作点开展服务，项目社工是为某类群体或解决某类问题提供服务，社区社工是立足社区为整个社区及社区居民提供服务。由此，社工服务建立起了从岗位社工到项目社工再到社区服务中心的由点到面再到体的服务体系。

③社区服务的持续性、稳定性、公益性以及活力显著增强。社区服务中心的社工长期驻守社区，为社区居民提供服务，服务的持续性和稳定性得到了保障，通过"政府购买服务"的方式保障了社区服务的公益性质。社区服务中心拥有一支独立的服务团队来对项目进行具体的操作和执行，采用"团队出击"的模式开展服务，并且年轻人占绝大多数，他们思维活跃、创造力丰富、创新能力强，改变了传统社区服务从业者的结构，增强了社区服务的活力。

④引入合作伙伴构建服务平台。面对着少则几万多则十几万的社区人口及种类繁多的居民需求，社区服务中心社工的力量显得十分渺小。为了构建社区服务综合平台以满足社区及社区居民需求，引入合作伙伴是关键。合作伙伴的引入使服务平台更加充实，服务广度和深度也大幅度提升。

（4）发展前瞻。

①实现"公益＋微利"的运营局面。社区服务中心在设立之初就将公益性的社区基础服务作为重点，但作为不同于政府和企业的第三部门，其不能完全以盈利为目的，但必须靠"有限营利"来增强自身服务供给能力。根据我国香港社区服务发展经验，在社区服务中实现"公益＋微利"双赢的运营局面是完全可行的，既有政策依据，也有现实需要。首先，社区服务中心在保证基础服务的基础上自主运作或联合其他机构运营少量经营性便民服务项目，并且建议了经营性收费服务的具体项目，例如，老年人健康护理、配餐送餐服务、家务服务等。其次，随着居民生活的日益丰富，社区服务被推向市场，居民对社区服务内容的广度与深入不断加深，社区服务中心作为社区综合服务平台完全可能以商业化的思维满足社区居民的各项需求。再次，社工行业要摆脱完全依靠政府资金生存的困境就必须开拓盈利渠道，提高自我造血能力，增强独立生存能力。因此，社区服务中心未来的服务发展思路是"立足基础服务以保障公益性、提供便民服务以实现微利性"。

②服务内容与服务领域走向深度分工。目前，社区服务中心提供的服务内容大致可分为11项（即职业教育和就业服务、社会保障服务、为老养老服务、扶贫济困助残服务、居民健康与生计服务、文体活动服务、流动人口服务、心理咨询服务、青少年服务、公益慈善服务、志愿者服务）。此外，各社区服务中心还会根据实际需要开发特色服务项目。服务领域涵盖社区助老、社区助残、妇女儿童及家庭服务、社区青少年服务、社区优抚人员服务、特定人群（药物滥用、社区矫正、失业及特困人员）服务、居民自助互助服务等，用"大杂烩"来形容社区服务中心的服务一点也不为过。但随着社工行业专业化水平的提高，"专"的发展思路成为众多社工机构的共识，即在某一领域重点突破，成为社工行业在服务领域的"排头兵"，例如，春雨社工的社区矫正与戒毒服务、鹏星社工的反家暴服务、彩虹社工的养老服务等。这是社工行业在服务内容与服务领域方面走向深度分工的表现。受此影响，社区服务中心的服务也可能朝着这样的方向发展，即在社区服务中不同的服务内容和服务领域将由擅长该领域的社工机构承接，形成深度分工后各服务内容与服务领域更加精细化与特色化的局面。

③发展成为"社区综合服务中心"。"在改善民生和创新社会管理中加强社会建设"是党的十八大明确提出的一项重大决策，而在深圳新一轮改革创新中，基层管理体制改革被摆在了更重要、更紧迫的位置。社区服务中心作为基础管理与服务的载体被作为深圳市社区服务改革的先锋。2013年8月由社工机构承接的深圳湾社区综合服务中心正式投入运营，这是一种"一平台两中心"的社区新型服务模式，即一个电子政务平台、一体化的行政服务中心和社区服务中心。电子政务平台是"两中心"的信息技术支持系统，它是集社区地理环境、社区居民基本数据、社区沟通交流、社区基础工作标准化为一体的支持系统。行政服务中心则是将原属社区工作站的行政服务项目进行重新梳理，将不涉及行政主体资格要求的156项社区行政服务项目整合为信息采集、民生事务、日常巡查、纠纷调处和协助处理等5大项工作，以项目委托、购买服务的方式交由社工机构实施。社区服务中心负责的"社区发展服务""青少年成长服务""长者服务"等8大类服务领域，同样以社工的服务方式存在。这种"一平台两中心"的新型社区服务与治理模式扩大了社工的服务职能，增强了社工在基层服务工作中的权力。在服务理念上强调以人为本，注重社区服务供需一致；在服务模式上实现了行政管理与社区服务的相互协调；在治理模式上减少了管理层级，节约了行政成本，提高了工作效率，突出了居民自治的功能与作用，实现了政府行政管理、社工组织协同和社区居民自治的结合。因此，"社区综合服务中心"模式将是未来社区服务中心的发展新方向。

四、社区休闲娱乐业运营

1. 运营模式

一部分社区物业为了降低娱乐健身场馆运营成本、服务社区居民和创造一定的经济效益，将社区文娱业运营管理业务对外承包给专业的体育公司。

2. 运营模式分析

社区物业所采取的对外承包给专业的体育公司运营模式即根据文娱健身馆运营过程中各部分组成之间的运作关系归纳形成统一的标准形式。在城市游泳场馆的运营管理过程中，主要参与者有社区物业、承包商和社区居民，在市场经济的调节作用下，将城市社区娱乐健身外包，服务社区业主，增加经济效益，让社区居民满意，让社区物业满意。城市社区娱乐健身场馆的运营模式主要分为社区物业自营、业主自营以及外包运营3种。

社区物业通过把娱乐健身场馆外包，将不熟悉的服务项目交给专业的团队来做，简化了管理结构，以前需要监督和协调的工作，被这种双赢的合作关系代替，这样社区物业的组织架构变得更为小型和扁平，这样一来会有充沛的精力和工作效率应对外部环境和内部环境的变化，在日益激烈的市场竞争中，实现利益和价值的最大化。

1. 如何理解我国社区运营发展的趋势？
2. 简述我国社区运营服务的运作模式。

参考文献

[1] 夏剑霪．上海社区风险评估体系研究［D］．上海：复旦大学，2010．

[2] 李沛．智慧社区运营管理研究——以YTN公司为例［D］．南昌：南昌大学，2014．

[3] 祝真旭，焦志强．新时代绿色社区创建概述［J］．质量与认证，2019（04）：53-54．

[4] 罗雪兵．深圳市社区服务中心运营研究［D］．苏州：苏州大学，2014．

[5] 孙蓓莉．城市社区公共文化服务体系研究——以上海市M区为例［D］．上海：上海交通大学，2013．

[6] 曹尚凌．福州市鼓楼区社区家庭综合服务中心运营研究［D］．福州：福建农林大学，2016．

[7] 张元辰．上海港水上客运安全管理现状分析与对策研究［D］．上海：华东理工大学，2013．

[8] 董文静．中国社会主义协商民主制度化研究［D］．吉林：吉林大学，2019．

[9] 高娇．政府治理视角下大学安全社区建设的问题及对策研究［D］．曲阜：曲阜师范大学，2015．

[10] 时新．城市治理绩效视域下的公共安全教育研究［D］．南京：南京邮电大学，2019．

[11] 刘佳．我国基层社会治理模式创新研究［D］．长春：东北师范大学，2015．

[12] 赵旭红．情报视角下我国面临的颜色革命威胁及应对［D］．北京：中共中央党校，2019．

[13] 曹俊．拆迁安置社区的管理改进研究——以张家港德社区为例［D］．南京：南京农业大学，2015．

[14] 陈文婧．社区运营再升级［J］．住宅与房地产，2018（04）：18-19．

[15] 张奇．兰州市社区公共危机协同治理机制研究［D］．兰州：甘肃农业大学，2018．

[16] 徐涛．城市社区物业管理中业主委员会问题的研究——以R小区为例［D］．上海：华东政法大学，2018．

[17] 陶金菊．住宅小区物业管理商业模式重构研究［D］．2018．

[18] 孙蓓莉. 城市社区公共文化服务体系研究[D]. 上海：上海交通大学，2013.
[19] 葛英. 城市社区商业开发模式及规模探析[D]. 合肥：合肥工业大学，2009.
[20] 李佳哲. 对城市社区游泳场馆外包运营模式进行研究[D]. 武汉：武汉体育学院，2019.
[21] 盖国平. 认清当前公共安全形势着力提升城市应急能力——上海"十二五"应急规划明确四大重点工作任务[J]. 中国应急管理，2010（10）：17-21.
[22] 雷健. 新时代下的物业社区运营转型之道[J]. 住宅与房产，2018（04）：33-35.
[23] 刘学贵. 论现阶段我国城市社区管理的现状及对策[J]. 云南行政学院学报，2014（01）：134-136.
[24] 田亚鹏，金占勇，康晓辉，等. 智慧社区运营管理中的利益相关者及其利益诉求分析[J]. 价值工程，2018，37（35）：39-40.
[25] 高鉴国. 西方国家社区中心的功能定位与运营模式——现代性视角的考察[J]. 社会科学，2019（06）：74-86.
[26] 余绍元. 一切为过好日子——基于社区运营的物业管理服务创新[J]. 中国物业管理，2014（02）：18-19.
[27] 老忱. 物业企业"社区运营"行为辨析[J]. 住宅与房地产，2013（10）：22-25.
[28] 汪碧刚，王永健. 新经济背景下智慧社区的服务与运营[J]. 人民论坛，2017（32）：76-77.
[29] 周燕妮. "智造时代"的社区运营[J]. 中国物业管理，2019（08）：51.
[30] 李健辉. 绿色社区运营发展趋势[J]. 城市开发，2018（21）：62.
[31] 闫加伟. 社区邻里中心的可持续运营——以特色小镇建设为例[J]. 城市开发，2019（08）：74-75.
[32] 刘云镝，杨会东，江晟玮. 对当前养老社区运营模式的研究[J]. 房地产导刊，2018（24）：240-241，246.
[33] 李聪. 共享经济带给社区运营的若干思考[J]. 住宅与房地产，2018（04）：30-32.
[34] 雷诚，王鹏. 从碎片化到全过程治理——大都市区社区服务设施供给模式及优化研究[J]. 规划师，2019（14）：32-38.
[35] 黄雯，李清珺. 城市社区公共服务运营机制研究[J]. 管理观察，2013（11）：193.
[36] 刘冬枝. 我国城市外来社区运营探讨[J]. 改革与发展，2009（08）：133-135.
[37] 周刚华，钱放，王卉. 城市社区商业综合体开发和运营的影响因素研究[J]. 中国房地产，2012（22）：56-63.
[38] 张桃. 新零售背景下社区生鲜O2O运营模式分析[J]. 上海商业，2019（04）：50-52.
[39] 丁惠平. 转型期我国社会管理体制变迁的组织社会学考察[J]. 学习与探索，2011（03）：100-102.
[40] 陈睿，谢伟. 我国社区服务的发展理路[J]. 中共山西省委党校学报，2011（02）：74-77.
[41] 刘海英. 美慈推动社区灾害管理能力提升[J]. 中国发展简报，2011（02）：64-66.

[42] 陈旭．协同治理视阈下城市社区多元主体间关系研究［D］．吉林：吉林大学，2016．

[43] 夏建中．从社区服务到社区建设、再到社区治理——我国社区发展的三个阶段［J］．甘肃社会科学，2019（06）：24-32．

[44] 夏建中．治理理论的特点与社区治理研究［J］．黑龙江社会科学，2010（02）：125-130．

[45] 夏建中．基于治理理论的超大城市社区治理的认识及建议［J］．北京工业大学学报（社会科学版），2017（01）：6-11．

[46] 杨民召．社区经济发展将成就行业黄金十年［J］．中国物业管理，2015（11）：32-33．

[47] 周姝言，简世德．城市边缘社区治理研究——以湖南省衡阳市X社区为例［J］．中国集体经济，2016（03）：1-3．

[48] 李娜．物业管理接驳智慧社区之运营模式探讨［J］．内蒙古科技与经济，2019（17）：38-39．

[49] 王玲，于勇．当前我国城市社区管理存在的问题及对策分析［J］．科技风，2019（14）：214．

[50] 于燕燕．社区商业已成新亮点［J］．中国商贸，2007（09）：58-60．

[51] 刘文贤．国外社区商业给我们什么启示？［J］．北京房地产，2006（10）：99-102．

[52] 王晓玉．国外社区商业发展的理论与实践［J］．上海经济研究，2002（11）：68-73．

[53] 间志俊，康传娟．南通社区商业现状分析和发展对策探讨［J］．南通纺织职业技术学院学报，2006（01）：65-68．

[54] 高永祥．社区商业的开发运营浅析［J］．市场周刊（理论研究），2008（10）：99-100，94．

第三章 社区商业建设

第一节 社区商业概述

随着我国改革开放的深入，社会经济的发展，人民生活水平的提高，我国商业在网点规模、商业业态、经营品种、服务方式等方面都有了较大的发展。随着住宅建设、分配、运作机制的市场化，原来单纯作为住宅配套建设的居住区商业在市场杠杆的作用下也有了较大的变化，特别是社区商业称谓的出现，扩大了居住区商业的内涵和外延，在一定程度上适应了城市建设与市民居住环境和消费观念的变化，满足和促进了居民的综合消费，方便了居民的生活。

一、社区商业的概念

社区商业是一种以社区范围内的居民为服务对象，以便民、利民及满足、促进居民综合消费为目标的属地型商业。社区商业提供的服务主要是满足社区居民需要的日常生活服务，这些服务具有综合性、经常性和便利性，但不一定价格低廉的特点。社区商业"因住而商"，立足点是全面迎合社区消费特色，满足社区居民基本生活消费需要。这一商业形态是城市商业的基础，它的服务人口一般在 5 万人左右，服务半径一般在 2 km 左右，总规模一般应控制在 30 000 m^2 左右，商业业态的设置也有较强的针对性。"5.10.15"是衡量社区商业的基本指标，即可以实现居民步行 5 min 到达便利店、步行 10 min 到达超市和餐饮店、骑车 15 min 到达购物中心的目的。

二、社区商业的起源

社区商业最早于 20 世纪 50 年代在美国出现；60 年代，英国、法国和日本等国家由于居民住宅的郊区化而出现社区商业；70 年代，新加坡的社区商业也开始大规模发展起来。由于家用汽车的普及，以及城郊发达的高速公路网的建成，城市居民大量向郊区扩散，由此产生了专门为郊区新建居住区居民服务的社区商业。

20 世纪 80 年代末 90 年代初，国内城市不断发展，区域范围不断扩大，城市商业中心距离一些新兴的居住区越来越远。于是，一些零散的、由底层住宅改造的底商应运而生，这些底商的档次较低，数量却不断增加，初步形成狭义上的社区商业。到了 20 世纪末期，国内的社区商业得到了迅猛发展，尤其是进入 21 世纪后的几年，伴随着全国范围内房地产市场上掀起的住宅郊区化的热潮，社区商业已经逐渐成形。

三、国外社区商业概况

国外的社区商业主要以购物中心的形式出现。购物中心是一种现代的零售业态，美国的《零售辞典》对购物中心是这样定义的："购物中心是一个由零售商店及其相应设施组成的商店群，作为一个整体进行开发和管理，一般有一个或几个核心商店，并有众多小商店环绕。购物中心有宽敞的停车场，其位置靠近马路，顾客购物来去便利。"

国外社区购物中心的零售商们联合扩大经营的范围，不仅增强对人们"一站式"购物的满足能力，还向社区居民提供丰富的服务项目和休闲娱乐项目，因此社区购物中心在国外城市整体商业中具有重要的地位。以美国为例，2000年，美国社区购物中心零售额为4 494亿美元，高于近邻型购物中心（3 205亿美元）和区域型购物中心（1 429亿美元）。

国外各个国家的社区商业虽然有所不同，但也有一些共同的特征。

1．社区商业的功能

国外社区商业是为了适应城市居民郊区化而建立的，具有满足社区居民购物、服务、娱乐等综合性需求的功能。

社区购物中心提供的商品包括便利品和选购品，主要有杂货、食品、衣服、鞋帽、家具、家电、建筑材料、药品、珠宝饰品、礼品、酒类等，商品的档次要根据所服务社区的经济状况而定，一般以中档品为主。而服务功能包括银行、邮政、电信、图书馆、警察所、医疗中心等公共事业，也包括干洗、修鞋、裁剪、洗车等日常服务。社区商业中心也是人们休闲娱乐的场所，提供许多流行的娱乐设施，如雕刻、滑冰场、电影院、健身房、摄影、旅游代理等。另外，各种类型的餐饮服务也是社区商业中心的功能之一，快餐、酒吧、咖啡屋等，不仅解决了人们购物、娱乐过程中的饮食问题，而且是朋友约会、休闲的场所。

2．社区商业中心的业态构成

国外社区商业主要是现代化的购物中心形式，购物中心和连锁组织相互促进、共同发展。购物中心的核心店基本上都是知名的连锁企业，例如，美国的沃尔玛、日本的大荣等都是它们国家许多社区商业中心的核心店，社区购物中心靠它们来提升对附近居民的吸引力。除核心店外，中心内还汇聚着各种不同规模、不同业种的专业店、专卖店，它们也多是连锁经营。各种连锁经营品牌是支撑社区商业中心的骨干力量，是社区商业中心形成和发展的基础。

3．社区商业的开发

国外社区商业的开发是在政府的统一规划下进行的。其中，英国、新加坡等国家，其政府对社区购物中心的开发实行强有力的控制，开发者须与地方当局结成共同开发的伙伴关系。而在美国，政府对社区商业开发的干预要少得多，主要是一些私人开发商以营利为目的而进行开发的。

国外社区商业的开发商主要有大型零售商、专门的商业开发商、房地产开发商以及保险公司、基金会等。商业企业和地产物业公司联合开发的做法也比较普遍，如澳大利亚的C.lesMyer，日本的太丸、伊势丹、高岛屋等大型零售企业和当地地产物业公司联合建设的社区购物中心在上述国家到处可见。国外社区商业中心一般都实行开发和经营分离的做法。开发商负责前期开发，经营商负责租赁经营，以形成良性的运作机制。

4. 社区商业的布局与设计

国外社区购物中心都有严格的设计布局，其目的是使购物中心的任何一部分都能吸引大批的购物者。购物中心重视对承租户的科学组合与安置，核心承租户对引导人流起关键作用，约占总购物中心面积的40%，其位置最先确定。对普通承租户的位置安排，充分考虑他们之间亲和力的不同，一些经营项目需组成群体以增强吸引力，而另一些经营项目必须相互避开。一般来说，国外社区商业中心，会把四种类型的经营项目分别汇集在一起，一是男士用品店，如男鞋、男装、运动用品等应当集中布置；二是女士用品店和儿童用品店，应该集中在一起，便于消费者进行价格、颜色、款式的比较；三是食品零售店，包括肉店、鱼店、面包店等；四是个人服务，如干洗店、修理店等也要集中布置。

国外社区购物中心在总体布局确定以后，还充分考虑商店的装饰效果、承租户的平面布局和店面装饰需要在统一和个性之间维持一种平衡，既要有必要的控制，保证所有商店具有整体性；又要避免标准化的设计，提供给承租户表现个性的机会。

四、国内社区商业概况

1. 国内社区商业现状

我国的社区商业相对落后，如今正在大力推行的城市居住社区建设，把社区商业的规划和发展视为至关重要的一环，社区商业的发展状况不仅影响到社区内居民的消费满足情况，也关系到城市商业的整体结构和布局，影响整个城市的综合商业能力。

我国的社区商业还处于起步阶段，社区商业主要以历史形成的沿街商铺为载体。这种商业形式是自然形成的，其缺乏统一规划，业态档次普遍较低，社区商业功能不全。随着房地产业的发展，特别是商业房地产的逐渐成熟，社区商业得到了巨大的进步。国内出现了一大批"购物中心""生活广场""娱乐休闲一条街"等众多社区商业项目。它们可能在定位上提出超出社区服务范围的口号，但是从实际情况来看，它们多数仍以服务社区居民为主要目的，特别是居住区内部的商业设施。国内的社区商业设施正逐步成为一种综合建筑、景观、空间、声音的体验式场所。总的来说，目前国内的社区商业普遍带有浓厚的住宅底商特点，与国外成熟的社区商业模式相比还有很大差距。

2. 国内社区商业的发展方向

我国2013年年末城镇人口比重达到53.73%，预计到2030年，城市化率达到67%，到2050年超过80%，趋于饱和，城镇化建设基本完成。实践表明，我国的城镇化率每增加1%，拉动当年国内生产总值1%~2%。在提高城市化进程的速度、提高人们生活品质的同时，城市配套、商业规划、公共文化、教育等领域按照合理的城市功能给予配置，不降低市民的城市化的品质，不降低市民的生活品质——社区作为市民聚集的自然区域，其商业服务功能的优劣是体现我国城市化发展水平的一项重要指标。城市化背景下的中国社区商业发展趋势，一方面是针对传统核心区的市场细分化竞争，成为区域商业中心的重要补充和延伸；另一方面是针对新晋市民阶层的商业服务普及。随着城镇居民人均可支配收入的日益提高，消费需求和消费结构发生显著变化，社区居民服务、餐饮、休闲、娱乐、健康等多样化、综合性的消费不断增长。城市居民不仅需要繁华的城市、地区商业中心，更需要网点齐全、业态合理、功能完备，并具备一定服务水平的社区商业。社区商业覆盖面不断加大，差异化社区商业定位将带来单一项目覆盖率降低、服务水平和服务效率提升的变化，因此，社区商业具有稳定的市场基础，并随着城市化进程发展和居民收入水平的提高而得到更大的发展空间。

拓展阅读

"现代生活广场＋便利商业终端"的模式

按照社区居民 3 min 内步行抵达便利服务终端、10 min 自行车车程到达社区商业中心的标准，在社区中心集中设置社区商业中心——现代生活广场，并设置若干便利店、生鲜折扣店、小型便利餐饮等便利商业终端作为补充，实现网状布局。

随着生活水平的提升，人们对生活品质的要求也逐渐升级，会越来越重视便利、安全、环境，越来越重视健康、家庭、人际沟通。因此，需要便利的设施、便利的服务、安全的商品、安全的环境，在社区商业中心不仅仅需要购物，还需要满足家庭休闲、社区交往的需要。

为此，在社区中心构建现代生活广场这一新型的社区公共空间形态。"现代生活广场"以"集中式店铺"和"开放式广场"为特征，小型开放式广场是社区生活的核心，人们可在此休闲、锻炼、交流，参与社区活动，店铺集中在广场近旁，广场周边有绿地，人车分流设计，并通过绿地使商铺建筑和住宅楼相对分离。

现代生活广场应当是现代都市生活方式的载体，除了承担社区商业中心满足人们日常购物或服务需求的功能外，还应当是社区的文化中心、休闲中心和社会交往中心。现代生活广场以一站式满足社区居民生活消费的业态为商业核心，辅以满足现代生活方式的各类商业、餐饮、健身、娱乐、休闲设施以及门类众多、配套较齐全的生活服务设施。社区服务中心、派出所等政务机构也设在这里。这种多中心合一的形态既有利于城市空间利用效率的提高，还将有限的社区购买力集中起来，给商家带来强大的人气。

现代生活广场商业营业面积可以设为 25 000 m² 左右，商圈辐射半径约为 2 km，服务人口为 3 万～4.5 万人。

1. 什么是社区商业？
2. 社区商业的功能有哪些？

第二节　社区家政服务

随着社会的进步和行业间竞争的日益激烈，人们的工作压力越来越大，家政服务业近年来得到迅速发展,社区家政服务中心的创建是为了建立全方位的家政服务体系,让传统服务与高级服务兼顾,帮助小区内的居民在紧张的工作之余,不再为家庭琐事操心,减轻他们的负担,让他们也能感受到生活的惬意。目前,我国城市社区家政服务的规模和水平还不能满足广大居民的生活需求,需要加快发展。

一、社区家政服务的含义

根据《中国大百科全书·社会学》的解释,"家政"一词有多重含义:第一,指在家庭这个小群体中,与全体或部分家庭成员生活有关的事情;第二,指在家庭生活中的办事原则和行为准则;第三,指家庭事务的管理。此外,家政也指家庭生活中实用的知识与技能、技巧。总之,家政是家庭中对有关各个家庭成员的各项事务进行科学认识、科学管理与实际操作,以利于家庭生活的安宁、舒适,确保家庭关系的和谐、亲密,以及家庭成员的全面发展。

随着人们生活质量的不断提高,家政服务已逐渐发展成为与居民家庭生活息息相关并备受人们关注的行业。越来越多的家庭和单位已离不开家政服务,而规范的服务和严格的管理机制,也已经成为家政服务行业良性发展的保障。

家政服务是将部分家庭事务社会化,由社会专业机构、社区机构、非营利组织和家政服务公司来承担,帮助家庭与社会互动,构建家庭规范,提高家庭生活质量,以此促进整个社会的发展。社区家政服务是为了满足社区居民的生活需要而提供的步入家庭的有偿服务,也是社区商业建设的重要内容之一。其包括以下几个方面的含义:

(1) 以满足各类家庭生活需要为主要服务目的;
(2) 以步入家庭的有偿服务为基本服务形式;
(3) 以农村富余劳动力和下岗职工为主要从业群体,中青年女性偏多。

从服务范畴上看,其包括两个系列的内容:一是诸如房屋、装饰、穿着、饮食、卫生、育儿及家庭教育、交往、礼仪等日常"家务"的安排与处理;二是家庭的生产经营、投资理财、择业就业、法律服务、心理咨询等"家计"性质事务的服务与管理。家政服务的经营范围十分广泛,项目种类特别多,凡是与社区居民生活相关的服务,它几乎都能提供。在经济社会不断发展的今天,家政服务成为社区生活不可缺少的一个行业,成为城镇社区经济发展的一个亮点。

二、社区家政服务的现状

我国的家政服务业起步虽早,但也是几经沉浮。近几年,在政府、社会和社区的大力扶持下,家政服务逐步市场化、明朗化、正规化和多层次化。目前,全国已有近3 000个家政服务企业,且不包括搬家公司、保洁公司、家教中心等类型的主要为家庭提供专项服务的服务实体,以及大量的"钟点工"。

根据国家劳动保障部在天津、上海、重庆、沈阳、南京、厦门、南昌、青岛、武汉9个城市对发展家政服务业扩大就业问题进行的系统调查,其结果显示为以下几个方面:

(1) 上面9个城市家政服务从业人员共23.96万人,其中,城镇从业人员占总数的56.1%(其中,下岗人员为63.7%,退休人员为36.3%);农村富余劳动力占43.9%。

(2) 家政服务从业人员的构成:性别比例——男性占14.9%,女性占85.1%。年龄——多数在18~55岁,其中,全日制为18~25岁;小时工为30~45岁;其他类型家政服务人员为 30～55 岁。文化程度——高中以下占 83.9%；大专以上占 16.1%。上岗前接受过家政服务业务培训的占 30%。

（3）家政服务的项目：主要有操持家务、照料老人、看护婴幼儿、看护病人、护理孕妇与产妇、制作家庭餐、家务管理、家庭教育、家庭休闲娱乐等。

（4）家政服务的用工形式：分为全日工、半日工、小时工等，也有以完成一项服务任务为计费单位的形式。全日制工作的家政服务员主要来自农村，小时工和其他类型家政服务人员多来自城市企业下岗职工、失业人员、退休人员，也有部分农村富余劳动力。

（5）工资水平：小时工一般在每小时 10 元上下浮动；全日工和半日工的工资，按地区经济水平和提供的服务不等，一般为 500～800 元，涉外服务工资较高，有的月收入超过 2 000 元。

三、社区家政服务的内容

目前，我国社区家政服务已由简单的家庭服务延伸到人民群众日常生活的方方面面，涉及 20 多个领域 200 多个服务项目。按内容可分为三个层次：一是初级的简单劳务型服务，如煮饭、洗衣、维修、保洁、卫生等；二是中级的知识技能型服务，如护理、营养、育儿、家教等；三是高级的专家管理型服务，如高级管家的家务管理、社交娱乐的安排、家庭理财、家庭消费的优化咨询等。总之，当今社区家政服务主要涉及基本家政、特殊家庭成员护理和家政延展三个方面的内容，具体包括家庭服务、家庭护理、家宴服务、母婴护理、幼儿托管、孝心服务、导游导购、宠物托管、公司保洁、维修服务、家庭保洁、园艺服务、配送服务、汽车保洁、维修服务、幼儿用品、宠物用品、保洁用品、代理购物和用品出租等内容。

四、社区家政服务管理

（一）社区家政服务机构现状

目前，从事家政服务职业介绍的机构分为劳动保障部门开办和社会（非劳动保障部门）开办两种。劳动保障部门开办，主要是由省、市、县、区四级劳动保障部门所属的就业服务机构管理，公共职业介绍机构承担。社会开办的形式较多，主要是社会团体开办、企业自办、集体和个人开办等多种形式。

（1）劳动保障部门开展的家政服务机构一般有以下三种形式：

①在职业介绍机构开设专门的家政服务窗口，进行家政服务业务介绍，成交后由供求双方签订劳务合同；

②建立专门的公益性家政服务中介机构，对下岗职工实行免费培训，免费介绍工作；

③直接指导社会开办的以下岗职工为主要介绍对象的中介机构，劳动保障部门主要提供相关政策指导和培训资金的支持等。

（2）企业办的家政服务机构。企业办的家政服务机构主要是安置本企业下岗职工，其服务既面向企业，又面向社会。这种机构一般为经营实体，既搞家政服务的中介，又兼有组织、管理下岗职工的功能。企业办的家政服务机构的特点如下：

①将下岗职工组织起来,帮助寻找新的就业岗位,并负责为其缴纳社会保险金,这样有利于保持社会的稳定;

②由于介绍对象是本企业职工,知根知底,便于管理,用户也放心;

③通过家政服务的渠道,推销企业的产品,获得安置下岗职工和产品促销双丰收。

(3) 街道、居民委员会开办的社区家政服务机构。街道、居民委员会作为基层组织,与城市居民的生活有着直接联系,能准确了解居民的需求,能较好掌握家政服务员的工作状况,还能结合社区管理进行家政用工介绍,具有方便居民家庭、服务可靠、信誉度高的特点。

(4) 社会团体和民营、个体开办家政服务机构。社会团体和民营、个体开办家政服务机构主要形式是成立家政服务公司。规模较大的家政服务公司在管理上一般比较正规,有严格的服务规范、工作标准和收费标准,能够较好地按照市场的需求开展各项服务业务,并注意跟进服务。为了提高服务信誉,有些机构还对服务员进行培训,提高其业务素质。一般做法是,招收和组织家政服务人员,并与其签订聘用协议;按用户要求派出工作,并由公司与客户签订用人协议。用户将服务费用支付给公司,公司将工资付给服务人员。

(二) 社区家政服务企业的特点和发展措施

家政服务企业最突出的特点就是为家庭提供服务。从某种意义上讲,服务是家政服务企业的生存线。在家政服务市场竞争日趋加剧的形势下,面对日益提升的家庭生活需要,家政服务企业必须打造优秀的服务。优秀的服务是家政服务企业市场竞争的一大法宝,优秀的服务是满足家庭生活需要的根本所在。

1. 家政服务企业经营销售的产品是服务

这一"服务"产品具有一定的特殊性,即人技统一性。家政企业"服务"产品价值结构的多层次,要求家政服务企业打造优秀的"服务"产品,应从多重的价值结构入手使其得到优化,以此不断地为家庭需要提供高水准的服务。

2. 家政服务企业提供的各种服务的特点

(1) 无形性、易消失性。每次提供的服务都是无法储存的,是一次性完成的,无论服务多么优秀都不能申请专利。家庭购买服务前,无法对为其提供的服务质量、效果进行检验;家庭购买后,也不能重复使用。

(2) 差异性、即时性。由于家政服务员的专业知识、技能、修养等存在差异,这些差异影响和制约每项服务,使服务具有差异性。服务的差异性因个体差异使服务结果不同,甚至同一项服务因个体差异服务结果也不同。家庭购买服务后,服务与家庭消费同时进行。

(3) 不能退还性。家庭购买了服务商品后,其消费商品的过程就是服务过程,服务完成时家庭消费即宣告结束。即使家庭对服务商品不满意,消费已结束也无法退还,不能退还也是即时性的一种表现。

(4) 可替代性。家政服务企业是围绕家庭生活需要而提供服务的。这一服务商品与其他食物商品有很大差异。如果消费者不购买家政服务,也能自行予以解决,从而取代家政服务企业的存在价值,可见,家政服务具有可替代性的特点。

（5）无法拥有服务产品所有权。由于服务的无形性、易消失性，用户接受完服务后，服务便自动消失了，用户不能长久地拥有服务产品，也就是拥有服务产品的所有权实际为"零"。因此，家政服务企业应努力打造自己公司的服务品牌，以优质、高效的服务给客户留下美好深刻的印象，来维系公司服务的连续性和稳定性，获得更大的发展空间。

3. 推动家政服务工作的具体措施

（1）颁发家政服务员国家职业标准。家政服务员国家职业标准已于2000年8月正式颁发，内容包括职业概况、职业基本要求、工作要求等，并将家政服务员职业等级定为初级、中级、高级三个等级（相应于国家职业资格的五级、四级、三级），按级别分列出相应工作内容、技能要求和相关知识等。家政服务员国家职业标准是衡量从业人员技术水平和工作能力的重要尺度，是开展家政服务培训和职业资格鉴定的依据。

（2）加强家政服务职业培训。对家政服务员开展职业培训，使他们掌握家政服务所必备的知识和技能，并树立健康的职业道德和就业意识，是提高家政服务队伍素质，进而提高服务质量的主要途径，也是使家政服务员顺利实现就业和稳定就业的重要条件。家政服务职业培训可分两个层次进行：一是师资培训。对象是各技工学校、就业训练中心、社会力量办学机构已经承担或准备承担有关家政服务专业课程的教师，通过培训使他们具备组织家政服务培训的资格，掌握教学方法，进而对家政服务员开展规范化、专业化的职业资格培训。二是开展从业人员培训。由具有家政服务培训资格的教师和其他专业学科的教师负责培训教学，培训后进行考核，使参加培训的人员通过培训考核，获得职业资格。依据家政服务员国家职业标准编写的培训教材和教学大纲是开展培训的主要工具。家政服务职业培训的内容和课程设置要按此进行科学安排，并要很好地结合当地市场需求变化、用户需要和从业者本人特点实施培训。

（3）开展家政服务员职业资格鉴定考核。职业资格鉴定考核是由劳动保障行政部门认定的考核鉴定机构，按照国家规定的职业技能标准和任职资格条件，通过鉴定考核，对劳动者的职业技能给予客观公正的评价与认证的活动。家政服务员的职业资格鉴定考核，以家政服务员国家职业标准为依据，以检查劳动者实际职业能力为目的，采用"统一标准、统一教材、统一命题、统一考务、统一证书"的办法进行。

（4）规范家政服务职业中介机构和就业实体的运作。家政服务职业中介机构和就业实体的区别在于，前者是中介服务型，即从事家政职业介绍服务，工作任务以提供劳务和培训信息、输送合适人选、提供职业指导为主。目前，劳动保障部门职业介绍机构多为此类型。后者是企业运营型，即从事专门的家政服务员的派遣，并进行经营和管理，工作任务以组织供给资源、收集用人信息、输送合适人选、提供短期培训为主，并对所属员工进行劳动保障事务管理等。此类型多为社会团体、企业、民营机构开办的实体。为适应市场需要，一些地区的公共职业介绍机构还开设了专门的家政服务窗口，广泛收集用人信息，为家政服务求职人员和用人家庭、单位提供优质、高效的中介服务；对有意愿从事家政服务工作的下岗职工和失业人员开展职业指导；为职业培训机构提供培训定位信息，介绍家政培训学员。

从发展来看，家政服务就业的主渠道应当依靠社会力量，包括社会团体、各种民办、个人办的以及社区组织兼办的各类家政服务中介机构和就业实体，应按照家政服务供求双方的需要，遵循业务活动的客观规律，逐步完善运作机制，组织好供求信息的沟通和匹配，执行国家的就业准入、职业资格和劳动（劳务）合同（协议）的要求，实行科学管理，提高匹配效率和服务质量。

（5）保障家政服务供求双方的合法权益。应健全和完善供求双方的劳动关系。一般来讲，应当根据法律规章来确定双方的责任、权利和义务，包括劳动时间、劳动条件、服务质量、工资报酬、权益保障、争议处理等事项，并通过契约的形式来体现，即家政服务员应当与用户直接签订劳动协议，职业中介机构应该提供各种合同的样本，提供咨询指导和相关服务。在发生劳动争议时，享有由劳动保障部门受理劳动争议的权利。

（6）逐步将家政服务员纳入社会保障范围。随着社会保障体系的完善，家政服务员要依法参加社会保险。家政服务企业应向当地社会保险经办机构申请办理社会保险登记。对已经开业的家政服务管理机构，按照有关规定到当地社会保险经办机构申请补办社会保险登记。家政服务就业实体作为社会保险缴费单位应积极参加，并负责组织家政服务员参加社会保险。在参加基本养老保险的基础上，国家鼓励发展补充保险。有条件的家政服务就业实体，也可以参加商业保险。

（三）社区家政服务的发展态势

1. 社区家政服务发展的多样化

随着国民经济的快速发展和社会文明的不断进步，人们的生活质量不断提高，家庭类型越来越多样化，各类型家庭的家务劳动社会化需求也越来越精细，而且越来越专业化，因而，社区家政服务的内容和范围不断延伸和扩大。家务已经不限于原来的洗衣、做饭、清洁卫生，而是包括家庭教育和理财、代理购物等满足家庭成员更高、更专业化的需求的活动。

2. 社区家政服务的发展方向

社区家政服务是一个新兴行业，虽然它还存在一些问题，但是它的产生已经具有良好的社会、经济、文化基础，也有着广阔的前景，并且已经给社会带来了回报。总的来说，社区家政服务应该努力朝着专业化、社会化、产业化的方向发展。

（1）专业化是社区家政服务发展的必然结果。当家政服务从提供低档的服务向提供多样化的高档服务深入发展时，自然就会提出专业化的要求。社区家政服务专业化有利于家政服务职业共同体和共同价值的形成，有利于提高家政服务的服务水平，有利于确立和巩固家政服务的专业地位，使家政服务具有旺盛的生命力。更重要的是，专业化有利于确定家政服务的职业地位，使之作为一个社会分工的行业来发展。家政服务专业化包括家政服务从业人员的专业化和家政服务内容的专业化。劳动保障部已于 2000 年 8 月正式颁发家政服务员国家职业标准，并且对家政服务员进行职业资格鉴定考核，使家政服务走上了职业化发展的道路。社区家政服务职业化又将会促进社区家政服务专业化的发展。

（2）社会化是社区家政服务发展的源泉。社区家政服务社会化是指社区家政服务工作由封闭到开放、服务对象由特殊到普遍、服务内容由单一到多元、服务方式由单渠道到多渠道的发展过程。社会化是以社会效益为目标兼顾经济效益。社区家政服务社会化既是家政服务拓展业务的需要，也是家政服务拓展业务的必要途径。社区家政服务社会化的结果就是让更多的社会成员能够享受到家政服务。一方面有助于人们对社区家政服务的了解，树立社区家政服务在人们心中的形象；另一方面有利于社区家政服务自身的发展和完善。

（3）产业化是社区家政服务发展的保证。社区家政服务产业化是指社区家政服务工作从行政性经营到市场化经营、从事业化管理到企业化管理、从非经济实体到经济实体、从社区财政维持到自负盈亏的过程。这是社区家政服务发展的又一个趋势。同时，社区家政服务产业要发展壮大，必须不断走向规范化和品牌化，形成自己的服务特色。

3．我国发展社区家政服务的总体目标

当前和今后一段时间，我国发展社区家政服务的总体目标是实现以下四个方面的突破：

（1）实现服务业扩大就业的突破。通过抓社区家政服务，促进社区家政服务职业化，挖掘巨大的潜在市场，带出第三产业的新兴行业。

（2）实现带动社区就业的突破。通过抓社区家政服务，探索成功之路，以点带面，向社会就业的其他领域辐射和延伸。

（3）实现劳动保障工作的突破。通过抓社区家政服务，促使现有的劳动保障政策不断完善，在劳动保障政策的指导下提供相应的服务，使之在类似灵活的就业形式中，有所反应、有所发展、有所创新。

（4）实现劳动者及全社会对传统观念认识和改变的突破。通过抓社区家政服务，树立符合时代发展的就业新观念。

（四）我国发展社区家政服务的基本思路

（1）把发展城市家政服务作为扩大社区就业的突破口和切入点。当前就业岗位的增长点在第三产业，基础在社区。要把发展家政服务作为扩大社会就业的切入点，树立向家政服务要岗位的思想，运用政策措施和服务手段，挖掘家政服务业的巨大社会需求，将潜在的社会需求转变为实际的就业岗位。

（2）将满足社会需求与引导居民消费相结合，提供社会化服务机制。满足社会需求是家政服务工作的主要任务，家政服务的需求具有较大的潜在性与伸缩性，要靠有效的供给去带动。家政服务员诚实可靠和服务质量越高，就越能将人们对家政服务的潜在需求转变为现实需要。因此，要在引导人们转换消费观念、拓宽家政消费渠道的同时，建立科学合理的家政服务机制，提供质量较高的社会化服务资源。

（3）加强培训指导、中介管理和权益保障，创造良好的发展环境。劳动保障部门在推动家政服务发展的过程中，应当根据自己的职能，在几个重要环节上加强工作：加强对培训、鉴定的指导，以提高从业人员的素质；加强对中介机构的规范管理，以提高服务的可靠性；加强对权益保障的维护，以增强家政服务业的稳定性。在此过程中，逐步推行就业准入制度和持证上岗制度，实行家政服务中介许可证和监督检查制度，健全劳动合同、劳务协议制度。

（4）发动全社会共同推动家政服务工作。劳动保障部门的职业介绍机构可开设专门的家政服务业务窗口，也可通过对现有家政服务中介机构和就业实体的政策引导和业务指导，规范其运作，还可制定一系列扶持政策，鼓励社会各方面开展对家政服务的职业培训和业务介绍。

（5）提供全方位服务，鼓励更多的劳动者走上家政服务行业。劳动保障部门要为下

岗、失业人员和其他劳动者从事家政服务就业提供全方位服务，通过制定国家职业标准，编写职业培训教材，实施考核鉴定和发证，规范和改进中介服务，提供劳动合同和劳务协议样本，指导签订劳动合同，引导跟进服务，制定社会保险和争议处理的办法，鼓励更多的劳动者加入家政服务行业并提高这支队伍的整体素质。

拓展阅读

上海市舒锦家政服务公司提供的服务

妈咪助理：经劳动部门专业培训的"妈咪助理"将用爱心、耐心的温情服务，帮你顺利度过产褥期，为幸福的你更添一份亲情。

宝贝智育：公司为每个孩子量身定做"智教发展"方案，专职育婴师每月上门指导家政服务师，根据"智教方案"带动宝宝做丰富多彩、集操作性和启发性于一体的体操及游戏，促进宝宝智力、思维、运动能力的全面发展。

老人陪护：有较高文化素质和丰富生活阅历的家政服务师，陪"空巢"老人聊天、解闷、料理家务、户外锻炼，帮助老人处理突发事件。

常规家政：我们为你洗衣、做饭、擦拭灰尘、熨烫衣服等你无暇顾及的家务琐事。

涉外家政：有外籍家政服务经验的上海籍家政服务师，为外籍人士提供全面、精致、优质的涉外家政服务。

专业家教：整合各名校的家教师资，采用一对一的家教方式，为你孩子的成长提供有专业教学特长的家教服务。

家庭理财：由于公司涉足金融、房产、股票等投资行业，因此，我们将充分利用产业优势，为客户提供各项家庭理财服务。

商务服务：为个人及大中型企业提供公司注册、网站制作、商标注册、商品采购等所有商务类信息产品和服务。

思考题

1. 社区家政服务企业提供的服务的特点有哪些？
2. 试述社区家政服务的发展趋势。

第三节　社区养老服务

我国国家统计局公布的"2019年国民经济数据"显示，2019年，我国60周岁以上人口达到2.53亿，占总人口的比重为18.1%，相比2014年增加了0.4个百分点，其中65周岁及以上人口占总人口的比重达到12.6%。据我国国务院老龄委预测，从2021年到2050年是加速老龄化阶段，到2023年，老年人口数将增加到2.7亿；到2050年，老年人口总量将超过4亿，占总人口的比重将达到30%以上。

与欧美和日本老龄化社会的特征不同,我国老龄化社会将面临老龄人口基数庞大,特别是空巢老人、失能老人人口众多,以及在经济和社会方面的未富先老和未备先老等一系列严峻问题,随着我国老年人年龄的增长和身体的衰老,老年人对社区养老的依附性越来越强,因此,社区老年服务更显重要。

一、社区养老服务的含义

(一)老年人

世界卫生组织把60岁作为老年的起始年龄,一般来说,年满60岁的人被称为老年人。国际上通用的衡量一个国家或地区是否进入老龄化社会的标准是以60(65)岁以上老年人口占总人口比重的10%(7%)作为衡量指标。我国的退休年龄也以此为标准,依据性别差异而有所增减。

目前,全世界60岁以上老年人口总数已达6.05亿,有60多个国家的老年人口达到或超过人口总数的10%,进入了人口老龄化社会行列。2018年年末,我国60岁及以上人口为24 949万人,占17.9%,其中,65岁及以上人口为16 658万人,占11.9%,60岁及以上人口增加859万人,比重上升0.6个百分点;65岁及以上人口增加827万人,未来我国老年人口将进一步增加。我国老年人口呈现出加快增长的趋势,高龄老人、生活不能自理老人和空巢老人的数量庞大。预计到2025年,老年人口将占总人口的1/5;2050年,老年人口将占总人口的1/3,即3个人中会有1个老年人。随着我国老年人口的不断增加,人口老龄化已成为当今世界的一个突出的社会问题之一。

(二)社区养老服务的含义

社区是老年人的聚居地,是老年人的主要活动场所和生活空间。随着年龄的增长和身体的衰老,老年人对社区的依附性越来越强。依托社区构筑社会化老年人服务体系不仅具有方便易行、针对性强、参与面广等特点,而且能给老人带来认同感和归属感。

社区养老服务是指通过政府扶持、社会参与、市场运作,逐步建立以家庭养老为核心,以社区服务为依托,以专业化服务为依靠,向居家老年人提供生活照料、医疗保健、精神慰藉、文化娱乐等为主要内容的服务。

二、老年人的特点

(一)老年人的生理特点

进入老年之后,人体代谢机能的降低是其最重要的生理特点,衰老是不可抗拒的自然法则。

(1)体表外形改变。老年人须发变白,脱落稀疏;皮肤变薄,皮下脂肪减少;结缔组织弹性低导致皮肤出现皱纹,皮肤色素增加、沉着,形成老年性色素斑;牙龈组织萎缩,牙齿松动脱落;骨骼肌肉萎缩,骨钙丧失或骨质增生,关节活动不灵;身高、体重随增龄而降低(身高在35岁以后每10年降低1 cm)等。

(2)器官功能下降。老年人的各种脏器功能都有不同程度的减退,如视力和听力下降,心脏搏出量可减少40%~50%;肺活量减少50%~60%;肾脏清除功能减少

40%～50%；脑组织萎缩，胃酸分泌量下降等。由此，导致老年人器官储备能力减弱，对环境的适应能力下降，容易出现各种慢性退行性疾病。

（3）机体调节控制能力降低。老年人动作和学习速度减慢，操作能力和反应速度均降低，加之记忆力和认知功能的减弱和人格改变，常常出现生活自理能力的下降；老年人免疫防御能力降低，容易患各种感染性疾病；免疫监视功能降低，容易患各种癌症。

（二）老年人的心理特点

老年人的心理变化，主要表现在感觉、知觉、记忆、抽象思维的改变及情感、性格、人格变化等生理性变化，以及老年精神障碍的病理性改变等。

（1）记忆力减退。随着年龄增加，老年人的记忆力有不同程度的下降。不能自如地从以前的记忆中提取信息，如记不起某个熟人的姓名、日常用的电话号码、某些字的写法等。老年人记忆力减退的另一特点为短时记忆力下降，常常忘了刚决定要做的事情、刚刚放置的物品等。但老年人的记忆力具有相当的可塑性，经过训练、锻炼可得到改善。

（2）性格和情绪的改变。

①小心、谨慎。人到老年，在做事和处理问题时，一般小心谨慎，不愿冒险，为追求准确性使做事速度明显放慢。

②自私、多疑。老年人常常变得十分自私、多疑、好猜忌，对周围的人不信任，总觉得周围的人及自己的家人在议论、算计自己。有时对自己的健康状况过分关注，总是怀疑自己得了某种严重的身心疾病。

③不满、固执。人到老年常常变得自以为是，十分固执。老年人因墨守成规而对许多事情看不顺眼，显得不满而不能控制自己的情绪，常常大发脾气。老年人由于坚持不改长期形成的习惯和行为方式，而显得刻板、固执和偏执，很难根据实际情况而加以改变，且不愿承认自己的不足。因此，常常不能适应新生事物和新环境。

④消极、悲观。进入老年期后，常感觉到自己已经衰老，身体状况及各种能力明显减退，容易产生消极悲观情绪，从而变得沉闷、少言、少动、忧郁，严重者形成病理性老年性抑郁症。

⑤自卑、自责。进入老年期后，常常注意回忆自己的过去，当发现一系列目标尚未达到或计划未能实现时，常常归罪于自己的能力不足，从而自怨自责，显出沮丧和心灰意冷的心情。

⑥死亡恐惧。死是老年人不可避免要考虑和面对的问题，尤其是在配偶、朋友、同事去世后，在老年人的心中经常会想到死亡的问题，有时可产生明显的恐惧心理。

（三）老年人的需求分析

总的来说，老年人的需求具有多样性，既有生理性的，又有社会性的；既有物质的，又有精神的。美国著名的人本主义心理学家马斯洛把人的各种需求划分为五个层次，即生理需求、安全需求、归属与爱的需求、尊重需求和自我实现的需求。老年人也有这五个层次的需求，根据老年心理的特殊性，对其需求应作具体的分析。

（1）生理需求。这是一切需求中最基本、最优先的一种需求，包括人对食物、水、空气、衣服、排泄及性的需求。如果这一类需求不能得到满足，人类将无法生存下去。老年人也有这些基本的需求，以满足其生存，但老年人的生理需求有其特殊之处。在食物方面，老年人更注重保健，对饮水和空气环境的需求也更讲求洁净、新鲜、卫生；在服装方面，老年人需要与自己年龄相符的服饰，讲求宽松、轻便、保暖、透气和适用。由于其身体机能的衰退，老年人更需要方便、舒适、无障碍的卫生间。老年人对性的需求虽已不像中青年那样强烈，但依然是一种本能的需求。

（2）安全需求。在人们的生理需要相对满足后，就会产生保护自己的肉体和精神的需要，使其不受威胁、免于伤害、保证安全。如防御生理损伤、疾病，预防外来的袭击、掠夺、盗窃，避免战乱、失业的危害，以及在丧失劳动力之后希望得到依靠等。老年人的安全需求相比其他人群更为迫切，尤为集中在医、住、行三个方面。在医疗康复保健方面，老年人希望老有所医、老有所乐、健康长寿。一旦生病，希望能及时得到治疗，能就近看病和看好病，还希望生病期间身边有人护理和照顾。另外，就是希望有人指导他们加强平时的健康保健，使其不生病或少生病。老年人对居室要求稍宽敞一些，以便于行走和活动，室内要求通风、干燥、透光；内部设施要便于老年人使用和行动，如卫生间要有扶手和坐便器之类，楼道要安装栏杆和扶手，以防其摔倒，居住楼层不宜太高，以便于老年人进出和下楼活动。老年人出行的安全尤其重要，一般需要有人伴护，以防途中摔倒或犯病；公共场所和交通工具也需设老年人专座或老年人通道，保障老年人出行的安全。

（3）归属与爱的需求。一个人在社会生活中，总希望在友谊、情爱、关心等各方面与他人交流，希望得到他人或社会群体的接纳和重视，如希望结交朋友、互通情感，追求爱情、亲情，参加各种社会团体及其活动等。老年人的这些需求也是强烈的。首先，他们需要家庭的温暖、子女的孝顺，享受天伦之乐；其次，老年人也需要参与社会活动，渴望与邻里、亲朋好友接触和交流，害怕孤寂；最后，老年人也有爱情需求，特别是一些丧偶老年人，希望能有一个伴侣与之相濡以沫，共度晚年。

（4）尊重需求。一个人在社会上总希望自己有稳定、牢固、强于他人的社会地位，需要自尊和得到他人的尊重。老年人特别爱面子，自尊心强，特别需要别人的尊重，对于他人对自己的态度尤为敏感。这种尊重需求往往也会延伸为老年人注重自己在知识和修养方面的提高，对自身形体、衣着装扮的关注等。

（5）自我实现的需求。人们希望实现自己的理想和抱负，充分发挥个人的聪明才智和潜在能力，取得一定的成就，对社会有较大的贡献。老年人也希望为社会做一些力所能及的事情，充分发挥自己的潜能和余热，实现自身的价值或完成未完成的心愿，从中体验到成功的喜悦和满足感。

《中华人民共和国老年人权益保障法》中明确规定："地方各级人民政府和有关部门、基层群众性自治组织，应当将养老服务设施纳入城乡社区配套设施建设规划，建立适应老年人需要的生活服务、文化体育活动、日间照料、疾病护理与康复等服务设施和网点，就近为老年人提供服务。"这不仅从根本上明确了我国老年人权益保障的主要问题，而且为开展和加强我国社区养老助老服务提供了充分的法律依据。

（四）社区养老服务的形式和方式

目前，社区养老服务体系比较混乱，阻碍了老年人社区服务质量的进一步提高。鉴于人力、物力和财力等资源的有限性，在对其进行规划设计时有的可以立足原有社区养老设施基础，重新规范整合，有的可能要发掘社区内个人企业及其他服务组织的潜在功能，为老年人提供更为全面、周到、便利的社区服务。其目标是最大限度地调动和利用社区资源，改革政府的现行福利供给与管理模式。

首先，要区分社区养老服务职能和社区养老服务机构的职能，前者是管理者，后者是直接服务者。要通过建立完善的社会福利服务机构、服务组织和社会服务设施，即社会福利服务体系，实现社区养老功能。

其次，必须认清服务对象的发展趋势。将来的养老方式仍然是以分散的居家形式为主，有老年人的家庭表现为大量的空巢家庭和老年型主干家庭，社区的服务对象应主要是这些老年人家庭，特别是这些家庭中自理能力较差的高龄老年人和伤残老年人。

再次，对社区养老服务的性质要重新认识。提倡和鼓励建立在美德基础上的义务性服务。但这不是社区服务的主体，社区养老服务应该是一种与市场经济和人类自我主体意识相适应的带有一定福利性质的经济活动。应与纯义务性和纯福利性的服务不同，具有互助性或有偿性。对社区养老服务性质的重新定位，将为社区养老服务的发展注入新的生机。

综上所述，在参考发达国家与地区，特别是中国香港社区养老服务体系的基础上，我们对社区养老服务的方式和形式进行了以下具体规划与设计。

1．居家入户服务

（1）服务简介：以区、街道两级社区服务中心计算机联网为基础，构成信息资源网络，并形成以社区服务中心为主体、居委会和社区单位小型的分散服务设施为补充的服务设施网络。同时，以街道为单位，通过与公安、房管、医疗卫生、家政服务等行业联合组成庞大的服务网络系统，将社区的安全保障和生活服务的触角延伸到每个家庭，使家庭中的老年人得到照料，从而形成覆盖整个社区的集治安、医疗急救、家庭防盗、咨询服务、家政服务、文化娱乐、旅游服务为一体的社区生活服务和安全保障体系，为体弱的老年人提供系列化的居家入户服务。

例如，南京市鼓楼区推出96180生活服务求助热线，运用声讯、信息技术整合南京市近400家相关服务企业，包括家政服务、家电维修、福利机构、法律服务、职业介绍、交通旅游、婚庆礼仪、家装物管、医疗保健、丧葬礼仪、教育培训等10多类100多项服务资源，构成了一个全新的服务平台，为广大市民免费提供便捷的生活服务信息。这是很值得推广的。

（2）服务目的：让老年人在自己的家中或者社区内接受护理和照顾服务，通过社会工作者或相关人员外展走访，以及设立电话热线的方式，根据老年人不同的需要向他们提供不同种类的服务和照顾，并且可以按照其意愿继续在家里生活，实现居家养老和照顾入户相结合的效果。

（3）服务内容：服务机构根据老年人的个别需要，为他们提供一系列的居家入户服务及社区支援服务。包括：护理计划及护理；复康练习；老年人及照顾者心理支援服务；24小时紧急支援；居家环境安全评估及改善建议；居家照顾；家政服务；交通及护送服务等。其中家政服务还包括：家居清洁；送饭服务；购物及递送服务；日间入户看护等。

（4）收费：根据需要对收费每年做出调整，并按照服务使用者的经济情况而定。

2．老年人志愿服务

（1）服务简介：目前，我国志愿者系统遇到的最大困难是人力资源缺乏。事实上，很多中小学以及高校都设有青少年志愿者社团，特别是大学生社团的组织能力和动员能力更强。如果引导这些志愿者立足本社区，对于建立老年人社区服务网络将是一笔很大的财富。同时，在社会上还有很多热心人希望加入志愿者队伍，却无从知晓加入的途径。老年人志愿者服务队伍中的工作人员，可以与社区内的企业商讨，招募其员工加入志愿者队伍，并汇集资源，为老年人提供贴身的照顾服务。

例如，南京市整合社区服务资源，建立社区服务网，由南京市政府网提供技术支持，将社区服务的内容（其中包括为老服务的内容）、形式、收费标准、服务机构以及服务监督等信息在网上公布，同时进行必要的宣传。

事实上，中国香港地区的社会服务联会与企业合作，引导企业员工服务社区已有先例。其效果使企业员工增强了对企业的归属感。员工在闲暇时间做一些对社会有意义的事情，感到精神上得到了放松和满足，同时可以向企业募集资金或鼓励他们捐赠老年人基础设施，以改善服务条件。这种综合福利性和实物性的推广活动对于企业形象来说，比起媒体广告也许更为有效、更为直接，所以企业家也会愿意这么做。另外，目前很多志愿者队伍缺乏稳定性，主要归因于组织缺乏促进服务可持续发展的动力机制，缺乏规范有效的管理，也由于许多人不能适应伺候老年人的工作，致使社区为老服务人员队伍缺乏稳定性。这种情况自然会影响为老年人服务的质量。所以，在建立老年人支援服务队之初就必须做好充分准备，特别是对于组织宗旨、责权分配等规章制度设置在前，并设立投诉机制，使为老服务质量得到最大的度的保障。

（2）服务目的：老年人志愿服务是一项社区支援服务，主要由居民自愿报名登记，为急需照顾的老年人提供社区网络和外展服务，并且推广老年人志愿者精神。

（3）服务内容：通过外展走访，到社区内不同的地点，如公园和社区街道，接触老年人，发觉他们潜在的需要；定期以电话和探访慰问老年人；介绍社区内关于老年人可获得的资源；协助老年人处理简单的个人需要，接送往返诊所和处理简单的家务；给老年人进行情绪疏缓和心理支持，与社区居民委员会联系，为老年人争取其他服务；招募、培训和维系志愿者。

（4）收费：老年人接受电话联络、探访和个人协助服务均无须缴费；唯独老年人需要护送服务时，老年人本人及志愿者的交通费需由老年人负责。

3．老年活动中心

（1）服务简介：遵从"老年人自助互助"的原则，尊重、提倡和鼓励老年人自立自助，充分发挥老年人的能力和作用。社会和老年人都应当转变观念，消除以往对老年人的歧视和偏见，建立一种新型的老年价值观和养老文化。老年活动中心是基于社区层面的一个社区养老服务机构。其组织理念为以人为本，组织社区活动，充分体现老年人的自我价值，在社区项目建设上鼓励社区居民积极参与。年龄大并不等同于身体和精神上的衰退，也不等同于疾病。打破"年龄界限"，消除"年龄歧视"，应该成为所有追求健康老龄化目标的社会共同的年龄观、老年观。

事实上，目前大多数社区都有老年活动中心、老年之家等供老年人娱乐的场所。但是由于疏于管理并没有得到充分的利用，又由于缺乏资金，很多老年活动中心只有单一的娱乐项目，很多服务项目只是流于形式。因此，重塑老年活动中心形象，关键在于服务项目必须从单一化走向多元化，从以娱乐为主走向以体现老年人价值为主与健康交往，从而使老年人身心得到健康发展。

（2）服务目的：协助老年人留在社区养老，并使其过上健康、受尊重及有尊严的生活；引导他们积极参与，同时推进社会各界人士共建关怀社区。老年人活动中心提供一系列全面的服务，以满足不同健康状况的老年人在身心社交及发展方面的需要。

（3）服务内容：帮助建立老年人自助互助委员会，参与社区事务决策、健康教育、法律援助，公布社区信息及老年人可获得的社区资源。为老年人提供就业信息及老年人辅导服务，举办户内及户外小组活动、社交康乐活动和老年人兴趣学习班，组织探访慰问活动，提供照顾者支援服务。参照国外社区服务的先进经验，建立"时间储蓄机制"，组织社区内低龄老年人为高龄老年人服务，实行劳动时间储蓄，他们将获得在高龄期间享受低龄老年人提供的等时义务服务的回报，没有人工价格上涨的困扰。对低龄老年人来说也为他们提供了"老有所为"的服务机会。

（4）收费：会员年费；个别活动收费标准视情况和老年人经济情况而定。

4．老年人情绪辅导中心

（1）服务简介：大多数人进入老年以后，仍然想有所作为，而苦于没有机会。一些老年人退出社会主流生活，而导致老年抑郁症；有些老年人因苦坐家中无人交谈，而提前进入脑退化进程；另外，还有一些老年人因为无法面对老年与死亡的现实，加上退休后经济收入减少，身边亲友死亡以及因为怕拖累亲属，给老年人的精神上造成一定的压力。老年人的这些问题很少是孤立存在的，而往往同时并存，涉及身体、心理和社会等诸多方面。及时有效地舒缓老年人情绪，让老年人积极面对余生，既是对自身负责，又是对家庭成员负责，还应看作是对社会负责。老年人情绪辅导中心，集合一群有经验而且受过专业训练的社会工作者，运用个案、小组和社区三大方法对老年人进行辅导。

（2）服务目的：协助老年人认识自我，让他们重拾自信和力量，建立起积极、健康的人生观和价值观。

（3）服务内容：老年人个案工作辅导；老年人家庭辅导；老年人小组工作辅导；定期入户探访；与社区内其他医疗机构和服务单位建立广泛的服务网络，并进行转介服务。

（4）收费：视老年人经济情况而定。

5．照顾者支援服务

（1）服务简介：老年人是一个特殊群体，虽然在个体水平上老年并不意味着衰老，但目前已有的证据表明，老年人在生理健康、各项与年龄有关的生理功能等方面明显不如年轻人，认知功能的进行性衰退严重影响着老年人的个人和家庭生活，精神忧郁则使部分老年人遭受痛苦，有些老年人必须部分或全部依赖他人生活。特别是面对完全不能自理的老年人，其照顾者（主要是家庭成员）承受着沉重的经济和心理双重压力。如果这些情绪得不到及时而适当的舒缓，家庭养老机制的积极作用将会走向其反面，甚至酿出虐待老年人的惨相。

（2）服务目的：协助和支持照顾者在家中照顾老年人，舒缓照顾者因照顾老年人而产生的消极情绪；让照顾者互相分享照顾的心得，并在照顾者之间建立资源库，共享资源，进一步提升老年人照顾服务质量。

（3）服务内容：为照顾者提供各项训练课程和专业培训；推动照顾者成立互助小组，汇聚各方资源；提供各种面对老年人的简单辅导及心理支援；介绍如何使用康复器材，以及为照顾者举办社交康乐活动。

（4）收费：会员收费；个别活动收费视情况而定。

6. 老年人日间照顾中心

（1）服务简介：老年人日间照顾中心是专门为身体机能中度或严重受损的体弱老年人开设的。人们普遍认为这些老年人已经没有自理的能力，最好的安置方式是进入养老院。然而，出于老年人居家的意愿，以及本着留在熟悉的社区环境对于老年人的康复更为有利的理念，很多社区建立了日间照顾中心。这与目前我国的托老所有相似之处，可以在原有的托老所基础上进行改进。关键是服务内容必须从单一化走向多元化，老年人在中心可以发挥最大的潜能。同时，通过一周几天的中心照顾安排，照顾者也可得到放松的机会。

（2）服务目的：老年人日间照顾中心提供一系列以中心为本的日间照顾和支援服务，帮助身体机能中度或严重受损的体弱老年人维持最高程度的活动能力，发展他们的潜能，协助他们尽可能在家中安享晚年。同时，这项服务可以分担主要照顾者的责任，并让他们在有需要的时候能得到短暂休息的机会，从而鼓励和协助老年人尽量继续留在社区居住。

（3）服务内容：个人照顾训练；护理；康复训练；健康教育；情绪辅导，社交及康乐活动；膳食服务；洗澡服务；往返中心的接载服务；照顾者支援服务。

（4）收费：按月或按日收费，每年根据情况做出适当的调整。

7. 老年人优惠卡计划

（1）服务简介：在老年优待证的基础上，建立老年人优惠卡。这是希望通过与社会各行各业建立起庞大的老年人优惠系统，企业、政府部门以及其他机构在为老年人提供优惠政策的同时，它们的形象也得到了提升。因此，关键在于激励机制的建立。如对这些机构颁发由政府认可的老年人优惠卡计划的标签，以供张贴，或者减免税收等形式吸引它们，从而间接促进老年人福利事业的发展。目前，老年人凭老年优待证可以申请公交优惠卡和享受部分公共部门服务的优惠政策，但是并没有一个统一的优惠卡让老年人方便快捷地享受到所有的优惠。同时，优惠政策单一，并没有充分发挥社会力量的作用。因此，有必要为老年人建立老年人优惠卡，以改善老年人的生活质量。

（2）服务目标：老年人优惠卡计划为老年人提供普遍获得承认的年龄证明，以方便他们享用政府部门、公共运输机构及企业为老年人提供的优惠票价、折扣和优先服务。此外，老年人优惠卡计划也提倡尊敬老年人的精神，把福利理念散播到社会每个角落，集合社会力量，共同创造一个关怀的社区。

（3）申请资格：凡年满60周岁的居民即可获得申请老年人优惠卡的资格。

（4）收费：首张领取免费；补领每张为5元。

8. 设立老年人婚姻介绍所

（1）服务简介：伴随社会家庭小型化趋势，鳏寡老年人日益增多，老年人求偶需求也会增加。设立社区老年人婚姻介绍所，帮助鳏寡、孤独、离异的老年人求得生活伴侣，以互相照顾、互相关心，安度晚年。这些也应是社区养老助老服务不可缺少的内容。

（2）服务目的：为社区老年人搭建交流平台，为鳏寡、孤独、离异的老年人求得生活伴侣，使其安度晚年。

（3）服务内容：建立社区鳏寡、孤独、离异的老年人的档案，广泛联系其他社区，提供社交场所，举行婚介交流会、见面会、舞会等；进行个别介绍服务。

（4）收费：按次收费或按会员收费。

9. 开办社区老年学校

（1）服务简介：利用广播、电视、网络、函授等多种方式，或采取集中授课的方式开办老年书画班、音乐班、舞蹈班、电脑班、烹调班等，以满足老年人求知、自尊的需求。

（2）服务目的：通过举办各类学习班，实现老年人老有所学的愿望，提高老年人的生活情趣，以满足老年人求知、自尊的需求。

（3）服务内容：采取集中授课的方式开办老年书画班、音乐班、舞蹈班、电脑班、烹调班等，或利用广播、电视、网络、函授等多种方式进行授课。

（4）收费：优惠收取学费。

10. 建立社区老年医疗保健机构

（1）服务简介：为方便老年人就诊和康复保健的需要，应本着小病不出社区、健康保健日常化的原则，在社区内开设老年门诊、家庭病床、保健中心，或兴建老年人医院、老年康复保健站等，以减轻老年人在病中挤车、排队、耽误治疗和日常健康保健无人指导的压力，以利于老年人的身心健康。

（2）服务目的：通过在社区开设老年门诊、家庭病床、保健中心，或兴建老年人医院、老年康复保健站等，以减轻老年人在病中挤车、排队、耽误治疗和日常健康保健无人指导的压力。

（3）服务内容：提供基本医疗服务、基本保健服务、基本康复服务，提供健康指导等。

（4）收费：按医疗部门的规定优惠收费。

拓展阅读

日本社区老年服务

日本传统的老年福利服务体系是以1963年建立的服务体系为核心不断修订而成的，走过了一段公费医疗—老人保健—护理保险制度的演变之路。1980年日本政府开始推行以居家养老服务为重点的社会福利政策，颁发《高龄老人保健福利推进10年战略计划》（"黄金计划"），提出依托社区建立多种服务设施，使老年人借助社区力量在家养老。1989年推行的《高龄者保健福利发展10年战略计划》以居家养老、居家看护为发展方向，强调建立以家庭或亲属的护理为前提、以公共福利服务与市场服务为补充的养老服务方式。至此，依托社区的家庭养老方式占据了主导地位。

1. 日本社区老年服务的内容

（1）访问指导工作。对于40岁以上卧床病人、痴呆孤寡老人及其家人，社区服务人员定期上门服务：了解病因、康复手段、老人对事物的理解能力和言语表达能力等，观察病人有无褥疮、肌肉萎缩、精神异常、视力与听力障碍及生活自理程度等情况，并作详细评估记录。对家庭中的照顾者也要进行全面了解，并给予饮食、活动、康复锻炼等指导。

（2）访问护理服务。包括对家中病人与老人进行生活护理、输液、注射、换药、送药品、病情观察等多项服务。

（3）机能训练。服务对象包括因疾病或负伤导致肢体功能低下、有孤独症倾向者。在指定时间地点，服务人员将他们组织起来进行体格检查、功能锻炼、集体进食和各项娱乐活动，锻炼服务对象的身体机能，更重要的是促进病人的心理健康。

2. 日本社区老年服务的特点

（1）确认目标，职能清楚。日本政府明确提出20世纪的老人中心工作职能是向社会上的每一位老人给予最大限度的生活援助。通过社区活动，加强居民之间的联系，使他们有困难时，知道应该到什么地方能够得到帮助，使老人无论是在生活上还是在精神上能够安心愉快度过晚年。

（2）内容广泛，方便老人。在日本，各街道的医疗护理中心有访问护士，每日定期走访用户，了解他们在家的情况，出现问题能提出有针对性的建议，将社区内可利用的资源介绍给用户。对长期卧床不起者介绍其向有关部门申请和租用医疗用具，介绍使用方法，解决病人的实际困难。

（3）护理人员技术精、素质高。无论做什么事情，任何时候，护理人员始终精神饱满、精力充沛地工作。他们把娴熟的服务技术与良好的职业道德看得非常重要，因此也得到社会的普遍尊重。

（4）注重社区康复服务，促进回归社会，以保持正常生活。社区非常注意功能的锻炼，组织各种适合老人的活动，如绘画、书法、插花、茶道、听书、舞蹈、手工、陶瓷制作、野炊、郊游、参观等活动，不失时机地将锻炼寓于每日的娱乐活动。根据个人特点，教会老人和指导好家属做好配合工作，使老人不管是入住日托中心还是在家都能较好地照顾自己，提高老人的生活质量。

（5）老年服务实施护理保险制度。护理保险制度成立前，由于提供服务的机构间没有竞争机制，服务的种类与特色缺乏，加之机构的床位不足及社会工作者的缺乏，服务效率和质量不尽如人意；护理保险制度成立后引入了市场竞争机制，服务机构之间为争夺市场份额必然提高服务质量和服务效率。

思考题

1. 社区养老服务的形式和方式有哪些？
2. 试述针对社区老年人的特点，如何开展老年人服务。

第四节　社区电商零售

随着信息技术和互联网技术的发展，电子商务快速向社区商业各领域渗透，带动商业模式、运营方式和服务管理等不断变革，社区电商成为电商应用的新场景。2015年以来，国务院及相关部委印发了《关于推进电子商务进社区促进居民便利消费的意见》等多个推进社区电商发展的政策性、指导性文件，对大力发展社区电商提出了明确要求。

一、社区电商零售的含义

电商全称为电子商务，是指在互联网、内部网和增值网上以电子交易方式进行交易活动和相关服务活动，是传统商业活动各环节的电子化、网络化。社区电商是针对具有社区属性的用户，在县城、乡镇、村、社区进行的网上交易行为，对用户而言提供了一种更为便捷的社区在线销售方式，它具有快速、高效、低成本等特点。零售指包括所有向消费者直接销售商品和服务，以供其作个人及非商业性用途的活动。

社区电商零售是指面向社区用户，基于移动互联网工具和LBS位置技术，将线下实体门店通过移动端与社区用户建立零距离购物、支付体验的消费形态。这当中包含三个不可或缺的内容：线下实体门店或微仓储；线下物流配送，实现服务闭环的关键环节；线上移动平台，实现线上信息流和资金流流动的必要环节。社区作为民众的基本生活场所，依据着消费结构和消费习惯的变化，依托居民利用互联网的技术优势，通过线上线下的资源互动整合，满足社区居民家庭生活消费需求。

二、社区电商零售的特点

（1）模式不断创新。近年来，社区电商零售以O2O（即线上线下融合）的商业模式为主，商家通过社区电商服务平台将商品、商家及顾客评价等信息呈现给消费者，消费者在线上完成商品的选购和支付，线下进行使用体验，如天猫小店、苏宁小店等。也有一些商业机构或电商平台企业通过资源整合，延伸电商产业链，为社区居民家庭提供家政服务、文化旅游、养老健康等服务，形成了基于O2O模式下的B2F（即商业机构对家庭消费）模式，如扬州汇银乐虎社区电商模式。O2O模式的迅速成长，为消费者带来了线上购物的便捷实惠，提升了线下消费完善体验；B2F模式则进一步推动了社区商业从以销售商品为主向提供居民生活综合服务转变。同时，社区团购电商、社区拼团电商应运而生，无人值守电商、社交电商、新零售电商、自媒体电商等百花齐放，让社区电商充满生机和活力。

（2）应用日益广泛。社区电商零售虽然发展时间较短，但功能拓展较快，应用日益广泛。近年来，社区电商零售平台呈现多元化发展趋势，既有自建平台，也有第三方平台；既有综合性平台，也有手机App和小程序等。服务内容也不断拓展和延伸，既包括线上购物，又包括家政服务、文化教育、养老健康、物业服务、金融服务、信息服务、政务服务等。服务的方式更加便捷化，线上线下逐渐融合，消费者可根据需求自主选择购买、支付和物流方式；线下体验店不断丰富，有单独门店，有社区便利店，还有物业公司等场所。同时，除电商龙头企业外，一些物流企业、物业公司、房地产公司等开始运用互联网发展社区电商，运营主体日渐多样化。

（3）布局明显加快。社区电商零售前景广阔，吸引了众多企业的关注。如阿里、京东、苏宁等电商企业纷纷布局社区电商零售，在社区建立天猫小店、苏宁小店、京东便利店，以及无人超市、实体店取货点等。天猫小店致力于社区小店营销、展示、供应链数字化改造，依托数据技术赋能江苏500多家社区小店实现赋能升级。万科集团签约百度公司，将大数据融入万科商业物业经营和管理之中。作为新零售的标杆，盒马鲜生从2017年开始加大开店速度，截至2020年3月，"盒区房"覆盖全国2 000万城市居民。苏州的食行生鲜、常熟的常客隆等也在多个城市社区建设自提柜，迅速推进异地扩张计划。

（4）合作逐步深化。为增强市场竞争力，社区电商零售企业优势互补，强强合作。京东与全国十多个城市几万家便利店合作，用户线上下单后，由距离用户最近的便利店配送，基本满足居民"一刻钟"生活消费需求。饿了么除送餐到家外，还与社区的菜场、超市、药店等合作，扩大传统商家的销售来源，提升数字化能力。目前，饿了么在江苏合作的新零售商家超过 2.3 万家。58 优品于 2016 年与京东达成战略协议，共同推进百亿级社区零售市场，首创"微电商＋实体店"新零售模式。

（5）融资日趋活跃。社区电商零售处于发展初期，具有广阔的发展空间，受到资本市场的青睐。相关数据显示，2018 年 8 月至 11 月，在短短 4 个月的时间里，就有 12 家社区电商零售平台获得融资，约 20 亿元资本涌入社区电商零售，今日资本、纪源资本、IDG、红杉中国等众多一线风投机构参与其中。社区拼团电商平台松鼠拼拼 2019 年 1 月的销售额突破 1 亿，业务已进入全国 30 多个城市，累计覆盖过万社区。

三、社区电商零售商业模式

（一）交易结构

社区电商零售的交易结构通常来说主要包含：终端消费用户、社区电商零售平台、实体零售门店、第三方物流（团队或个人）。按照交易主体在交易链条中的不同权重占比，社区电商零售的表现形式也不同，大致可以分为以下几类：

（1）流量平台＋合作门店：依托面向全国的巨大流量入口，接入社区零售门店，依靠自营物流＋众包物流组合或门店自配送解决标准化商品"最后一公里"配送，完成在线购物便利消费的体验过程。这类平台以京东到家、口碑外卖最为典型。

（2）供应链＋合作门店：技术驱动型互联网平台，依靠强大的供应链系统、收银系统、CRM 系统，链接线下合作门店，通过合作门店的网点渠道获取集中采购话语权，通过标准化商品的供货渠道管控优化门店组合，商品配送由合作门店自配送解决。该类平台目前在一些省市已有布局，多以地区性覆盖往周边省市蔓延。

（3）自营极重模式：从门店系统到门店经营、物流配送、运营采购全部自主经营。这种模式门槛高，容易构建自己的壁垒，达成覆盖社区的强用户黏性，但扩张速度极缓，适宜走地区性社区平台。

（4）自营物流＋合作门店：轻信息＋重物流配送链接线下合作门店，理论上依靠流量和物流提升合作门店的订单获取，实际运营过程中会面临诸多竞争对手打压和本身人力成本高涨，最终很难形成核心竞争力。

（5）自营物流＋众包＋供应链＋合作门店：理论上较为理想的社区电商零售形态。自营物流解决因天气或物流人员紧张等造成配送不及时问题，众包物流补充缓解高人力成本，供应链＋收银＋CRM 管控线下门店服务质量，线下合作门店承载平台服务落地。目前这类企业尚在模式探索和经验积累阶段。

（二）商业逻辑与盈利途径

社区电商零售的商业逻辑可以理解为：以快消品配送为切入口，以供应链管控获取社区网点，建立以快消品为基础的用户消费黏性，并借此嫁接非标商品供应和非标服务输送，从而形成"一站式"社区服务综合平台，并在此基础上构建完整的社区生态和社区金融体系。

社区电商零售项目的盈利主要有以下几条途径：

（1）供销差价。利用集中采购优势获取较低成本的商品供应再转手给合作门店，赚取差价。

（2）营销推广。包括流量推广、异业合作推广和线下活动新品推广，是社区电商零售项目的重要收入来源。

（3）系统增值服务。为线下合作门店量身定制整套门店系统，在免费基础上增设少许针对性较强的收费服务内容，缓解部分技术开发的成本支出。

（4）会员储值。吸引用户捆绑成为平台的忠实用户，并将吸储的资金池用于扩大再生产及关联项目战略或财务投资。

（5）B端商户金融服务。为合作的B端商户提供信用额度贷款及其他金融服务。

（6）物流配送服务。如果是自营物流，向用户收取一定额度的物流配送费。

（7）其他收益。

（三）运营重点

无论哪一类市场，都可能存在多个零售商与多种类型的零售店。根据企业自身的发展需要来选择目标市场，是把零售品牌做大做强的关键。在正式进军市场前，应该遵循五个步骤进行筹备工作：确定目标市场的选择方法；选择特定的目标市场；研究目标市场的特征、当地消费群体的需求和购物习惯；根据商品种类来调查当地顾客做购物决策的方法；围绕选定的目标市场制定因地制宜的零售战略组合。

做好上述准备工作后，零售商可以用三种方式进军目标市场：自营，在社区直接设置分店，再围绕分店建设基础设施和供应链；合资，与当地企业合作经营，共同成立一个合资企业，然后根据市场形势来判断是该追加股份掌握合资企业的主导权，还是该撤资离开市场；收购，对当地市场的零售企业进行全部或部分收购，将其作为集团下的子品牌继续运营。

社区电商零售的交易主体包含线下实体门店、物流和终端用户，因此，其主要工作重点表现在两个方面：一方面是维护和拓展两端（商户端和用户端）的工作；另一方面是调度订单派送的工作。

（1）用户的获取和维护。获取用户多是一些比较常规的方法，如线下活动扫码送礼品，线上发起优惠，借助已有用户的口碑传播，利用众包人员的传播，合作门店的传播，异业合作，社区团购，甚至发放单页广告等。维护方法多是采取各种经过精心计算的优惠券、代金券等，提升单价，增加消费频次。

（2）商户的拓展和维护。常规的拓展途径有：自营BD团队拓展，发动用户推荐有奖，发动商户推荐有奖，公开招商（自营或代理）。维护商户主要在于流程跟进、服务监督、商品抽检及对用户评价的跟进。

（3）订单调度派送。这是完成交易的中间枢纽——实现商品到达用户的传递过程。零售商品的配送不同于外卖配送，对时间要求不会特别高。外卖要求在45 min到60 min，商品配送要求不超过120 min。除时间放宽外，其他要求基本一致：配送员的位置、用户的位置和商家位置的匹配，周边配送员的数量。

四、线下实体门店有效引流的方法

实体门店是社区平台增强用户信任、提升用户黏性、了解用户需求、增进用户情感、提高服务品质的重要基础，也是社区平台开展多种业务的输出渠道。中国连锁经营协会统计数据显示，从 2012 年开始，便利店的销售额就以双位数的高速增长连续三年超过百货、超市、大型超市等所有大型零售业态，在中国实体零售业低迷形势下"一枝独秀"。2014 年，便利店年销售同比增长达 25.12%，门店同比增长达 22%。

（1）异业合作：与快递公司合作，设立快递包裹寄存点；与家政、维修、旅游、驾校等各类非标服务提供商合作，建立门店广告及洽谈业务联络点；其他商户新品推广渠道，出租门店广告位；各种门票代理销售窗口；各类社会娱乐活动报名点。

（2）增加商品供应品类：日常快消品供应；米面粮油供应；日常果蔬供应，非常规果蔬（与菜市场商贩议定合作关系），需提前预订，方便下班晚的用户到家做饭；简易早餐供应，比如煮鸡蛋+面包+牛奶等方便制作和搭配，以较便宜的价格作为套餐销售；如果门店面积够大，开辟一小块区域，引进彩票销售代理商或者直接自己代理；与一些特殊商品供应商合作，在小区内部开展团购活动。

（3）每日或每周爆款：每日供应一款低价商品，吸引用户上门购买；每周供应一款特殊商品低价销售，前几日预付费收款报名，周末统一发货，用户上门提货（仅限标准化商品，果蔬生鲜不宜考虑，易挑选致损）。

（4）供应链入手（针对连锁门店）：对于直营门店，如果实力足够，需要有自己的研发中心，设计并合作生产个性化商品，是同类竞争对手所不具备的特殊商品；对于加盟合作门店，帮助加盟店设计和安装统一门头（加盟店出小钱，平台方出大钱），帮助加盟店重新设计店内装饰和摆设（比如将更实用美观的货架出租给加盟店使用），让门店更吸引顾客停留，帮助加盟店统一供货，降低加盟店进货成本，提高性价比。

（5）入口与唤醒购买：联合供应商或批发商及周边服务商印制实用手册，手册上有消费指南和广告入口；有奖促销或积分赠品，比如大量增加日历、台历、笔记本等可以植入广告入口的奖品；购物袋内放入店铺名片，或直接将名片发送给购物的顾客，名片可设计成较宽单页或某个形象的卡片，背后贴有双面胶，可贴于用户家中，无论扫码或者电话要求上门配送，可起到唤醒消费的作用。

拓展阅读

京东到家

1. 项目概述

京东到家由原京东 O2O 产品"拍到家"升级产生。2015 年 3 月 16 日，京东上线一款解决大众对生鲜食品、生活服务类产品需求的 App "拍到家"。3 月 31 日，京东集团宣布升级 O2O 业务，正式成立 O2O 独立全资子公司。同年 4 月，京东对外正式宣布将"拍到家"更名为"京东到家"，整合各类 O2O 生活类目，向用户提供 3 km 范围内的生鲜、超市产品、鲜花、外卖送餐等生活服务项目，并基于 LBS 定位实现 2 h 内送达。京东到家于 2016 年有过短暂的开放上门服务的尝试，但在 2017 年 2 月又关闭了上门服务的入口。

京东到家是京东集团 2015 年重点打造的 O2O 生活服务平台，基于传统 B2C 业务模式向更高频次的商品服务领域延伸，依托京东物流体系和物流管理的优势，按照共享经济的设想建立起互联网技术+社会化物流相结合的众包物流。2016 年 4 月，京东集团宣布旗下 O2O 子公司"京东到家"与众包物流平台"达达"达成合并。

2.商业模式

从交易结构来看,京东到家是一家B2B2C的生活服务类"信息+服务"综合平台,属半中介性质,实物商品配送与大型商场、连锁商超合作,并由京东到家提供物流配送。因此其交易主体包括垂直供应商(实物商品供应商)、用户、交易平台(京东到家)、众包物流人员。

京东到家的商业逻辑较为明显,通过高频的实物商品配送构建高门槛的用户流量池,同时植入"白条"金融服务作为京东金融的一个补充,以此生成本地标准化生活用品掌上便利平台。从生活服务刚性需求出发,京东到家是一个表现不错的工具性平台,目的明确——本地生活用品线上交易场所。可以延伸的地方:从B端的需求出发,通过用户交易数据了解实物商品的消费结构,以此作为指导商户商品的在线销售;从C端的需求出发,通过采集用户交易行为(频次、额度、偏爱),提供精准营销及消费金融服务。

京东到家的前期盈利较为困难,其主要营收途径来自流量分发带来的广告收益和销售抽成,成本支出主要用在两个方面:一是庞大的众包物流人力成本;二是用户消费习惯持续培养的营销成本。京东到家与达达的合并可以看作是一次对人力成本的结构优化。

运营重点在物流配送的管理:一是人力投入和时间调度及运算;二是激励物流人员积极响应订单,尤其遭遇恶劣天气时出现的订单,如何激励物流人员接单配送是平台一直关注的课题。

思考题

1. 社区电商零售的特点是什么?
2. 社区电商零售商业模式有哪些?
3. 如何有效地引流线下实体门店?

第五节 消费者分析与培养

社区市场是由人组成的市场,而当人的数量达到一定程度之后就会具有一定的市场规律性,社区这个有关居民基本生活的区域,其消费权利、消费意识、消费话语正在深刻影响着许多企业的市场策略。社区商业项目的目的是满足消费者的需要,因此,首先要了解消费者、分析消费者,从而更为有效地促进社区商业的开展与建设。

一、消费者的购买对象

消费者的购买对象即满足个人和家庭生活需要的产品(包括服务)。消费者在购买不同消费品时,有不同的行为特点,企业对每一种消费品类型,应该有与之相适应的营销组合战略和策略。消费者的购买对象可以按不同的标准进行分类。

(1) 依据人们购买、消费的习惯可分为便利品、选购品和特殊品。

1）便利品。便利品是指顾客经常购买或即刻购买，并几乎不作购买比较和购买努力的商品，比如香烟、肥皂、报纸、食盐等。消费者在购买这类商品时，一般不愿花很多的时间比较价格和质量，容易接受其他任何代用品。因此，便利品的生产者，应注意分销的广泛性和经销网点的合理分布，以便消费者能及时就近购买。

2）选购品。选购品是指消费者在选购过程中，对产品的适用性、质量、价格和样式等基本方面要做有针对性的比较的产品，比如服装、家具、家用电器等。对于选购品，企业必须备有丰富的花色品种，以满足不同消费者的爱好。同时，要拥有受过良好训练的推销人员，为顾客提供信息和咨询。

3）特殊品。特殊品是指具有独有特征和（或）品牌标记的产品，有相当多的消费者愿意对这些产品做特殊的购买努力，如高级服装、轿车、专业摄影器材等。消费者在购买前对这些商品有了一定的认识，偏爱特定的厂牌和商标，不愿接受代替品。为此，企业应注意争创名牌产品，以赢得消费者的青睐，要加强广告宣传，扩大本企业产品的知名度，同时要切实做好售后服务和维修工作。而且，对特殊品的营销，企业不必太多考虑销售地点是否方便，但是要让可能的顾客知道购买地点。

（2）依据产品的有形与否可分为有形产品（物品）和无形产品（服务）。

1）有形产品。有形产品是指使用价值必须借助有形物品才能发挥其效用，且该有形部分必须进入流通和消费过程的产品。企业对有形产品的营销战略是加快产品创新能力，包括技术上的、功能上的、外观上的和包装上的创新，顺应消费者消费心理的变化。

2）无形产品。服务，也称无形产品，是指一方能向另一方提供的基本上无形，并且不导致任何所有权的产生的活动或利益。服务是无形的，不可感觉到的，顾客购买服务的过程就是感知服务的过程，其伸缩性很强。因此，企业必须把顾客感知到的产品同自己所提供的出售物联系起来，从顾客的角度去考虑、分析、管理服务的生产过程。

（3）依据产品耐用性可分为耐用品和非耐用品。耐用品和非耐用品都是有形产品。

1）耐用品。一般是指使用年限较长、价值较高的有形产品，通常有多种用途，如冰箱、电视机、高档家具等。耐用品一般需要较多地采用人员推销，提供较多的售前售后服务和担保条件。

2）非耐用品。一般是指有一种或几种消费用途的低值易耗品，如解渴饮料、食盐、肥皂等。这类产品消费快，购买频率高，企业的营销战略应该是：使消费者能在许多地点方便地购买到这类产品；价格中包含的盈利要低；加强广告宣传以吸引消费者试用并形成偏好。

二、消费者的购买行为

消费者的购买行为是由其购买动机引起的，动机是驱使人们采取行动的直接内在原因，它决定了消费者购买行为的方向。因此，在讲述购买行为之前，先来了解一下消费者的购买动机。

（一）消费者购买动机的含义

消费者购买动机，即消费者为满足某种需要而引起的购买行为的驱动力。动机有两个重要组成部分：一是引起个体内部活动的途径——紧张状态或不满足感；二是推动身体活力的导向——指向目的或目标。需要是动机产生的基础和根源，只有当人们有一定强度的需要，并具有某种特定目标的时候，需要才能转化为动机。以购买动机为例，消费者产生购买动机，首先要受到自身某一时刻或某一时期一定强度需要的驱使，这是购买动机产生的内在条件，而且只有当客观外界条件成熟，即既有一定目标，购买者又有一定强度需要时，动机才会推动消费者购买行为的发生。所以，对于营销企业来说，应重视诱导消费者形成购买本企业产品的动机，并通过满足消费者的需要使这一动机不断强化，从而为维持企业产品的持续畅销打下坚实的基础。

（二）消费者购买动机的主要特征

（1）动机包括能力和导向两个重要部分。消费者的见识来自本人的能力，作为消费者，某商品要花多少时间，做出怎样的购买决策和选择是因人而异的。而导向则是该消费者在目的背后决定使用或是不使用所有分类的产品和劳务。消费者要根据确切的信息、商店、品牌、模式、爱好程度来决定使用或购买。

（2）动机有公开与隐藏之分。在消费者的多种动机中，有些是有意识的公开的动机，即完全知道行为者背后的动机，而有些则是无意识的内在隐藏着的动机。通常消费购买行为来源于有意义的决策，但也有例外。即一个人的行为经常取决于完全的无意识的动机。无意识动机指一个人无论如何也不能说清楚某一特定行为的真正动机。因为他本身没有真正意识到这一行为的动机是什么。

（3）由减少紧张的要求所引发的动机。当人非常紧张，体验到心理上、生理上的不舒服时，就会产生减少这种紧张的需求。如饥饿时产生紧张而感觉不舒服时，会刺激其寻找食物来减少紧张状态的需求，从而产生购买食物的动机。

（4）受内外力量影响所引起的动机。人的动机有时是内在因素激发的，如前面所讲的饥饿；有时是外界因素激发的，如广告引导、他人的建议等。一旦激发起来，行为所采取的方向，既有内在因素，也有外部环境的影响。

（5）具有效价的动机。主要是用来推测商品对购买者的吸引程度。效价可能是积极的，也可能是消极的，它主要是根据购买者多大程度上被商品吸引或对商品反感而划分的。消费者对多种选择存在着复杂的动机，在许多场合中，多种动机同时起作用，而又互相发生冲突，如何分配购买力，就要看商品对其吸引的程度了。

（6）消费者购买动机反映购买者个人的差异。每个购买者购买什么、到什么地方买，以及购买方式、方法是不同的。一些行为的差异很明显是外部因素的影响，如经济收入、性别、年龄和社会压力等。一些行为差异是受内部因素的影响，如由购买者的气质、能力、性格、兴趣等引起的。

（7）购买者动机需要层次指导。马斯洛理论认为，人们购买商品，有一个先后、轻重、缓急之分，一般是先低级需要后高级需要等。当这些基本需要满足后，又产生归属与爱的需要，然后是为了尊重的需要、地位的需要、求知与理解的需要、创造的需要等。

（三）消费者购买动机的种类

人的动机十分复杂多样，因而购买动机也同样千姿百态。根据有些心理学家的分析，驱使人们行动的动机不少于 600 种。而且按照不同方式组合、交织在一起，相互作用、相互制约，构成各种各样的动机体系，指导、激励、推动着人们沿着一定的方向行动，演奏出丰富的人类社会生活交响曲。按照引起动机的需要的差别,购买动机可以分为生理动机和心理动机。

(1) 生理动机。又叫本能动机,是由生理需要引起的购买动机。人们的生理需要因目的不同而存在很大差异,由此引发的生理动机就表现为多种形式。

①生存动机。为满足维持生命的需要而产生的购买动机,如饥时思食、渴时思饮、寒时思衣等。

②安全动机。为保护人身安全的需要而产生的购买动机,如为治病而购买药品、为免遭雨淋而购买雨具、为防止意外损伤而购买保险等。

③繁衍动机。为组织家庭、繁衍后代、抚育子女而产生的购买动机,如为组织家庭而购买结婚用品,为抚养子女而购买儿童用品等。

生理动机大多表现在引起人们购买吃、穿、用等生活必需品的行动中,因而生理动机在诸多动机中起着主导作用,并成为作用最广的购买动机。同时,生理动机产生的时间短,引起的购买行为具有经常性、习惯性和稳定性的特点。

(2) 心理动机。由人们的心理活动过程引起的购买动机。消费者对市场有以下几个方面的心理要求:

①希望能在市场上购买到称心如意、符合需要的商品。
②希望商品的价格合理,并同自己的购买能力相适应。
③希望商品供应的时间、地点、方式适合自己的购买要求。
④希望得到良好的销售服务。

综上所述,消费者的购买动机是纷繁复杂的,同一购买行为可由不同的购买动机引起,同一购买动机也可引起不同的购买行为,因而必须认真分析、深入研究,以便确立正确的市场营销策略。

三、消费者的购买角色

消费一般以家庭或个人为单位,从事购买活动的通常是家庭中的一个或几个成员。在购买决策中,人们可能会扮演下列一种角色或几种角色。

(1) 发起者:首先提出或有意购买某一产品或服务的人。
(2) 影响者:其看法或者建议对最终购买决策具有一定影响的人。
(3) 决定者:在是否购买、为何买、哪里买等方面做出部分或全部决定的人。
(4) 购买者:实际购买产品或服务的人。
(5) 使用者:实际消费或使用产品、服务的人。

一般而言,有些商品的购买决策者容易分辨,比如,在通常情况下,男性是香烟的购买决策者,女性是化妆品的购买决策者。而有些商品如钢琴、彩电、摩托车等昂贵的日用消费品,其决策者往往包括一个家庭的主要成员甚至所有成员。有时候,从表面上看,购买一件商品的决定者似乎是男人,但实际上是他的妻子或其他家庭成员具有决定性的影响。如一个家庭要购买空调,首先提出建议的也许是女儿,具有影响力的是家中的老人,最终购买决策可能是由父母二人共同商量做出,实际购买者可能由父亲承担,而经常使用者可能是全家。

既然不同的家庭成员对购买商品的影响力是有差异的,因此,企业需要研究不同的家庭特点,了解家庭各成员对购买决策影响力的差异。

（1）"家庭权威中心点"的差异。由于各种家庭的特点不同，购买决策的权威中心点就可能不同。有社会学家把现实社会中的家庭分成四种不同的类型：

①"各自做主型"，每个家庭成员都有权相对独立地做出有关自己的决策。

②"丈夫支配型"，家庭最终决策权掌握在丈夫手中。

③"妻子支配型"，家庭最终决策权掌握在妻子手中。

④"调和型"，大部分决策由家庭各成员共同协商做出。

世界上许多国家都同时存在这四种类型的家庭，但是随着社会政治经济情况的变化，"家庭权威中心"也会转移。例如，由于社会教育水平的提高和妇女就业的增加，越来越多的家庭从"丈夫支配型"变为"调和型"，有的甚至变为"妻子支配型"。

（2）文化与社会阶层的差异。一个家庭社会地位或主要成员的职业不同，家庭成员的分工不同，形成的"自我观念"就不同。这也会影响不同家庭成员在购买决策中的作用。例如，在文化水平比较低的"蓝领"工人家庭里，一般日常生活用品的购买决策权由家庭主妇掌握，购买耐用消费品的决策往往以丈夫为主；而在社会地位比较高的科学家、教授家庭里，贵重商品的购买决策往往由家庭主妇做出，而日常生活用品的购买，家庭各成员就能够决定。

（3）家庭生命周期的差异。家庭生命周期是指一个家庭从产生到消亡的整个过程。根据家庭成员的数量和年龄结构的变化状况，市场营销学者将家庭生命周期大体分为七个阶段：

①未婚阶段，年轻、单身。

②新婚夫妇，年轻、没有子女。

③"满巢"Ⅰ，年轻夫妇，有6岁以下的幼儿。

④"满巢"Ⅱ，年轻夫妇，有6岁或6岁以上的小孩子。

⑤"满巢"Ⅲ，年纪较大的夫妇，有未独立的孩子。

⑥"空巢"，年纪较大的夫妇，与子女已分居。

⑦独居的未亡人，老年人、单身人士。

在家庭生命周期的不同阶段，家庭对商品的兴趣和需求会有明显的差别。比如，"满巢"Ⅰ阶段需要婴儿食品、洗衣机、干燥器等商品；"满巢"Ⅱ阶段需要青少年使用的图书杂志、体育用品、服装、摩托车等商品。所以，家庭处于不同的阶段，家庭各成员对购买决策的影响力也有明显的区别。因此，企业有必要认识以上这些角色，因为这些角色对于设计产品、确定信息和安排促销方式与预算是有关联意义的。

四、消费者的购买行为类型

消费者购买决策随其购买类型的不同而变化。阿萨尔根据消费者在购买过程中参与者的介入程度和品牌间的差异程度，将消费者购买行为划分为以下四种类型：

（1）复杂型购买行为。当商品价格很高，购买风险较大，又不常购买时，这类商品的各种品牌之间存在着明显差异。因为消费者对商品的知识缺乏，购买过程本身就是学习的过程。因此，消费者会高度参与、收集有关的市场信息，详细了解产品的性能、质量、特点及不同品牌之间的差异，最后做出慎重、明确的决定。对于这种购买行为，营销者必须懂得对消费者收集信息并评估其行为。主要的营销战略是协助消费者学习有关产品的属性、了解品牌的特征和利用一些媒介如广告等宣传产品的优点。同时，谋求商店销售人员和购买者的熟人的支持，以影响购买者的品牌选择。

（2）和谐型购买行为。因为商品价格高，有一定购买风险，不常购买而具有高度参与，但同类产品各品牌之间没有明显差异。所以，消费者一般要比较价格、购买时机、购买方便与否，从而做出购买决策。购买后，消费者可能会发现产品的缺点。此时的消费者一般会积极、主动地了解更多的有关情况，化解不协调，证明自己的购买是正确的。针对此种购买行为，一方面通过调整价格，采用适当的人员推销策略和恰当的销售地点，影响消费者的品牌选择；另一方面及时向消费者提供有关信息及顾客评价，使其购买后相信自己做出的决定是正确的。

（3）习惯型购买行为。由于价格低廉频繁购买，品牌差异性较小，消费者不需花时间进行选择。对于这些产品，消费者比较熟悉，购买出于习惯，并且具有很高的品牌忠诚度，其购买行为最为简单。这类产品的市场营销可采用价格优惠、电视广告、独特的包装及销售促进方式鼓励其试用、购买进而重复购买。而且电视广告比印刷品广告更为有效，因为电视是一种低度介入的宣传媒介。

（4）多变型购买行为。品牌之间具有明显差别，但消费者一般不愿花时间去选择，从而不断变换所购产品的品牌。品牌选择的变化常起因于产品的多品种，而不是起因于对产品的不满意。针对这种购买行为，市场营销者可采用销售促进、占有有利货位、加大促销宣传等方法，保证货源供应，鼓励消费者购买；也可以采用压低价格，提供各种优惠、赠券、免费样品以及以宣传试用新产品为特色的广告活动来刺激顾客进行产品品种选择。

五、影响消费者购买行为的因素

消费者的购买行为受到诸多因素的影响，有来自消费者自身的，也有来自外部环境的。这些因素主要可归纳为四大类，即文化因素、社会因素、个人因素和心理因素。这四类因素属于不同层次，对消费者购买行为的影响程度是不同的。其中影响最深的是文化因素，而影响最直接的、起决定性作用的因素是个人及其心理特征。

（1）文化因素。文化因素对于消费者购买行为有广泛和深远的影响。文化是指人类在社会发展过程中所创造的物质财富和精神财富的总和，是根植于一定的物质、社会、历史传统基础上形成的特定价值观念、信仰、思维方式、宗教、伦理道德和习俗的综合体。文化常常直接或间接地影响消费者的兴趣、爱好、思想等，进而影响消费者购买行为。生活在不同文化环境的人，其价值观念、行为方式、行为习惯、行为准则等也不同。如在中国的传统文化里，老年人受到尊重，逢年过节大量适合老年人用的保健品被年轻人购买赠送长辈，而如果仅考察老年人的收入水平，这些保健品的市场恐怕不会有这么大。

（2）社会因素。在社会生活中，人与人形成各种各样的关系，这些关系对人的消费行为产生了很大的影响，主要包括消费者相关群体、家庭、角色与地位等。

①相关群体。相关群体是指对人的态度、偏好和行为有直接或间接影响的群体。人们在生活中随时受到各种相关群体的影响，但是，由于关系不同，受到影响的程度也有差别。关系比较密切的相关群体有家庭、亲戚、朋友、邻居和同事等；关系比较一般的群体

有各种社会团体、协会、学会、商会和宗教组织等。此外，人们也会受到崇拜性群体的影响，如影视明星、体育明星、社会名流等。相关群体对消费行为的影响程度对不同的产品和品牌是不一样的。在我国，香烟和服装品牌的相关群体影响都比较大，尤其是在年轻人中更为明显。

②家庭。家庭是由彼此有血缘、婚姻或抚养关系的人群组成。家庭对消费者的购买行为影响最大。一个人一生中一般会经历两种家庭：一是父母的家庭，也就是与生俱来的家庭。每个人的价值观、审美观、爱好和习惯大多是在父母的影响下形成的，这一家庭成员会对消费者产生种种倾向性的影响，这种影响力可能伴其一生。二是自己的家庭，也就是个人的衍生家庭。一般来说，由夫妻及其子女组成的家庭是社会上最重要的"消费单位"，在这一家庭中成员间的影响是最直接的，而且影响力最大。

③角色与地位。一个人一生中会加入许多团体，如家庭、单位、协会及各类俱乐部等各种组织。每个人在团体中的位置可用角色和地位来确定。每个角色都跟随着一种相应的地位，它反映社会对一个人的尊敬程度。一个人所充当的每个角色都要顾及周围人的要求和在各种场合中所期望的表现。因此，人们在购买商品时，常常会考虑到自己在社会中的角色与地位。不同的角色与地位，会有不同的需求和购买行为。人们往往结合身份、地位做出购买选择。许多产品、品牌，由此成为一种身份和地位的标志。

（3）个人因素。购买决策也深受消费者个人特征的影响。个人因素是消费者购买决策过程中最直接的影响因素，也是最易识别的因素。它包括年龄及所处的生命周期阶段、生活方式与个性、自我形象、职业、性别、经济条件等。

①年龄与性别。消费者对产品的需求会随着年龄的增长而变化，在生命周期的不同阶段，相应需要各种不同的商品。如在幼年期，需要婴儿食品、玩具等；而在老年期，则更多需要保健和延年益寿产品。不同性别的消费者，其购买行为也有很大差异。烟酒类产品较多被男性消费者购买，而女性消费者则喜欢购买时装、首饰和化妆品等。同时，消费者的欲望和行为会因年龄不同而发生变化。比如3个月、6个月和1岁的婴儿，对玩具的要求会不一样；同一消费者年轻时与步入老年阶段，对食物的胃口、服装的爱好也会不同。

②生活方式与个性。生活方式是一个人生活中表现出来的活动、兴趣和看法的整个模式。它影响着消费者对品牌的看法、喜好。营销者往往可以通过生活方式，理解消费者不断变化的价值观及其对消费行为的影响。个性指个人特有的心理特征，通常用刚强或懦弱、热情或孤僻、外向或内向、创意或保守等去描述。不同性格的消费者具有不同的购买行为。刚强的消费者在购买中表现出大胆自信，而懦弱的消费者在挑选商品中往往缩手缩脚。个性大体相同会导致人对所处环境做出相对一致和持续的反应，通过自信、支配、自主、顺从、交际、保守和适应等性格特征表现出来。依据个性因素，可以更好地赋予品牌个性，以期与消费者适应。如美国学者发现，购买有活动车篷汽车的买主与无活动车篷汽车的买主之间，存在一些个性差别——前者表现较为主动、急进和喜欢社交。

③自我形象、职业和地位。自我形象是个人怀有的有关自己的"图案"，驱使其寻求与此一致的产品、品牌，采取与自我形象一致的消费行为。不同职业的消费者，对于商品的需求与爱好往往不尽一致。一个从事教师职业的消费者，一般会较多地购买书报杂志等

文化商品；而对于时装模特儿来说，漂亮的服饰和高雅的化妆品则更为需要。消费者的地位也影响着其对商品的购买。身在高位的消费者，将会购买能够显示其身份与地位的较高级的商品。

④经济条件。消费者的经济状况，即消费者的收入、存款与资产、借贷能力等会影响消费者的消费水平和消费范围，并决定着消费者的需求层次和购买能力。消费者的经济状况较好，就可能产生较高层次的需求，购买较高档次的商品，享受较为高级的消费。相反，消费者的经济状况较差，通常只能优先满足衣食住行等基本生活需求。

（4）心理因素。随着经济的发展和消费者收入的增加，市场上商品的日益多样化和消费需求的多样化，心理因素对消费者购买行为的影响越来越大。心理因素主要包括动机与需要、知觉、学习以及信念与态度四个方面。它们对消费者购买决策过程都有较强的影响。

①动机与需要。心理学认为，人的行为由动机引起，购买行为也不例外。动机是推动一个人实行某种行为的一种愿望或念头，它是由于人的某种需求没有得到满足而产生的紧张状态所引起的。动机是行为的直接原因，促使个人采取某种行动，规定行为的方向。消费者的购买行为，是消费者解决自己的需要问题的行为。不同的人有不同的需要，人们在生理上、精神上的需要也就具有广泛性与多样性。一般来说，需要强度的大小和需要层次的高低成反比，即需要层次越低，需要强度越大。马斯洛依据需要强度的顺序，把人的需要分为五个层次：生理需要（衣、食、住、行）、安全需要（人身安全、健康保护）、社会需要（归属与爱的需要）、尊重需要（自尊、承认、地位）和自我实现需要（自我发展的实现）。充分了解目标顾客尚未满足的需要属于哪一层次，在商品设计、销售方式、广告宣传等方面采取有针对性的营销手段和策略，可以更好地适应消费者的需要。

②知觉。消费者被激发起动机后，随时准备行动。然而，如何行动则受消费者对相关情况的知觉程度的影响。知觉是指人脑通过自己的五官感觉（视觉、听觉、嗅觉、味觉、触觉）对外界刺激形成的反应。知觉是接受刺激的第一道程序，它对刺激进行筛选、组织、归类和抽象，找出它们之间的关系，再赋予一定的意义，然后形成经过提炼的信息，指导人的行动。知觉不但取决于刺激物的特征，而且依赖于刺激物同周围环境的关系以及个人所处的状况。现代社会，人们每天面对大量的刺激，但同样的刺激对不同人可能引起不同的感觉。例如，两位消费者都想买同一种商品，受到同一个售货员的接待，一个消费者认为售货员介绍商品全面、仔细，对选购商品有帮助，考虑马上购买；另一个消费者认为售货员说话快言快语、言语夸张、不够诚实，决定放弃购买。两个消费者的行为大不一样，原因在于两位消费者对购买过程的感觉不同。

③学习。学习也称"习得"，指人会自觉或不自觉地从很多渠道、经过各种方式获得后天经验。由于经验积累会引起个人行为的改变。消费者购买决策过程本身就是一个学习的过程。人类行为大多数来源于学习，一个人的学习过程是通过驱使力、刺激物、提示物（诱因）、反应和强化相互影响而产生的。

④信念与态度。信念是人们关于周围事物知识的有效性的组织模式。它是被一个人所认定的可以确信的看法。信念可以建立在不同的基础上。如"吸烟有害健康"，是以"知识"为基础的信念；"汽车越小越省油"，可能是建立在"见解"之上；某种偏好，很

可能由于"信任"而来。消费者易于依据"见解"和"信任"行事。态度由知识和对目标的积极和消极的情感构成，是一种评价性的、较为稳定的内部心理倾向。人们会在认知的基础上对人和各种事物产生一定的态度，而这种态度会影响个体如何去对待事物。消费者对公司和产品的态度，对公司营销战略的成功或失败都是至关重要的。当消费者对公司营销实践的一个或几个方面持否定的态度时，他们不仅自己会停止使用公司的产品，还会要求亲戚和朋友也这样。营销者应该估计消费者对价格、包装设计、品牌名称、广告、推销人员、维修服务、商店布局、现存和未来产品的特点等各方面所持的态度。有几种办法来估量消费者的态度，最简单的一种就是直接向人们提问题，动机调查中的推测也可以用来估计态度。因此在促使消费者做购买决策时，要采取多种形式对消费者的态度进行一定影响，促使个体对产品和公司产生积极的态度，有效地影响消费者购买决策。

六、用户黏性培养

用户黏性是用户对于品牌或产品的忠诚、信任与良性体验等结合起来形成的依赖感和再消费期望值。用户对产品依赖感越强，用户黏性越高；用户再次消费期望值越高，用户黏性越高。对于社区商业，无论是线上服务还是线下服务，增加用户黏性是社区商业建设过程中重要的组成部分。用户黏性是社区商业的灵魂，社区商业作为离业主最近的一种业态，为了能够"服务用户的最后一公里"和提升用户黏性，关键在于以下几个方面：

（1）贴近居民需求。与社区商业相比，传统商业服务客群来自全市，需要不断吸引更多人来访。而社区商业主要服务步行一公里可达的居民，客群数量相对固定，需要持续关注居民消费频率和黏度。不同社区拥有不同的客群，其定位也具有很大的区别，不能完全复制一个商业的业态或品牌，应以用户为中心，基于社区特点，建立贴近居民生活，符合居民需求的社区商业中心。因此，社区商业首先要以社区居民的需求为导向，这也是社区商业与大型商业的本质区别。

（2）提供多样化服务。

①提供多元化的衍生服务。社区中生活着不同的居民群体，而不同的居民有不同需求。例如，孩子们在儿童乐园玩累了，家长还没来得及接送，儿童乐园提供了托管服务；服务台不仅可以接受日常的咨询，而且可以帮助社区居民收发快递。这些服务看似与原来的商业业务无关，但是这就是社区商业区别于传统商业的地方。因此，社区商业的商户需要重新定义自己与用户之间的关系；社区商业的服务台，也应该提供多元化的服务。

②建立商场与居民沟通的桥梁。随着新技术的出现，数字化、智能化为社区商业提供了巨大的创新空间和机遇，例如大型商业会用公众号与居民进行日常沟通，但是公众号的推送信息都隐藏在列表中，在传播信息上存在着弊端。而对于客户数量少又相对固定的社区商业恰恰可以使用个人微信号作为服务管家，代替公众号的功能，增加信息传达到用户的概率。一对一解答用户问题，甚至可以帮助居民解决生活中的难题。例如，帮助行动不便的老年人购买生活用品并定期送货，为过生日的居民送上一份暖心礼品。相比于大型商业，社区商业更注重服务。社区商业面临的是往复性消费者，成为客户的管家，提供各种力所能及的服务，对于建立用户黏性很关键。

（3）注重居民体验。社区商业的使命就是成为社区居民的活动中心。商业置于社区，首先是消费中心，但在消费过程中，人们又会相互接触，成为人与人交流的中心。有意识地创造活动交流的空间，增加社区居民的体验感与归属感。例如，日本位于武藏小杉的社区商业 GRANDTREE 购物中心，通过 4 300 m² 的屋顶广场，吸引了大量周边居民。对比国内，万科在长春新开业的首个社区商业缤纷里总面积为 15 000 m²，却拥有 1 000 m² 的中庭广场，在中庭广场，居民可以沐浴温暖的阳光，漫步、嬉戏、享受舒适的休闲生活。除此之外，外广场也做了亲民设计，喷泉、雕塑、灯光设计，很适合居民活动。万科缤纷里的空间设计，与 GRANDTREE 的理念有相同之处，"让居民在玩的过程中顺便买一些东西回家"。让居民愿意常来，然后再做生意，这应该是社区商业的基本思路。

（4）促进自营业态形成。由于大多数商户是连锁品牌，因此商场普遍面临同质化的问题，想要做出特色比较难。如果主力店中有一些自营品牌，那么其他商业几乎无法抄袭，无疑会增加项目整体的收益。社区商业想要保持热度，应积极地与商家组织各种联动活动，提高自营品牌的知名度，使自营品牌具有更多的机会。

（5）积极与政府、学校联动。社区商业不仅具有商业功能，还具有贴近社区居民、贴近居民生活的巨大优势。在社区中，政府拥有最广大群众基础，与政府进行联动，将商业、社区、居民进行联合，既可以拉近品牌与居民的关系，增加收益，又可以丰富社区文化活动。例如，为居民开展健身运动知识科普公开课，带领居民科学锻炼身体；利用商场开展文化活动，联合社区举办社区广场舞比赛、党群文化展览等居民活动；联合学校举办文艺汇演、画展、征集照片互动墙、手工课等儿童活动。开展各种各样的活动，既丰富了居民的业余生活，又吸引了大量居民的参与和观看，这不仅会为商场带来大量的客流进而产生消费，还会带来大量的正面宣传。另外，社区商业多数是小门店、小生意，与政府联合，面向社区进行招聘，为社区居民提供就业、创业的机会，优先录取下岗再就业人员或在社区登记的困难家庭成员，并且提供包括店面形象、经营指导、优惠减免等帮助，不仅支持了居民的就业，还能促进招商，与政府形成互惠互利的局面。

（6）增加居民福利。居民福利是社区商业的一大特色，为社区居民提供居家必备的洗衣液、卷纸等民生产品，作为福利减价促销，可以做到两天吸引千人以上客流到访，从而达到非常好的活动效果。例如，15 000 m² 的社区商业缤纷里在开业当天吸引了 3.2 万客流，民生福利活动功不可没。鸡蛋、纸抽免费送，超值生活用品十元购的民生福利活动，让新开业的商场持续保持热度，居民口口相传，争相到访。因此，要使居民福利成为社区商业运营常态，让居民真正通过家门口的社区商业享受到福利。

（7）促进居民交流。长期以来，城市生活的一个弊病就是邻里之间缺少交流，甚至互不相识。社区中的居民同样需要交流。社区商业可以通过开展社区活动，促进居民交流机会，塑造新的邻里关系，进而对城市进行影响与改变。社区商业可以经常组织居民以某小区某单元为一个团队，开展体育比赛、文化竞赛等活动。工作日活动以社区中留守的老年人为主，周末活动以年轻人或亲子为主。这些活动，不仅丰富了老年人的生活、结识邻里、拉近亲子关系，还能让邻里间关系由陌生变为熟悉，更好地进行团队协作、沟通交流和分享喜悦。

社区商业不仅仅是经营，更要注重培养与用户的黏性，一个成功的社区商业项目，定位要有社区特色、招商要有自营品牌、营运要走进社区，想让社区商业成为居民的朋友，成为居民日常生活、消遣的必要去处，需要投入大量的精力。将情感加入运营，贴近居民的心，为社区居民提供高品质的商品和服务，成为居民的好邻居，成为社区的一分子。

拓展阅读

老年社区活动项目策划书

项目目标：中国老年化的速度在加快，老年人口在增加，老年人的生活和权利需要被越来越多地关注。一部分老年人的养老医疗日益成为问题，还有一部分老年人衣食无忧，但他们的精神文化极度缺乏。前者需要政府政策的倾斜与支持，后者则是社会诸多力量可以一起改变的。我们希望通过企业走进老年社区的形式给老年人提供健康多彩且又积极科学的老年生活。

项目总负责人：×××

项目协理：×××

主办方：××市某公司

承办方：×××社团

活动内容：通过文艺娱乐、保健养生、书法写生、法律课堂四种形式丰富老年人的日常生活，使老年人在养生中娱乐，在学习中娱乐。

活动安排：每月四次活动，每月一循环。

第一周，联欢会；第二周，保健养生大广场；第三周，书法写生大展示；第四周，法律课堂。

具体内容：联欢会

负责人：×××

时间：每月第一周周六（日）下午1：30—4：00

地点：社区大厅（或户外）

方式：社区"老少大联欢"

活动准备：

（1）宣传方面：提前在社区内做好各种宣传（包括时间、地点等）；联系媒体"打造老年人社区第一站"。

（2）器具会场准备方面：社区准备好音响、茶水、纸箱等。

（3）内容方面：选好主持人；联系好剧社，最好进行义演；所有志愿者也准备好节目（与老年人贴近的）；老年人现场即兴表演。

活动流程：

（1）社区对此次社区打造发表讲话（安排5～10 min）。

（2）社团学生负责人向老年人澄清此次社区打造的相关内容与规则。

（3）"老少大联欢"正式开始。

（4）社区活动组织者出面向老年人说明门口红色纸箱的作用和意义。

（5）此次活动结束，再次提醒以后活动的时间、地点。

思考题

1. 消费者的购买行为类型有哪些？

2. 影响消费者购买行为的因素有哪些？
3. 试讨论如何培养并提升用户黏性？

第六节　社区商业服务监督

社区商业有公益性和社会性之分，它是一种必要的社区服务，也是城市商业的基石。作为既满足现阶段居民日常生活需求，又满足居民多元化、多层次的物质和消费需求的场所，社区商业牵涉面广，对社区服务进行有效地服务监督，即使社区消费安全得到保障，也使企业服务水平进一步提高。

监督即对现场或某一特定环节、过程进行监视、督促和管理，使其结果能达到预定的目标。

一、政府监管

政府是社区商业服务监督的重要角色，社会管理并非削弱政府的地位，而是转变政府定位，强调其在制定基本规则、维持基本秩序、与其他主体协调合作方面的重要性。

（一）合理定位履行职责

政府应避免什么都管和什么都不管的两种极端。政府应厘清职能范围，分工合理，切实开展好社区商业服务监督工作。理顺政府和居民委员会的关系，坚持指导与被指导的关系，规范政府对居民委员会的指导工作。

（1）完善政策。政府是社区商业服务监督的引导者，要不断完善政策和法律法规，合理采用资金政策，鼓励发展提供生活必需品和服务的社区商业业态，对符合相关规定的商户提供优惠政策，组织技术培训，给下岗工人提供店面租金补贴等。采用行政措施，对质量低劣、环境脏乱差的社区商业，坚决查处，甚至取缔。

（2）合理规划。根据各地实际情况，开展协调、科学、统一规划，避免低端业态重复建设和社区商业中心化的两种极端倾向。综合考虑居民人数、社区位置，避免贪大求多；根据居民消费水平，符合社会区域发展，合理配置业态，确定规模大小。

（二）明确职责，强化部门间协调

社区商业服务监督牵涉面广，又和政府职能部门直接有关，在明确职责的基础上，形成有效机制。因此，形成领导担当、商贸牵头、部门参与的协调制度，实行分级分块、各司其职的管理。各级政府出台鼓励政策；商贸部门在社区商业形成前，参与业态配备，布局居民生活必需业态，引导品牌连锁企业入驻。住建、工商、环保等部门，严格履职，开展管理工作。财政部门运用配套资金，补贴生活必需业态，对社区商业服务监督示范区进行奖励。食药监部门，根据餐饮行业监督管理相关办法，对社区内从事餐饮服务商户进行排查，从店面位置选择、店内设施布局、餐饮服务禁忌等方面指导相关商户，对可以升级改造的商户，指导督促其进行升级，对无法改造或拒不改造的，联合职能部门、社区等多方力量进行取缔。对于从事网络交易的商户、工商等职能部门，应对商户经营资质、台账资料、商品进货渠道、主要销售途径、商品质量等进行管理。

（三）严格限制和规范不适宜的业态

政府采取措施，调整规范不适宜的社区商业业态，营造优美的生活消费环境。限制和规范质量劣、卫生差、污染大的业态，必要时予以清退。要特别关注对居民生活有严重负面影响的业态，如铝合金门窗加工、KTV等，对违反社会公序良俗的业态，进行必要的规范限制。环保部门严格执行《中华人民共和国环境影响评价法》，加大环境监督力度，指导居民、物业管理人员多查看，并及时上报发现影响环境的苗头隐患，接报后，环保部门工作人员快速前往执法，迅速按规定进行处理。食药监部门重点查处不具备相关资质经营刺身等生食海产品、冷菜、裱花蛋糕的商户，在住宅内违法从事网络订餐送餐服务的商户。对于扰民严重的开在住宅内的网店，工商、环保等部门，联合居委会等力量，按规定进行规范和限制处理。

（四）搭建网络平台

在互联网技术发展迅速的背景下，政府利用网络资源优势，整合所有参与主体职能，按照"多元管理、共享信息、联合奖惩"，开发建设网上管理平台。设定基础赋分、动态管理等综合管理评价指标体系，各主体根据各自职责设定相应的指标项。除政府部门的日常管理数据外，和政府部门企业注册数据库等联通。提高社会力量的管理数据在指标体系中的权重，鼓励居民进行不定时的检查，通过网络表达自己的意愿，参与社区商业服务监督。此外，平台向社会开放查询，及时公布每次检查、管理的数据，曝光存在问题的商户名单，披露优秀的商户名单，发布消费警示和消费指南。

二、市场调节

社区商户既是市场的主要力量，也是管理的首问责任人。在社区商业社会管理中，除政府和社会的管理外，最重要的还是靠商户的自律意识和自主管理。

（一）强化商户自律意识

商户自律是指社区商业的商户在经营管理过程中加强自我约束，遵守商业道德，不做违规违纪行为，未符合网络订餐送餐、网络交易条件时，不能擅自开展这方面的经营活动。商户提供商品、服务，应该加强自律意识，严格遵守法律法规，强化自我管理，确保提供的商品、服务合法、合规、安全，并承担一定的社会责任。商户的社会责任是指其并不能仅仅盯着经济收益，还需在创造公共利益、维护市场和谐、确保公众安全等方面承担责任。商户是参与主体，无论从本身职责还是商业道德方面出发，强化自律意识都是应该要做的。商户承担社会责任后，没有占道经营或乱放杂物，提供的商品和服务更优了，社区商业环境更好了，反而对其自身经营管理更有好处。

（二）建立健全商户的行业组织

建立健全社区商户协会等行业组织，形成有效的行业监督机制。由社区管理者牵头，引导商户签订自律公约，并将社区商户分为若干组，每组选出一个负责人，督促商户都循规守法经营。不同业态的商户各有特点，也各有不足，建立互通有无、协作监督的商户协会很有必要。一方面可以优化商业资源，汇聚吃穿买用等业态，吸引更多人来消费，提高商户的经营额；另一方面，在部分商户商品不优、服务不好时，协会内的其他商户可以帮助、协助其进行升级改造，如有拒不改变的问题商户，协会内其他商户可以联合起来对其进行制约，还可以将问题商户上报政府部门、居委会。此外，当未加入社区商户协会的商户，发生违法违规行为时，商户协会发现后，应及时上报。

（三）实现经营管理规模化

实现经营管理规模化、连锁化、品牌化，进而有效提高自我管理水平。"老字号"、有实力的连锁品牌企业，有成本和规模优势，它们进入社区商业，能为居民提供物美价廉的商品，也能让居民享受更舒心、更体贴的服务。社区商户应积极吸取连锁品牌企业的成功经验，提升管理水平，规范日常经营，有条件的商户可以加盟连锁品牌企业。对于经营管理标准可复制的业态，积极鼓励连锁品牌企业入驻，实现上规模、上档次。同时，避免完全的规模化，保障社区小商户自身的鲜活性、灵活性和亲民性。

三、社会力量的介入

社会力量包括社区居民委员会、社区工作者队伍、非营利组织、业主委员会、开发运营管理公司、居民等。当政府和市场都可能失灵的情况下，社会力量的介入就有必要。

（一）避免居民委员会行政化

还原社区居民委员会的自治属性，避免行政化。社区居民委员会要服务居民，调动居民参与。为确保属性不发生改变，政府不能把居民委员会作为行政体系中的实际成员，不能随意分摊、指派事情让居民委员会去完成。要探索研究居民委员会运作资金新来源，不能一直由政府出运作资金。居民委员会要重回本质属性，重视服务居民，起到居民和政府之间的桥梁作用，在两者之间传递正确信息。居民委员会要不断增强自治功能，为社区商业服务监督出谋出力。

（二）强化社区工作者队伍

社区工作者对社区商业服务监督同样起着十分重要的作用，应从以下两个方面加强队伍建设：

（1）设定社区工作者专岗。10年前，我国就制定了能力评定及实际测试的办法，推动这个群体的人员更加职业化、专业化。适当增加相应的岗位，专人专岗，是工作开展的先行条件。

（2）提升群体的综合素养。推进社区商业服务监督，需要高素质社区工作者队伍。提升社区工作者综合素质，可通过加强培训的方法，尤其要加强涉及社区商业服务监督的专业培训，对在职的社区工作者要开展继续教育培训。此外要开放渠道，招纳专业人才，如经过专业培训的高素质人群、有管理经验的人员等。

（三）引导非营利组织参与

积极引导非营利组织参与，优化人力资源配置；协调各方关系，带动居民参与。健全和完善相关政策法规，如登记管理、取缔等方面。政府可以放宽其准入条件，规范其日常活动，使其严守公益性。从规范自身体系建设出发，吸取先进经验，建立科学内部管理制度，培养内生功能，牢记自身服务快捷周到、社会责任感强、贴近基层的优势，并将其切实发挥出来。健全内部和外部监督机制。提升相关人员的素养，规范日常运营。

（四）建立健全业主委员会

居民委员会是社会自治组织，它以社区居民为成员，保护群众权益不发生损失，虽不在政府体系内,但地位十分重要。没有业主委员会的老小区,很多也没有聘请物业,容易引发各类问题。业主委员会是居民参与的前提,要建设好、发挥好作用。广泛宣传业主委员会职能,带动业主参加,通过以点带面等形式,按规定的程序和条件,建立业主委员会。建立后也不能将其作为摆设。此外,物业管理公司是受业主大会通过授权业主委员会的委托进行管理,业主委员会要吸纳业主中的人才,更新组织内的人才,在明确自身权利的基础上,正确选择和监督物业公司,夯实社区商业服务监督基础。

(五)开发、运营、管理公司主动参与

(1)开发、运营公司要事先布局。开发社区商业,不能偏离政府提出的指导原则,布局要符合居民消费水平,符合居民数量,多听取专家和商户意见。运营时,要做到三点:一是自持商铺、统一招商,好处在于管理方便,引进的商业业态知根知底,弊端是前期需要投入大量资金,且不能马上实现回本;二是分割出售,统一运营,即以住宅销售的方式,将一个个店面对外销售,和全部店面的所有者达成租赁协议,再打包统一运营,好处是资金需求不大,弊端是一旦有个别店面所有者不同意出租,就会给整体运营提出极大挑战;三是先租后售,即先培育合适业态,在社区商业有一定发展后,再出售店铺,这种方式较好。

(2)物业管理公司要规范运作。社区商业服务监督过程中,物业管理公司需加强与居民委员会、业主委员会等多方互动合作,如规范和业主委员会的平等契约下的合作关系。社会经济的发展,要求物业管理公司更要注重规范自身运作,这也能促进业主委员会运作更规范。物业管理公司如能一直发挥自己的作用,并和业主委员会互相促进,甚至能在没有居民委员会参与时,直接实现社区商业服务监督的目的。

(六)鼓励居民积极参与

可以通过鼓励和引导,促使社区居民积极、自愿、主动参与进来。

(1)培养居民参与动能。强迫居民参与,不仅效果不会理想,还会起到反作用。要使居民的观念从要我参与转变到我要参与,同时还要培养居民自治能力。培养时要循序渐进,科学设定教育科目,契合实际;要通过摸底,了解居民能力素质,掌握居民需求,对不同素养的居民进行一定的区分,通过不同层次的培训,让低层次的居民,逐步向更高层次居民转变,让高层次居民提升综合素质;利用一定的激励机制,使居民之间你追我赶、加强学习。自治能力提高后,按照实际掌握自治能力水平的高低,开展相应的社区商业管理。同时,对不太自觉、学习效率较低的居民,鼓励持续参与。此外,要让居民在举报非法从事不正规的网络订餐送餐服务、网上交易、食品生产加工、网吧服务等业态上,实现参与价值。

(2)畅通居民参与体系。通过畅通居民参与体系,鼓励居民顺畅合理地表达自身诉求。不要人为地去遮掩本可以对外公布的事情。对于和居民实际利益相关的社区商业管理方面的问题,可以采取居民听证的方式,充分讨论,集聚民智,妥善解决。在参与体系中,做到积极反馈,各社区要根据各地情况,形成对居民诉求予以及时反馈的系统,确保居民参与有实效。保持与时俱进,探索新参与途径,始终保持参与体系顺畅无阻。

对于社区商业服务监督,仅依靠政府的管理是不够的,将市场、社会纳入监管体系同样重要。政府作为强制性治理主体,要在制定基本规则、维持基本秩序、与其他主体协调合作方面发挥重要的作用,将不该管和管不了的职能交给社会和市场,不要过多干预;市场作为

自我治理主体,实行商户自我调节,提升商户自律意识,通过健全行业组织、经营管理规模化等方式加强商户管理;作为非强制性治理主体的社会力量,应主动开展有关工作,弥补自身缺陷和不足,尽快融入社区商业服务监督体系。政府、市场、社会力量几大主体要发挥自身作用,在保持独立性的同时促进相互之间的功能耦合,相互监督和制约,从而实现"多元参与、各司其职、互相协作、共同治理"的社区商业社会管理多元共治的良好局面。

拓展阅读

都市森林社区商业社会管理

一、位于城市核心地段的社区商业概况

都市森林社区位于鄞州中心,于2008年8月成立,主要由都市森林住宅小区和万达商圈组成。以四明中路为界,北面是都市森林住宅小区及一些社区商业,南面主要是鄞州万达广场、索菲特大酒店、浙江华茂学校等。小区居民主要是公务员、知识分子、企业精英等群体。

都市森林住宅小区商业被建筑物分为都市森林一期、二期及1号、4号、75号、76号办公楼几个区域,目前共有266家商户。其中都市森林一期115家,都市森林二期107家,1号办公楼21家、4号办公楼16家、75号办公楼4家、76号办公楼3家。另外还有餐饮店102家,洗车、洗衣、健身、食品、服装、教育培训等行业的店铺92家,银行等金融机构网点3家,还有一些其他业态。

万达商圈位于鄞州中心区,由鄞州万达广场、索菲特大酒店两个商业地块组成,鄞州万达广场面积为270 000 m² 共179家商户,有沃尔玛、石浦、万达等品牌,以餐饮、购物、服装业态为主,还有电器卖场、电影院、家居店、电玩城、KTV等。

二、以微博互动为特色的管理原则

都市森林社区商业服务监督,由万达商圈综合监管和都市森林小区商业社会监督两大块组成,前者为后者的开展提供了一定的思路。

万达商圈综合监管原则为"多元参与、共同行动、奖惩同步",都市森林小区商业社会监督的原则为"政府主导、部门联动、微博监督、信息共享、奖罚同步"。依托社区管理网络,在政府的统一协调下,整合各相关行政部门的职能,利用微博等网络媒体,提高居民参与热情,提升管理社会化水平,建设商业综合管理体系,促进社区经济可持续发展。

三、三大架构、六大体系构成管理框架

2011年3月,工商、税务、卫生、商贸等部门联合广场管理方,对万达商圈进行管理。建立了工商、国税、地税等部门信息为主的信用监管体系,以"无障碍退货"、微型消费维权联络站为主的消费维权体系,以无假货一条街、亮照经营、品牌服务为主的行政指导体系,以商户诚信自律协会为主的诚信自律体系,以区政府、行政部门、管理方支持为主的政府支撑体系。

5个行政管理部门和广场管理方根据各自的职责对商圈内商户进行监督管理和物业管理;将管理项目细分为8个静态指标和63个动态指标,分别赋予一定的分值;每季末由5个行政管理部门和广场管理方分别按各自的静态指标和动态指标对每家商户进行打分;

通过软件系统统计，得出每家商户的综合监管信用得分，并根据一定的换算方式，将信用得分换算成相应的 AAA、AA、A、B、C、D 四等六级的信用等级；每年年底，根据各商户的综合信用监管得分和信用等级，给予相应的奖惩。据调查，每季度有 10 名左右的行政管理部门工作人员和 6 名左右的广场管理人员，开展万达商圈管理工作。

2012 年 1 月，在万达商圈管理运作 9 个月后，鄞州区钟公庙街道联合社区管理委员会、工商部门、食品药品监督部门、卫生部门、城管部门、环保部门、公安部门、物业公司、义工队伍等，对都市森林社区商业开展社会监督。和万达商圈综合监管类似的是，也采用每季度进行一次联合检查管理的方式，并将监督所得数据录入信用信息系统。据统计，每季度约有 12 名行政管理部门工作人员、3 名社区居委会成员、3 名物业人员、2 名义工，偶尔有 1~2 名社区居民，共同参与都市森林小区商业服务监督。

都市森林小区商业服务监督的总体框架可概括为三大架构、六大体系。

三大架构分别为：一是政府协调主导。由政府牵头，结合社区周边的各方管理资源，动员社会力量，综合协调商户各种问题，考核最终管理效果，保障综合管理平台的顺利运行。二是部门联合监管。工商、食药、城管、公安等行政监管部门，按照各自的职责，建立良好的信息共享机制，共同管理社区商业。三是社会力量监督。加强社区商户诚信自律，通过成立行业小组自治自律达到长效治理。整合物业、社区居民、义工、媒体等资源强化社会监督，通过网络微博加强社区周边商户优秀口碑的宣传以及违法信息的搜集、上报和处理，由相关职能部门及时开展规范。

六大体系分别如下：

一是行政监管体系。依托已开发的软件，建立社区商户综合监管平台，以工商数据库为依托，充实各相关行政部门日常管理信息，定期整合，有的放矢地对社区商户进行精准监管。

二是社区监督体系。根据部门要求，结合实际，制定标准，借助社区"多员合一"公共安全协管员、维权义工队伍以及社区居民，通过都市森林社区微博平台对社区商户进行浅层面、全方位的监督。对于群众投诉举报的线索，行政部门实地调查，如查证属实则进行评比扣分、行政告诫乃至立案查处等处理。

三是义工服务体系。为了加强社区消费维权力量，把消费维权义工充实到"两站"中，开展消费维权进社区、商户活动，就地解决社区商户简单的消费纠纷。同时，为了应对食品安全等突发性事件，以义工队伍为基础，制定突发性事件应急机制，发挥社会监督优势。

四是商户自律体系。管理者和商户进行协商，根据社区商户行业特点建立行业小组，选举行业小组长，制定商户自律公约，并建立制度确保社区商户遵守公约，开展文明经营"大比拼"。

五是党员共建体系。充分发挥党员商户引领作用。社区方面，成立联合支部，吸收社区周边商户的党员参加；提供平台，组织各类展示活动，提升党员商户的影响力和辐射力；注入关爱，在细微处体现对党员的关心，为支部党员打造温馨之家。党员方面，积极参加各类党员活动，在政策宣传上，牵好头，带好路；在日常经营中，带头开展文明经营，比质量、比服务、比诚信，争做"诚信经营户"。

六是激励支撑体系。鼓励引导社区商户参加市、区消费者协会组织的"消费者信得过"单位的认评，对于综合信用评比优秀的单位优先奖励；综合各类监管信息，在社区商户内开展"诚信经营户"的评定，赋予精神和物质奖励；根据考评制度考量义工的工作成效，择优予以精神和物质奖励。

 思考题

1. 试讨论在社区商业服务监管中政府监管的作用有哪些。
2. 试讨论鼓励社区居民积极参与社区商业监督的方法有哪些。

参考文献

[1] 樊盛兰．城市社区商业开发运营研究[D]．重庆：重庆大学，2006．

[2] 姚建强．社区商业的分类及其发展趋势[D]．杭州：浙江大学，2007．

[3] 郭晓琴．基于社区公共安全网络的协同治理机制研究[D]．上海：上海师范大学，2013．

[4] 欧晖博．江门市江海区社区应急管理机制研究[D]．广州：华南理工大学，2012．

[5] 何超．协同治理视角下城市社区公共安全治理问题研究[D]．徐州：中国矿业大学，2018．

[6] 耿满弘．HD集团进入家政服务业市场的战略分析与选择[D]．吉林：吉林大学，2005．

[7] 贾广森．西安市典型"城中村"商业形态现状与更新研究[D]．西安：西安建筑科技大学，2006．

[8] 杨燕艳．家政服务的群体智能匹配技术研究[D]．上海：复旦大学，2008．

[9] 谭凡．广东省月嫂服务业发展问题研究[D]．长沙：湖南农业大学，2012．

[10] 刘丽华．家政服务——城镇社区经济发展的一个亮点[J]．农村经济，2002（07）：44-45．

[11] 苏畅．天津市城市居家养老模式研究[D]．天津：天津大学，2007．

[12] 廖敏．长沙市养老机构及入住老人需求的调查研究[D]．武汉：华中师范大学，2006．

[13] 赵仲杰．北京城区独生子女家庭的养老问题研究[D]．北京：中央民族大学，2010．

[14] 王莲青．中国城市社区养老体系建构研究[D]．上海：同济大学，2006．

[15] 韩燕琴．我国城镇社区养老模式研究[D]．武汉：武汉科技大学，2008．

[16] 夏侯蓓华．我国城市老年人住房选择及住房发展研究[D]．上海：同济大学，2007．

[17] 熊成．南昌市西湖区社区建设中的主要问题与对策研究[D]．南昌：南昌大学，2007．

[18] 曹民城．不同区位环境下的城市住区商业服务设施差异性研究——以合肥市为例[D]．合肥：合肥工业大学，2013．

[19] 孔令浩．面向居民全生命周期的电子社区服务模式研究[D]．贵阳：贵州大学，2009．

[20] 刘伯雅．国外社区商业的发展及启示[J]．城市问题，2008（09）：92-95．

[21] 陈友华，吴凯．社区养老服务的规划与设计——以南京市为例[J]．人口学刊，2008（01）：42-48．

[22] 邢冲．推动社区电商健康发展[J]．群众，2019（18）：44-46．

[23] 夏保成．安全社区建设与公共安全管理的关系辨析[C]．第十四届海峡两岸及香港、澳门地区职业安全健康学术研讨会暨中国职业安全健康协会2006年学术年会论文集，2006．

[24] 李忠信．中国社区警务的发展趋势[J]．公安大学学报，1997（5）：19-23．

[25] 邱乐安．我国当前社区警务建设中出现的问题和对策[J]．河北公安警察职业学院学报，2005（02）：42-45．

[26] 王红阳, 杜丹. 社区服务 [M]. 北京: 机械工业出版社, 2012.
[27] 李笑. 社区工作与服务 [M]. 北京: 经济管理出版社, 2014.
[28] 王利阳. 社区新零售 [M]. 北京: 人民邮电出版社, 2017.
[29] 曾弘毅. 零售运营手册 [M]. 广州: 广东经济出版社, 2018.
[30] 谭贤. 社区O2O生活服务类电商如何玩 [M]. 北京: 人民邮电出版社, 2016.
[31] 彭成京. 互联网+社区: 本地生活服务业创业实操手册 [M]. 北京: 电子工业出版社, 2017.
[32] 郑玉香, 范秀成. 市场营销管理: 理论与实践新发展 [M]. 北京: 中国经济出版社, 2014.
[33] 高桂贤, 廖敏. 社区服务 [M]. 2版. 北京: 电子工业出版社, 2015.
[34] 赵树海. 北京家政服务业的现状及其规范性发展 [J]. 经济研究参考, 2010 (57): 40-55.
[35] 于燕燕. 社区商业已成新亮点 [J]. 中国商贸, 2007 (09): 58-60.
[36] 赖阳. 对社区商业的理想形态与开发模式探讨 [J]. 北京市财贸管理干部学院学报, 2005 (03): 9-12.
[37] 王晓玉. 国外社区商业发展的理论与实践 [J]. 上海经济研究, 2002 (11): 68-73.
[38] 朱颂梅. 中国城市社区商业的发展趋势及对社会的整合作用 [J]. 商业时代, 2013 (29): 40-42.
[39] 赵欣. 构建和谐老龄社会 [J]. 科技智囊, 2007 (06): 8-17.
[40] 陈友华. 以社区养老服务为依托改善居家养老的生活质量 [J]. 红旗文稿, 2007 (17): 16-19.
[41] 李书芳. 城市社区养老服务的取向、问题与对策之初探 [J]. 老龄问题研究论文集（十一）——积极老龄化研究之三, 2006 (06): 444-453.
[42] 刘美霞. 机构养老和社区养老联动模式的思考 [J]. 城市开发, 2013 (10): 46-48.
[43] 袁利. 社区商业社会管理研究 [D]. 宁波: 宁波大学, 2017.
[44] 张聪伟. 影响消费者购买决策的个人因素 [J]. 中国城市经济, 2011 (5X): 292.
[45] 中国家政服务业发展报告 (2018) [R]. 中国劳动和社会保障科学研究院. 2011.

第四章 社区服务保障

第一节 社区服务概述

社区服务是伴随着经济发展和社会进步而产生的。为了满足在工业化大生产、城市化的社会形势中激发的各种需求,社区服务应运而生。早在18世纪中期,英国工业革命后,社区服务就作为一种解决贫民阶层的贫困问题的社会福利形式而出现。20世纪30年代以后,美国也出现了以社区为层面解决弱势群体需求的社区服务的组织和机构。进入20世纪80年代,随着经济转轨和社会转型,我国的社会福利制度也发生了重大变化,单位办福利逐渐为社会办福利所取代,社区服务应运而生,并不断发展、壮大。

一、社区服务的含义

社区服务实践最早兴起于西方国家,他们一般使用诸如"社会服务"(social service)、"社会福利服务"(social welfare service)、"社区照顾"(community care)或"社区照顾服务"(community care service)等。在我国,一般直接称之为"社区服务"。这些概念之间虽然有一定的差异,但也存在共同点。

所谓社区服务,是指在政府倡导和组织下居民所进行的自助服务,是以社区为单位开展的社会服务。它是一种公益性质的福利性、便民、利民服务,也是为提高社区居民生活质量、有偿和无偿相结合的社会服务。

一般而言,社区服务是指在政府的倡导和扶持下,以街道和居民委员会为依托,发动和组织社区成员,利用和开发社区资源,为满足社区成员的各种需求而开展的、本质为社会福利性质的社会服务活动。

二、社区服务的性质

(一)福利性

福利性是社区服务最根本、最本质的特征。社区服务首先以维护、确保社会弱势群体,如老年人、残疾人及其他特殊群体等最基本生活为出发点和归宿,这是它的福利性最明显的体现。同时,随着社会的发展,社区服务的对象也在日益扩大,包括了社区全体居民。但是这方面的服务是以提高全体居民的生活质量、增强社区凝聚力和整合度为目标,是社会工作所追求的更高一个层次的目标,并不以盈利为目标。

当然,福利服务不等于无偿服务。毫无疑问,面向弱势群体的服务基本上是无偿的,但有属于低偿性的有偿服务;而面向全体居民的社区服务更多的是体现出有偿服务。这种服务和商业性服务的本质区别在于，前者不是以追求经济效益为基本目标，而是以追求社会效益为基本目标。有偿服务收入将继续投入福利服务事业，以实现社区服务的良性循环。

（二）互助性

社区服务虽然有政府的社会福利行为，但更强调充分利用社区内外的各种资源，通过社区成员之间的自助互助服务，以及社区组织、福利机构等与居民之间的互助服务，以满足全体居民特别是弱势人群的服务需求。

社区居民之间的互助，如邻里、街坊之间的关照、帮困、解难、救急，很有传统特色，不仅有助于解决居民相互的实际困难，而且能促进彼此的情感交流，这对社区居民关系的改善是一种很重要的手段。

社区组织、福利机构等与居民之间的互助服务，所涉及的是居民对社区组织、福利机构所开展的福利服务计划的支持、配合、参与；而社区组织和福利机构则是通过社区的福利规划和执行，帮助社区居民解决生活中的问题。

（三）地域性

地域性是指社区服务是一种属地式服务。简单来说，社区服务的主要对象是属于本社区的居民，它是从本社区居民的实际需要出发，提供多层次、多方面、多样化的服务。

应当指出，这里所涉及的"本社区居民"，不但包括本社区的固定住户，也包括在本社区居住的"流动人口"，但需要指出的是，这些居民是超过一定年限的。

三、社区服务的功能

社区服务的功能和作用有很多方面，主要有以下3个。

（一）有助于促进社会保障制度的健全与完善

在我国传统的计划经济体制下，人们的就业和保障高度统一，企业不仅是生产单位，而且是生活单位。人们的衣食住行、生老病死，都由企业来管。这虽然有很多的优点，但也有很多的弊端。

随着市场经济的发展，原先由企业承担的社会义务逐渐向社区转移，其中就包括企业承担的很大一部分社会保障方面的义务。实行社会保障制度的社会化改革，加快发展社区服务事业是一个非常重要的手段。

从企业退休、下岗或失业的人员，越来越多地要依托社区，社区对他们提供社会福利服务是社会保障制度改革的方向。除此之外，我国对孤寡老人、残疾人、贫困家庭等社会弱势人群的救助服务、康复服务、日常照顾、军烈属的优抚工作等，一般都是通过社区来实施。

显然，社区服务的实施和加强对于健全与完善我国的社会保障制度，发挥着其他社会组织不能替代的作用。

（二）有助于社会问题的解决

我国社会正处在快速转型时期，各种社会问题、社会矛盾大量出现，社会秩序、人们的生活环境等产生巨大的变化，以前所没有的问题也开始出现，例如贫富两极分化问题、下岗甚至失业等问题。

开展社区服务，鼓励居民参与，特别是提倡与支持社区中的富裕阶层成员与贫困阶层成员之间互相帮助，例如，通过结对子、慈善活动等，有助于缓解这两大阶层之间的隔阂，密切相互关系，这无疑可以增强社区的凝聚力。同时社区组织帮助下岗、失业人员实现"再就业"，支持他们积极参与社区服务，也是促进社会整合的重要措施。

（三）有利于社会公平和公正的实现

实施社区服务主要是维护社会弱势群体的基本权利。一部分社会成员陷入弱势群体的原因是多方面的，既有个人生理、心理上的原因，也有社会的原因，其中社会的原因更为主要，结果就是他们丧失了一定的社会权利。对老年人、残疾人等弱势群体提供适宜的社区服务，帮助他们解决生活中的各种困难，是社会应尽的义务。

社区是个体参与社会的一个重要和基本的途径。社区通过开办社区学校、老年大学、再就业培训中心等，通过开展教育、卫生、法律等咨询服务活动，有助于提高社区居民的精神文化素质，提高他们的生存技能。

通过社区服务的开展，社区居民的业余生活更加丰富；通过托老、幼等服务，大量双职工家庭减轻了家务劳动和赡老扶幼的负担，他们能有更多的闲暇时间去自由支配，去追求自我发展和完善；同时通过互帮互助，可以培育和增进居民的亲情、友情和邻里之情、同乡之情，提高居民的思想道德素质。

总之，社区服务是社会管理的一种重要途径。随着社会的发展，社区服务的形式越来越丰富，内容越来越广泛，作用会更加突出。

四、社区服务保障

社区服务保障机制是指以社区为基本单元，以各类社区服务设施为依托，以社区全体居民、驻社区单位为对象，以公共服务、志愿服务、便民利民服务为主要内容，以满足社区居民生活需求、提高社区居民生活质量为目标，党委统一领导、政府主导支持、社会多元参与的服务网络及运行机制。

社区保障是指在政府的授权和指导下，根据一个国家和地区的社会福利政策和居民的实际生活标准，以社区为依托，由社会组织和社区居民共同参与，为满足社区成员物质文化生活需要，围绕各种社会福利对社区居民而开展的社会保障活动，是一种新型保障方式。社区保障为政府法定基本保障拾遗补阙，帮助政府落实法定基本保障的政策和待遇，通过社区救济为社区成员提供基本物质生活的托底保障，为社区成员提供各种物质和精神的社区服务，是整个社会保障制度必要和有益的补充。相对于政府社会保障制度，社区保障更侧重于服务保障和精神保障。

思考题

1. 社区服务的性质有哪些？
2. 社区服务有哪些功能？

第二节 社区服务基本内容

一、社区服务类别

社区服务的基本内容一般划分为三个类别，即为社会弱势群体提供的服务、为社会优抚对象提供的服务和为社区全体居民提供的服务。

（一）为社会弱势群体提供的服务

社会弱势群体是指那些依靠自身的力量或能力无法保持个人及其家庭成员最基本的生活水准，需要国家和社会给予支持和帮助的社会群体。社会弱势群体一般由老年人、残疾人等组成，也包括我国改革中出现的大量下岗、失业人员。少年儿童，特别是其中的"问题儿童"、残疾儿童等也是弱势群体的组成部分。为社会弱势群体提供的社会服务有以下4类。

1. 为老年人提供的系列服务

人口老龄化是社会发展的必然趋势。我国是世界上总人口和老年人口最多的国家，现有老年人口1.4亿，占我国总人口的11%，占世界老年人口的20%。随着老年人口的增多，家庭养老功能的弱化，必须依靠社会发展老年服务业。而我国老年服务业发展却相对滞后，而2006年年底全国城市福利机构的床位只有41.9万张，农村福利机构的床位89.5万张，据民政部门统计，我国有3250万的老年人需要长期护理，这显然远远不能满足需要，所以社区服务正是社会保障的必然延伸和有效补充。

社区的老年人服务就是为满足老年人的生存与发展需要而提供的免费或低费服务，它包括老年保障性服务和老年福利性服务。老年人服务具体有以下几个方面。

（1）健康服务。健康服务是指为老年人保持身体、精神和社会调适的良好状态而提供的社会服务，包括生理健康服务和心理健康服务两个方面。

1）在生理健康服务方面，社区应为老年人提供必要的健康服务设施，如医疗服务中心中开设老年病门诊部、老年医学保健站等。社区可通过举办各类讲座向老年人宣传保健知识和饮食营养保健方法等向老年人提供服务。社区还可以组织老年人进行体育锻炼，开展老年晨练点，举办老年迪斯科、健身操培训班，举办老年人运动会等。

2）在心理健康服务方面，有的老年人因生活难以自理，要依靠他人照顾，心理上感到不安、惶恐与孤寂；有的因丧失社会地位，感觉被社会遗忘，精神苦闷或消沉等。针对这些情况，社区应成立老年人心理康复咨询站，及时地进行心理疏导，增强老年人的社会调适能力。

（2）生活服务。社区应建立完善的老人生活服务设施，如开设老年人用品专卖店；配备专用三轮车护送突发急病的老年人到医院治疗；开设老人食堂，为行动不便的老年人配送生活必需品和三餐；在行动不便的老年人家里安装应急电铃；增设邮寄信箱，方便老年人邮寄等，为老年人提供生活上的照顾。

（3）文娱、教育方面的服务。社区建立老人活动中心、老年人乐园、老干部活动室、老年人俱乐部等活动机构，每天向老年人开放，组织老年人进行丰富多彩的有益身心健康的文娱活动，社区还可以兴办老年学校，吸引大批老年人参加，通过书法、绘画、老年保健知识、烹调手艺等与老年人健康和日常生活相关内容的学习，陶冶情操、满足老年人精神生活的需要。

（4）再就业服务。社区为有劳动能力的老年人提供就业机会，使他们发挥余热，继续为社会作贡献。如成立离退休高级知识分子联谊会，在社区服务中心设立业余劳动介绍所，还可以让老年人直接担任街道、居民委员会的领导工作，参与社区服务的管理。

养老服务是指为老年人提供生活资料和生活服务，满足其物质和文化生活需要。

目前我国城市养老服务的方式主要有两种：一是集中供养（或叫院舍服务）；二是家庭养老，配合社区照顾。集中供养主要是面向无依无靠的老年人，通过办社会福利院、敬老院等，为他们提供衣、食、住、行等各方面的服务。近几年，院舍的社会福利服务对象，已经扩展到部分自费老年人。在目前的国外社区服务中，对于老年人的服务更多的是从院舍服务向家庭养老转化。因为家庭养老更符合老年人的心理状态，也是老年人比较愿意接受的养老方式。这种养老方式需要配合一定的社区服务，如建立老年食堂、浴室、护理院、活动室、谈心室、康复站、孤老包护组等。在未来很长一段时间内，社区将在老年人的养老方面承担重要的角色。

2．为少年儿童提供的系列服务

少年儿童服务是指为青少年、幼儿的身心健康和成长提供各种帮助和服务。随着社会的发展，家庭原有的一些功能逐渐衰退，幼儿和青少年的家庭教育和管理就成为一个突出的问题。如双职工家庭的幼儿抚养，中、小学生午餐问题，小学低年级学生放学回家的照管等。

开展社区少儿服务，可以帮助双职工家庭解决后顾之忧，使职工安心工作。同时，开展社区少儿服务也可以防治青少年犯罪，并对失足青少年进行帮教矫治。社区少儿服务主要包括以下内容。

（1）少儿生活服务。

1）建立幼儿园、托儿所，解决入托难的问题。随着新建居民住宅的大量增加，孩子入托难的问题日益严重。社区创办幼儿园、托儿所，能使孩子就近入托，从生活服务的角度上担负起抚育幼儿的功能。

2）设立中、小学生午餐点。社区利用自身的生活服务设施，为中、小学生代蒸饭或设立午餐供应点，解决中、小学生的午餐难问题。

3）建立假期活动点。针对寒暑假期间居民上班时孩子无人照看，学习、生活、活动都发生困难的问题，社区专门设立假期活动点，组织各种有意义的活动，丰富中、小学生的寒暑假生活。

（2）社区教育活动。

①学前教育。社区幼儿园除了为幼儿提供生活服务外，都不同程度地开展了幼儿教育活动，使幼儿在上小学前有良好的基础。

②开展青少年校外教育活动。社区加强与中小学校的联系与沟通，利用社区已有的活动设施，为中、小学生提供服务，例如，开放社区少年宫、少科站、少儿图书馆和街道文化活动中心，使青少年在活动中受到教育。社区组织青少年开展一些公益活动，如拥军优属活动、为周围的孤寡老人做好事的活动、认养公共树木或草坪等，通过这些活动对青少

年进行爱国主义教育、革命传统教育和尊老敬老传统美德教育。

③社区还可以利用假期举办各种培训班，培养青少年音乐、美术、体育、舞蹈、摄影等各方面的兴趣爱好，提高青少年的艺术修养。

(3) 对特殊青少年的教育服务。所谓"特殊青少年"，是指失去双亲的孤儿，残疾的、低能的或行为不良的青少年。

①对失去依靠的孤儿，残疾的、低能的儿童，社区主要是提供社会照顾的服务，并给予特别的关爱，使他们能在儿童福利院中，得到充分照顾和专业服务，使他们能像正常儿童一样快乐健康地成长。

②对于失足的青少年，社区主要提供帮助和教育服务，使他们迷途知返，重新做人。社区可以成立由家长、街道派出所和单位几方组成的帮教小组，对失足青少年开展帮教工作。针对失足青少年的各种实际情况，进行有的放矢的引导和教育，组织开展各项健康、有益的活动。同时，也要及时、妥善地安置好劳改释放和解除劳教、少管的失足青少年，以巩固教育改造的成果。

3．为残疾人提供的系列服务

残疾人是社会上存在着特殊困难的一个群体。部分残疾人由于身体上某些部分的缺损或生理功能的障碍，生活上存在种种困难，如日常生活、劳动就业、受教育、社会活动等都非常艰难。因此，开展社区残疾人服务，就是使残疾人能平等地参与到社会生活中，共享社会经济发展带来的物质和文化成果。

(1) 教育服务。残疾人由于存在生理、心理上的缺陷，对他们的教育主要是提供特殊教育。

社区特殊教育的形式有：为7岁以下的伤残儿童，举办残疾儿童寄托班、启智班、聋儿听力语言训练中心等，对他们进行早期智力开发教育；为7～10岁的轻度弱智儿童，举办走读制的智障者小学或智障者教学班，对他们进行基础教育，使他们成为具有一定的知识、劳动技能、生活自理技能等，毕业后能成为具有劳动能力的正式劳动者；为中、重度智障者和轻度精神病人，建立精神卫生工疗站、康复站等，对他们进行以康复为目的的文化教育等；对成年残疾人，进行就业教育，进一步加强文化教育和技术培训，使他们能不断跟上时代的步伐。

(2) 劳动就业服务。残疾人因生理、心理缺陷，就业十分困难。开展社区就业服务，就是帮助有劳动能力的残疾人，从事适合他们特点的工作，使他们做到自食其力，残而不废，同样能为社会作贡献。

城市残疾人的就业主要是通过举办福利工厂、个体营业来解决。此外，社区可以安排残疾人在社区内的企事业单位与健全职工混岗工作，这种安置方式不需要专门投资，也不需要购买设备、增加经济负担，容易实行，而且潜力很大。社区还可以帮助有一定专业技术和特长，并有独立能力的残疾人自谋职业，为他们提供各种方便，如经营服装、饮食店、修理钟表、开残疾人车等。

(3) 康复服务。康复服务是指帮助残疾人消除病、残等障碍，逐步走向康复的工作，它是普及和发展康复医学的重要途径。

社区康复服务主要开展以下项目：医疗康复，即通过开设康复门诊部、针灸推拿室、康复诊疗室，使残疾人得以康复或预防可能的再度损伤；职业康复，即通过举办职业培训班、建立工疗站,帮助他们学习职业技能,成为有一技之长的自食其力的劳动者;精神康复,即通过对残疾人的个案分析,根据不同情况分别开设各种康复班,进行康复咨询服务,并建立康复活动室、文化活动中心等,使残疾人摆脱心理上的阴影,振作精神、自强不息,重建健康心态。

(4)生活服务。为残疾人创造无障碍环境,推行无障碍建筑设计,并改造原有的公共设施。无障碍改造既要方便残疾人进入公共场所,又要考虑到他们吃饭、休息的场所,并要为他们参与各种文娱活动提供便利。例如在公共汽车站安装盲文站牌,在公共厕所内安装座便装置等,就是为了给残疾人的生活提供便利。

同时,社区还应为残疾人的日常生活提供服务。例如可以组织社区内的商店、粮站、燃料店为残疾人送米上门等,解决他们的生活困难。

4. 为贫困者提供的系列服务

在社会转型与经济转轨加速推进的情况下,由于结构性变化产生了新的贫困者,除过去的"三无"人员之外,又出现了由于失业、下岗等原因产生的新贫困者。对贫困者提供服务,主要有以下几个方面:

(1)低保服务。配合政府有关部门贯彻落实最低生活保障制度,使他们能够维持最基本的生活。

(2)再就业服务。针对下岗、失业人员,社区还应为他们提供各种再就业机会,也可通过发展社区服务业,直接帮助他们实现再就业等。

(3)组织社会慈善活动。社区还可以动员多方面的社会力量参与扶贫济困活动,进行和组织一些慈善活动,以弥补政府社会救济制度的不足。

(二)为社会优抚对象提供的系列服务

社会优抚对象包括革命烈士家属,牺牲病故军人家属,革命伤残军人、现役军人家属,复员退伍军人和其他特殊对象。

对社会优抚对象实行优待抚恤,开展社区服务,不仅解决了他们生活中的实际困难,更重要的是体现了政府对他们的关怀,这将直接影响到军人的服役情绪,关系到部队的建设与国防的巩固,以至整个国家的安全稳定。

为社会优抚对象提供社区服务的内容非常广泛,涉及生活的方方面面,包括对他们及其家属的照管,排解养老、住房、就医及日常生活困难等,为行动不便者及时领取国家抚恤金、政府的定期定量补助和临时补助;对现役军人家属的就业、就学、入托等提供切实帮助,开展多种形式的拥军优属活动、军民联谊活动等。

对优抚对象的服务内容和类型,可以参照对老年人、孩子、贫困者的社区服务方式和服务内容。

(三)为社区全体居民提供的系列服务

总之,随着社会的发展,社区服务的空间将会更加巨大,承担的角色将从福利服务角色向专业化角色转变,服务内容也越来越多,形式也会更加丰富。很多发达国家的先进做法,也为我国的社区服务提供了很好的参考。在第三节中,我们将讨论国外先进的社区服务方式和理念。

二、社区组织概述

社区是现代城市的基础，构建和谐社区是构建和谐社会的首要任务。在社区的范围内总会有各种各样的社会组织的存在，以发挥其各种功能，满足社区需要。这些社会组织并非都是社区组织，社区组织与驻区的社会组织是不同的，它有自身的质的规定性与组织功能。中国当代的基层社区，特别是城市社区，社区组织的性质与存在形式经历了曲折的演变，正在发生历史性的转型。

（一）社区组织的含义

社区组织（Community Organization）既是由人组成的"人群共同体"，又是人们实现自身社会生活目的的一种物质工具。社会学中对社区组织的定义有着不同的解释，下面分别予以解释：

（1）在社会学上，社区组织是指某社区内主要团体间交互关系的模式（Pattern of Interrelation Ships），社区内居民生活上的基本需要，经由此模式而获得满足。个人降生于世，不仅属于某家庭，也属于某社区。在社区之内，凡是对个人有重要意义的各种经验和活动，其中大多数都能够吸引人们亲身去体验和处理。社区生活是一种共有、共治、共享的生活。

（2）在社会工作领域，社区组织这个概念受到社区组织理论的影响。它是一种工作过程，将社区中的各个社会机构组织起来，多方予以协调，促进其合作努力，使社区内的各种资源得以充分运用，社区需要借此而获得满足。社会工作中将社区组织定义为：社区组织是为动员全社区的人力、物力和财力，预防和解决社区内存在的问题，开展社会服务工作，提高社区居民的社会质量而建立的各类非营利组织。

此种工作方法原以解决工业化都市社会问题为主，现已扩大到乡村社区，而最早用于乡村社区的社区发展工作也扩大到都市社区。两者交互运用的结果，使社区组织和社区发展已合而为一了，而两者间原有的差别已成为历史陈迹。

与此不同的是，有的学者认为，根据我国的客观实际和社区组织研究的特定目的，社区组织主要是指以兴办、管理一定社区的经济、政治和文化事业为目的建立起来的地域性社会组织，它是社会组织的类型之一。

依据中外社区工作的实践和社区发展的历史趋势，本书对社区组织进行了广义和狭义之分。广义的社区组织是指在社区地域内，以从事社区公共事务或社区政治、经济、文化事业，参与社区活动为目标的各种社会组织及其机构；狭义的社区组织是指由社区建立的以满足社区需要促进社区发展为目标的，从事社区管理与服务，吸纳社区成员参与社区活动的各种社会组织及其机构。从社区工作的历史与现实需要进行考察，广义与狭义的社区组织都应该得到社区工作者的重视和认识。

（二）社区组织的类型

1. 正式组织

按照法律规定，正式组织是：具有明确的组织建制与角色定位的组织；具有明确的组织目标；具有严格的规章制度和执行形式；具有正式的阶层结构和沟通渠道；组织成员的互动形式是正式而片面的；组织的场地、设备、资源及活动程序等也较明确。社区党组织、社区居民委员会、社区中介组织都具备这些条件，法律是它们存在的基础。正式组织有政治组织、经济组织、社会整合组织、模式维持组织等。

2. 非正式组织

相对来说，非正式组织的形式比较自然，规模较小。它是指松散的、网状的、角色定位没有明文规定的组织。非正式组织成员之间关系较密切，对社区组织成员的认同感较强。非正式组织有志愿者行动、联谊性小社团等社群组织。

3. 社区中介组织

社区中介组织是我国城市社区组织体系的重要组成部分。中介，顾名思义即"居中介绍"之意。中介组织在西方统称为非政府组织，是使社会活动参与者之间相互影响，并把它们组织起来促进发展的主要途径。中介组织就其性质来说是一种服务组织，其基本功能是挖掘、动员、激活和整合各类社会资源，通过沟通、担保、管理、筹资等方式，构架起社会需求和社会供给之间的桥梁。同时，中介组织以其低成本带来高收益的经济性，以行业分工细化所具有的专业性和在市场与政府、买者与卖者之间牵线搭桥的广适性，在城市社会组织与管理中发挥着重要的作用。

（三）社区组织的作用

社区组织是社区各类人员、各种关系融入社区的基本载体和运行细胞。社区组织体制的成熟与有效运作，是现代社区建设的基本保证，这是由组织的特性和社区的功能决定的。随着社会主义市场经济体制的逐步确立，城市社区成了一个兜底的筐，承担着许多职能，包括社会整合。社区中不仅存在血缘关系、地缘关系、业缘关系，还存在当代网络社会的各种新型关系。作为这些关系的载体有家庭与亲属、邻里与街坊、相识人的圈子以及职业上和兴趣上的同事、朋友等，它们构成了"单位8小时"以外的社会生活"共同体"，在社区中发挥着不同的作用，以满足自身和周围生活环境的需要。从这个意义上说，社区生活是需要组织的，其目的在于把这些"共同体"的作用协调得更有效。把这类组织视为以"同意"为基础的民间互助组织，它们在功能上不同于社区党组织、社区居民委员会、社区居民代表大会这些组织。社区组织可以把社区成员以不同的形式组织起来，以实现个人不能达到或实现的整体功能。

（四）社区组织运行中存在的问题

从20世纪90年代中后期开始我国进行社区建设到现在为止，政府做了许多有益的工作，但也存在一些问题。例如，要么对社区事务干预太多，要么对应该由政府承担的职能存在欠缺，而管了一些不该管、管不了、管不好的事情，这些都制约了社区建设向纵深发展。其具体表现如下：

1. 社区自治组织的"全能化"倾向，政府职能缺位

政府转变职能，实行政社分开，这是对的，但不能撒手不管，似乎社区自治组织可以包揽除行政事务以外的其他所有公共事务。一般来说，社区公共事务包括公共安全、公共生态环境、公共医疗保健、公共社会保障、公共设施、公共文化体育、人口管理等，社区公共事务具有复杂性、多样性和动态性特征，任何一个组织都不可能包揽社区公共事务。但是，在不少地方，这些公共事务的管理通常由社区自治组织包揽。

2. 政府组织与社区自治组织的"对立化"倾向

政府和社区自治组织各自管理自己的事务，两者互不相干。这是从一个极端走向另一极端，从过去政府完全控制居民委员会走向政府与居民委员会绝对分离。在社区中，政府应"既不是一只无形的手，也不是一只沉重的手，而是一只有力推动的手"。政府的功能包括输入能量和参与管理，政府应该向社区输入法律制度、资金、设施、信息等资源，并直接参与治理某些公共事务。当然，大多数政府部门要从社区逐步退出，将公益性功能让渡给相应的社会中介组织。但是，政府组织不可能完全退出，特别是需要直接参与治理某些外部性极强的公共事务。例如，社区安全机制的重建就需要政府的直接参与。

3. 自治要素的"简单化"倾向

自治要素的"简单化"倾向强调了社区自治组织的自主权，而忽视另外两个关键问题：即自主的行为主体之间如何协调权利关系以防止冲突，他们之间的权利关系是"自我协调"还是"被人协调"。现实生活中，行为主体自主性越强，人与人之间、群体与群体之间、组织与组织之间的利益矛盾就越明显，就越需要建立一种程序公正的民主协调机制。如果仅仅强调行为主体的自主权，而忽视权利关系的协调机制，那么利益矛盾不仅得不到抑制，反而会越演越烈。也就是说，如果一个社区内部的各种行为主体之间不能通过协商消除分歧、增进共识，社区就不能出现"自我管理"秩序，也就只好靠外部力量的强制性干预，来建立某种"被人治理"秩序。

4. 政府行为"过度化"倾向

政府行为"过度化"倾向的具体表现为：一是政府包揽了过多的应由非政府组织承担的职能，如直接组织和承办社区内的文化活动、公益性慈善活动、志愿者活动、科普活动等；二是把非政府组织作为依附于政府的附属单位或下属单位，并且直接干预这些组织的自主权利，如街道办事处直接任命居民委员会的工作人员，直接管理居民委员会的日常活动；三是政府在职能转变过程中未能贯彻"费随事转"的原则，造成了财政上的某些"过度投入"。

（五）社区组织的构成

社区作为一定区域内的人群所组成的相对独立的社会生活共同体，是通过一定的组织机构领导、协调和组织参与社区生活和管理的。建立和完善社区组织机构，是促进社区建设与管理的组织保证和前提条件。目前，我国社区（主要指城市社区）的组织机构主要包括以下几种。

1. 市、区、街道行政管理组织

城市的市、区两级政府、街道办事处，是我国城市社区建设与行政管理最基本的组织形式。目前，我国各大城市为适应社会主义市场经济条件下对城市社区文明建设的新要求，已明确提出在组织形式上要依托"两级政府、三级管理"。所谓"两级政府"，是指市、区级政府。市、区级政府在城市社区文明建设中具有决策、制定全面的中长期规划，保证资金投入等重要作用。所谓"三级管理"是指市、区、街道三级行政管理组织，协调一致共同承担城市社区行政管理的重任。其中，特别强调发挥区级政府的作用和街道办事处的作用。"三级管理"的实质就是要简政放权，按三个管理层次确定管理内容，分清管理责任，规范管理行为；并在明确事权的基础上，实行财随事转、费随事转、人随事转，形成事权与财权相统一,管事与管人相统一,放权与监督相统一,局部与全局相统一,权、责、利配套的社区管理的运行机制,以促进社区发展。

"两级政府、三级管理"新体制,是由我国最大的城市上海市率先提出并建立的一种社区管理体制。实践证明,实行这种管理体制,可以克服我国原有的高度集中的计划经济体制下,在城市社区管理中过分依赖垂直型专业管理,从而造成"条块分割"的种种弊端,有利于充分发挥市、区、街道三级组织各自的功能,调动各级多层次分级管理的积极性,特别是调动街道社区基层组织在社区管理中的积极性,从而有效地促进社区建设与管理工作的开展。

上海市从1995年5月起,在10个区的10个街道分别实施了"两级政府、三级管理"的试点工作。经过实践,积累了丰富的经验,并在以下四个方面取得了初步的进展:

(1)下放管理权限,实行责权统一的良性运作机制。各有关区实施管理重心下移,通过授权、委托等方式下放部分监督处罚权。如私房建筑管理,建筑工地文明施工管理,市容环卫管理,居民住宅验收,绿化环保初审,物业公司的监督管理等,涉及内容大都与居民生活密切相关。

(2)加强协调统筹能力,建立新的管理体制。若干个街道试点成立城区管理委员会,以此作为规划、协调、指导地区性城市管理事务的临时机构,城区管理委员会由房管、工商、市政、工务、卫生执法、市容监察、园林、公安等部门共同组成,由街道办事处主任牵头领导。这一体制变动力求克服和解决以往职责不清、互相推诿扯皮的矛盾。

(3)引进市场机制,拓展社会化管理。试点街道尝试分清政府、社会、企业三方面的职责,实行有偿服务和义务服务多种形式。既坚持和发展原有的公益性、福利性服务组织和项目,又引入诸如保洁劳务公司、车辆管理服务中心等企业化组织。

(4)成立综合执法队伍。为解决过去执法力量分散,工作互相扯皮问题,一些街道成立了综合执法队伍,由治安警、巡警、市容监察、工商、环保、卫生防疫、土地规划等多个部门派人组成,接受城管会统一领导。

上海市通过建立和实行"两级政府、三级管理"新体制,进一步理顺了"条块"关系,适应了城市管理重心逐步下移社区街道的新趋势,加强和发挥了街道一级组织在社区行政管理中的职能,形成了政府为主导、社会支持、市民参与"条块结合,以块为主"的社区新型结构,有利于充分发挥政府、社团、企事业单位在社区建设与管理中的作用,不断提高城市社区建设与管理的水平,促进社区文明建设的开展。目前,"两级政府、三级管理"体制在全国各大城市逐步得到推广,并取得良好的效果。

2. 物业管理公司组织

物业管理公司是我国城市社区建设与管理的重要组织形式。改革开放以来,随着住房制度改革的深化,适应房屋商品化和房屋产权多元化的要求,我国城市社区内大部分房产物业普遍实行了物业管理。物业管理公司作为依法定程序设立,并具备相应资质条件的经营物业管理业务的企业性经济组织,承担着社区内所管房屋等物业的管理工作。因此,物业管理公司作为社区的重要组织形式,在社区建设与管理中起重要的作用。

物业管理公司组织机构一般按照物业管理社会化、专业化、企业化的要求而设置。总的原则是:根据所管物业的规模、档次、复杂程度、专业化水平及企业自身的管理水平、基础条件等,本着有利于统一领导、分级管理、精干高效的原则按需设置机构。其中规模较大的物业管理公司可设置与所管物业相适应的专门管理机构。如设置工程部，主管房屋及设备设施的维修、养护管理工作；设置清洁绿化部，负责社区清扫保洁、环境绿化管理工作；设置保安部，负责社区安全保卫管理工作；设置经营发展部，负责开展多种经营服务，向住户提供全方位的生活服务。

为了充分发挥物业管理公司在社区建设与管理中的重要作用，物业管理公司要在做好各项物业管理工作的基础上，正确处理好与社区物业产权单位、业主，与政府相关部门的协调关系。如加强与社区街道、居委会、公安派出所的联系，共同维护社区治安秩序，共同开展社区教育、社区服务，共同承担社区精神文明建设的重任等。要加强与供电、供水、供燃气、邮电通信、城管、市政、环卫绿化、环保等职能部门的联系，共同搞好社区基础配套设施建设，维护好社区内所管物业的外部环境。物业管理公司作为一种新的社区组织形式，在社区建设与管理中处于十分重要的地位，起着十分重要的作用。

3. 社区群众性团体组织

社区内各种群众性团体也是社区建设与管理中不可缺少的组织形式。社区作为由一定人群组成的相对独立的社会生活共同体，必然与广大社区成员发生联系，通过组建社区群众性团体共同参与社区各项有益活动，是加强社区成员之间联系的必要方式，也是发挥社区成员在社区建设与管理中作用的必要组织形式。

社区群众性团体主要包括居民委员会组织、物业管理中的业主委员会组织，还包括一些社区互助性群众团体、社区服务性群众团体、社区治安群防群治团体、社区志愿者队伍等。这些群众性团体是社区成员实行"自我管理、自我教育、自我服务"的群众性自治组织，在为居民服务方面，开展社区公益活动，维护居民利益，维护社会秩序；在加强社区精神文明建设等方面，同样起着十分重要的作用。

（1）社区成员代表大会。社区成员代表大会是社区的决策机构，社区成员代表由本社区居民和驻社区单位依照规定程序推选产生。社区成员代表大会由 50 至 100 名居民代表组成，每年至少召开两次会议。其主要职责是：选举产生社区（居民）委员会；听取和审议社区（居民）委员会年度工作报告和下一年工作计划；评议社区（居民）委员会成员，对不称职的成员进行罢免；讨论决定社区建设重大事项；评议物业公司工作；反馈居民意见和建议。社区成员代表大会的任期与社区（居民）委员会相同，任期 3 年。

（2）社区（居民）委员会。社区（居民）委员会成员一般由 3 至 5 人组成，年龄一般应在 50 岁左右，具有高中以上文化和较强的政治、业务素质。其中正、副主任各 1 人，实行专职制。社区（居民）委员会代表社区居民管理社区公共事务，在政府有关部门及政府派出机构的指导下开展工作。其主要职责是：执行社区成员代表大会的决议；草拟社区章程和工作制度；处理社区的日常工作。

社区（居民）委员会根据需要设立社区保障、人民调解、治安保卫、计划生育、公共卫生等委员会和中介组织，在其领导下开展社区日常工作。同时建立以院长、楼长、组长、居民代表、社区志愿者为主体的工作队伍。要注意加强社区中介组织和社区志愿者队伍的建设，建立适应工作需要的专职人员与志愿者相结合的社区工作队伍，形成社区服务网络。

（3）社区党组织。根据党章有关规定及社区党员数量，在社区设立党的基层组织。社区党组织是社区的领导核心,在街道党组织的领导下开展工作。其主要职责是:认真宣传贯彻党的路线、方针、政策和国家的法律法规,团结、组织党员和群众完成本社区所担负的各项任务;支持和保证社区成员代表大会、社区(居民)委员会依法履行职责;加强党组织的自身建设,发挥党员在社区工作中的先锋模范作用,密切联系群众,反映群众的意见和要求,做好思想政治工作。

根据属地管理原则,凡暂住人口中的党员、无工作单位的社区居民中的党员、尚未分配工作的学生中的党员和退伍军人中的党员、异地安置的离退休人员中的党员及民办非企业单位中的党员的组织关系,均转入社区党组织,参与社区党组织的活动。

1. 举例说明社区服务有哪些类别。
2. 举例说明社区服务组织的组成。

第三节　社区服务保障机制

第二次世界大战结束不久,联合国成立了"社区组织与社区发展小组",倡导和推荐社区发展工作,改善社区生活条件,解决社区文体,增进社区福利。由于社区工作在解决救济与社会发展失调所导致的社会冲突方面发挥了重要作用,而社区服务可以更好满足居民日益增长的社会化服务需求,因而很多国家政府积极响应联合国的倡导,开始有目标、有计划地推进社区建设。在进一步运用社会工作的知识解决社会问题、促进社会变迁的同时,增进社会福利、促进社区发展的社区服务项目,如社会福利服务、就业服务、生产服务、教育服务、医疗卫生服务、住宅服务、康乐服务等有较大发展,逐渐成为社区工作的重要部分。随着社区建设的深化和社区工作的开展,社区保障也逐渐成为具有一定目标、规模而自成系统的、关系社会发展的经常活动,成为当代社会保障社会事业的重要组成部分。

一、西方发达国家的社区保障事业

(一)美国的社区保障服务

美国开展的社区保障服务包括为老年人和残疾人提供照顾,为学前儿童提供保育,为在校儿童组织各种夏令营活动,为失业者提供职业介绍服务并进行家庭企业咨询,为无家可归者、单亲家庭提供住房支持,为妇女、儿童提供保护服务,为低收入个人或家庭提供资助,帮助移民或难民迅速融入本地社会、实现本地化。服务的方式如下:

(1)设施服务。如为社区居民提供综合性服务,为移民、失业人员提供语言、专业技术培训、就业信息和职业介绍,对家庭进行咨询服务,为老年人提供养老服务。

(2)外展服务,也叫走出服务机构的服务。服务的提供者主要是社区中介组织或非营利机构,也有私人机构。服务资金绝大部分来自政府拨款,部分来自服务收费。

美国的社区发展历史悠久,在社区保障发展的过程中遵循一系列的原则:自治原则,政府基本很少参与社区的建设和发展,更多的是规划这样一个角色,具体的社区所有事宜都交由社区管理机构执行;服务原则,社区与政府里的自上而下的发号施令不同,社区更多的是一种咨询和照顾;责任原则,社区居民直接参与社区的治理,负担起社区建设好坏的职责;理性原则,社区往往都成立董事会,在决策时充分考虑到需求以及人情,达到一个各方都能满足的状态。

美国社区保障发展有着浓烈的美国特色。第一,民主化。美国社区为公民的参与提供了各种渠道,通过代议民主制和社区直接参与民主制,美国社区均表现出了对社区居民参与巨大的容纳能力,其公共决策的民主化特征显而易见。第二,市场化。美国社区积极引入市场机制,在公共服务的提供中引入竞争机制,用价格信号来反映人民的需求。市场化的治理可以充分发挥市场竞争的优势,改变以往官僚制治理的权力垄断,减少腐败行为。第三,组织化。主要指的是非政府组织在社区服务中扮演着重要的角色,社区非政府组织是美国社区实行居民自治和民主共管的主要载体。第四,多元化。美国是一个典型的移民国家,社区居民和文化都极为多元。这也反映在社区的构建上,美国的社区存在各种不同的系统,但这并没有造成混乱的现象,相反各个系统和部门相互协调形成一个有机的整体,社区居民在其中各取所需。

总体来说,美国的社区保障建设,其政府的色彩不是很浓厚,非政府组织、居民参与、自治成为美国社区保障建设的重要特点。

(二)英国的社区保障

英国的社区保障主要体现在社区照顾这一方面,它的主要内容为:第一,老年人服务。英国对老年人服务已经由政府出资、集中供养向分散性社区照顾转变。同时,政府提供、运用物质的、精神的社区资源帮助这些老年人,包括来自亲人、邻居及一般社区居民的行动上的料理和心理上的慰藉。第一种基本做法是资金照顾,针对那些病残或者生活上难以自理的老年人,在他们原来居住的社区内,由政府出资建立小型的养老院,让他们有一个熟悉的环境,同时接近原来的人际关系;另外是院舍服务,这也体现了院舍服务的特点;社区还向行动困难以及不能自理的老人提供日间照顾。第二,儿童服务。英国政府重视儿童的成长,通过对儿童及其父母提供津贴以支持儿童的成长以及成长环境的改善。政府还制定儿童法案,对儿童形成多元的权益保障体系,还提供儿童的直接照顾,援助困难家庭开展间接援助;立法约束对于儿童的虐待行为。第三,对智障人士和精神疾病者的服务。针对智障人士和精神疾病者,开办机构提高他们的学习能力,提高他们自身的能力,使他们不成为家庭的负担。那些经过学习能力得到提高的人员,则让他们从事一些劳动,使他们获得自我价值实现感。在这一过程中,英国政府并没有把他们视为一种无判断能力的个体,而是充分考虑他们的选择让他们自己做决定。第四,感化服务。社区开展感化教育,让一些犯罪人员通过学习,认识到自己的错误,进而改正错误。同时也让他们从事一定的义务劳动,通过劳动更快地改正。

英国的社区照顾主要表现出以下特点:

(1)官办民助。英国推行社区照顾的主旨之一是把脱离社区的院舍照顾置于受助人生活的社区之中,但财政责任主体仍然是政府。

(2）依靠社区。社区照顾将某些可能的服务和照顾放入受助人生活的社区。尽管政府、专家和学者从不同的角度构建社区照顾，但他们都对社区的作用给予了很高评价，努力动员利用社区资源。

（3）体系完整。英国的基层照顾系统比较完整，每一个社区照顾的工作人员都属于某个社区照顾系统，他们有明确的任务和职责，从而使基层照顾形成一个有效运行的系统。

（4）理念明确。社区照顾受明确的社会工作者的指导，有明确的价值观，其认为良好的社区环境对个人的发展具有重要作用，社区有责任帮助个人解脱困难、寻求发展，个人也有一定的发展潜能。社会工作者不应该越俎代庖，而应尊重受助人的愿望并根据现实尽可能去协助解决各种问题。

二、我国社区保障的发展历程

（一）我国社区服务的实践

我国社区服务的实践始于20世纪80年代中期，是在原民政部部长崔乃夫的倡导和政策指引下逐步开展起来的。社区服务作为政策概念的提出、发展和变化过程，大致可分为四个阶段。

1．起始阶段：20世纪80年代中期至1989年

在1983年召开的第八次全国民政会议前后，民政部门开始酝酿城市社会福利工作的改革，提出了国家和社会力量相结合，采取多种形式办社会福利事业的新思路。1984年召开的漳州会议上，进一步明确了"社会福利社会办"的指导思想，要使社会福利事业从单一的、封闭的国家包办的体制转变为国家、集体、个人一起办的体制，要面向社会，多渠道、多层次、多种形式地举办各种社会福利事业。1985年，民政部总结推广了上海市民政局创造的市、区、街道、居委会"四个层次一条龙"的福利服务网络化经验，使城市社会福利事业开始走向社会，走向基层。1986年，在沙洲会议上，民政部部长崔乃夫提出了在城市开展社区服务工作的任务，确立了城市民政社会保障工作以"双福加服务（社会福利事业、社会福利企业加社区服务）"为重点。从此，全国掀起了社区服务理论探讨和试点实践的热潮。1987年8月，在民政部于大连市召开的民政工作现场座谈会上，崔乃夫将社区服务界定为"在政府的倡导下，发动和组织社区内的成员开展互助性社会服务活动，就地解决本社区的社会问题"。同年9月，在民政部于武汉召开的全国社区服务工作座谈会上，崔乃夫对社区服务的性质、目的与功能作了进一步定位，即"在社区内为人们的物质生活和精神生活所提供的各种社会福利与社会服务，它的目的就在于调解人际关系，缓解社会矛盾，创造一个和谐、良好的社会环境"。社区服务的两次界定，引起学术界普遍关注。多数学者将民政部在武汉召开的全国社区服务工作座谈会视为我国社区服务进入实质性起步阶段的标志。

2．推广阶段：1989年至1993年

1989年9月，民政部在杭州召开全国城市社区服务工作经验交流会，会议总结和交流了武汉会议以来全国城市社区服务工作经验，提出了在全国普遍开展社区服务的要求。此后，各地加快了社区服务工作步伐。同年12月，全国人大常委会通过了《中华人民共和国城市居民委员会组织法》，该法第四条规定："居民委员会应当开展便民利民的社区服务活动。"这表明社区服务概念已上升到法律层面,居民委员会在社区服务中的主体地位得到确定。1991年11月,民政部召开了全国社区服务工作研讨会。针对社区服务中出现的偏离福利性宗旨问题,会议就社区服务的内涵和外延、地位和作用、组织和管理等问题展开了深入研讨,明确了社区服务的福利性质,其内容主要包括老年人服务、残疾人服务、优抚对象服务以及便民利民服务等。1992年7月,中共中央、国务院发布的《关于加快发展第三产业的决定》,提出了社区服务向产业化和行业化方向发展的要求。

3. 全面发展阶段:1993年至2000年

这一阶段有关社区服务最具标志性意义的事件,就是1993年8月民政部、国家计委等14个部委联合发布了《关于加快发展社区服务业的意见》。这是社区服务发展中第一份政策性文件。文件指出:"社区服务业是在政府倡导下,为满足社会成员多种需求,以街道、镇、居委会和社区组织为依托,具有社会福利性的居民服务业";认为社区服务业由社区福利服务业、便民利民服务业和职工社会保险管理服务业组成;强调"要把发展社区服务业作为与提高人民生活水平、提高人口素质密切相关的行业纳入第三产业发展规划及其他有关规划";要按照"社会化、产业化、法制化的社区服务的方向,积极支持和推动社区服务业的发展",到20世纪末,"社区服务业产值每年要以13.6%的速度增长"。文件颁布后,各地社区服务迅猛发展,而前一阶段已经出现的片面追求经济效益的现象再度凸现出来。1994年年底,民政部在上海召开全国社区服务经验交流会,重申社区服务的福利宗旨和坚持以社会效益为主的原则,同时对社区服务的性质定位做了进一步阐述,指出:"社区服务具有双重属性,它既是一项事业,又是一种产业。作为事业,是不以营利为目的的专业性社会服务;作为产业,是一种特殊的第三产业,其特殊性主要表现在社会福利属性上",并强调要提高社区服务的产业化程度和经济效益。

4. 拓展深化阶段:2000年至今

2000年11月,中共中央办公厅、国务院办公厅转发了民政部《关于在全国推进城市社区建设的意见》,将社区服务确定为社区建设的重点发展项目,并确立了社区服务实行"四个面向"的方针。同时提出,社区服务要坚持社会化、产业化的发展方向,为改善居民生活、扩大就业机会、建立社会保障社会化的服务体系和发展服务业等方面发挥更加积极的作用。2006年4月,国务院发布了《关于加强和改进社区服务工作的意见》。文件阐明了加强和改进社区服务工作的指导思想、基本原则和主要任务,其中主要任务是:"通过努力,逐步建立与社会主义市场经济体制相适应,覆盖社区全体成员、服务主体多元、服务功能完善、服务质量和管理水平较高的社区服务体系,努力实现社区居民困有所助、难有所帮、需有所应。"文件突出了发展和加强政府公共服务的内容,并使用了"社区公共服务"概念。对于争议较大的在社区开展的商业性服务,文件的提法是,"鼓励和支持各类组织、企业和个人开展社区服务业务。鼓励相关企业通过连锁经营提供购物、餐饮、家政服务、洗衣、维修、再生资源回收、中介等社区服务";对"社会力量兴办的微利性商业服务给予政策和资金扶持;对社区营利性商业服务要积极引导向产业化、市场化发展"。此外,文件还将社区服务与"发展第三产业"相结合,规定为"加强组织领导"工作的重要内容之一。

(二) 我国社区服务发展的经验

自1986年民政部倡导社区服务以来，社区服务已从最初探索社会福利社会办和职工福利向社会开放，向社会生活更广泛的领域拓展和延伸，这对于促进经济发展、社会安定和人民生活质量的提高，发挥了重要作用。

1. 社区服务网点和社区服务设施不断完善

截至2005年年底，我国有城区852个、街道6 152个、社区79 947个。各城区、街道普遍建立了社区服务中心，各居民委员会大都建立了社区服务站，形成了区、街道、居委会三级社区服务网络，极大地方便了居民生活。目前，我国已建成社区服务中心8 479个、各类社区服务设施19.5万个、便民利民网点66.5万个。初步形成了以社区服务中心为纽带，广泛联系各类社区服务企业、服务人员的社区服务网络。

2. 社区服务形式和内容日趋多样和丰富

目前，社区已从起步阶段的单项服务拓展为系列化服务，服务的项目和内容已基本覆盖了居民物质生活和精神生活的各个领域，服务内容已由早期的10多项发展到现在的200多项，社区卫生、社区文化、社区环境、社区治安和社区保障等服务项目普遍展开。全国许多地方在街道层面开展"一站式"服务，一些地方在社区配备了劳动保障、计划生育、卫生保洁、社会治安等协管员，许多城市社区还建立了阳光超市、慈善超市、扶贫超市等扶贫帮困载体，积极为社区困难群体排忧解难。一些地方已经开始把计算机信息网络技术应用于社区服务，一些地方的城区和街道普遍建立了信息网络平台，并与社区居民委员会的社区服务站实现联网，为广大社区居民提供优质快捷的服务。

3. 社区服务专业化程度不断提高

社区服务队伍是社区服务赖以存在和发展的基础。目前我国大部分地区已初步形成了一支由专兼职服务人员和广大志愿者组成的宏大社区服务大军。社区服务队伍原则上由两个方面的人员组成：一是社区服务的管理人员和从业人员。如政府有关部门中从事社区服务的管理人员，各级社区服务中心和社区服务站的工作人员，社区居民委员会的社区工作者，从事社区服务业的从业人员等。社区建设初期，直接从事社区服务的人员主要是家庭妇女、下岗失业人员、有劳动能力的残疾人等，随着社区建设事业的进一步发展，中央和地方越来越重视社区服务人员素质的提高。中央采取措施，开辟多种渠道，努力为大学生锻炼成长提供平台，引导和鼓励大学生到基层社区锻炼、就业，社区工作者中大学毕业生的比例逐年提高。而社区服务人员也实行"聘任制"，凡进必考，从源头上保证了社区工作者的素质。二是社区志愿者服务队伍。社区志愿者服务队伍是开展社区公益性、福利性社区服务的骨干力量。主要开展社区公益性服务、居民互助服务、突击应急服务及技术专长或专项的志愿服务。截至2019年，我国志愿服务组织数量总计约为116.36个，比2018年减少26.94万家。数量减少的主要原因是测算方法的改进，剔除了其他类型的社会组织和社会服务机构。社区志愿者1.55亿人，比2018年增加了4 094.12万人。

4. 社区服务工作得到社区群众的认可

社区服务着眼提高人民群众的生活质量，在推进社区服务的工作中，各社区普遍开展了便民利民服务、治安综合治理、美化环境、社区就业服务、社区社会保障服务、社区救助服务、社区卫生和计生服务以及各项群众喜闻乐见的文娱活动，尤其是着手解决一些群众急需解决的难题，收到了一定的成效，使社区凝聚力得到加强，群众自觉参与社区活动的积极性有所提高。

（三）社区服务发展中存在的问题

1. 城市社区组织职能有待明确，服务意识有待增强

社区服务在经历了20余年的发展之后，在其职能上仍有待明确，职责不清，权限不明，社区服务的行政化倾向明显，社区组织行政色彩浓厚。在这种机制下，社区组织也在不由自主地强化自身的行政角色，几乎成为上级行政部门的附属组织，自身特色探讨不够，而其最应注重的服务职能反倒没有被放在突出位置，对社区居民自身密切相关的服务内容没有给予足够重视。这与社区作为居民的自治组织的性质不相适应，导致社区服务组织重管理轻服务，使社区的居民缺少民主参与的积极性，甚至游离于社区活动之外。

在社区服务的发展过程中，我国的社区服务也开始吸引社会组织和市场等参与，这些社会组织为社区建设和发展做出了积极的贡献，但伴随而来的是这些组织在提供社区服务过程中出现了市场化倾向，甚至把社区服务当作完全营利性的行业来对待。许多社区服务组织看到有利可图，为了解决资金来源和自身的福利问题，在营利性服务中分得一杯羹，也都热衷于开办营利性的产业，有的甚至以牺牲社区服务的福利性和公益性为代价来发展营利性的产业，当然这与我国政府在社区服务中投入的资金不足有很大关系。国家资助社区服务的经费远不能满足开展社区服务的需要。我国政府目前在社区服务资金中的投入最多占30%左右，而发达国家，政府的投入一般占50%以上。

2. 社区服务的从业人员整体素质不理想，专业化水平偏低

从我国城市社区服务当前的从业人员的结构来看，其受教育的水平普遍偏低，同时缺乏相应的专业技能培训。社区从事服务的人员中仅有小部分人员接受过医疗卫生、精神康复、护理等的教育或培训；在街道、居民委员会两级社区服务机构的从业人员中，很多是由再就业下岗工人、农民工和退休人员组成，他们中多数没有受过专业的社会服务教育和培训，没有相关的专业知识，这就导致社区居民对社区服务人员的社会评价普遍较低，进而不相信也不太愿意接受社区服务人员的服务或管理，使社区服务的职能大打折扣。这种从业人员整体素质不高、专业型人才缺乏的现状严重阻碍着城市社区服务体系的发展。

3. 社区服务不能满足居民对社区服务的需求

随着我国城市居民生活需求的日趋多样化，居民对社区服务的各种需求不断增加，项目也越来越多，如对家政服务、社区安保、法律援助、医疗保健、家庭和青少年教育等需求强烈，同时居民对社区服务质量的要求也越来越高。而目前所提供的城市社区服务大都集中在以体力劳动和经验性服务为主的项目上，而这些服务项目中的内容有些并不是社区居民急需的，有些是形式化的，居民的满意度低，不能满足社区居民日常的服务要求。因此，当前城市社区所能提供给居民的服务与居民不断增长的对社区服务的需求存在较大矛盾。

4. 社区居民对社区服务的参与热情不高

由于城市社区服务管理职能不够清晰,本身的行政化色彩,服务职能淡化,福利性质和公益性不强,从而使社区居民对社区服务的参与度不高。参与的人员构成中,大部分是下岗待业人员、退休人员或中小学生。据统计,截至2000年年底,全国共有各种社区服务组织6.6万个,志愿者377.2万人。这相对于发达国家50%左右的参与率比较而言,还需要付出极大的努力。即使这样一个参与率,其中有相当一部分是有名无实的。而参与程度不高说明城市社区居民对此种服务活动的支持程度有限。这将制约城市社区服务质量的提高。

三、促进社区服务发展的启示与建议

(一)促进社区服务发展的启示

1. 政府的主导作用十分明显

发达国家早期的社区发展带有较强的自发性质,随着社区地位在应对社会问题和社会挑战中作用的日益提升,政府高度重视社区发展。尽管政府将大量具体事务交给非营利组织和社区承担,并鼓励企业参与,但政府在规划指导、法律环境、项目组织和资金支持等方面发挥越来越重要的作用。2000年由联邦家庭与社区发展部组织实施"强化家庭和社区战略",项目前四年投入2.2亿澳元,其中包括对儿童的照料,让儿童和青年人积极参加社区活动,实现社区现有资源的增值,培养社区居民的归属感等。政府部门除设立项目、安排资金外,还建立了完善的监测体系,对项目实施进行评价、指导和监管。

2. 重视对社区发展的资金投入

国外社区治理经费的来源大致可以分为几种情况:一是由政府拨款。也就是社区内部的公共设施的日常经费由政府提供,在少数国家很多社区服务都是政府资助经费,居民无偿获得服务。二是来源于个人和组织捐款。在美国,社区服务每年约有5 000亿美元收入,其中70%左右是政府财政投入,30%左右是通过服务和社会捐赠取得。在加拿大,政府拨款占60%左右,捐助占11%,服务收费占29%。

政府的资金支持,一部分采取常规性拨款,由非营利组织按政府的法规和与政府签订的合同,向社区居民提供服务,此外,政府还提供各种专项资助,安排一些特定的项目,交给有关组织实施竞标。社区公共服务设施的建设也主要由政府和企业投入,交由社区管理实施。美国设立了CDBG(Community Development Block Grant)专项投资,支持城市范围内的社区发展,其主要目标包括改善低收入和弱势群体生活、贫民区或旧社区改造、满足社区居民其他需求三个方面。自1974年设立以来,美国联邦政府在CDBG项目下投入的社区发展资金已经到了1 200亿美元,其中2008年CDBG项目的联邦预算为40亿美元。

3. 与非营利组织(NPO)建立良好的伙伴关系

目前国际上,政府与民间组织在社区发展中建立伙伴关系,政府依赖民间组织提供社区公共服务已经成为普遍通行的做法。近一二十年来北美及西欧雨后春笋般出现了各类的非营利性社会服务组织,其参与人数之多、作用领域之广,引起了世界学者们的广泛关注。最初是社会学家、心理学家，后来经济学家、管理学家也加入了研究社会服务组织的行列。非营利性社会服务组织的性质介于政府与市场之间，由于它在社会与经济活动中的影响越来越大，相对于市场和政府，有的学者也把它称为社会经济或第三部门。在美国，非营利组织的普遍产生和蓬勃发展，使美国政府的管理模式逐步走向了"小政府、大社会"的模式，政府的职能是宏观管理，非营利组织是具体的组织者和运作者，两者之间是合作伙伴关系。美国的非营利组织从其产生到发展，已经历了200多年。它伴随着社区的产生和发展；反过来，非营利组织通过其功能的发挥，又推进了社区建设对社区服务体系的完善和健全，对沟通政府与居民之间的关系等，起到了至关重要的作用。

4. 重视并充分发挥社区志愿者的作用

在国外，社区志愿服务广泛开展，形成风气，并且旨在改善社会风气，为失业者再就业提供培训和锻炼，使社区志愿服务成为失业者再就业的训练场地。一是将志愿服务与公民的成才和就业全面挂钩。社会上的任何人员，包括退休者和在职人士，成年人和未成年人，正常人和残疾人都可以成为社区志愿者。志愿服务会给整个社区、社会、志愿者本人带来好处。大学生参加志愿服务，不仅对他们的就业有利，而且使他们终身受益。据美国新闻处报道，在美国，许多地方开始实行学生做社区服务工作的政策，他们认为这种政策可以帮助青少年树立正确的价值观、伦理观和道德观念。芝加哥市政府要求1999年后入学的高中生在毕业之前，必须做够累计60个小时的社区服务工作，否则不颁发毕业证书。二是重视对社区志愿者的培训。这种培训可以帮助志愿者识别已有的相关经验和技术，帮助他们识别合适的角色和任务，给予他们要完成的任务以充分的指导；帮助他们考虑自身发展的需要。三是将志愿服务活动纳入国家社会经济发展规划和法制化轨道。在新加坡，志愿服务机构为法定机构，法律确认其地位。菲律宾法律规定，各级立法机构至少必须有一名负责青年事务的议员（称青年议员），有效地保证了青年志愿活动的顺利开展。我国青年参加志愿活动的时间从宏观上看是长期的，从微观上看对青年参加志愿服务没有具体的时间限定，多根据活动内容而定。这种时间上的随机性和灵活性，在某种程度上会削弱青年志愿服务意识的培养和树立，以至一些文化程度高的青年认为参加志愿服务活动会浪费时间和精力。

（二）促进社区服务发展的建议

1. 强化政府的主导作用

我国是一个发展中国家，居民的文化素质、民主素质、文明程度较低，没有政府的主导难以充分发挥自助互助的社区服务作用。无组织的社区居民不可能自发地搞好社区服务，在社会中介组织还没有培育起来的时候，政府的作用不但不能削弱，还要加强。当然，社区建设的发展目标是要向"小政府、大社会"方向过渡，从政府主导向政府倡导和政府引导方向过渡。但是，就目前城市社区服务的发展研究的实际来讲，社区服务的进步离不开政府的积极参与和支持、培育、扶持。要达到"小政府、大社会"的目标，要充分发挥政府在扶持、培育社区服务业中的作用，要培育社会中介组织，让其在社区服务中发挥作用，只有社会中介组织的健全，政府在社区服务中的职能才能逐步弱化，居民只有被组织，才能达到自组织，这是一个循序渐进的过程。

2. 强化社区服务基础建设

社区服务基础建设，既包括资金、设施、设备、场地等硬件建设，又包括人员配备、管理机制等软件建设。而目前限制我国社区服务基础建设的瓶颈便是资金不足。因此，多渠道筹集资金、强化社区服务基础建设是整个社区服务工作的前提和物质保障。

3. 营造全社会浓厚的社区意识

社区是社区居民的社区，社区的发展离不开社区成员的共同参与，而社区成员参与社区建设的一个重要前提就是社区成员必须具有社区意识，即社区成员对社区的关心、认同、归属、依赖等心理感觉和价值取向，体现了社区居民对社区的情感依赖和价值认同。只有社区成员具备了强烈的社区意识，才可能积极关心并投入社区建设中，从而使各自参与社区活动的实践成为自觉的理性行为进而涌现出大批在社区工作的志愿者，主动承担作为社区居民的权利和义务，社区才有可能真正成为现代人的理想家园。因此，社区居民社区意识的培养是社区建设首先需要解决的问题。

4. 推动社区服务产业化

社区服务产业化是一个经济范畴的概念，就是从发展经济的角度，运用市场经济的手段，通过经济效益来保证社区服务效益的实现，促进社区服务的可持续发展。政府职能的转变和政府从具体经济领域的隐退，促使社区服务自身也要适应市场经济，走产业化发展道路，谋求可持续发展。产业化发展可以产生经济效益，社区服务有了牢固的经济基础和良好的物质条件，就可以上规模、上档次，使居民的需求在更大程度上得到满足，产生良好的社会效益，从而形成自身发展的良性循环。

1. 我国社区服务包含几个阶段？请举例说明。
2. 促进社区服务发展有哪些启示与建议？

第四节　社区服务保障管理

为了使社区服务保障事业发挥出应有的效应，应该加强社区服务保障事业的管理。提出社区服务保障事业的管理措施和构建社区服务保障事业的管理模式，应先了解社区服务保障管理的特点。

一、社区服务保障管理的特点

社区服务保障管理就是各种社区主体尤其是社区服务保障供给主体对社区服务保障活动进行治理的过程。具体而言，就是根据社区实情，确立社区服务保障项目，制定社区服务保障制度，设立社区服务保障机构，设计社区服务保障流程，并营造社区服务运行机制。对社区服务保障进行有效管理属于社区自我治理的重要内容。社区服务保障管理就是要探索社区保障的良性运行需要建构的运行秩序和运作机制，以及社区服务保障资源的筹措通道、社区服务保障资源的准入和申请、社区服务资源的共享共用、社区服务资源的分类管理和社区服务质量的标准化建设等。社区服务保障是利用直接服务方式保障社区居民生活的社区保障体系，社区服务保障管理离不开资源的供给方、社区服务资源的平台建设、社区服务资源的享用方。因此，在社区服务保障的管理上，具有以下特点。

（一）多主体参与

社区服务保障属于社区开展的内部事务，应按照社区自治法律采用治理方式进行规范。所有社区服务保障供给主体和接受对象都有资格参与社区服务保障过程的协商管理。由于提供社区服务的主体不同，接受对象也各有差异，因此社区服务的管理就需要尊重多个主体和兼顾多样化的群体需求，需要多元主体参与，才能实现社区服务覆盖社区居民需求，满足各类供给主体的目标，调动他们参与的积极性。

社区服务难以凭借个人力量或某一社会主体的能力而为之，需要动员多种社会力量参与。西方福利多元主义认为社会福利来源应多元化，既不能完全依赖市场，也不能完全依赖国家，要依赖全社会。福利多元主义强调国民的福利可以由不同的社会主体提供，这些主体包括政府、非营利组织、企业和个人。这对我国发展社区服务也有启发意义。社区服务供给主体的多元化与西方福利多元主义暗合，也适合我国目前尚不发达的生产力水平，这一水平决定了我国在社会发展中，社区服务保障既需要政府承担主要责任，又必须积聚社会各方力量。

另外，西方的多中心治理理论也强调社会事务或公共事务需要多个中心的竞争与合作。它通过创立治理规则，以自发秩序或自主治理形成对公共服务的有效供给和对社会的行政性管理，实现资源配置的最优状态。在《我们的全球伙伴关系》中，全球治理委员会指出：治理是各种公共的和私人的机构管理其共同事务的诸多方式的总和。"多中心"和"治理"各自表现出竞争性和合作性的特征，又基于自主治理这一共同点构成公共社会的治理新模式。多中心治理理论对社区服务保障供给创新提供了指引。

在社区服务供给上，政府虽掌握着供给控制权，但明显力不从心，而社区社会组织发育不良，无法承担起多元主体的供给责任，缺乏供给能力。多中心治理理论强调社区事务治理主体多元化、倡导社区事务治理过程民主化，是社区服务保障的又一理论依据。

在新形势下，社区服务既不是单纯的政府行为，也不是单纯的民间活动，而是政府、居民委员会、民间组织、企事业单位和居民共同参与的过程。

2006年，国务院国发（2006）14号文件《关于加强和改进社区服务工作的意见》（以下简称《意见》）指出，社区服务要坚持社会化原则，发挥政府、社区居民委员会、民间组织、驻社区单位、企业及个人在社区服务中的作用；又明确了不同主体在社区服务中的地位与角色，使各类组织既分工明确又功能互补，共同完成社区服务目标。《意见》指出，政府除承担宏观规划、组织保障、管理监督外，还负责提供公共服务，为其他主体开展社区服务提供支持、指导。社区居民委员会协助城市基层政府提供社区公共服务、组织社区成员开展自助和互助服务，为发展社区服务提供便利条件。社区民间服务组织被纳入社区服务兴办主体之一，支持社区成立形式多样的生活服务类民间组织。鼓励各类组织、企业和个人开展社区服务业务。力图突出政府提供公共服务的责任，加强公共财政对公共服务的支撑，表现出以政府为主导、充分发挥社会力量共同开展社区服务的取向。但是这种主导作用并非政府包揽一切、事事亲力亲为，而是政府统揽全局，在社区服务中发挥引导、规划、公共服务和监督管理的作用。提供主体的多元化，并不意味着放弃政府在社区服务中的主体责任，而是政府将社会各种服务资源纳入社区服务的整体规划中，发挥行政机制的主导优势，市场机制的效率优势、志愿、互助机制的道德优势，共同满足居民需求。

自20世纪80年代中期以来，社区服务历经20余年的发展，社区服务作为社区建设的基础和核心内容，在全国各大中城市蓬勃发展，各种服务设施和项目较好地满足了居民的多种需求。随着社区功能的扩展，社区服务和社区管理日益成型，各地探索多元主体服务社区服务机制也涌现了很多典型。例如，成都市武侯区近年来推行的"网格立体化、主体多元化、服务社会化"的社区治理全新实践，升华和推进社区治理改革创新，如今以社区党组织为核心、社区自治组织为主导、社区居民为主体，社会组织等多元力量已经成为社区治理的重要力量，辖区群众参与社区治理的热情也随之高涨，居民在家门口就可以享受到养老、助残等方面的特色服务，社区的负担也随之减轻。现在，院落自治组织、志愿服务队伍、驻区单位、各类社会组织等参与社区治理，将由"客人"变为"主人"，主导社区治理工作。过去，社区为老服务大多停留于逢年过节搞一台晚会或者提着米、油等慰问品上门慰问，如今社会组织为辖区居民提供了为老服务等各项居民服务。它们动员社区居民参与低龄老年人关爱高龄老年人活动，一批热心人经过他们的培训，成为为老志愿服务的行家里手。社区大力推进社区协同治理，社区社会组织、志愿服务组织和驻区单位等多元主体参与的社区协同治理成为社区治理的"新常态"。社区、社会组织、社工各归其位、各司其职，又相互衔接、相互配合，初步形成党委领导、社会协同、公众参与、法治保障的社区服务事业治理新格局。

（二）分类管理

社区服务保障是直接的生活保障形式，需要不同主体直接为社区居民提供各种服务。社区服务供给主体，实际上就是直接为社区居民尤其是社区困难群体提供各种服务，以便满足社区居民基本生活需要和提高生活质量的供给者。从已有的实践来看，社区非营利组织、社区营利组织、社区机构、社区家庭、社区学校、社区居民都有可能成为社区服务保障对象的供给主体，他们各自的属性不同，但是凭借自身特性和优势，从不同角度为社区居民提供服务保障。因此，社区服务管理针对不同的供给主体应该建立全面、分类的管理体系，制定不同的鼓励和优惠政策，规范社区保障供给主体的权利和义务，调动社区服务供给主体的积极性。各类主体提供社区服务时的目的和需求不同，如果没有规范性的制度保障，那么可制约社区服务供给主体积极性不足、筹措社区服务资源困难的局面就难以改变。

例如，针对社区非营利组织管理的审批和准入制度，针对社区驻区企业、社区营利组织的税收减免优惠政策，针对社区机构、社区学校参与社区服务的参与机制，针对社区家庭和社区居民参与社区服务的补贴和帮扶制度。

社区服务保障对象是需要社区服务保障主体为其提供生活服务的人，实际上就是社区服务的接受者。我国原有社区服务的内容主要是指四个面向，即面向老年人、儿童、残疾人、社会贫困户、优抚对象的社会救助和福利服务，面向社区居民的便民利民服务，面向社区单位的社会化服务，面向下岗职工的再就业服务和社会保障社会化服务。新的社区服务概念适应这一变化趋势，包括了社区就业服务，社区社会保障服务，社区救助服务，社区卫生和计划生育服务，社区文化、教育、体育服务，社区流动人口管理和服务，社区安全服务等多方面内容，拓展了社区服务的范围，因此社区服务的对象更加广泛，社区服务对象具有多层次性。从满足基本生活需要角度看，社区服务保障对象包含全体社区居民；从对社区困难群体的保障上，社区困难群体是社区保障服务救助和关怀的主要对象，一般是由年老、体弱、疾病、身体缺陷等不良生理因素造成的经济和生活相对贫弱的社区居民，如高龄老年人、残疾人等生理性困难群体；由气候恶劣、土地贫瘠、生态恶化、地质灾害等不良自然因素造成的经济和生活相对贫弱的社区居民；由社会流动、企业改制、婚姻家庭变故等社会原因造成的经济和生活相对贫弱的社区居民，如农村的留守老人、留守儿童、城市中的下岗职工、孤寡老人等。从提高社区居民生活质量和生活品质来说，包括面向社区富裕家庭、中产家庭及失独家庭的社区照顾、陪护、社区医疗、教育、安全和环境改善服务。

按照社区服务的项目类型可将社区服务分为福利性社区服务、公益性社区服务、互助性社区服务和商业性社区服务。福利性社区服务主要是提供给社区困难群体，用于改善社区困难群体的生活状况和经济状况。社区的福利性资源要视社区的自筹资金能力和吸取社会资源能力而定。福利性社区服务首先要严格落实和执行国家的社会保障和社会救助政策，对于贫困人口、失业人口、孤残人口的登记和贫困认定工作。其次，有条件的社区为困难群体提供就业帮扶、联系企业资助、支持社区居民创业等，都属于福利性社区服务。公益性社区服务是非营利性的，分为政府提供给社区的公共设施资源，社区组织提供的无偿或低偿便民服务。互助性社区服务主要由社区内的爱心人士和居民组成志愿者队伍，进行无偿或微偿的社区服务。坚持社区互助精神，提供社区服务。互助性社区服务项目主要包括家教、家政、儿童托管、休闲聊天、心理辅导和法律咨询等。社区互助性服务项目需要社区搭建项目运作平台，制定互助服务资源管理章程和使用规则，协调好利益分配和检查监督。社区服务项目种类繁多，各类服务性质不同，因此对社区服务的管理要根据服务性质而定，要坚持全面管理、重点实施、分类指导。

由于社区服务保障供给主体多种多样，社区服务对象是全体社区居民，开展的服务业务五花八门，所以，应该对社区服务保障进行全面管理。制定出多方面、多环节、多领域的相关制度，并注重多种制度的衔接、互补性，使其方便执行。

（三）资源依赖

社区服务保障的持续开展完全依赖服务资源，所以，社区治理主体不能绕过服务资源筹措这个关键。只有拥有足够的服务资源，才能实施相关服务保障项目。但是社区只有较富裕的人力资源，服务保障的财力资源和物力资源供给能力很弱，需要社区治理主体增强服务资源的筹措能力。这是社区服务保障管理的重点和关键点。社区服务资源按照构成要素，分为社区服务的物力资源、社区服务的财力资源、社区服务的人力资源；按照服务资源的性质，分为互助性社区服务资源、福利性社区服务资源、公益性社区服务资源、商业性社区服务资源等；按照供给主体的不同，分为政府提供的资源、社区机构提供的资源、社区企业和驻区单位提供的资源、非营利组织提供的资源、社区家庭和个人提供的资源。

明确供给主体及各个主体的不同需求,便于社区筹措服务资源。一个社区开展社区服务保障事业可筹措的服务资源主要有以下三类。

1. 政府资源

社会保障是社区保障的基础,也是社区保障得以开展所依托的主要资源之一。政府作为社会保障的主要承担者和责任人,在我国社区建设和社区发展的过程中,提供了大量社区公共服务的资金和资源,有效地促进了我国社区建设进程,提升了社区服务的质量。从农村五保户制度的建立,城市最低生活保障制度、失业人群救助、基本医疗和养老保险的覆盖,新农村建设、城市社区建设,政府提供的资源最后的落脚点都在社区,有效地改善了社区的道路、交通、水电、通信、垃圾处理等基本设施建设。2012年,国家发布《国家基本公共服务体系"十二五"规划》,其中规定在我国实行社会主义制度,公民都有获得基本公共服务的权利。保障人人享有基本公共服务是政府的职责,要按照"以人为本,保障基本;政府主导,坚持公益;统筹城乡,强化基层;改革创新,提高效率"的基本要求,着眼制度设计、系统规划、整体推进,建立健全基本公共服务体系。因此,对于所有社区来说,提升社区服务的资金资源、物质资源和人力资源,政府是强有力的资源供给主体。政府部门既是社区自治的指导者,同时也是社区公共服务的供给者和社会管理的责任者。政府部门的基本职责是保障基本公共服务的均等化供给。政府部门提供的公共服务项目,包括治安、教育、消防、供水、供电、通信、绿化、保洁和照明等。基层政府要为各职能部门及派出机构(街道办事处、派出所等)提供公共服务给予资金、场所和人员保障。当前,大部分社区公共服务项目由政府出资组建,由公营部门负责实施,少部分社区公共服务项目由政府委托或承包给专业公司运营。从发展规划来看,政府部门可依照"掌舵而不划桨"的原则,通过合同外包、政府补贴等方式,购买私人部门提供的服务为公共所用。在公益性和商业性的社区服务领域,城市政府并不承担直接提供的责任,但负有引导、规划和监督的责任。社区组织开展公益性、互助性和志愿性服务,基层政府要给予政策扶持和适当的财政补贴。

2012年11月,民政部、财政部出台《关于政府购买社会工作服务的指导意见》,明确指出,各级政府是购买社会工作服务的主体。各级民政部门具体负责本级政府购买社会工作服务的统筹规划、组织实施和绩效评估;各级财政部门具体负责本级政府购买社会工作服务规划计划审核、经费安排与监督管理;各有关部门和群团组织负责本系统、本行业社会工作服务需求评估,向同级民政部门申报社会工作服务计划并具体实施。因此,社区筹措服务资源的主要支持来源于政府,特别是政府的财政支持,同时,政府从制度、法律和程序上为社区向政府筹措社区服务资源建立了制度保障,保证了社区服务供给的持续化,也从根本上缓解了开展社区服务保障的资金困境。

2. 社会资源

社区服务的社会资源,是社区之外为社区提供服务的资源,分为营利性资源和非营利性资源,对应的供应主体则为企业、学校和医院等具有公共服务价值的机构组织、从事社区服务的非政府组织等。从经济学上来讲,一切资源都具有可交换性。从企业的营利角度来说,企业可直接为社区提供商业性服务资源,如养老服务资源、就业资源、教育服务资源;从企业的社会责任来说,企业在创造利润、对股东承担法律责任的同时,还要承担对员工、消费者、社区和环境的责任,企业的社会责任要求企业超越把利润作为唯一目标的传统理念，强调要在生产过程中对人的价值的关注，强调对环境、消费者、社会的贡献。企业需要通过服务社区，扶危济困、投入环保事业、进行社会福利投资，树立良好的企业形象和品牌。

因此，社区服务资源的筹集可面向企业，企业具有利用和组织资源的高效性、持续性、组织性和营利性。无论企业履行社会责任的财物捐赠还是企业职工的公益服务，任何企业都必须在具体的社区存在，因此企业是社区服务资源的重要供给来源。

学校、医院是社区服务重要的供给主体。各个层次的学校都具有社会服务育人功能，也会落地寻求社区的支持，学校的教师、学生和学校的教学设施都可以为社区服务。学校的功能具有辐射性，校园内的体育和文化设施、学生志愿者和服务者、校园内的科普知识讲座，都是开放的和共享的，社区可以通过与学校建立长久的合作关系，获取学校的各类教育教学资源。医院拥有的优质的医疗资源，可以为社区发展养老服务和医疗服务提供支持。

社会资源中还有非常重要的非政府组织，可以为社区提供专业性的服务。随着改革开放的深化，公民社会不断发展，社会组织日益成熟，在医保、环保、养老、教育、救困、救灾等各个领域都涌现出很多关心社会、促进社区发展的非政府组织。美国学者萨拉蒙认为，非政府组织除具有慈善性和非营利性外，还具有正规性、私立性、非利润分配性、志愿性及公共利益性等多个特征。非营利组织向社区提供服务的前提是社区根据自身的定位和需求，实施项目招标，与非营利组织建立合作关系。按照功能，非营利组织的功能不同，社区要因地制宜，通过制度保障，设立准入制度，邀请和聘请专业化的非政府组织参与社区管理和社区服务保障。

例如，在深圳市仙湖社区，社区服务引入越来越多的社会资源，为社区服务发展注入更大的"生长素"。针对社区一些外来务工人员子女存在的自卑、孤僻、不愿意与人交往的心理特点，该社区与罗湖外国语学校合作推出"新青年心动力"项目，让辖区青少年志愿者通过接受外语、礼仪等培训以及从事义工服务，提升自身的沟通能力和对不同环境的适应能力。"社区服务中心是一个大平台，可以进一步引入社会资源，将社会组织的服务链接到社区服务中，吸引更多的社会力量参与到社区服务中，助力社区服务中心的可持续发展。"从事医疗行业的温娜委员也表示，她所在的医疗机构十分愿意与社区服务中心合作，为社区里的困难户、空巢老人等提供免费的医疗服务。

3. 社区资源

社区资源是社区服务保障最核心的和可动员的资源。社区服务搞得好不好，很大程度上取决于社区拥有的或者能够调动的资源数量和质量，离开了资源谈社区服务只能是无本之木、无源之水。因此，社会资源配置的社区化、多元化、民生化和均等化，都为社区服务的开展提供了至关重要的物质基础。

社区自身的资源是开展社区服务的基础。社区内资源包含社区组织机构、社区商业组织、开展社区服务的非营利组织、社区学校和社区医院、社区家庭和社区居民等。其中，社区组织机构是保障社区运转和发展的治理组织，也是组织筹措和管理社区服务资源的重要机构，是社区服务保障的中枢系统，在落实社区自治、制定社区发展规划，建设社区和管理社区事务、联系政府部门等方面发挥重要作用。社区组织机构从职能上可划分为两类：一类是社区权力机构，如社区党支部、社区居委会、村民代表大会、社区治理委员会等，扮演着管理社区居民生活的权威角色；另一类是服务机构，如社区服务中心、社区经济合作社、社区卫生服务中心等服务居民生产、生活的机构。社区商业组织是为方便居民生活，根据市场需求，入驻社区，成为社区的商业性服务组织。例如，商场、超市、饭店、物业公司、托儿所、家政服务公司等，它们必须按照国家工商管理法要求，到政府工商部门登记注册，取得营业资格证，才具有合法性身份。还有一类是驻社区的企业或者单位，它们的服务对象不局限于社区，但是因对社区服务的需求和自身发展的需要，也是社区服务资源重要的供给方。开展社区服务的非营利组织是建立在社区内，由社区居民发起的，以公共服务为目标，不以营利为目的，具有独立性、志愿性、公益性的社区自治组织。这类组织面临的主要是自身存在的合法性问题。这类组织按照功能大致可以分为四类：一是参与社区规章制度和公共政策的制定，通过自己的参与行为从制度上改善社区发展，帮助社区困难群众，满足社区居民需求，影响公共政策的倡导型非营利组织；二是能够动员社区和社会资源，为社区公益事业和爱心活动提供资源支持，具有较强公信度和社会影响力的资源动员型非营利组织；三是能够化解社区居民冲突、表达社区居民诉求，维护公共利益，促进社区和谐的协调型非营利组织；四是能提供公共服务，维护和增加公共利益的公益服务组织。

社区筹措资源的能力取决于社区权力组织及社区的动员能力。特别是当前阶段，一些社区的驻区单位参与社区共治缺乏制度安排，硬件资源整合易软件资源整合难，实质性的共治内容和项目不多，难以引发相关社会力量的长期关注参与。只有来自多元主体的共同参与，才能建立起"机制共建、义务共担、资源共享、实事共办"的共享共治模式。在我国，街镇因其综合力量较强、资源较为丰富、规模相对适度，应成为社区共治的核心层面。要依托社区共治平台，建立党组织领导下的自下而上社区共治议题形成机制，完善诉求表达、意见征询、议题形成、协商议事、评估评议等工作环节，把社区发展规划、社区实事项目等社区公共事务纳入共治内容，凝练共同话题，聚焦公共事务，形成共同价值，提高各方参与热情和持久关注度，更好地激发各参与主体的内生动力。

（四）质量至上

社区服务能否被广大居民接受，能否帮助到有需要的社区居民，其关键在于提高社区服务的质量。而不同类型的服务，质量标准不同。不管是商业性组织提供的便民服务还是互助性组织、社会服务组织者提供的互助性服务，都要有服务质量的考核，服务质量是关系到社区服务能否持续满足居民服务需求的关键。

社区服务保障是用直接服务方式为社区居民提供生活保障，服务质量包括服务态度、服务技能、服务规程、服务工具，这些都是保证社区服务产生改善生活状况的实效，让服务对象满意的根本保证。因此，社区服务保障管理必须将服务质量管理放在重要位置。按照服务的有偿性，社区服务又可以分为有偿服务、代偿服务和无偿服务。虽然社区服务的供给主体不同，服务内容多样，但是要确保社区服务质量，就要从以下几个方面入手：

（1）设立服务质量标准，实施精细化管理。根据不同类型的服务内容，结合社区发展实际，制定社区服务质量考核标准、社区服务满意度测评体系，从制度和程序上为确保社区服务的高质量奠定基础。例如，针对面向困难群体的保障救助服务，必须按照国家民政救助法规，坚决执行法律规定，做好困难群体的鉴别认定工作，将对困难群体的帮扶落到实处。对于老人、妇女、儿童、青少年等特殊群体的社区照顾服务，要注重专业化队伍培养，照顾人员要具备一定的专业素养，必须有安全的场地支持，这些服务无论是外包给专业的组织还是依托社区资源，社区都要肩负监管责任。

（2）严把服务质量关，提高社区服务实效。无论社区的有偿服务、无偿服务还是代偿服务，都是具有价值的资源，都需要依托服务供给方提供，因此对社区服务的管理要从管源头、管过程、管结果抓起。管源头是设立标准；管过程是权责分明并进行监督；管结果则接受服务对象的反馈，因此必须建立"服务供给方——社区"协同管理机制。对于社区商业性服务，由工商、质检等政府部门进行监督和管理，社区需要协助。对于互助性服务，社区基于熟人圈子和社区归属感而组成，互助组织和服务对象需要明确权利和义务。对于代偿的社会服务，即政府购买的专业社会工作服务，社区要从公开遴选、公开招标，服务质量监督等方面介入。切实加强绩效管理，降低服务成本，提高服务效率，增强社区社会工作服务的针对性和有效性。

（3）重视服务反馈，接受社区居民监督评议。社区服务质量的高低，作为服务对象的社区居民最有发言权。因此，无论互助性服务、商业性服务还是福利性服务，社区居民会以"用脚投票"的方式选择。因此，社区服务的质量管理离不开社区居民的参与。社区居民参与社区服务质量评议，需要搭建好的平台。对于商业性服务，服务质量好坏决定居民是否选择消费。对于互助性服务和福利性服务，也需要居民拥有发言权，及时反馈服务情况，并将其总体服务测评结果作为是否与社区服务供给方继续合作的重要参考。

二、社区服务管理措施

动员多种社会主体参与社区服务，对社区服务实施分类管理，筹措到足够的服务资源，保证社区服务的质量，需要建立必要的社区服务管理措施。社区服务管理措施就是社区服务管理主体对社区服务活动进行有效管理的各种手段。

（一）社区服务管理基本原则

1. 坚持以人为本

以人为本是科学发展观的核心。社区服务管理的本质是让社区服务更好地服务社区居民，因此社区服务要着眼于居民多层次、多样化的物质文化需求，特别是对居民最关心、最需要、通过努力又可以解决的问题及时提供服务，为社区居民排忧解难。坚持立足需求、量力而为，从社区居民最基本、最紧迫的需求出发设计、实施社区服务工作项目，用社区居民社会服务需求是否得到有效满足作为检验社区社会工作服务的重要标准；通过以点带面、点上突破、面上推广的方式，以城市流动人口、农村留守人员、困难群体、特殊人群和受灾群众为重点，有计划、有步骤地开展社区社会工作服务。

2. 坚持多元参与

坚持政府主导、突出公益，加强对社区服务保障的组织领导、政策支持、财政投入和监督管理，尊重市场主体地位，发挥市场机制在配置社会服务资源中的基础性作用，通过公开透明、竞争择优方式选择服务提供机构；引导服务提供机构按照公益导向原则组织实施社会工作服务项目。发挥政府、社区居民委员会、民间组织、驻社区单位、企业及个人在社区服务中的作用，政府提供公共服务，鼓励、支持社区居民和社会力量参与社区服务。

3．坚持分类指导

按照政府、社区职责分开原则，根据社区服务性质，区分不同类型的社区服务，实行分类指导。既要整体推进，又要解决薄弱环节、重点项目和关键问题；既要坚持广受居民欢迎的传统服务方式，又要善于运用现代科学技术手段，不断提高社区服务水平。

（二）社区服务管理基本任务

1．建设社区服务保障事业的管理规制

（1）组建社区服务保障管理机构。在社区服务保障对象多元化、供给"多中心"的秩序下，政府、非营利组织和市场分别具有各自的角色定位，分别遵照自身的行动逻辑进行运作。这三类主体在社区服务中互相博弈和讨价还价过程中，也会产生误会和隔阂。为了促进彼此之间的合作，需要建立一定的协调机制。为此，组建社区服务保障管理委员会，作为有关各方共同参与和互动协作的平台。社区服务保障管理委员会由基层政权组织、居民自治组织和社区服务企业、参与社区的非政府组织代表组成，它并不直接提供社区服务，主要是作为多方利益的平衡者和协调者而发挥作用。社区服务保障管理委员会代表社区利益，与各类经济、政治和社会组织展开多边互动，进行社区服务的规划、归类和利益冲突协调。它可以组织商业性服务的公开招标，可以对物业公司施加压力，也可以把居民对基层政务的意见反馈给政府部门，还可以组织居民参与社区服务，监督社区服务组织提升服务质量。

（2）制定社区服务管理具体制度。社区服务管理主要是使社区服务的资源能够发挥最大效用，满足社区居民的生活需求和提升社区居民的生活质量。管理主要涉及人、财、物的筹措、使用和管理。一是明确各类服务主体职责，明确权利和义务的责任边界。由市场自行调节的服务类型，则由社区居民自主选择，但是涉及公民公共利益的，如饭店的噪声污染和环境污染，涉及小区物业管理等问题，则需要社区按照影响公共秩序而介入。二是定期召开社区服务保障管理委员会会议，决议社区保障的重大事项，如社区资源筹措、社区服务购买招标、社区服务需求调研等，推进社区服务保障持续化发展。三是细化各类服务的质量标准和监督手段，制定《社区服务资源筹集奖励、鼓励办法》《社区购买社会服务招标采购办法》《社区与非政府组织、企业、驻区单位合作共建社区服务方案》《社区困难群体救助认定标准及救助办法》《社区公共事务协商议事办法》，以制度推进社区服务健康发展。

（3）规范社区服务工作流程。社区服务工作由社区服务对象、社区服务平台、社区服务供给主体组成。因此，要完善社区服务工作流程：首先是关于社区服务对象的甄别，社区服务有面向全体社区居民，包括驻社区企业、单位的居民的服务，也有面向特殊群众的服务。面向全体社区居民的服务，一般是本社区居民或者社区的常住人口享有社区服务的资格；面向特殊群体的社区服务，则先进行群体特征的鉴别，如失业人员、残疾人员、困难人员、儿童、青少年、老人、外来人口等；在实际工作中，往往采用各种证明来证明身份，建议社区服务中心进行常住人口登记，与户籍部门共享本社区居民户籍信息；其他特殊群体的鉴定也要与相关部门对接，便于掌握全面的信息，为社区开展有针对性的服务提供决策依据。其次是搭建社区服务的公共平台，将各类社区服务资源统一到一个平台上，便于第一时间满足居民诉求。

（4）建设社区服务保障管理体制。强化社区服务保障的功能，需要积极探索社区服务保障管理体制。社区服务保障管理体制必须逐步理顺社区服务保障供给主体和服务对象之间的关系、社区服务资源的各种主体之间的关系、社区服务各领域之间的关系。组建社区服务保障管理机构，制定社区服务管理措施、社区服务流程、社区服务制度，用规制和机制治理社区服务保障活动。

根据社区服务保障资源的分类，可以明晰社区服务保障资源有福利性、互助性、商业性三类服务资源，对应的供给主体为非政府组织、政府和企业。福利性服务属于政府保障民生的职责，政府提供的无差别的民生公共服务，最基础的社区保障项目，由政府拨款、社区组织实施；互助性服务由社区、非营利组织、社区家庭和居民共同提供，属于社区低偿或者政府代偿服务项目；商业性服务具有私人性，由市场提供，其服务对象不限，在于便民、利民。

厘清社区服务的三类资源的性质、三类主体之间的关系，了解政府、非营利组织和市场三类主体各自的运作机制，使不同属性的服务项目按照不同的组织机制进行运作，有助于形成多元共治、互相补位、互不侵犯的良治态势。这样，社区服务就会井井有条。以社区为老年人提供服务为例，老年人按月领取养老金属于社会保障的范畴，应当由政府的相关机构提供资金支持；社区可以根据自身的实力，提高老年人的补助金额，从而提升老年人的物质保障水平；老年人购买生活用品属于商业性服务的范畴，主要由社区企业提供服务、社区负责监督；为老年人提供精神慰藉、生活关怀、文化演出属于公益性服务的范畴，主要由社区非营利组织提供服务。也就是说，为老年人提供服务，涉及政府、市场和非营利组织三方力量，需要调用不同的社会资源，分别按照各自的组织机制进行运作。

2．建设社区服务保障事业的管理技术平台

为了提高社区服务保障管理效率，社区服务保障管理应向网络信息化的方向发展。为此，要建设社区服务公用信息平台，将社区服务信息化建设与提高居民的生活质量结合起来，使社区服务保障走上网络化轨道。社区服务信息平台是依托信息化手段和标准化建设，整合公共服务信息资源，采取窗口服务、电话服务和网络服务等形式，面向社区居民提供基本公共服务的平台。建设社区服务信息平台，应以居民需求为导向，以信息技术应用为龙头，以宽带多媒体网络为基础。社区服务保障信息平台由"两网、一站、一库、一个中心"要素构成。"两网"指连通社区服务宽带网络，实现社区服务宽带网络进入每个社区家庭，实现社区服务宽带网络进社区。"一站"指社区服务门户网站。"一库"指社区资源数据库。"一个中心"指为民服务在线呼叫中心。

社区服务信息平台是社区服务管理现代化和信息化的保障措施，积极推进社区公共服务综合信息平台建设，有利于扩大政务信息共享，降低行政管理成本，增强行政运行效能，推动基层政府向服务型政府转型；有利于减轻社区组织的工作负担，改善社区组织的工作条件，优化社区自治环境，提升社区服务和管理能力；有利于保障基本公共服务均等供给，改进基本公共服务提供方式，拓展社区服务内容和领域，为建立多元化、多层次的社区服务体系打下良好基础。实践证明，加强社区公共服务综合信息平台建设，能够有效解决社区信息化统筹规划薄弱、建设经费投入分散、跨部门业务协同和信息共享不足等长期制约社区信息化发展的瓶颈问题。各级各部门要从加强基层社会管理能力建设和方式创新的高度，充分认识社区信息化建设的重要性和紧迫性，把社区公共服务综合信息平台建设作为基层社会管理和服务体系建设的创新工程，切实抓出成效。

三、社区服务管理模式

社区服务管理模式是在社区服务管理理念指导下建构起来的，由社区服务管理方法、管理模型、管理制度、管理工具、管理程序等基本管理要素结合而成的社区服务管理结构。一个社区的社区服务管理活动是一个不断进步和完善的过程，其根本标志就是形成独有的、适应性较强的社区服务管理模式。相对而言，我国社区服务事业只有20多年的历史，在社区服务管理模式方面，远落后于西方发达国家。

（一）国外社区服务管理模式

按社区自治制度来说，社区服务保障应采取自我管理的模式进行管理。但是我国社区建设和发展尚未成熟，尤其是社区服务资源依靠外界供给，不得不接受供给者的管理，形成多样化的社区服务保障管理模式。

从发展历程看，当代西方发达国家的社区保障发展目标明确，具有较强的计划性、规范性，重视提高服务保障的专业化水平，采取政府机构和民间组织相结合、专业服务和志愿服务、互助服务相结合的组织形式，采用福利性服务与营业性服务相结合的服务方式，采取政府资助、民间捐助、社会集资与对服务对象的适当收费相结合的资源筹集方式，重视发展非营利组织，注重人性化和个性化服务，注重管理制度和管理方式的不断创新。由于每个国家国情的不同，不同国家的社区保障服务管理也形成了各自的鲜明特色。

1. 美国的社区服务保障管理模式

美国社区治理是公民社会的治理，公共权力机构在社区治理中的作用只是局限于辅助性的协助。政府基本上不直接干预社区内部公共事务。所以，美国社区治理主要不是依赖政府行为，而是依赖社区公民、公共服务企业以及公共服务组织的自由和平等的参与。社区居民的广泛和积极参与为社区治理注入了民主的活力，公共服务企业的运作促进了社区治理的市场化，许多公共服务组织的加入引起了社区治理的组织化。社区治理的民主化、社区治理的组织化引起社区权力的分散，社区权力形成多个中心，从而构成了社区权力的多元化特征。

第一，社区治理的民主化。美国学者博克斯把美国社区治理模式称为"以公民为中心的智力结构"，并且把社区治理与公民治理等同起来，其目的就在于显示美国社区治理强烈的民主化特征。社区参与成为美国民主政治参与的重要方式。在美国现代社区治理中，公民直接参与的意愿越来越清晰地凸显出来，形成了社区代议民主制和社区直接民主制相混合的民主自治模式。社区居民既可以通过社区选举或政党选举来间接地影响社区的公共事务，也可以通过社区全民公决或者社区听证会来直接决定社区的公共政策。但是，无论社区代议民主制还是社区直接民主制，美国社区治理均表现出了对社区居民参与的巨大容纳能力，其公共决策的民主化特征是显而易见的。

第二，社区治理的组织化。在美国社区治理中非政府组织扮演着重要角色。美国有遍布全美各地的众多非政府非营利组织，它们实际上是一种民众为实现自己的目标而结成的自我组织。同时由于非政府组织既是居民生活区的代理者又是政府管理社区的合作者。因此它们可以起到政府和居民之间的桥梁作用。

以老年服务为例，美国的社区居家养老服务模式有三种：一是全托制的"退休之家"，设施完备，服务周到。设施包括医务室、紧急呼叫系统、健身房、图书室、计算机室、洗衣房等。服务包括就餐、保洁、集体活动、出行安排等。二是日托制的"托老中心"，白天在中心活动，晚上回家休息。"托老中心"设施完备，并提供星级服务。设施包括起居室（一人一床）、保健室、阅览室和活动室等。服务包括一日三餐、情感交流、手工艺品制作活动。三是组织"互助养老"。让老年人结伴认对、互助养老。四是提供上门服务。美国政府专门有一个福利性居家养老项目，并建立了配套的美国家庭护理员制度：由政府财政出钱，派家庭保健护士为有需要的有永久绿卡的老年人提供上门服务。

2. 英国的社区保障服务管理模式

当代英国社区保障服务体系已经相当成熟，具有以下四个特点：

（1）服务管理制度化。例如，英国政府对社区老年服务采取项目管理模式，将服务承包给机构，从项目申报、执行、监督到年度报告，都有一套完整、规范的工作管理和评估体系；英国政府对住房保障的对象和标准确认设计了一套严格的程序；英国社区三级医疗网络是按规范的程序运行的。

（2）服务形式多样化。例如，关于养老服务形式，1989年《英国的社区照顾白皮书》提出："社区照顾要形成一个关怀的光谱，从提供住家支持照顾到给需要深度照顾者提供照顾，一直到为更高需求的人士提供的住院照顾和长期护理服务等。"以满足老年人各个层次的需要。英国的"确保开端"项目为家长和儿童提供了"一站式"的多样化的整合性服务，可以满足儿童和家长各自的需要。

（3）服务主体民间化。在英国，非营利组织在承接政府的服务职能方面起到了举足轻重的作用。英国社区的非营利组织是居民的代理者，始终把社区居民的要求放在首位，不断开拓社区服务功能，其服务范围几乎涵盖"老有所养、幼有所托、孤有所扶、残有所助、贫有所济、难有所帮、学有所教、需有所供"的方方面面。各种非营利组织蓬勃发展，满足了居民不同类型、不同层次的需求，比政府直接提供整齐划一的无从选择的社区服务更受欢迎。

（4）监督体系完善化。在全国性的管理方面，英国设有慈善管理委员会，作为对社会组织实行综合管理的机构。英国慈善管理委员会对民间组织的监督管理方式是主要依据规模大小来采取不同的监管模式。在具体的保障服务项目方面，英国政府把承担的一些服务移交给社会工作机构，然后通过全过程的监督来确保服务目标的实现。例如，英国的社区老年服务实行"契约制"。机构获得项目要通过竞标和评估程序。在项目执行过程中，受托机构内的人员培训、设施配置、服务标准和服务价格等，都要受到政府工作人员的定期检查，出资人也会不定期地进行抽查，同时还会安排义工进行监督等。

（二）我国社区服务保障管理模式

借鉴国外社区服务发展和管理模式，结合我国城乡社区形成和创立的特点，我国社区服务管理形成了以下几种模式。

1. 自我治理模式

我国社区服务的自我治理模式源自社区自治法律。《中华人民共和国村民委员会组织法》主张农村社区是自治单位；《中华人民共和国城市居民委员会组织法》主张城市社区是自治单位。这是社区服务保障实行自治管理模式的法律逻辑。我国一些经济发达的拥有雄厚经济实力的发展比较成熟的城市社区和农村社区,都用自我管理、自主管理的治理模式管理社区服务保障事业,采用民主的、所有社区主体共同参与的、共同决策的方式管理社区服务保障活动。如江苏江阴的华西村和长江村都是典型的自我管理模式。这两个村开办了多家社区企业,拥有几百亿元的资产,它们用社区集体收入开展社区建设和社区服务保障事业,社区自我管理社区服务活动。

2. "政府主导型"管理模式

"政府主导型"社区服务管理模式是政府在社区服务保障管理中居于主导地位的管理模式。一些发展不成熟的社区,还要依靠政府提供社区建设尤其是社区服务资源,才能开展相关业务活动,不得不接受政府的管理。这有两种可能:一种接受区县民政部门的管理;另一种接受街道或乡镇政府的管理。如山东诸城的农村社区由地方政府建设农村社区综合服务中心,内设便民服务站、卫生服务站、图书阅览室、文体活动室、便民超市等。由地方政府驻社区代表、村支"两委"、社区精英共同组成社区建设协调委员会,政府驻区代表起主导作用,对各种社区服务活动进行管理。

3. "企业主导型"管理模式

"企业主导型"社区服务管理模式是企业成为社区服务管理主导者的管理模式。该类模式的社区服务资源基本上都由企业供给,形成企业在管理社区服务活动中有主要发言权的管理体制。这类模式一般仅限于农村经济比较发达、村集体企业实力雄厚的社区,企业具有较强的社区服务资源供给能力。山东胶南北高家庄就是这类模式的典型代表。北高家庄自2004年以来以珠光科技集团为依托,积极探索形成了一条"以企带村、村企合一"的社区服务道路。在组织体制上,社区实行村委会、村办企业、社区服务管理"一套班子、三块牌子、交叉任职"的组织体制。北高家庄社区居民既是企业的员工,也是社区集体成员,社区规划、基础设施建设、社区福利、基本公共服务、行政管理都由该集团承担。企业投资建设集村史教育、便民服务、社区医疗、民事调解、健身娱乐、物业管理等功能于一体的邻里服务中心;新建村庄小学,配备语音室、计算机室等现代化教学设施。形成"社区自治管理、行政管理、社区建设、企业经营管理、社区服务""五位一体"的社区服务管理体制,企业法人代表具有主要发言权,对社区服务进行管理。

4. "民间组织型"管理模式

"民间组织型"社区服务管理模式是依靠社区民间力量管理社区服务的一种管理模式,属于一种特殊的社区自我治理的管理体制。湖北省杨林桥镇的农村社区就是这一类型的代表。杨林桥镇按照"地域相近、产业趋同、利益共享、规模适度、群众自愿"的原则,撤组建社,建立起"村委会—社区理事会—互助组—基本农户"的管理体系。每个社区一般由30个左右的农户组成,社区群众"直选"产生社区理事会,理事会成员由所在社区农户"直选"产生,一般由先进党员、产业大户和经营能人等农村精英组成,理事长由理事推选产生。形成社区理事会、互助组等民间组织力量为基础的社会化服务网络体系,由其承担公共基础设施建设、公益事业发展、实现互帮互助等任务,使社区理事会和互助组在社区服务保障事业建设中发挥较大作用。

5. "政府—社区互助型"管理模式

"政府—社区互助型"社区服务管理模式是强调政府、社区居民、社区组织之间合作、互动共同推动社区服务的一种管理模式。江苏太仓市就是其典型代表。江苏太仓市在农村社区建设中紧紧围绕农村社区服务工作，经过探索形成了"12345"管理服务体制。即建立一个农村社区服务中心；设立一个宣传栏和建设一个文体活动场所；组建专业管理队伍、专业服务队伍、志愿服务队伍三支社区活动主体；开辟老人和残疾人活动室、图书阅览棋牌室、警务信访调解室、多功能教育室"四室"；建立农业服务站、社会事业服务站、公共卫生服务站、社会保障服务站、综合治理服务站"五站"。形成"政府领导、归口管理、部门协作、社会参与、社区落实"的社区服务管理体制。

6. "政府—社区—社会互助型"管理模式

"政府—社区—社会互助型"社区服务管理模式是由政府、社区、社会力量共同协作的社区服务保障管理模式。重庆市永川区是其典型代表。

2007年，重庆市永川区在推进政府公共服务、助农增收服务、社区志愿服务"三大服务"，提升村民自治功能、社会管理功能、文明促进功能、改善环境功能"四大功能"，强化组织保障、制度保障、经费保障、设施保障、队伍保障"五大保障"的基础上，形成了"2+3+N"管理和服务体制。"2"即组建农村社区工作委员和社区居民服务中心。社区工作委员会作为指导性机构，在村"两委"领导下开展工作。社区居民服务中心是延伸政府公共服务、完善社会管理和村民自我服务的有效载体，社区服务平台是农村社区的居民天地、社会平台、政府窗口。"3"即完善政府公共服务体系、志愿者服务体系、专业经济协会服务体系三大服务体系。利用居民服务中心建立"五室两站一社一校一场"，为村民提供"一站式"政务服务；组建了各类志愿者服务组织和以产业大户自治功能、社会管理业经济组织。积极引导驻村单位、离退休回村居住人员、外来务工经商人员等通过社区平台参与社区管理和服务。积极探索了代管、承包、租赁等多种形式，引导社会力量进入公共管理服务领域，从而形成了以政府公共服务为支撑、社区自我管理与服务为补充，社会力量积极参与的立体、系统、全面的管理和服务体制，形成多元力量管理社区服务活动的管理体制。

1. 社区服务管理模式有哪些？
2. 社区服务管理基本原则是什么？

参考文献

[1] 刘真心. 动态能力视角下的我国村镇宜居社区建设发展战略研究[D]. 北京：北京交通大学，2017.

[2] 肖芬蓉. 城市社区组织重构问题研究[D]. 兰州：兰州大学，2006.

[3] 熊成. 南昌市西湖区社区建设中的主要问题与对策研究[D]. 南昌：南昌大学，2007.

[4] 廖婷. 公共协商视角下的我国城市社区管理机制的构建研究[D]. 武汉：华中师范大学，2007.

[5] 陆科．中外社区社会保障比较研究［D］．吉林：吉林大学，2011．

[6] 付望舒．我国社区服务发展研究［D］．济南：山东大学，2009．

[7] 方德岩．城市社区服务的发展研究［D］．大连：大连理工大学，2003．

[8] 陈忠平．社区治理中的居民参与研究——以苏州工业园区东沙湖社区为例[D]．苏州：苏州大学，2015．

[9] 向德平，华汛子．中国社区建设的历程、演进与展望［J］．中共中央党校（国家行政学院）学报，2019，26（03）：106-113．

[10] 梁佳蕊，时少华．社区休闲服务需求及制度保障研究［J］．湖北理工学院学报（人文社会科学版），2019，36（04）：18-23，57．

[11] 张蕾，张伟明．论社区服务设计及其生态系统构建［J］．工业设计，2019（02）：124-126．

[12] 罗宁．正确理解城市化背景下的社区服务［J］．经济师，2007（06）：64-65．

[13] 黄永香．从社区自治视角审视政府微观职能[J]．长沙铁道学院学报（社会科学版），2005（01）：30-31．

[14] 陈伟东，李雪萍．社区自组织的要素与价值［J］．江汉论坛，2004（03）：114-117．

[15] 陈伟东，李雪萍．"社区自治"概念的缺陷与修正［J］．广东社会科学，2004（02）：127-130．

[16] 陈伟东．邻里网络：自组织的社会结构——解读城市社区自治的一种分析框架［J］．湖湘论坛，2010（02）：28-33．

[17] 李友梅．基层社区组织的实际生活方式——对上海康健社区实地调查的初步认识[J]．社会学研究，2002（04）：15-23．

[18] 张俊芳．中国城市社区空间组织管理研究［D］．上海：华东师范大学，2003．

[19] 方盛举．论城市社区建设中政府的职能定位[J]．中共云南省委党校学报，2003（03）：85-87．

[20] 谢添龙．城乡结合社区多元主体参与治安治理研究［D］．咸阳：西北农林科技大学，2018．

[21] 李爱卿．转型期我国社区建设与政府行为关系初探［J］．求实，2004（04）：71-73．

[22] 周五一．社区服务定位的研究状况述评［J］．甘肃行政学院学报，2010（05）：13-25．

[23] 王建生．论城市社区服务体系的完善［J］．河南师范大学学报（哲学社会科学版），2010（02）：139-141．

[24] 李学斌．新时期社区服务政策的调整与突破［J］．社会主义研究，2006（05）：67-69．

[25] 肖方仁．国外社区服务经验简介［J］．合作经济与科技，2007（07X）：56-57．

[26] 刘杰，邹英．社区服务内涵扩展下社区工作者的定位问题研究［J］．吉林广播电视大学学报，2011（05）：92-94．

[27] 杨宏山．城市社区服务的多中心供给机制［J］．理论与改革，2009（03）：56-57．

[28] 李增元，田玉律．论社会转型期的农村社区管理和服务体制创新——基于对全国农村社区实验建设的实证调查［J］．四川行政学院学报，2012（02）：100-105．

[29] 李增元，田玉律．农村社区管理和服务体制创新［J］．重庆社会科学，2012（01）：29-34．

[30] 陈成文，孙秀兰．社区老年服务：英、美、日三国的实践模式及其启示[J]．社会主义研究，2010（01）：116-120．

[31] 魏娜．社区管理原理与案例[M]．北京：中国人民大学出版社，2013．

[32] 严惠麒，胡佩．社区服务保障[M]．北京：中国社会出版社，2015．

[33] 黄文．社区管理与服务（含实训）[M]．北京：机械工业出版社，2014．

[34] 国务院办公厅关于印发社区服务体系建设规划（2011—2015年）的通知[R]．辽宁省人民政府公报，2012．

[35] 国务院办公厅关于印发社区服务体系建设规划（2011—2015年）的通知[R]．中华人民共和国国务院公报，2012．

第五章　社区安全治理

第一节　社区安全

社区是广大民众安身立命的家园，社区的安全与我们的人身、心理与财产息息相关。在日常的生活中，平静的社区周围同样危机四伏。室外锈迹斑斑的三脚支架撑起的空调外机、绝缘层老化的电源线、社区内人流密集的集市、路边小吃店的液化气罐等，在一定条件下都会成为危险源。因此，对于社区的安全问题绝不能掉以轻心。

微课：社区安全

一、社区安全的含义

关于社区安全的看法，人们也存在着较大的差异，主要有狭义与广义两种理解。国内外有不少学者主张把社区安全等同于社区治安，这是对社区安全的狭义理解。他们指出，加强社区安全管理，采取有效措施预防违法犯罪行为的发生，把各种不安定的因素消灭在萌芽状态，及时调解所出现的社会矛盾，可以保护公民的人身与财产安全，满足居民的安全需要，保护国家、集体的财产安全，维护社区的正常秩序，确保社区建设的顺利进行。他们认为，社区的安全管理就是指各类社区安全管理组织通过建立、健全安全防范制度，采取一系列安全管理措施，从各个方面抑制、减少和消除产生违法行为和治安灾害事故的原因和条件，预防和减少违法犯罪行为和治安灾害事故的发生，维护社区正常秩序的一系列活动。

世界卫生组织则是广义"社区安全"的主要代表者。世界卫生组织认为，社区安全包括交通安全、体育运动安全、家居安全、老年人安全、工作场所安全、公共场所安全、涉水安全、儿童安全和学校安全9个方面，显然，广义"社区安全"的内容远远超出了社区治安的范畴。这表明，发达国家在经济比较发达、社会保障体系比较健全的情况下，违法犯罪特别是一般侵财性的违法犯罪问题并不是社区安全的主要问题，因此，它们对社区安全的关注已经很大程度上扩展到各类伤害，这代表了社区安全的发展方向和趋势，需要我们加以关注和借鉴。

我国学者袁振龙在《社区安全的理论与实践》一书中对社区安全的论述十分具有代表性，他认为："社区安全是指在政府有关部门的指导和支持下，社区有关组织积极整合社区内外各个方面的力量和资源，采取各种有效措施防范犯罪行为和治安侵害，杜绝安全隐患，防止意外伤害，减少社区成员之间的矛盾纠纷，避免社会断裂等，努力为社区成员创造安定和谐、安全有序、安居乐业的社区环境。"

二、社区安全的特征

（1）社会性。社区安全是社会安全在特定地理空间中的体现，因此所有社会安全问题都会在社区中体现出来。社区安全面临的问题，既有思想认识偏差与历史遗留所造成的问题，又有社会转型与体制转变带来的社会动荡，还有科学技术发展造成的负面影响等。社区内的违法犯罪问题及影响社会安全的各种不利因素和潜在风险在社区中必须全面监控，社区内的所有成员都要列入社区安全维护的责任范围，共同承担社区安全的责任和义务。

（2）区域性。由于不同社区的地理位置、地理环境、人口密度、人口素质、职业结构、生活方式和民风民俗存在极大的差异，维护本地区的社会安全，必须从社区的实际情况与需求出发，这也使社区安全具有很强的区域性特征。例如，我国城市中单一型、闹市型社区往往多以输入型犯罪为主，社区安全的重点是加强安全防范；杂居型、传统型社区则因人口密度小，犯罪机会相对较少，多以输出型犯罪为主，社区安全管理的重点是做好对重点人口的监控。同时，比较明显的是社区流动人口聚居地区、城乡接合部各类犯罪问题比较突出，社会安全压力较大。

（3）关联性。社区安全是在社会安全、国家安全的概念中产生和发展出来的，无法把社区安全与政治安全、经济安全、生活安全、环境安全等安全领域割裂开来，而且这些安全领域是相互影响、相互作用的。例如，一个社区因环境安全受到重创，那么可能带来经济、生活等各领域安全的溃败。

（4）综合性。社区安全的维护是一个多元利益相关方参与的过程，其中包括街道办事处与居民委员会基层政府、派出所、企事业单位保安部门、物业公司、居民委员会等自治组织在内的多个主体，需要综合运用政治的、经济的、行政的、法律的、文化的、教育等多种手段与资源。因此，社区治安的综合治理包括打击、预防、教育、管理、建设、改造六项工作措施，这些具体方法必须环环相扣，不可偏废，只有综合发挥作用，才能达到社区安全的目的。现代社区安全建设的一个基本趋势就是将社区作为社会安全建设的基本单元，社区安全建设的综合性色彩日益突出。

（5）群众性。社区安全的实现有赖于当地居民的广泛参与，群众对社区安全有着切实的需要，社区内居民组织是社区安全维护的重要构成部分，社区安全的效能决定因素在于居民的支持，社区安全的最终评价也取决于社区居民，归根结底，群众广泛参与是实现社区安全长效机制的根本基础。在国内外社区安全建设的实践中，公众参与起着至关重要的作用。

 思考题

1. 社区安全具有哪些特征？
2. 如何理解社区安全的社会性？

第二节 社区安全影响因素

社区作为地域性社会生活共同体，由于其所处的地域不同、构成人群不同、生产生活的物质条件不同、社会管理体制不同，其安全状况和具体的影响因素也有所不同。总体上，影响社区安全的因素分为以下三类：社区安全背景、社区易损性和社区安全能力。

微课：社区安全影响因素

一、社区安全背景

社区安全背景是指一个特定的社区因其所处的自然环境、经济技术及社会环境等因素所决定的社区整体外部环境。任何一个社区的存在，都具有一定的时空性，因而其所处的地理位置、气象条件、地质条件等自然因素以及人文环境、社会技术发展水平、社会整体的发展程度与水平等都可被视作社区安全背景，这些因素都会对社区安全产生影响。

（1）自然因素。自然因素是指有可能导致经济损失和人员伤亡的各种自然原因。自然因素对社区安全影响巨大，一个地区的自然灾害的发生情况，直接关系到该地区的安全状况。如地震、台风、洪水、暴雨、雪灾、高温、极寒等自然灾害，可能直接造成建筑物、城市基础设施、交通工具及人员的损失，即使一些不构成灾害的气候条件，对于某些特定的区域来讲，都可能造成较大的灾害。

（2）人为因素。人为因素主要包括由于社会、技术、管理、人为等原因导致灾害和事故性后果的因素。人为因素导致的灾害称为人为灾害。大多数人为灾害并非人们有意识、有目的、有计划地制造出来的，而是由于决策失误、管理失误、认识缺失、草率、漠视规则、短视等原因引起的。人为因素分为以下四种：一是人类对自然生态系统的破坏，如滥砍滥伐造成的森林面积锐减、滥采地下水导致的地面沉降以及人工化设施的建设性破坏；二是新技术、新设计、新方法和新产品的应用和使用中管理和控制不当导致灾害，如放射性物质扩散等；三是管理不善导致的事故，如生产事故、毒物外泄等；四是一些反社会行为导致的事件，如纵火、恐怖袭击、群体性事件等。

二、社区易损性

社区易损性是指一个社区因其社区规模、人口密度、经济发展水平和基础设施状况等决定的社区在遭受各种突发事件打击时发生损失的可能性。在一些特定的时期，相近或者相邻的社区，虽然整体的社会安全背景相差不会太大，但因为社区易损性不同，在遭遇同样或者类似的突发事件的打击时，造成社区人员伤亡以及财产损失的可能性也不相同，有时甚至损失程度相去甚远。社区易损性主要通过社区人口状况、社区经济状况、生命线工程和社区环境等因素体现出来。

（1）社区人口状况。社区人口数量越多，人口密度越大，发生各种意外可能造成的损失就越大。交通枢纽、大型商场等都是人流密集的场所，一旦发生意外，就可能造成巨大的人身伤亡和财产损失。另外，该社区人口素质越高，相关的安全与应急知识通常越丰富,就可能避免因为无知而引起的各种事故和隐患,尤其是专业技术人员的状况,在很大程度上决定了生产意外或者事故发生的概率。另外,如果社区人口流动性非常大,则人口构成极不稳定,也不利于社区安全状况的保持。

(2) 社区经济状况。安全建设都需要一定的资金投入。在社区经济状况良好的情况下,有可能为安全建设提供比较充足的资金,投入更多的人力、物力,构建各种设施与工程,开展各种形式的安全演练与培训,因而有助于社区安全建设。对于一些大型企业、城市中的城区,或者整个城市来讲,其整体的安全状况与经济状况是息息相关的。

(3) 生命线工程。社区的水电煤供应、交通运输、通信系统等是社区的血液和命脉,这些生命线工程的保障程度如何,将直接影响到社区的安全状况。例如,交通拥堵、交通不畅,往往会导致交通意外频发;自来水的水质状况直接关系到人们的身体健康。

(4) 社区环境。社区环境的影响因素很多,主要集中在社区环境的污染问题上,如固体废弃物的堆积、废气污染、噪声污染、电磁辐射等,这些社区环境问题如果处理不及时、不妥当,就会引发社区民众的不满、投诉,不仅会激化矛盾,还可能会引发安全事故。

三、社区安全能力

社区安全能力是指一个社区面临各种突发事件时所表现出来的安全管理能力、技术保障能力、施救救助能力、工程防御能力、资源供给能力,以及安全文化能力与水平。这是社区所特有的,并且具有极大的主观能动性,是保障社区安全的综合能力的体现。

(1) 安全管理能力。安全管理能力是指各级组织运用行政、法律、经济、教育和科技技术手段,协调社区安全与经济、社会发展的关系,有效处置各种影响社区安全的突发事件,从而满足社区成员和整个社会安全需求的能力。在安全社区建设中,安全管理能力是社区安全的基本保障,具体包括:建立健全安全管理组织机构与安全管理规则制度,安全管理规章制度有效落实;建立起完备的应急预案体系,确保社区面临的主要事故与意外都有完备的应急预案可供启用;管理人员和相关责任人员对应急预案熟悉,并能够在必要的情况下及时启动应急预案,开展各种应急工作等。

(2) 技术保障能力。技术保障能力是指社区及所在环境拥有和享受各项安全技术服务的能力。伴随着人类社会技术水平的提高,应用于防灾减灾与安全建设方面的技术日益成熟,为安全建设提供技术保障。在威胁社区安全的灾情即将发生或者发生后,一定的技术保障将有助于各级组织提前预警、加强防范,从而减少人身和财产损失,提高应急与救援效率,维护社区安全。从社区层面讲,这种安全技术保障能力更多地体现在对相关技术应用的可能性上。社区安全技术保障能力并不在于社区自身是否开发了这些技术,而在于需要这些技术的时候,这些技术能够在多大程度上发挥作用,这主要取决于社区所处的城市及区域的技术环境状况,以及社区成员对这些技术的应用水平。

(3) 施救救助能力。施救救助能力是指社区在遭受各种突发事件打击后,迅速开展自救与互救的能力,对周边社区提供救助的能力,以及可获得的来自社区外部的救援、救助力的总和。施救救助能力是减轻损失的必要举措。施救强调的是社区内部成员的自救与互救;救助强调的是外部可资借助的救助力量发挥作用的可能性和力度,以及在周边社区遭遇突发事件后社区救助力量对其提供援助的能力。施救与救助能力强调的是在突发事件发生后的解决过程。社区成员在突发事件发生后,能够迅速组织、动员起来,以个体为单位，或者形成救援小组、救援队伍，并能够引导和凝聚外部救援力量，迅速对受险的人员和设施、财产进行抢救。社区内部救助人员在突发事件发生后具有反应时间短、熟悉当地情况、救援更加有效等特点，因而，这种社区安全救援能力不可忽视。此外，突发事件发生后被调用的外部救援能力发挥作用的大小，在一定程度上也取决于社区内部救援与安全管理人员的引导。社区外部，包括周边社区的救援力量构成外部救助因素，同时，本社区能够提供的对外救助力量也构成其他社区的外部救助因素。

（4）工程防御能力。工程防御能力是指社区范围内重大工程、重要设施、企业事业单位建筑以及居民抵御自然灾害、技术灾害、人为灾害的能力，以及在各种突发事件发生后，现有工程在最短的时间内承载疏散、转移相关人员的能力。工程防御能力体现在社区安全建设中硬件环境建设的状况。例如，重大工程与建筑设施的抗震强度、应急避难所的建设、应急工程为居民提供安全庇护的能力等。工程防御能力可以增强对风险的应对能力，减少社区风险损失，构建社区安全。

（5）资源供给能力。资源供给能力是指社区居民、单位以及整个社区在应急与救援物品、物资等方面的储备能力、突发事件发生时的资源紧急调用能力，以及必要时调度和应用外部应急资源能力的总和。社区资源供给能力强调的是有备无患，防患于未然。

（6）安全文化能力。安全文化能力是指社区成员在统一的安全理念、安全价值观的基础上，营造社区安全氛围、安全环境的精神凝聚力和文化推动力。社区安全文化是安全社区建设的载体和核心，是社区安全的基础。借助安全文化能力的构建，促进社区居民安全理念的树立、形成安全能力和安全行为模式，是安全社区建设的最高境界。

1. 影响社区易损性的因素有哪些？
2. 社区安全能力包括哪些内容？

第三节　社区安全管理与建设

随着我国经济的发展，人民生活水平不断提高，生活质量逐渐提升，安全问题成为广大民众最为关心的社会问题之一。维护社区安全是社区建设的重要内容，是维护国家安全稳定的基础，是保护民众人身财产安全的需要。因此，必须给予社区安全管理与建设工作充分关注，维护好社区安全，促进社区持续健康发展，促进社会和谐发展。

微课：社区安全管理与建设

一、社区安全管理的含义

所谓社区安全管理，是指各类社区安全管理组织通过建立、健全安全防范制度，采取一系列安全管理措施，从各个方面抑制、减少和消除产生违法行为和治安灾害事故的原因和条件，预防和减少违法犯罪行为和治安灾害事故的发生、维护社区的正常秩序的一系列活动。

各类社区安全管理组织应包括政府及其职能部门，特别是公安机关，以及依靠社区居民的力量组建的各类群众性安全防范组织，在社区安全管理的措施上应包括安全检查、治安巡逻、门卫以及安装技术防范设施等。

众所周知，安全需要是人类最基本的需要之一，一个社区是否安全，不仅直接关系到社区的形象和社会环境，关系到社区居民能够安居乐业，而且是衡量一个社区管理水平高低的重要标志。

二、社区安全管理的特征

（1）社区安全管理具有开放性。一个地区或国家是由若干个不同特性的社区组成的，所有的社区安全了，这个地区或国家也就安全了。然而，社区具有随意选择联系纽带的特点，如一个学生的家长、教师和学生共同构成了学校社区主体。这样的一种纽带，即表明了社区作为地域性的物理概念，又强调了社区具有与外界交互的开放性属性，在这种开放性属性下，社区安全管理的内容也是开放的，更加符合紧急事态处置的特性。

（2）社区安全管理具有动态性。在进行社区安全管理工作的过程中，所面临的各种突发事件具有不确定性，安全状态也是瞬息万变的。另外，在不同时期、不同条件下，社区安全管理的工作内容也会随实际情况的变化而变化，处理各类事件的工作方法、流程以及应急预案也都不是一成不变的。所以，社区安全管理体系应该是一个不断完善、持续改进的动态体系。

（3）社区安全管理具有参与性。社区安全管理的重点不仅仅是建立完善的安全管理体系，而是在于体系建立的过程，以及社区民众的广泛参与性。社区民众通过社区安全管理体系的建设过程，积极参与到社区安全治理中，通过自身行为来营造安全社区。安全社区是一个有准备的社区、一个面对各种突发事件有充分准备能力和应对能力的社区。社区民众通过参与社区安全管理工作，能有效识别社区风险，积极预防和化解风险，从而实现社区安全。

（4）社区安全管理具有长期性。社区安全管理是一个长期治理工程，只要社会上还存在着犯罪分子和各种违法现象，社区安全管理就有存在的必要性。社区成员的治安防范意识与能力也各不相同，对各种可能发生的治安灾害事故在方法上还存在诸多漏洞，因为难以避免不安全事件的发生，因此社区安全管理应是一项常抓不懈的工作。

（5）社区安全管理具有广泛性。社区成员广泛参与是社区安全管理工作不可忽视的重要方面。在进行社区安全管理工作的过程中要注重培育各类与社区安全和社区减灾有关的民间组织与群众团体，不断建立社区志愿者队伍，发挥社区成员在社区应急管理工作中的作用。同时，通过各项创建活动的开展，社区不断鼓励和倡导社区成员在自觉遵守安全管理相关法律法规、参与各类安全管理活动的同时，进一步关注国家相关方针和政策，积极参与社区安全基础设施建设工作。

三、社区安全管理的任务

（1）预防犯罪行为的发生。社区内严重影响、危害社会的刑事犯罪是影响社区安全的重点问题，是社区内治理和防范的重点，因此也是社区安全管理的首要任务。

社区内发的案件主要是盗窃及由纠纷引发的斗殴、伤害等，社区内的盗窃案件主要是入室盗窃和车辆盗窃。被盗原因：很多是居民和单位缺乏防范意识，防范设施差或根本不安装防范措施；由纠纷引发的斗殴、伤害，则与当事人的法治意识淡漠、文明程度低下有关，也与有关方面没有及时调解和疏导有关。如果社区防范组织健全，防范意识强，防范措施到位，此类案件大多是可以预防的。在大多数案件可以防范的思想指导下，公安部门和社区防范组织要研究违法犯罪的活动规律，花大力气开展社区人防、物防和技防活动，做到预防为主，防患于未然。

很多地区的实践表明，案件的高发不是因为打击不力，而是防范不严。例如，基础工作薄弱，情报信息不灵通，危险人物失控，隐患漏洞未及时补救。因此，必须采取有效措施，通过发挥社区成员的积极作用，消除或减少犯罪因素，使可能发生的犯罪行为得到转化或中止，实现对犯罪行为的有效控制，使民众和社会利益得到保障。

（2）预防治安违法行为的发生。在社区内发生的行政违法行为多见于违反《中华人民共和国治安管理处罚法》的行为。该种行政违法行为是指扰乱社会秩序、妨害公共安全、侵犯公民人身权利、侵犯公私财产，尚不够刑事处罚而应当给予治安管理处罚的行为。

治安案件虽达不到刑事处罚的标准，其危害程度也不像刑事案件那样严重，但是绝不能将其看成"小事"，它们同样直接危害了内部治安和社会治安，侵害了群众的切身利益。从目前情况看，一是发案数多，且呈上升趋势；二是涉及面广；三是可演变成犯罪或政治事件，为了维护社会治安和政治稳定，关心民众利益，同时也为了把一部分人从犯罪边缘挽救回来，必须做好治安案件的防范工作。在预防治安案件中，尤其要预防黄、赌、毒等社会丑恶行为在社区内的泛滥。

（3）预防和减少治安灾害事故的发生。治安灾害事故是指违反治安管理法规和有关的行政法规或其他原因而引起重大人身伤亡或重大经济损失的事故。由于经济迅速发展，管理滞后；某些领导重视经济效益，忽视安全教育，某些人员技术素质低下；安全投入不足，安全设施陈旧等，增加了治安灾害事故的发生概率。

社区内所发生的各种灾害及安全事故，不仅直接影响到区域内家庭、居民人身财产安全，而且会给社会民众造成一定程度上的心理恐惧。因此，防止可能发生的治安灾害事故，已成为社区安全管理面临的一项紧迫任务。社区治安灾害事故主要包括两个方面：一是社区内有关场所、家庭在使用电气设备、易燃易爆化学物品过程中发生的中毒、触电、火灾、爆炸等灾害；二是社区内因为车辆、行人违反交通规则引发的交通事故。

（4）调解民间纠纷，化解人民内部矛盾。在市场经济条件下，人们之间的利益格局发生了很大的变化，各种民间纠纷和矛盾还大量存在，而且有可能不断增多，如果这些纠纷和矛盾得不到及时的调解和处理，就难免会激化从而导致违法犯罪行为的发生，严重影响社区的治安秩序。所以，搞好社区安全管理，必须注意发挥调解组织的作用，挖掘社区调解人才，壮大调解力量，并通过说服教育和违纪宣传，及时调解社区内的各种纠纷和矛盾，将其消灭在萌芽状态，这将有助于减少各种形式案件和治安案件的发生，保障社会的稳定。

（5）预防和减少重新犯罪。预防犯罪，既包括犯罪前和犯罪中的预防，也包括对重新犯罪的预防。社会归正人员（即劳改释放人员、解除劳动教养人员）是社会不安定因素之一，对他们进行帮助教育，防止重新犯罪，是维护社区安全的重要一环。

因此，对社区中的社会归正人员及其他违法人员，必须做好帮教工作，并且要与整个社区教育结合起来。基层社区组织特别是社区居民委员会组织要与社区司法部门、公安部门一起，通过调查、家访和个别谈心等方式摸清本社区帮教对象的底细，包括基本情况、犯罪原因、犯罪性质、现实表现、家庭环境、社会关系等，对帮教对象定期进行教育，防止他们重新违法犯罪。要尊重帮教对象的人格，关心他们的生活，充分运用社区的力量，帮助他们解决诸如就业、落户、子女入托上学、就医、救济等生活方面的困难，感化他们，启迪他们的良知，促进其转化，教育他们自食其力，成为对社会有用的人。

四、社区安全管理的原则

搞好社区安全管理工作，是关系人民群众人身财产安全和改革、开放、稳定的大事。良好的社区安全环境是人民安居乐业和社会主义现代化建设的重要保证，是社区建设的一项基本任务。社区安全的好与坏，将直接影响到一个社区生产和生活发展过程中合理、规范、有序的状态，进而影响到整个社会的安定，直接关系到社区居民和辖区单位的利益与安全。

社区安全管理的原则是社区各项安全管理工作必须遵循的准则，只有遵循这些原则，才能防止社区安全管理工作偏离正确的方向。社区安全管理的原则有以下几个：

1. 自治原则

现代行政学理论认为，政府是一个有限政府，政府的能力是有限的，对社区公共事务要实现政府与社会共同治理。政府管理的范围只限于提供公共产品与服务，就社区而言，政府提供的只是维护社会正常生活所必需的公共治安秩序。对超过社会一般水平的公共安全需求，是无力也无法提供的。然而，社区的具体情况千差万别，其安全的需求水平也是各不相同的，对想获得较高程度的安全服务社区，其超出部分的安全需求只能由自己提供，因而社区安全管理包括两大部分：一是政府提供的用于满足社区一般水平的公共安全需求的安全服务；二是由社区自行提供的超过一般水平的公共安全需求的安全服务。

从以上分析可知，要维护社区的安全，应由政府与社区共同治理，社区也应自行组织社区安全服务的供给。从法律规定来看，社区自行组建的安全管理组织具有自治性。作为自治性的社区安全管理组织，其如何开展社区安全管理工作，应当由社区组织自主决定。社区安全管理组织的成员来自社区，对社区情况比较熟悉，又是社区管理的直接受益者，对社区安全最关心，因此能对社区中存在的各种影响社区安全的因素与问题采取有效措施，从根本上解决问题。当然，有的社区安全管理的自治能力比较差，其安全管理知识不足，安全防范能力较差。对此，公安机关作为社会公共安全主管机关，有责任对其进行培训与教育，帮助其提高管理能力，但不能因此否定其自治性，而由公安机关代其决策。公安机关应当把自己承担的维护公共治安秩序的责任与由社区安全管理组织承担的维护社区的安全与秩序的责任有机结合起来，加强与社区的协商与沟通，把公安机关的目标融入社区中，共同商量确定社区安全管理的目标与方法，做到既尊重其自治权，又达成自身的目标。

2. "谁主管、谁负责"原则

构成社区的对象是多方面的,既有居民住宅小区,又有公共场所、特种行业、企事业单位。"谁主管、谁负责"原则,就是要分清居民住宅小区、公共场所、特种行业、企事业单位的安全管理层次,明确各自的职责范围。

对于一些具体单位的安全管理问题,主要依靠自身主管部门进行,抓住其法定责任人,要求其依法履行法定职责,制定安全防范制度,建立健全分工负责制、岗位责任制、治安承包制,逐级将各项安全管理措施落实到具体人,落实到日常的工作中,把安全管理作为其工作责任的重要组成部分。作为公共安全的主管机关,其主要职责是管理、监督和检查有关单位和部门做好安全防范工作,发现问题,及时提出整改建议,要协助公共场所、特种行业和企事业单位制定安全防范制度,并加强监督检查,对不遵守社区安全管理规定、屡教不改的单位与部门,要及时查处,并依法追究领导和直接责任人的法律责任。

3. 预防为主原则

社区安全管理的目标就是减少违法犯罪案件和治安灾害事故的发生。要实现这一目标,必须贯彻预防为主的原则。只有坚持预防为主,才能减少案件、事故的发生,达到保障安全的目的,社区安全管理不仅要解决已经发生和存在的问题,而且要周密掌控全局,做到及时发现问题,堵塞漏洞,避免现实危害。这就要求在社区安全管理工作中要有预见性,把工作做在前头,要善于分析问题,估计形势,预测未来,做到见微知著;要深入调查研究、抓苗头、查隐患,根据存在的问题采取针对性措施,防患于未然,从而掌握社区安全工作的主动权,要运用各种技术的、社会的手段和方法,动员社区各种资源和力量、科学地预测社区内各种灾害发生的可能性,从而事先采取各种有力措施,尽量减少社区中各种灾害发生的因素,将其消灭在萌芽状态。从社会效果来看,只有做到预防为主,才能减轻违法犯罪和治安灾害事故造成的损失,维护社区成员的合法权益,减少物质损失,避免因此造成的身心损害与社会恐慌,维护社区的安定。

在社区安全管理中,打击是为预防服务的。所谓"打击",是指各级政府机关利用国家赋予的特殊权利,通过刑事司法程序揭露、证实和惩治各类犯罪的执法活动。打击犯罪的过程可以起到震慑犯罪分子的作用。近年来,社区内的各类案件总体上有一定程度的上升,面对这一情况,很多地区在打击、破案方面不断投入各种力量,却忽略了对违法犯罪的预防工作,只治标不治本,结果往往事与愿违,导致社区违法犯罪案件有增无减,很多地区的时间表明,案件的高发不是因为打击不力,而是防范不严。

因此,在社区安全管理中,虽然在特定的时期和特定的地区,各级政法机关必须集中人力、物力采取专项斗争等集中打击形式,但这种打击形式并不能取代防范的作用。打击只能收到一时之效,防范和管理才能具有长期的效果。

为此,一方面,要注意加强社区安全的硬件设施的建设,增强社区的防范能力。如通过物力防范、技术防范措施,减少案件的发生,增强群众的安全感。另一方面,要搞好社区的安全防范组织建设,并通过制定居民公约,健全各种安全制度,增强居民的安全防范意识。除了要对社区内的犯罪嫌疑人员、暂住人口、境外人员进行管理之外,还要注意调动居民群众参与社区预防的积极性。通过宣传,把预防违法犯罪和预防治安灾害事故的相关知识与技能传授给社区民众,使他们了解社区违法犯罪与治安灾害事故的现状及其所造成的危害，意识到其潜在威胁，学会识破常见违法犯罪的伎俩和预防治安灾害事故的方法，积极参与社区安全管理。

4. 专门机关管理与依靠群众相结合原则

专门机关管理与依靠群众相结合是指在维护社区安全与治安秩序稳定方面，要把公安机关的职能作用与广大人民群众的主动性结合起来，做好各项安全防范工作。

专门机关管理是指依靠具有国家赋予特殊执法权的公安机关在其职责范围内的专业管理工作。公安机关之所以为专门机关，是因为它隶属行政机关，又不同于一般的行政机关。它拥有国家赋予的侦察、拘留、逮捕、惩罚等特殊权力和强制手段。它可以利用国家赋予它的权力和手段直接干预社会生活，调节社会关系，维护国家安全与社会稳定。它不仅在镇压和打击违法犯罪分子时使用暴力和强制手段，在社区安全管理上也是最终行使强制性手段的机关。近年来，社区中的犯罪活动越来越猖獗，尤其是犯罪的集团化、暴力化程度加剧，青少年犯罪日趋严重，侵财犯罪、有组织犯罪不断增多，毒品犯罪蔓延发展，流动犯罪和外来人口犯罪率居高不下，给民众的人身财产安全构成了极大的威胁。对此，作为维护社区安全的职能机关，必须履行职能，严厉打击犯罪行为，以维护治安秩序的稳定。

依靠群众是指在社区安全管理中贯彻群众路线，一切为了社区群众，一切依靠群众，把社区安全管理的目标变成社区群众的自觉行动，依靠群众是我党在长期的革命斗争实践中创立的一条根本路线，一切工作都要走群众路线，社区安全管理工作也是如此。人民群众是社区安全管理的依靠力量与基础，也是社区的服务对象，社区安全管理工作必须依靠人民群众，经常与群众保持密切的联系，倾听群众的意见，接受群众的监督。

社区安全管理工作任务繁重而艰巨，并且各项工作都与社区群众发生联系，因此，仅仅依靠专门机关是不够的，还需要依靠群众搞好社区安全管理，依靠群众力量可以解决政府在社区安全防范上投入不足的问题，特别是人员不足的问题。实践证明，只有依靠群众，才能搞好社区防范，维护社区良好稳定的秩序。要有"警力有限，民力无穷"的思想，认识到群众的力量是无穷的，要采取有效措施把人民群众的力量发挥出来。特别是在市场经济的条件下，要构建与市场经济相适应的群防群治新模式，发动好、组织好群众力量。

五、社区安全管理的模式

社区是人们生活的场所，是安全管理工作的前沿阵地。社区安全管理是社区管理工作的重要内容之一。我国地域辽阔，各地的发展各具特色，尤其是在社区建设方面，总结了不同的实践经验，这些经验对于社区安全管理工作的开展具有重要的借鉴意义。从20世纪90年代中期开始，民政部门在全国陆续设立了26个"全国社区建设实验区"，各实验区经过几年的探索，逐渐形成了四种最具代表性的模式。

（1）上海模式。上海模式的特点是将社区建设与上海市"两级政府、三级管理、四级网络"的城市管理体制改革结合在一起，将社区定位于街道，并强调依靠行政力量，在"街—居"联动的过程中发展社区事业。上海模式可以说是一种以街道和居民委员会一体化为特征的、以"行政推进"为特色的社区建设模式。

（2）沈阳模式。沈阳模式是以组织构建为特征的社区管理模式。该模式的运作过程中，将社区治理融入基层社会管理工作中，创造性地在社区内设立了社区成员代表大会、社区协商议事委员会和社区民众委员会作为社区自治的主体。沈阳模式强调社区自我管理，摆脱了单纯依靠党政行政管理的方法来实现社会公共生活的治理。

（3）青岛模式。青岛模式以社区服务为中心和龙头，统一行动，集团作战，形成联动，通过提升社区功能来发展社区。在管理工作中，青岛模式强调市、区、街、居四个层次，一级向一级负责。可以说青岛模式是以行政推动社区服务为核心而建立的一种社区建设模式。

（4）江汉模式。江汉模式以主动转变政府职能为核心，实现政府与社会力量互动。该模式以社区自治为方向，强调以社区为平台，建立一种行政调控机制与社区自治机制结合、行政功能与自治功能互补、行政资源与社会资源整合、政府力量与社会力量互动的社区治理模式。该模式体现了"小政府、大社区"的理念，保证了社区自治系统与政府行政系统的共生。

经过多年的探索，我国很多城市都根据各自城市的不同特征研究出一套适合各城市发展的社区管理模式。各城市的社区安全管理作为该城市社区管理的重要内容，也将因为各城市不同的社区管理模式而产生一定的差异。

在以"行政推进"为特点的上海模式中，社区的安全管理工作主要是依靠政府部门的推动。在这样的模式中，只要政府部门对安全管理工作予以特别的重视，在政府强制力的推动下，社区的安全管理工作往往比较容易得到落实。但是由于行政力量的主导，将不可避免地导致民众主动参与性的缺乏，最后导致各级政府将社区安全工作推行得轰轰烈烈，而民众的安全意识却没有得到很大的提高。

在以"组织构建"为特征的沈阳模式中，社区的安全管理工作主要依赖社区自治主体推动。这样的模式下，由于自治主体由社区民众组成，因此能保证社区安全管理工作的民众参与度，但是，由于社区安全管理工作需要一定的资源投入，同时也需要专业力量的指导，因此，自治主体能否将更多社会资源在社区这个平台上进行整合，将不可避免成为社区安全管理工作开展过程中必须解决的问题。

在以"社区服务"为核心的青岛模式中，社区的安全管理将作为社区服务的主要内容之一，通过一定的行政力量得以推行。在为社区民众提供社区服务的过程中将社区安全的理念灌输给社区民众是普及社区安全知识和应急技能的有效方式。但是，在该模式中，社区民众更多是服务的对象，一般是比较被动地接受各项服务，居民的主观能动性往往被忽视。

在以"政府与社会互动"为特色的江汉模式中，社区的安全管理工作能有效整合行政和社会的有效资源，并在社区这个大平台上将资源进行充分利用。但是在该模式中，政府力量和社会力量如何达到平衡，如何避免行政力量和社区力量出现推诿现象，将是社区安全管理工作需要思考的问题。

社区安全管理工作需要依托社区管理模式。在以上四种模式中，社区安全管理工作的推行都有其各自的优势，同时也均存在弊端。如何在社区安全管理实践中扬长避短，是需要在具体的管理工作中解决的问题。

六、社区安全管理的新挑战

社区安全是社会发展的重要基础，更是社会良性运行的重要动力，是构筑社会安全的基石。伴随着全球气候变化、经济快速发展和城镇化进程加快，各类灾害和安全事故频繁发生，社区安全状况不容乐观，社区安全管理工作面临新的挑战。

（一）突发事件发生概率呈上升趋势

在全球变暖的大背景下，台风、暴雨、高温、大雾等气候事件发生呈增多趋势；海平面上升、赤潮灾害频发、灾害性海浪、潜在的地震及海啸灾害威胁等需要密切关注；重大动植物疫情也时有发生，对农业和畜牧业构成较大威胁。石化、船舶、建筑、交通、运输等生产领域仍面临安全保障方面的压力和潜在危险。随着用水、用电、用气量不断增加，能源和资源供应紧缺加剧，生命线工程日趋复杂，事故预防与处置难度加大，公共卫生事件不确定性因素增大，新发传染病和不明原因疾病不时出现，各类疫病暴发流行的可能性增加。由于社会风险积聚，人民内部矛盾凸显，群体性事件和个人极端暴力事件时有发生；恐怖活动威胁也在加大；涉外突发事件增幅加大，防范与处置工作难度增加；能源安全、粮食安全等也面临新挑战。

（二）经济发展给安全管理带来新的挑战

经济发展方式转变，产业结构调整将是一个较长的过程，第二产业中的高风险仍将在一定时期内存在；高新技术产业发展中新技术、新工艺和新材料的广泛应用，对应急管理的标准、应急处置措施等提出新要求；随着更多的非公企业进入相关领域，产业结构调整可能导致从业人员流动频繁，社会多元化程度不断增高，风险防范投入水平参差不齐，安全管理工作的分散化和社会化特征日趋凸显，应急管理工作面临点多、线长、面广的情况，长期性、复杂性和艰巨性并存。

（三）城市化快速发展带来的脆弱性增加

随着城市化快速发展，城市人口规模扩大、人口老龄化程度增长，城市风险的社会脆弱性增加；交通、能源、土地等资源和环境承载能力的刚性约束日趋明显，城市关联性增强，城市风险的脆弱性不断增加，公共安全保障难度加大；随着城市化进程加快，由于安全条件难以快速跟上，新的公共安全隐患可能不断出现，在轨道交通、桥梁隧道、超高层建筑、人员聚集场所等大量城市基础设施和基本建设项目常态运营中，如何加强日常安全管理将面临重大考验，对社会安全防范提出了新要求。

（四）社区风险的差异性使社区安全管理趋于个性化

各种灾害事故的频发，其后果最终都是由基层社区来承担的。与此同时，社区也是各种风险隐患的滋生场所。然而，社区不同的地理位置、房屋特点、居住人群特点等决定着社区面临不同的风险特征。例如，农村社区最主要的特点是依赖种植业，有大面积的农田，因此除受到城市社区会受到的台风、暴雨、火灾等风险外，还会受到稻飞虱等生物灾害的影响。而从城市社区的特点来看，社区的新旧程度、社区所处的地理位置、社区人口特征大相径庭。老旧社区由于电路老化容易引发火灾，处于容易积水地段的社区每年在汛期都面临严峻的考验、化工区附近的社区比较容易受到有毒气体泄漏的威胁，地处城郊接合部地区的社区在社会治安方面可能比其他社区面临更大的治安风险，不同水源供应的社区可能面临不同的供水事故风险。

由此可见，社区本身面临着各类风险，因其特征不同，社区之间面临的风险和程度也有所不同。而社区自身的脆弱性又将加大风险可能造成的危害。因此，社区的安全和应急管理工作正日益引起人们的注意。近年来，无论我国政府还是国际社会，都对社区安全投入了特殊的关注。

七、社区安全管理组织机构建设

建立社区安全管理机构是合理利用资源、开展社区活动的前提，社区活动广泛开展将促使社区民众更多地融入社区安全管理工作，提升每个人的灾害意识。社区的安全管理工作必须有一个专门的机构来具体负责。

社区安全管理组织机构可以利用社区原本就已经运作成熟的机构，也可以在社区建立一个全新的机构。在社区资源相对有限的条件下，有效利用社区原有的机构是相对而言比较可行的方法。如果这些组织能自发地开展应急管理工作，主动管理社区风险，那么它们将成为社区灾害防御工作的重要力量。在确保机构顺畅运作的前提下，在机构原有职能的基础上增加社区安全管理职能，明确机构在这方面的具体职责，能使这项新职能在最短时间内得以实现。这将远比在社区重新建立一个组织更节省资源，也更能获得社区民众的认同。

一个基于社区的减灾组织，是社区安全相关项目持久运行的重要保证。对于社区民众而言，出于社区安全需要而建立社区组织。而社区组织通过开展风险评估、减灾计划等工作来兑现对社区民众的承诺，引导社区内外的人共同参与到减灾项目中的一个重要条件就是：所设计的社区安全管理工作内容，必须将社区成员希望优先解决的问题和具体的需求，与社区安全管理工作目标结合起来。对于不同社区而言，组织经验可以复制，但是具体的活动内容和形式应该因社区而异，需要社区组织根据实际情况具体安排。

例如，尼泊尔在国内所开展的地震风险干预项目，就充分体现了一个社区组织的建立对于项目开展的重要性。尼泊尔地处喜马拉雅山附近，是一个地震多发国家。但是近年来，由于城市化的迅速发展以及人口的急剧增长，尼泊尔的很多基础建设都无法达到应有的建筑抗震标准，一定程度上增加了整个国家面对地震灾害的脆弱性。虽然过去地震一度摧毁了尼泊尔40%的建筑，但是人们总是把"还有任务比地震更重要"作为借口，而忽视了加强建筑的抗震级别。为了应对这种情况，提高尼泊尔对地震的抵抗能力，亚洲灾害预防中心在"亚洲城市减灾项目"中，与尼泊尔当地的组织NSET合作，共同制定了首都加德满都的地震风险管理计划。此项计划旨在开展由地方、国家和国际社会三个层面共同参与的干预项目。该项目主体是一个为期6天的工作坊，由社区民众、社区委员会成员、当地官员、社区组织和非政府组织共同参与。这个工作坊不仅打破了很多人对于灾害宿命论的看法，而且促成了一个校园安全项目。在该项目的开展中，社区成立了灾害管理委员会，建立了灾害管理基金，还计划建立一个集信息收集发布、调查和培训为一体的中心。通过这个项目，社区开始将风险管理纳入整个社区规划。灾害管理委员会组织了一个家庭脆弱性调查，并且向居民和学生提供培训；同时，社会组织还向居民提供社区风险地图，以尽可能提升他们的防灾意识。

尼泊尔在开展项目的过程中建立起了灾害管理委员会、灾害管理基金、社区中心等组织。这些组织既是社区开展项目的依托，又是社区项目开展的重要成果，还能为社区开展其他管理工作提供支持和协助。

由于社区的安全管理工作涉及的部门众多，这就对社区安全管理组织机构的建设本身提出了要求。如果有一方资源无法协调，将会影响到机构对于突发事件的防范和处理能力。如果现有的机构无法协调各方资源，需要更有权威的人员参与，那么社区机构就需要做出一定的调整。如果调整幅度过大，或者这样的调整会阻碍到机构原本的运行，那么成立新的机构将成为社区最好的选择。一般而言，社区内的应急管理组织多以委员会的形式成立和运作，委员会的成员需要包括地方管理人员、社区成员、物业、非政府组织、公共卫生、救护车服务、警察、消防、学校等部门，如图5-1所示。

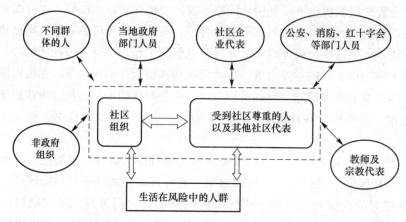

图5-1　社区安全管理的多方参与模型

近年来，亚洲各国在实践中尝试引入非政府组织的参与，充分发挥非政府组织在社区安全管理中的积极作用，取得了很好的实践效果。虽然非政府组织的参与还未得到广泛的普及，但是这已经成为社区安全管理发展的新趋势。

这种由多方成员组成的社区安全管理工作机构，承担着社区安全管理工作各方面的任务，包括制订社区应急处理计划，为地区的规划提供意见；建立社区和政府之间的关系，在保持与地方政府紧密联系的同时，加强社区在减轻灾害方面的主导权；识别社区的风险，确定减轻灾害影响的措施；邀请居民参加会议并讨论社区应急管理队伍的角色和功能，并共同邀请其他社区志愿者来协助本组织开展各项工作。

拓展阅读

柬埔寨的灾害管理委员会

地方政府在整个社区安全管理工作中更多是充当了支持者和资源提供者的角色，从社区的组织和能力建设、社区的风险和脆弱性信息、社区减灾基金筹集以及技术支持等方面促进社区层面的灾害缩减和预防能力。

在柬埔寨，社区建立了社区灾害管理委员会，由社区负责人担任委员会主席，社区警察局、小学、卫生中心、妇女儿童保护中心、红十字会志愿者、社区老年人代表、每个辖区的负责人等担任委员会成员，委员会的秘书由社区的工作人员担任。

委员会负责灾害管理各项政策在社区层面的执行，通过向社区介绍其他社区或者组织的经验、设计社区减灾培训计划等方式指导社区做好风险管理工作，并适时向民众介绍社区灾害管理的具体现状和预算。

八、安全社区建设

安全社区建设是新形势下维护社区安全的重要形式和主要载体，是标本兼治、重在治本的综合治理重大举措，是建立和巩固良好的社区安全秩序的有效手段。

近年来，我国的安全社区创建活动实践，进一步推动了基层依法治理和行业依法治理的发展，进一步落实了人防、物防、技防等防范措施，提高了社区的治安防范能力，预防和减少了各种案件和事故的发生，为改革开放、经济发展和社会进步创造了良好的社会环境。

（一）安全社区建设的含义

安全社区建设是在当地党委、政府领导下，按照属地划分的原则，在居（村）委会或比居（村）委会更大的区域内，把居民和单位职工组织起来，共同参与解决社区治安问题的社区安全管理活动。

实践证明，建设安全社区是把社会治安综合治理的各项措施落实到基层的有效载体，可以扩大社区安全管理工作的范围和深度，有利于强化社区安全防范意识，有效维护社会稳定，保证经济建设和社会各项事业的顺利发展，是当前及今后一个时期内社区建设的重要工作内容，也是强化社区民众安全意识，确保政治和社会持续稳定的一项重要措施。

（二）安全社区建设的工作目标

就安全社区建设的总体目标而言，是通过开展创建活动，使各级党委、政府和各部门、各单位更加重视社会安全治理基层基础工作，不断加强综合治理工作的领导，广泛动员社会各方面力量，协调一致，齐抓共管，充分依靠广大人民群众，运用政治的、经济的、行政的、法律的、文化的、教育的手段，整治社区安全管理现状，实现社区安全状况良好、各种事故减少的目标。具体而言，要达到以下目标：

1. 预防和减少刑事案件

对多发性且严重影响人民群众安全的入室盗窃、盗窃机动车和自行车等案件，要采取扎实有效的防范措施，使这些案件的发案率有明显的下降。落实安置帮教措施，使社会归正人员的重新犯罪率明显降低。

2. 保持良好的社会秩序

落实流动人口的治安管理、文化市场治安管理和其他各项有关的治安管理措施，使治安案件、治安事故明显减少，赌博、卖淫嫖娼、吸食毒品、传播黄色书刊及音像制品等社会丑恶现象得到有效控制。

3. 巩固社会治安工作的群众基础

深入开展思想道德教育和法制宣传教育，及时化解民间纠纷，加强基层法律服务工作，满足群众日益增长的法律服务需要，使人民群众的道德水平不断提高，法制观念逐渐增强，邻里关系和睦，见义勇为、助人为乐蔚然成风。

（三）创建安全社区的标准

为规范安全社区建设，要结合社区的实际情况，制定出不同类型社区的创建标准，对安全小区、安全村镇、治安模范单位的评定标准进行细化，以引导、鼓励社区加大安全建设的投入力度，维护社区的稳定与秩序。具体可以从以下几个方面进行确定。

1. 安全管理组织机构与安全管理队伍建设

要求安全管理领导机构健全，要有负责安全社区建设的领导机构和办事机构，公安派出所、法庭、检察室、司法所等司法机关按规定建立并发挥其职能作用，义务消防队、治安保卫委员会、治安巡逻队等群众性社区安全防范组织落实到位。

2. 社区治安稳定，"打""防"落实

刑事犯罪发案总量得到有效控制，继续保持社会治安持续好转，要求不发生杀人、抢劫、伤害、强奸、纵火、爆炸等六类恶性案件及系列重大入室盗窃案件。社区居民区犯罪率处于较低水平。具体标准为：社会丑恶现象基本得到制止；能及时破案；不发生治安突发性事件；能及时调解民间纠纷；建立流动人口管理机构和社会归正人员安置帮教工作机构；加强预防火灾宣传教育。

3. 社区民众有安全感

社区民众对社区的安全状况的满意率保持较高水平，社区民众安全感普遍增强；在社区安全管理中群众参与率达到一定比例；社区民众对安全社区建设的知晓率较高。了解社区民众安全感的渠道，主要有问卷调查、座谈会和上门询问等。

4. 安全防范措施

要求安全防范措施落实到位。社区治保会组织健全，工作到位，责任到人；汽车、摩托车、自行车有停车场（棚），停车场（棚）有防盗设施，有专人管理；重点部位安装防火防盗报警系统，使用和管理有专人负责；办公区、住宅区、生产经营区能封闭的实行封闭管理，不能封闭的设护楼守栋巡逻员轮流值班守护；治安岗亭建设布局合理，人员、工作落实到位；门卫制度健全，人员、报酬、工作落实，并做到来客有登记、客走有注销；物防、技防设施不断得到改善和加强，防火防灾设施、器材完备，功能正常，安全防火责任到人；帮教工作有人负责，并能经常开展帮教活动；及时调解民间纠纷，防止因民间纠纷恶化而酿成恶性案件和非正常死亡。

5. 防范制度规范有效

要建立健全防范制度：定期例会制度；安全检查制度；宣传教育制度；情况积累制度。制度建立以后，要落实到位并进行考核。

（四）创建安全社区的方法

基层安全创建活动应由各级党委、政府统一领导，由社会治安综合治理委员会组织协调，以公安机关为骨干，以村（居）委会为依托，有关部门各负其责。在乡镇、街道一级，要由党政主要领导挂帅，专抓社会治安综合治理的党政副职牵头，综治办组织协调，各级公安、检察、法院、司法、国家安全、宣传、纪检、组织、人事、监察、劳动、民政、财政、建设、卫生、城管等有关职能部门要密切配合，主动参与。具体应采取以下方法搞好安全社区创建工作。

1. 制定规划，明确目标

开展安全小区创建活动，首先要制定长远规划，根据本地区、本小区、本单位的具体情况，明确创建目标，有计划地推进创建活动。其次是制订短期计划或者年度计划，把长远规划和短期计划有机结合起来，有步骤地开展创建活动，逐步实现创建目标。最后要制定切实可行的安全小区创建活动实施办法，确立组织形式，明确工作任务、职责和创建办法，特别是明确制定好创建标准。安全小区要达到怎样的标准，在实施办法中要做出明确规定，以便操作。对于实施创建活动中的关键环节，难以解决的普遍性问题，也应做出具体要求，以免给安全小区创建活动造成被动局面，影响创建工作的顺利进行。

在制定创建规划之前，要对社区进行全面的普查，了解大型企业、商务大厦、星级酒店、服务网点的分布情况，取得基本数据后建档立册，为规划的制定提供科学依据。在规划中，要依据居住条件、治安状况，分别采用不同的创建形式和方法。

2. 加强安全社区创建工作的组织领导

安全社区创建工作是一项涉及面广、要求高、难度大的工作。各级党委、政府组织应充分认识到安全小区创建工作的重要性，真正把此项工作纳入重要议事日程，切实加强领导，建立健全创建活动领导体制和办事机构。要把创建活动作为维护社会政治稳定的工作重点，纳入两个文明建设的总体布局，同发展经济、促进精神文明建设结合起来，同落实综合治理领导责任制、目标管理责任制和"一票否决权"制结合起来，促进各项综合治理措施的落实。各级各部门各单位党政一把手，要承担起安全社区创建工作的主要领导责任，要亲自研究解决创建工作中的重点、难点问题，同时要明确一名副职具体抓起。

在开展安全小区创建工作中，要善于发现和培植典型，通过召开现场会，组织参观学习，总结推广经验，把典型引路与全面推广结合起来，避免走弯路，使创建工作朝着健康方向发展。

3. 发挥各有关部门的职能作用

各级公安机关作为安全社区创建活动的骨干力量，要把基层安全创建活动作为一项十分重要的任务来抓。公安派出所应以社区警务为载体，通过社区与警方的相互配合，在密切警民关系的基础上，采取有效的措施，预防、控制和减少违法犯罪现象，维护社会治安秩序的稳定。

其他有关职能部门也要积极参与基层安全创建活动，充分发挥各自的职能作用。民政部门要加强基层政权组织和群众自治组织建设，做好社会福利工作。人民法庭要通过处理各类案件，正确处理民事纠纷，消除不安定因素，认真做好对人民调解组织的业务指导工作。司法行政部门要努力做好依法治理、人民调解、法制宣传、法律服务、社会归正人员安置帮教等各项工作。住房和城乡建设部门要把城镇治安防范设施建设等纳入城镇建设统一规划，特别要采取有力措施切实解决城市居民住宅防盗设施、治安报警站、车辆停放场所等方面存在的问题，促进创建活动中的硬件建设。房管部门要做好出租私房的登记备案工作。劳动部门要积极做好职工解困、劳动监察和劳动争议仲裁处理工作,预防并及时化解各种劳动争议纠纷,维护劳动关系的和谐和职工队伍的稳定。旅游部门要结合基层安全创建活动,规范旅游市场秩序,保障广大旅游者的合法权益。宣传、文化、教育、计划生育、卫生、工商、共青团、妇联、工会、检察机关、军事机关等各部门和有关方面都要在基层安全创建工作中发挥自己应有的作用。

4. 发动、组织群众参与安全社区建设

安全小区创建活动源于群众的参与意识,在创建活动中,如果不能充分依靠广大人民群众,则此项活动将无法开展。因此,要充分运用一切宣传媒体把创建工作的重要意义、目的、具体办法和要求,反复在群众中进行宣传和动员,最大限度地调动广大人民群众参与创建活动的积极性,把参与创建工作变为群众的自觉行动。各地各单位宣传系统要充分运用报刊、广播电视等新闻媒体,开辟专栏,设立专题,加大宣传力度,加强舆论引导,及时总结经验,推广典型,把创建工作不断推向深入。

5. 认真检查督促,大力表彰先进

建立安全小区创建工作的检查、考核、奖惩制度是开展此项工作的关键环节。没有严格的考核制度,创建工作只能是半途而废。要定期对安全小区、安全单位(街道、乡村)进行认真检查,积极推进创建工作。要制定考核细则定期考核,认真总结评比,不断改进创建工作中存在的问题,始终保持良好的创建质量和效应。要奖惩兑现,这是推进创建活动健康发展的动力。

拓展阅读

一座小镇的国际安全社区创建之路

2016年1月25日,里水镇国际安全社区将接受正式的命名仪式,而回顾从2011年开始的创建历程,里水镇从省级、国家级安全社区到国际安全社区,历时4年。这背后不仅是一场创建活动,还是一场不断自我提升的过程。这与国际安全社区认证评审员谷尔邦的观点相一致。"越是前期投入得越多,介入得越到位,伤害的发生和死亡概率就越少,越能达到很好的预防作用。"谷尔邦说,里水能成为国际安全社区网络成员,除了获得这个头衔让政府觉得高兴外,还有人比他们更高兴。"当你回顾报告当中那些伤亡、隐患下降的数字时,每一个数字的背后都是一个家庭,我想那些家庭正在用微笑对你们表示感谢。"

一、投入3.6亿元推动安全社区建设

走进里水的广东亚太西奥电梯有限公司,干净有序、安全绿色的生产环境打破对车间的认识:只见现场每一个生产零件都摆放有序,机械手在有条不紊地工作,工人们井然有序,而在生产车间的现场,摆放着绿化植物。而车间的一些细微之处则更为严谨,如在企业生产车间和物流厂房过道之间,棚式厂房安装了采光瓦防护网,预防高空坠落事故。

如果把视角转到里水和顺中心小学,在教学大楼一楼,摆放着各个村居的水道危险警告,学校通过整改和现场教育对儿童进行防溺水教育,同时在重点水域增设警示牌、护栏和绿化浮岛等安全设施，提升水环境安全。

"2011年以来，和顺中心小学没有发生过一起学生溺水事故。"该学校陈姓校长说，这对于一所有着众多外来务工人员子女的学校来说，取得这一成果并不容易。事实上，除了和顺中心小学外，里水全镇各中小学校都推广了防溺水隐患排查做法，2011年至今，没有发生过儿童溺水事故。

里水全镇的27间幼儿园同样迎来了新变化。在创建安全社区以来，里水全镇所有幼儿园室内门窗和建筑物尖角处都安装了防夹手、消锐角设施，保障儿童人身安全。

无疑，创建国际安全社区是一个全方位的事情，涉及多方面、多部门的协调，例如，企业的安全生产、出租屋的安全防控、小学生的运动伤害预防、幼儿园的安全保障、老年人的居家安全等都是创建国际安全社区的重要一环。

为此，里水镇制定了《里水镇安全社区建设工作方案》，健全了安全社区工作制度。在推进过程中，里水镇采取安全宣传"五进"模式（即"进社区、进农村、进学校、进企业、进家庭"），在群众中广泛推广"安全社区"理念和"安全健康"知识。

在这一过程中，里水镇根据辖区事故与伤害以及社区危险源，针对"两高一脆弱"（即高危人群、高风险环境和脆弱群体）实施重点干预。具体包括工作场所安全、社会治安、交通安全、学校安全、老年人安全、居家安全和儿童安全，四年来共开展了22个安全促进项目，有7.78万名群众直接参与各类创建活动、2.84万学生带动家庭学习安全知识，4支志愿服务队开展各式创建志愿服务。

在四年的创建中，里水积极整合资源，累计投入3.6亿元专门用于创建活动。其中，防灾减灾与环境安全项目1.6亿元，涉水安全项目1.3亿元，交通安全项目3 376.4万元，社会治安项目2 929万元，宣传教育项目278.3万元，其余各类安全项目共计400多万元。

二、网格化管理解决创安"难题"

作为一个工业大镇，里水在创建过程中面临诸多的"里水特色"。例如，里水镇常住人口为29.47万人，其中外来人员为16.8万人。同时因为邻近广州，里水不少社区的外来人口远远超过本地居民，在人口管理、治安管理、卫生管理等方面有更多压力。不足3 000户籍人口的洲村，不算辖区内的楼盘业主，外来人口数量达4万人，而这些人口几乎都居住在高层出租屋中，加大了流动人口管理难度。

事实上，围绕以上"难题"，里水镇从2014年开始以金溪社区为试点推进社会治理网格化工作，将该社区划分为10个网格，每个网格配备2～4名巡查员。同时，依托智慧管理平台，整合原有的"大综治""大治安""大安全""大市政""大城管"等资源，把人、地、事、物、组织全部纳入网格，以36个社区网络为核心、以197个片区网络为抓手，实现社会综合治理网络化管理体系，构建起全方位覆盖、无盲区监管的安全网络。

阿淳就是时任里水金溪社区的网格长，回顾实施网格化以来的工作，他觉得明显忙碌了很多。据悉，目前社会治理网格化入格事项目录清单（首批）就超过200项。巡查员根据这份清单，到三小场所、出租屋和企业里面巡查。"网格员平时根据这份清单去到下面巡查，如果发现有什么不符，我们就可以通过拍照上传的形式把问题反馈上去。"阿淳说，一般巡查员停留在每家企业的时间为30～40 min，运作阶段他们每天的任务基本是1家企业、5间出租屋和10间三小场所。数据统计显示，2014年下半年金溪社区"三小"店铺的消防设备配备只有56%，而到了2015年上半年消防设备配套达95%；2014年下半年至2015年上半年期间，辖区内的"三小"店铺重大消防隐患整治率提升至100%，防患整治反弹率下降40%。

由此可见，里水开展社会治理网格化工作以来，对网格内发现的问题能通过社区网格员及时巡查和及时处置，特别是安全生产和消防安全问题，使问题解决在萌芽状态，大大降低了安全事故发生的概率，保障了社区居民的人身安全。该项目也获得了谷尔邦的高度评价："网格化安全促进项目实现跨界合作，是一个可以拿到全球社区去分享的案例。"

三、让创安成为"品质里水"新品牌

在全面推广社会治理网格化工作的同时，里水也继续探索创新基层治理方式。目前里水已经开始探索将直联工作模式和社会治理网格化基本框架糅合，实现工作平台、团队服务、工作内容、民情数据"融合"，探索构建社会治理的里水模式。里水镇党委书记黄庆添表示，App正式投入使用后，将会以一户一档形式，将家庭户、工商企业户等户情基础信息录入网格化系统工作平台，驻点团队、网格员能通过手机App实时查看并更新基本情况。

"通过四年的创建，安全理念逐渐深入千家万户，里水的安全设施更加稳固了，市民的安全意识也强了。"里水镇镇长谭艳玲说。与此同时，安全社区建设与社会治理"网格化"有机融合，消防和道路交通基础设施日趋完善，群众生产生活环境逐步优化。据调查，58.21%的居民表示安全感增强，67.36%的居民对安全社区感到满意。

如果说这些都是直观的成效体现，那么由安全社区引发的效应仍然在不断扩大。里水通过"四个抓"（即抓机制、抓监测、抓宣传、抓资源整合），打造特色安全促进项目，持续改善辖区安全环境、城市的精细化管理和环境的改善等方面，从而为打造"品质里水"保驾护航。

（资料来源：http://epaper.southcn.com/nfdaily/html/2016-01/25/content_7512232.htm）

思考题

1. 社区安全管理具有哪些特征？
2. 社区安全管理应遵循哪些原则？
3. 社区安全管理将面临的新挑战有哪些？
4. 创建安全社区的标准和方法是什么？

第四节　社区安全治理

社区安全治理是一项复杂的系统工程，是持续保持社区安全状态的重要保证机制。在开展社区安全治理的过程中，要明确目标，选择合适的治理模式，建立有效的组织结构，并有科学合理的运行机制，才能将社区安全治理工作做好、做实。

微课：社区安全治理

一、社区安全治理的内涵

社区安全治理的内涵可以从多方面解释。从治理的目标来说，通过社区安全治理，使社区既能有效预防和应对各种突发事件，成为一个"有准备的社区"，又具有能够在遭受灾害后快速恢复，成为一个"有恢复能力的社区"。

"有准备的社区"这一概念是由澳大利亚紧急事态管理署针对其国家社会结构而提出来的。在紧急事态管理署的近50种应急管理系列指导手册中，和社区安全建设直接相关的就占到了近1/4。指导手册的内容涉及预案制定，通过对土地资源管理来建设更安全的社区，涉及发展社区教育、意识和参与项目，以及社区灾后恢复等方法，对社区安全建设不同阶段和任务进行具体的指导。除了这些普遍性的内容外，还有一些具有一定专业性和特殊性的社区安全管理指导，包括专业人员如何对社区开展有效的指导，如何在文化多元的社区开展安全管理等。通过这一系列的指导手册，完整地落实了"有准备的社区"这样一个看似简单的管理理念。

从社区的角度看，在建设"有准备的社区"过程中，个人、社会组织和地方政府都起着重要的作用。澳大利亚紧急事态管理署特别强调个人的社区参与。社区参与是一个很宽泛的词语，用来描述利益相关者、社区组织或者个人参与到社区安全建设中来，既包括单向的沟通、信息传递，也包括参与讨论、决策或者各种正式、非正式的社区活动。社区参与是社区安全建设的基础和前提。个人可以通过了解所在社区的风险、了解避险方法并采取相应的措施，参与社区志愿者组织等方法，来帮助建设"有准备的社区"。

而通过社区教育、意识和参与项目，则可以在提升民众对于社区的安全责任分担意识、识别风险、持续地减灾，并且在减少不必要的担忧上，起到重要的作用。同时，通过一些社区层面的安全管理项目，把不同的管理主体纳入社区安全管理建设中，提升社区层面的整合度。这样，社区的个人、社会组织加地方政府的组织与安排，就构成了"有准备的社区"的基本内容。

"有恢复能力的社区"这一概念在美国紧急事态管理学院的教科书《建立具有恢复能力的社区》中首次提出。书中对"有恢复能力的社区"的解释是："有恢复能力的社区可能在自然灾害的极端重压下屈服，但不会垮掉。社区强大而柔韧，而不是易垮和脆弱。这意味着社区的道路、公用事业和其他辅助设施构成的生命线系统设计了持续运转功能，能够面对洪水、大风和地震的袭击。意味着社区的邻里和企业、医院和公共安全中心坐落在安全地区，而不是已知的高风险区。意味着社区的建筑被建成或改建成符合建筑法典标准要求、能够面对自然灾害威胁。还意味着社区的自然环境保护系统，如沙丘和湿地，得到保持，以保护它们对危险的减除功能以及更传统的目的。"可持续的、有恢复能力的社区是指一个社区被有机地组织起来，以避免或者使灾害的影响最小化，同时也有能力快速地恢复重建社区的经济社会活力。

在教科书中提出"有恢复能力的社区"这样的概念同时，联邦紧急事态管理局也在推动社区安全建设，通过"投射影响"（Project Impact）项目，提出了"有抵抗灾害能力的社区"建设，并且对社区培育抵抗灾害能力的策略、组织架构、多方合作、政府在其中的作用等项目具体运作进行持续的跟进评估。

评估报告中总结了建设"有抵抗灾害能力的社区"的主要策略和方法，涉及了建设的方方面面，具有一定的参考价值。主要策略和方法包括：

（1）建立专门的组织。需要建立社区委员会，根据工作内容划分（比如公众教育、风险评估、宣传公关、财务等），或者根据主体划分（包括基础建筑、生命线、医疗设施以及自然资源管理、早期预警系统、规范标准、预防、商业推广），并且建立分委会，明确各自的职责。

（2）教育。普通大众、商界、政府都需要增加对于风险、灾害，自己可以做什么的认识，理解为了提高社区的灾害抵抗能力应该要做什么，以促进灾害缩减和预防计划的落实。

（3）提供更加有针对性的减轻灾害的动机。人们需要特定的理由来参与社区安全工作，因此不能只是泛泛地强调社区安全建设，而要和本社区的实际情况相结合。

（4）改变人们看待灾害的方式。要转变部分社区民众简单地相信宿命论，被动地承担灾害的后果，或者将灾害及其造成的损失视作社会问题，应该引导民众认识到灾害风险和自己切身相关，并且可以通过自己的努力减少灾害损失。

（5）风险评估。通过风险评估可以了解本社区的实际情况，制定有针对性的预防措施。

（6）计划。将减灾计划和社区现有成果相结合，并将其置于最优先的地位，建立相配套的组织架构。

（7）政府支持。通过政府购买服务支持，获得各级政府的财政支持和指导。

（8）跨机构、跨社区的合作沟通。引入商业或者其他专业社会组织的力量，借鉴其他社区的经验，并建立长效的合作沟通机制。

（9）能力建设。在对本社区现有能力充分了解的基础上，利用社区内已有力量，结合社区特点，培养新的能力。

（10）扩大减灾行动的参与面。只有在充分调动社区民众参与的基础上，才可能真正建设"有抵抗灾害能力的社区"，而非停留在纸面或者文本上。

国外的社区安全管理理论和实践是基于公民社会较为发达、民众参与意识较强这样的社会背景。因此，无论澳大利亚"有准备的社区"，还是美国"有恢复能力的社区"都是以社区参与为核心，强调社区层面的自治。

二、社区安全治理的现实意义

搞好社区安全管理工作，是关系人民群众人身财产安全和改革、开放、稳定的大事。良好的社区安全环境是人民安居乐业和社会主义现代化建设的重要保证，是社区建设的一项基本任务。社区安全与否，直接影响到整个社会的安定，直接关系到社区成员的切身利益。

安全是广大社区民众的基本需求，社区安全治理工作能使社区安全状况得到提升，不仅包括了对区域内导致身体伤害、物质伤害的因素的控制，还包括居民精神伤害状况的改善，是经济发展、社会和谐、工作及生活条件改善、精神健康不可或缺的有效途径。

（一）社区安全治理有利于各类组织的协作与发展

社区安全治理提供了更多政府职能部门、社会组织、社区成员之间相互协作的机会，它需要个人、社区、政府、企业、非政府组织等在其所在的社区共同完成对安全改进的诉求。在社区安全治理的过程中可以有效地针对管理漏洞，如对伤害预防与控制的认识尚不充分；不同伤害防控部门之间的力量和资源没有形成合力；预防伤害和灾害事故的各个环节的监督比较薄弱等环节，通过开展各类安全促进项目以及相关教学培训活动，可以将社区内的各类组织和相关工作人员更加紧密地联系起来，社区内与安全相关的组织和人员协同一致，最终将安全促进发展成社区成员的自觉行动。

（二）社区安全治理有利于促进社会公平

社区安全治理的基本特征之一就是民众参与的广泛性，强调针对所有社区成员的伤害预防。在开展社区安全治理活动时，应主要围绕容易暴露在危险环境中的高风险人群，尤其是儿童、老年人、残疾人等弱势群体，有针对性地开展伤害预防和风险控制。安全促进项目的推广，是给予更多民众平等享受安全服务的机会，增强了广大社区民众对社区的归属感。

（三）社区安全治理有利于社会繁荣和稳定

生命安全和身体健康不仅是人的基本生活需求，也是经济发展、社会稳定的基石。避免日常生活伤害、改善工作和生活环境，是人民安居乐业的基本保障。社区安全问题如果得不到有效改善，将会制约社区的进一步发展。应形成社区安全治理的长效机制，通过建立事故伤害监测体系，长期持续开展安全促进项目，并对项目不断进行自我评估、自我纠正和自我完善，将提升社区安全水平的社区安全治理模式有效地运行下去。从源头上立足预防、提高安全意识、消除安全隐患，对于有效遏制事故与伤害的发生、构建和谐社会发挥越来越重要的作用。

（四）社区安全治理能有效减少安全隐患，降低意外伤害率

社区安全治理一方面是在制度、硬件设施方面大量投入，减少安全隐患；另一方面是通过宣传教育形成一种安全文化氛围，有助于社区民众摆脱个人文化教育背景、传统观念、思维局限、生活习惯所带来的对安全的认识限制，将每个人对安全的需求转变成自身良好的生活习惯，久而久之，社区民众的安全意识自然会得到普遍的提高。因此，开展社区安全治理工作是预防和控制伤害的有效手段。

三、社区安全治理的目标

目标是衡量治理工作的方向是否正确以及治理效果好坏的标志。所以，明确社区安全治理的目标是开展安全治理的前提。安全治理的目标是否符合社区综合发展的要求，将直接影响到社区安全治理的效果。明确的社区安全治理目标对社区治理组织成员可以起到激励和鞭策的作用，能为组织成员树立标准，组织成员可以对照目标，不断缩短治理现状与目标的距离。

（一）社区安全治理的总体目标

社区安全治理，就是通过治理活动，使社区达到一种预期的、可以接受的安全状态。这种预期的安全状态是安全治理的终极目标。而抽象的终极目标必须分解为可实现、可表述的总体目标，才可能具体实施。社区安全治理的总体目标需要根据社区的自然环境和社会环境以及社区治理能力等因素确定，不同社区可以有不同的安全治理总体目标。

总体来说，社区安全治理的总体目标是：社区能有效预防和规避各种风险，抵御灾害的巨大危害，确保社区即便在极端灾害的重压下，也不会被摧毁，能快速恢复和持续运转。

社区安全治理的总体目标可以分解为两个方面：通过治理使社区成为有准备的、有恢复能力的社区。这种有准备和有恢复能力的社区具体表现在：

1. 社区硬件设施具有抵御灾害风险能力和快速恢复能力

有准备的和有恢复能力的社区强调的是：社区首先是处于安全区域，而不是位于已知的高风险区域。它有两个方面的内涵：一是社区安全状况良好，即社区不应存在重大危险源或不安全因素；二是社区的房屋建筑、基础设施、公共设施等能抵御洪水、地震、台风等灾害以及各种突发事故的威胁或袭击。

2. 社区社会体系具有预防能力和快速恢复能力

一个社区能否面对各种灾害事故，不仅取决于社区是否具有较好的物质基础。同时还取决于社区民众能否有效预防和规避各种灾害灾难，以及社区的社会体系在突发事件发生后能否快速恢复。社会体系包含的内容非常丰富，如民众是否能通过安全意识教育、培训提升安全意识，掌握应对技能；社区是否有良好的社会互动关系、邻里互助氛围；社区安全治理组织机构日常有没有执行力和公信力，在突发事件发生后是否有行动力等。

因此，社区安全治理的总体目标就是建设一个既具有能抵御各种灾害风险的坚固社区物质基础，又具有较好社会互动关系的良性社区文化准备。一方面通过加强社区减灾准备功能建设，确保在灾害发生时，社区能做好各项应急预防准备工作，有效降低灾害损失；提高社区灾害应对能力，确保社区能够及时预警和顺利避难，并开展互助互救工作。另一方面通过民众充分准备，社区互助良好，社区安全治理组织机构高效有力运作，建成一个能有效预防和规避各种灾害风险，面对风险能有较强恢复能力的社会体系。通过社区硬件设施和文化准备两个方面的社区安全建设，增强社区整体生存能力，确保社区最终通过社区民众、政府、社会组织乃至企业界的共同参与，能较快地从灾害中得到恢复。

（二）社区安全治理的具体目标

社区安全治理的总体目标，一定程度上反映了治理的结果或是一种理想的、可接受的安全状态。这样的状态包含多方面内容，是一个复杂的系统。而要达到这种理想状态或完整实现这个系统，需要通过一项项具体的工作来实现。社区安全治理的总体目标需要分阶段、分任务实施。这种具体的任务或阶段结果就是治理的具体目标或阶段目标。

1. 按照治理内容确定具体目标

社区安全治理是治理理念和公共安全管理方法在社区层面的具体实现。根据全灾害、全过程公共安全管理模式和风险管理理念，社区安全治理的对象是社区所有潜在的风险，治理内容包含风险识别与评估、危机预防与预警、应急救援与处置、应急保障、善后处理与恢复等不同危机管理阶段的各项内容。具体包括社区风险评估工程、火害预防工程、危机预报预警体系、社区急救系统和社区应急保障系统等社区安全治理硬件设施,以及社区民众危机意识培训教育、突发事件应对处置能力训练等社区安全社会体系治理。因此,可以将社区安全治理内容划分为以下几个方面的具体目标:社区风险识别与评估体系建设目标;社区安全防范体系建设目标;社区安全教育培训体系建设目标;社区应急救援体系建设目标;社区应急保障体系建设目标。

2. 按照治理阶段确定具体目标

社区安全治理的多元性,不仅体现在治理主体的多元化,而且体现在治理模式的多元化。因此,社区安全治理目标也将呈现多元化。社区安全治理的终极目标是达到一种可预期的、可接受的安全状态,但这是一种理想化的安全状态,是需要持续改进的理想目标。为了达到或接近这种理想目标,可以将总体目标分成几个阶段来逐步实现。因此,可以根据具体情况设定社区安全治理的阶段目标,通过达到每个阶段的目标,来逐步实现总体目标。阶段目标既可以根据社区的具体情况和完成能力,将总体目标分成若干个阶段目标按阶段实施,如民众安全意识与教育培训第一阶段完成30%,第二阶段完成40%,第三阶段实施全覆盖。当然,治理阶段也可以按照设定一些具体项目,不同阶段完成不同项目,最终完成社区安全治理总体目标,如第一阶段完成民众安全意识与应急技能培训教育,第二阶段完成应急保障体系建设,第三阶段完成社区预测预警体系建设等。

四、社区安全治理的模式

社区安全治理有很多方法和途径,在社区安全治理的主导形式上也可以有多种模式。依据社区安全治理中政府、社区、社会组织的不同作用,简单分为政府主导的社区安全治理模式、社区安全自治模式和社区安全多元协同治理模式。

(一) 政府主导的社区安全治理模式

政府主导的社区安全治理模式是政府通过行政管理体系,采取行政管理手段来实施社区安全治理的模式。该模式中政府成为社区安全治理的责任主体,该模式是我国社区安全治理的主要模式。为了达到社区安全治理的目的,我国各级政府通过其管理网络体系,将安全管理目标和任务,通过省—县—镇(或市—区—街道)层层贯彻直至社区(乡村)加以落实和实施。如上海社区安全管理中充分发挥两级政府(市—区)、三级管理(市—区—街道)、四级网络(市—区—街道—居委会)的公共管理体系,建立了区—街道应急联动机制和网格化管理体系,在社区突发事件的综合处置、协调管理等方面发挥了积极有效的作用。

该模式的最大特征表现为政府是治理的主体。首先,治理经费、人力资源以及项目实施等,需要全部列入政府行政管理工作计划;其次,从治理的规划制定、贯彻执行、组织落实到评估和管理,一整套工作全由政府职能部门完成。该模式不仅行政成本极高,还因为社区民众参与程度不高(尽管居民委员会在该模式中发挥了很大作用,但是社区民众都是被动参与),治理效果有限。该模式常常因为政府部门人力资源和财力的限制,难以持续,许多政策措施在社区都得不到落实。

尽管社区安全管理是需要通过具体的安全管理项目来实施(从意识到工程、从准备预防到应急处置、从技术到管理),而如此专业且复杂的工作依靠社区民众自身是难以完成的，但是我国目前尚未形成良好的社会化管理体系，缺乏专业机构和社会组织来代替政府实施；所以，该模式仍然是我国目前主要的治理模式。当然，如果能有效减少政府层级式管理模式中的效能衰减，将社区民众纳入社区安全治理体系，激发基层社区安全管理的积极性，变被动管理为主动治理，该模式仍然能发挥较好的作用，尤其是在相对落后的地区，安全管理工作还是要依赖政府行政推动。

（二）社区安全自治模式

社区安全自治模式是指社区民众自发组织起来，通过自治方式，并采取有效措施，实施社区安全治理的模式。该模式中社区民众（或社区组织）成为社区安全治理的责任主体。从理论上讲，社区安全自治是最具有自发性、主动性和积极性的安全治理模式。在公民社会非常成熟的国家或地区，社区安全以社区自治为主。

社区安全自治模式的主要特点是社区民众及利益相关者成为社区治理的主体。其实质是社区民众对社区安全管理从安全问题分析、安全治理规划到实施整个安全治理过程中享有充分的自主权，是民众积极主动地实施社区安全治理，区别于政府主导的社区安全治理模式中社区民众简单被动的参与。安全治理是持续改进的过程，只有社区民众作为治理主体，通过自治最大限度地发挥社区民众的积极性，才能形成安全治理的长效机制。由于社区安全自治对社区民众的安全治理参与意愿、社区自我管理能力、民主化程度、安全治理专业水平等具有较高要求，所以，社区安全自治模式在公民社会高度发达的国家能很有效地发挥作用。

（三）社区安全多元协同治理模式

自治虽然是一个最积极主动的安全治理模式，但对于社区而言，治理的主体可以是社区民众，而安全治理所需的专业知识、经费、专业队伍，社区并不具备，要独自实施社区安全治理存在很大困难，因此，谋求政府的支持和社会组织的协助，构建多元协同的治理模式是社区解决这一困境的有效方法，如图5-2所示。

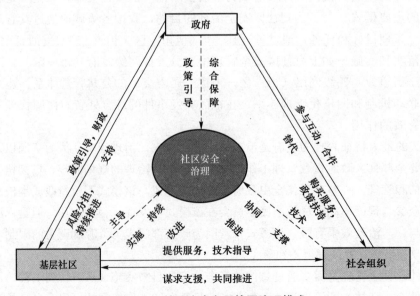

图5-2 社区安全多元协同治理模式

社区安全多元协同治理模式是指构建由政府引导和支持、社会各界共同行动的社会参与机制，实现包括政府、社区民众、社会组织（非政府组织）、企业等利益相关主体在内的社区多元化共治，及时有效地预防、控制和处理各种突发事件，最终将突发事件的危害降低到最小的安全治理模式。社区安全多元协同治理的核心是多元主体对社区安全的共同治理。该模式能有效调动政府、社区民众、社会组织等各方的积极性，通过共同参与和协作，实现对社区安全的治理。

从治理的运作形式上，社区是第一主体，既是治理目标和实施规划的主要决策者，又是治理的主要实施者，社区民众（组织）是治理的第一主体。而社区安全治理的政策制定、规范引导、经费确保、治理效果的检查和评估等是社区安全治理的前提和保障，是政府公共事务管理的重要组成部分，在这方面，政府是引导的第一主体。在安全治理的方法和技术、项目实施的监督、考核和评估等方面需要社会的支持和协同，没有专业技术支撑，也就不可能有高质量的安全治理，就此而言，社会组织的技术指导和支撑作用又成为第一要务。另外，社会组织还能通过与政府合作或替代政府参与社区安全治理活动。

社区安全多元协同治理模式的多元表现在两个方面：治理主体的多元化和治理模式的多元化。治理主体的构成因社区特征不同可以有多种不同形式，主要包含了基层社区利益相关者、社会组织、政府及其相关职能部门等；治理模式或协同模式则取决于不同主体参与形式、各主体的责任分担等，具有多元化特征。

对于一个日趋多元化的社会，无论政府主导的社区安全治理模式，还是社区安全自治模式都有一定的局限性。相比之下，社区安全多元协同治理模式中政府、社区、社会形成了一个利益集合体，更加符合多元社会的社区安全治理的实际需要。

社区安全多元协同治理模式强调治理主体的多元化，主体多元形式取决于社会参与公共事务的程度。但是，即便是同一形式的多元主体，在协同治理的参与程度和责任分担上也可以有多种不同的模式。政府、基层社区、社会组织在社区安全多元协同治理模式中所起到的作用也各不相同。

1. 社区安全多元协同治理中政府的作用

随着公民社会理论及有限政府理论的提出和发展，公民越来越多地参与到各种公共事务和社会管理之中，政府行政管理的权限虽受到很大限制，但是政府在公共管理方面的作用不仅没有减弱，反而增强了。究其原因，一方面，政府可以从事无巨细的社区事务管理中解放出来，从政策制定、社会环境治理等宏观角度实施有效管理；另一方面，政府可以通过组织、引领社会组织和民众广泛参与公共事务，充分发挥公民社会的力量，达到有效的治理。同样，在社区安全治理方面，政府的作用也是不可替代的。

虽然社区安全治理首先必须依赖社区利益相关者的广泛参与，作为有限责任政府，既不能不分巨细地事必躬亲，也不能代替社区民众完成治理任务。但是，我国基层社区无论参与理念、危机意识还是治理能力都十分薄弱，需要政府从安全治理的政策环境、经费落实等方面提供保障；在安全治理方法和技术规范要求、考核评估等方面提供全方位的支撑和引导；在引入社会组织和专业机构参与社区安全治理方面，政府可以通过培训社会组织、购买服务等形式，达到参与治理的目的。

国际社会在发挥政府作用、引导社区参与方面有很多值得借鉴的经验。如日本在《灾害对策基本法》中对国家和地方公共团体（政府），如何促进社区安全自治组织——自主防灾组织的培育教育、提供志愿者防灾活动所需的良好环境等进行了明确的规定，为社区自主防灾组织的发展提供了法律保障。日本很多地方政府编制了自主防灾组织活动的指引手册或自主防灾组织领导的培训手册等，对社区安全治理从政策、规范要求和技术标准等方面给予支持，如阪神大地震后，日本分析研究了社区自主防灾组织作用的局限性，提出了依托福祉（社会保障）在社区的网络体系，建立防灾福祉社区的推进计划，取得了很好效果。防灾福祉社区的最大特征就是政府给予防灾社区人、财、物等大力支持政策，着重引导社区更好地营造安全社区。政府给予社区：防灾资金、器材配置；防灾活动经费资助；市民防灾领袖的培训；防灾技术支援；防灾福祉社区网络化建设；社区安全地图绘制等多种实质性的支持。

2. 社区安全多元协同治理中社区主体的作用

社区安全多元协同治理中的主体多元性，强调了社区安全治理中政府、社会组织和社区民众不同主体的共同参与。尽管如此，不同主体的参与程度以及参与形式也可因社区安全治理的内容不同而有所不同，如政府的职责主要是引导和支持，可以不直接参与治理的具体事务，而社会组织可以是技术指导、项目服务等多种形式参与。因此，社区民众是社区安全治理的最主要的实施主体，是协同治理模式中唯一不可欠缺的治理主体。

社区主体在社区安全治理中发挥着积极能动的作用。社区安全治理的主要得益者是社区的广大民众和社区利益相关者，社区安全治理的好坏，与社区民众直接相关。联合国首份《减轻灾害风险全球评估报告》（2009年）中就对社区和基层参与社区治理的重要性进行了论述：如果社区民众（社区利益相关者）没有参与到安全治理政策制定、社区安全治理的实施和管理来，那么由此制定的政策、战略和计划就可能不太适应当地的具体条件，也就不可能有适合社区发展的安全治理效果。以社区民众及利益相关者为主体的安全治理能最好地按照社区民众对安全的理解和治理要求进行治理，他们能将这种理解和要求融入治理方案和规划，并会努力推动治理方案的实施，这种治理动力是其他主体不具备的，更为重要的是，安全治理是一个持续改进的过程，既是安全环境的改进，更是社区民众安全意识和应对能力的不断改进，这种持续改进不是其他主体强加的改变，而是来自内部驱动的自我改进和完善，是在治理过程中的改进，也是最有效的持续改进。其他治理主体在这样的改进过程中只能发挥促进和支持作用，不能替代社区主体来完成这种持续改进。这种"不能替代性"还体现在以下几个方面：

（1）社区安全是一个永恒的追求，是一个动态的过程，不是终极结果。安全治理就是持续过程，社区安全多元协同治理模式中的其他任何主体都不可持续，唯有社区利益相关者才能持续永恒地实施这种治理。

（2）安全治理方案需要社区民众的广泛认同，作为主体，社区民众能根据各自的利益相互沟通理解，寻求最好的治理方案。

（3）社区的风险化解以及社区安全状态的改善，都需要依靠社区民众及利益相关者来实施。

3. 社区安全多元协同治理模式中社会组织的作用

社区安全治理是一个专业性非常强的社区公共事务活动，尽管它是一个持续改进的过程,却是要通过一个个具体项目来实施的,有工程性项目,如社区防震工程、消防设施建设;也有非工程性项目,如社区民众的安全教育与培训。这些项目都有具体的目标、要求和实施方法。要完成这些治理项目,达到持续改进的安全治理目的,除了需要各级政府的政策支持和引导外,还需要社区民众的广泛参与和专业机构的技术支撑。

社会参与公共治理是我国社会的发展趋势。在社区安全治理中的社会参与具有两方面含义:一是社会本身是社区利益相关者,由于社区安全治理强调社区的开放性和动态性,在这样的社区范畴中,社会各方或多或少与社区安全有关,无论是企业、社会团体或个体;二是社会组织是社会力量参与公共治理的重要组成部分,它既能从专业领域与政府合作或代替政府完成各种具体的治理项目,如接受政府委托,通过政府购买服务的形式为社区提供安全治理服务,又能发挥社会组织能动作用,如通过志愿服务或公益性服务、提供资金援助或设立基金项目、接受社区委托提供专业服务等方式,更积极主动地参与社区安全治理。因此,社会组织参与社区安全治理,在人员、技术、资金等方面为社区安全治理给予支撑,确保社区安全治理的实施。而通过社会组织的专业指导和参与,对于社区民众来说,不仅接受了社会组织给予治理项目的支援,更接受了社会组织治理理念和方法,确保了社区安全治理的良性循环,更具有科学性和持续性。

五、社区安全治理组织体系

社区安全治理是一项综合性的工程,需要设定社区安全治理的总体目标,也要明确按治理内容的具体目标或分阶段实施的阶段目标。社区安全治理通过组织化运作,能确保治理的有效性和持续性。因此,构建一个科学合理、协同高效的社区安全治理组织,确保安全治理过程的持续性和治理目标的可达性是社区安全治理的基本保障。

(一)社区安全治理组织的特点

1. 广泛代表性

治理的最大特征就是治理主体的参与性与治理成效的过程性。社区安全治理需要社区民众及利益相关者对社区安全治理的内涵有足够的理解,对社区安全治理的目标和治理方法达成共识。所以,社区安全治理组织首先要能代表社区民众及社区利益相关者,具有广泛的代表性。

2. 自我管理性

随着公民社会的形成,权利、义务的法律观念和人道、博爱的社会观念已经成为社会价值观念的主流。志愿者参加人数增加,自我管理的组织化趋势日益明显。社区安全治理组织就是这样一种自我管理的组织。有别于行政组织具有较高的组织权威性和行政领导合法性,社区安全治理组织是以自治为主的组织体系,需要依赖组织成员积极参与的意愿和相互协作的精神。同时,社区安全治理组织成员必须具备一定的安全管理和社区治理的专业知识。因此,社区安全治理组织应由基层政府管理人员、社区自治组织人员、社会专业机构专家学者共同组成,这样才能有效实现组织的自我管理和运行。

3. 可评估性

社区安全治理组织虽然有别于行政管理,需要通过社会监督或绩效考核来评估管理工作投入与产出的效果。但作为一个有明确治理目标的组织，治理效果的好坏以及组织运行的效果也应是可以被评估的，也必须通过评估，来推动社区安全治理组织的自我完善和改进。所以，社区安全治理组织应具有可评估性。

（二）组建社区安全治理委员会

尽管社区安全治理是多元主体的协同治理，但作为治理组织，首先应该是以社区为主体的自治组织，必须以社区民众参加为主，根据需要吸纳政府、社会组织或专业组织的相关人员参加。社区安全治理组织是该社区安全治理的议事机构和执行机构，代表社区民众及利益相关者就社区安全治理进行决策、推动实施。为了能更好地实施社区安全治理，治理组织可以邀请具有管理经验的基层政府管理人员和具有专业知识与学识的社会组织专业人员参加，但他们并非代表政府和社会组织，而是作为社区的成员共同参与。

社区安全治理委员会是代表社区民众及社区利益相关者，通过议事、执行等方式实施社区安全治理规划和治理项目的社区自治组织。应建立扁平化的组织结构体系，内部是以议事、执行为主的组织机构，具有明确的治理目标、任务及治理过程，外部接受来自政府的政策支持和社会组织的专业指导，如图5-3所示。

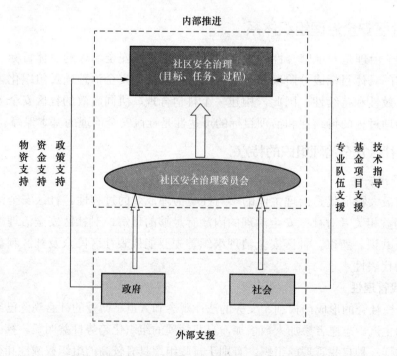

图5-3　社区安全治理委员会组织结构图

社区安全治理委员会应具有明确的工作任务。依据社区安全治理总体目标，社区安全治理委员会主要有以下任务。

1. 制定社区安全治理总体规划

社区安全治理委员会是社区安全治理的议事机构，应在广泛听取社区民众及利益相关者对社区安全治理的各种要求和设想的前提下，征询专家和政府部门的意见、建议，制定社区安全治理总体规划。总体规划需要明确安全治理的具体目标和阶段任务、实施手段等。

2. 担负社区安全治理的综合保障任务

社区安全治理是一个长期的综合性项目,需要有相应的人、财、物等保障。社区安全治理委员会要根据治理的总体目标和具体任务,建立有效的保障机制,确保治理所需人力资源、所需经费,确保治理过程的有效运行。

3. 推动社区安全治理各专业项目的实施

社区安全治理包含社区风险评估工程、灾害预防工程、危机预报预警体系、社区急救系统和社区应急保障系统以及社区民众危机意识培训教育、突发事件应对处置能力训练、基层应急救援队伍建设等内容。这些任务需要依靠社区民众及社会专业机构来完成。社区安全治理委员会应致力于推动各项活动和任务的开展,确保这些项目得以实施。

社区安全治理委员会是社区安全治理的议事和执行机构,可以由社区民众代表、基层政府管理人员、社会组织专家等若干人员组成社区安全治理委员会委员及社区安全治理委员会顾问,并选取一名委员为社区安全治理委员会主任。为了保证委员会有效运行,更好地发挥其议事和治理推动作用,可以在委员会下设工作机构和专业机构,具体负责社区安全治理的日常管理工作和治理专业工作。可根据需要设立社区安全治理委员会办公室,负责日常运行管理、综合保障、沟通协调等工作;设立专业队伍负责社区安全治理的专业工作,专业队伍具体包括规划与实施小组、风险评估小组、基层应急救援小组等。社区安全治理委员会组织结构如图5-4所示。

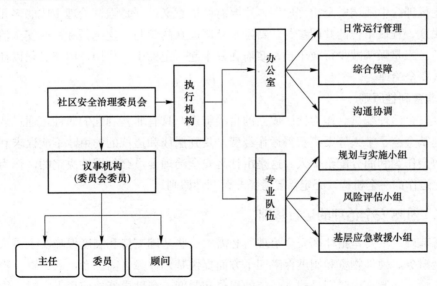

图5-4 社区安全治理委员会组织结构

六、社区安全治理运行机制

为了保证社区安全治理委员会能够有效运作,需要从组织的运行理念、运行基础及运行内容三个维度着手,构建以社区安全治理委员会为主体的社区安全治理运行机制。其中，运行理念是精神支柱，运行基础是物质支持，而运行内容是组织的生存核心。

（一）社区安全治理的运行理念

运行理念是社区安全治理委员会实现社区安全治理目标的根据，是在其对整体运行的理解和确认的基础上，形成的组织基本设想、发展方向和共同信念。明确的、始终如一的运行理念，体现了组织系统的、核心的管理运作思想，可以统领组织的运作观念和行为规范，在组织的运作和发展中发挥极大的作用。社区安全治理的运行理念可以从三个方面考虑，即风险管理理念、安全治理原则和非营利性原则。

1. 风险管理理念

风险管理改变了传统应急管理以事件为对象的被动式管理，将管理的对象扩展到风险隐患，通过日常做好风险和隐患的识别、排查，充分做好应急准备和预防工作。

在社区开展安全治理工作的时候，首先就需要以风险管理的理念为指导，明确了解风险和灾害之间的关系，并且知道本社区面临的风险在何处。对于社区安全治理委员会而言，需要在观念上有所转变，将社区风险作为治理的核心对象，并且把社区风险识别和评估作为开展其他各项社区安全治理的前提和基础。

2. 安全治理原则

治理理论的核心即多元主体对公共事务的共同参与，治理的多元主体不仅包括政府组织，还包括公众、私人部门和各种非政府组织。安全治理原则，是指在开展社区安全治理工作时，从政府主导的行政管理，转向社区、政府和社会组织共同参与的多元协同治理。

在运行理念中强调安全治理原则，主要有两层意义：一是强调治理主体的多元性，需要社区民众、社区单位的共同参与，特别是社区民众的参与，这也是和社区安全治理内涵相一致的；二是强调减少行政干预，政府在其中起一定的引导作用，但还必须以社区为主实现社区安全治理。

3. 非营利性原则

社区安全治理委员会作为社区成立的自治组织，具有非营利性的属性，通过从政府，或者其他基金会、个人等渠道获得运作经费，受到法律和道德的约束，不能谋求利益，也不能将盈余作为利润分配给个人。这是由社区安全治理委员会的属性决定的，作为公民社会组织化运作的一个机构，必定需要遵循非营利性原则。

（二）社区安全治理的运行基础

运行基础，主要是指社区安全治理所必需的一些基础支持和制度保障，主要从人力资源、资金财务、硬件物资和制度保障四个方面提供基础保障。前三者，人、财、物的重要性不言而喻，而制度保障则是建立一定的规范和制度，帮助更好地使用人、财、物，实现社区安全治理委员会的有效运作。

1. 人力资源

社区安全治理的人力资源需求可以分为三类：管理人员、核心志愿者和救援人员，三者的来源、知识技能要求以及贡献等都不尽相同。

（1）管理人员。首先强调其来源的多元性，人员构成建议包括街道工作人员、居委会委员、物业工作人员、业主委员会代表、社区民众，如果有条件的话，还可以将社区周边相关单位代表、安全管理相关专业社会组织代表纳入。另外，管理人员应该要有一定的安全管理知识和技能，在不具备前期培训条件的社区，管理人员应该通过文本学习、网络学习等渠道，尽快熟悉业务。

（2）核心志愿者。核心志愿者主要是社区普通民众，他们对于社区事务有一定的参与热情，愿意接受安全治理相关的知识、技能培训，通过自身的力量，传递社区安全文化，贡献自己的业余时间，为社区安全治理工作出谋划策。

（3）救援人员。因为社区自救互救在灾害发生时具有非常重要的作用，所以社区应当建立救援队伍，以居住在本社区的、具有一定医疗、救助知识或本职工作为应急管理相关、医疗救援相关工作的人员为主。如果社区暂时还没有能力建立社区应急救援队伍，也至少需要建立救援人员信息网络。

2．资金财务

社区安全治理的运作也需要资金财务的支持，这里主要强调以下两点：

（1）资金来源稳定。建立社区安全治理委员会之初，就应当确保有稳定的资金来源，若区县街道有财政收入的一部分划为安全治理基金，其中部分支持社区安全管理工作，社区可以通过此类项目获得稳定的资金来源。

（2）资金渠道多元。资金来源不应该是单一的，和多元协同治理理念相对应，资金渠道也应该是多元的，既可以通过政府购买服务、申请政府项目获得资金支持，也可以通过社区业委会、物业，获得业主的支持，动用房屋维修基金、物业管理费等为社区安全服务，或者接受其他个人或单位的捐赠，建立社区减灾基金或安全治理基金。

3．硬件物资

社区安全管理所需的硬件物资可以分为以下两类：

（1）维持组织运作所必需的办公相关硬件。组织运作需要有固定的办公场地（若为非常设组织，也可借用社区居委会办公场地等）、办公设施用品等。

（2）应急保障物资。社区应当拥有一定数量的应急保障物资，包括基本的灭火设施设备、医疗急救设备和防汛防台物资等。有条件的社区还应当根据自身的实际情况，储备部分蜡烛火柴、应急通信用的扩音喇叭等，也包括应急食品、饮用水，乃至针对社区灾害中弱者特需的应急物资。

4．制度保障

社区安全治理委员会作为组织机构，需要有配套的、完善的制度来保障人、财、物等物质基础的有效使用和规范运作。与之相应的制度保障可分为人员管理制度、财务管理制度和物资管理制度。

（1）人员管理制度。应该要针对管理人员、核心志愿者和救援人员的权利和义务进行明确的规定，提供各类各级的培训、交流机会，并且将他们的基本信息和参与活动、贡献时间的情况纳入安全治理人员信息库。

（2）财务管理制度。财务管理制度应合理、明确，主要包括：社区安全治理委员会要建立年度预算程序和决算程序；财务状况要公开透明；提供一定的咨询渠道。

（3）物资管理制度。社区安全治理委员会需要了解社区拥有的应急救援物资的数量及其分布，若经过社区风险评估，现有应急物资不能满足社区应急需要，则需要增加应急物资的储备；建立应急物资出入库管理制度和定期检查制度等，及时补给消耗性物资。

（三）社区安全治理的运行内容

运行内容可以说是社区安全治理的核心所在，也是社区安全治理委员会存在的依据。社区安全治理可以从多个方面来开展工作，根据风险管理原则，其工作重点在日常的预防和准备，主要工作可以概括为：在社区安全治理委员会确定的工作总体框架下，以开展社区风险评估为前提和基础，组织编制社区应急预案，绘制社区风险地图，开展社区安全教育培训和应急演练，并评估所开展的各项工作。具体工作主要包括以下六项。

1．开展社区风险评估

开展社区风险评估，主要是通过系统地收集社区灾害信息，识别容易遭受灾害的社区情况，汇总分析社区可能发生的灾害风险类别和等级，通过科学的方法评价社区风险等级。社区风险评估必须发动社区民众，依靠他们对社区灾害风险和强弱性的感知与经验来做出相对客观的评价，并且具有一定的专业性，社区民众需要在系统学习社区风险评估方法后，才能开展科学、有效的评估。

2．编制社区应急预案

社区应急预案是针对社区情况制定的、统领所有安全管理工作的纲领性文件。一般包括社区突发事件发生前的预防准备工作、发生时的救援处置工作和发生后的救助调查工作。

社区应急预案的编制要注意以下几点：

（1）组建编制队伍多元化。因为社区应急预案具有较强的统领性，是指导后续社区安全治理的关键，因此根据多元协同治理理念，应组建一支以社区民众为主，基层政府管理人员、社会组织专业人员共同参与的预案编制队伍。

（2）重视预案编制过程性。因为参与人员来自各方面，他们都有各自的安全经验和认知，因此整个编制过程是一个分享各自对于社区的认知和安全经验的过程。

（3）突出预案内容针对性。要改变预案千篇一律的面貌，针对社区特点制定相应的预案。只有丢弃固有的模板和套路，体现社区特征和特色的预案，才是贴合社区的，也是可能被社区接纳并且落到实处的。除了较为宏观、涉及安全管理方方面面的社区应急预案，还应有针对特定事件的具体的行动方案。

（4）强调改进完善持续性。社区应急预案需要在实践中不断修订，通过应急演练中发现的问题、实际应对突发事件的经验教训、其他社区的交流等，不断持续改进预案，使之能够在危急时刻发挥应有的作用。

3．绘制社区风险地图

社区风险地图的实质是将社区风险评估的成果图像化，通过在社区地图上形象地展示,向社区民众,乃至偶然来到社区的人群展现本社区的风险源、脆弱性区域,以及安全设施、安全场所和应对措施,营造可被感知的安全文化氛围。在绘制社区风险地图时,需要特别注意以下三点:

(1) 地图准确可靠。作为地图,首先一定是要准确的,无论社区地图还是社区自行添加的风险源、脆弱性区域,以及安全设施、安全场所。因此,在绘制社区风险地图的时候,需要在民众通过头脑风暴,罗列出相关事项之后,再去现场确认核实。

(2) 图示简明易读。社区风险评估内容的图像化对于地图绘制而言是额外叠加了新的信息。因此在绘制时,需要注意地图的易读性,图例尽可能简单明了,并且通过图例框等进行说明,让人对社区风险地图所表达的信息一目了然。

(3) 民众广泛参与。社区风险地图的绘制过程,既是让民众分享各自对于社区安全的认知和经验,又是一种对于民众推广宣传安全意识,将风险分担的概念传递给民众的教育培训方法。

4. 开展社区安全教育培训

教育培训是应对无知和无能的最佳方式,也是有效减少层级式安全管理效能衰减的突破口。通过教育培训,可以增强社区民众的风险意识,提高应对突发事件的能力。可以说,社区安全治理各种理念的理解、接受和落实都需要通过教育培训来实现。较为理想的社区安全教育培训应做到以下内容:

(1) 针对社区安全治理实际,制定培训内容。教育培训如果脱离社区实际,脱离民众的需求就会沦为形式主义,成为行政指派任务。好的社区安全治理教育培训应该是结合社区风险特征、人口特征实际,从基础的灾害应对技能入手,宣传普及风险意识和社区安全治理理念。

(2) 根据实际需求,分级分类开展教育培训活动。社区中不同的人员对于社区安全治理相关教育培训内容的需求和要求是不同的,教育培训应切合不同人群的需求,只有匹配不同人群特点及要求的教育培训才可能吸引更多民众的自发参与。

(3) 采取多样化途径,提升教育培训效果。教育培训的方法不仅有集中授课,还可以依托计算机网络技术,通过远程教育、视频录像等方法让更多的民众足不出户就可以获得所需要的基础培训。还可以通过一些灾害仿真模拟等增强教育培训的趣味性和参与性。

5. 开展社区应急演练

社区应急演练是在灾害未发生之前的预演和模拟,是对于应急预案中所涉及的灾害情况和应对措施的直观实践。通过开展社区应急演练,模拟灾害的发生,可以检验应急预案的实用性和可操作性,考察相关人员的应对能力。和社区风险地图绘制、社区安全治理教育培训一样,社区应急演练也是以开展社区风险评估为前提和基础,根据应急预案要求开展的一项重要运行内容。开展社区应急演练需要注意的方式、方法如下。

(1) 演练组织自主化。演练不应是行政指派的任务,而是社区自发的要求。在社区安全治理委员会框架下,需要有专门的人员来通盘考虑社区应急演练的开展类型、次数等,自主完成演练的筹划、设计和实施。

(2) 演练形式多样化。社区应急演练有多种形式,对于人员、资源、时间、场地的要求各不相同，分层次、分类型。社区可通过组织各种形式的演练，增加社区应急演练的频率和覆盖面，让更多社区民众知晓、熟悉社区应急预案的相关内容，增强其应对突发事件的能力。

（3）演练改进持续化。应急演练很重要的一个目的在于检验预案的可行性和实用性，因此现场演练的完成不代表演练的终结。针对演练中暴露的问题、出现的情况，需要制定相应的改进措施，并督促落实。

6. 对社区安全治理工作进行评估

社区安全治理评估是对社区安全治理工作开展情况的检验，也是提升相关人员工作能力的方法。因此，评估对于社区安全治理的运行机制而言是非常重要的一个环节。在对社区安全治理工作进行评估时，需要注意以下几点：

（1）结合社区安全治理目标开展评估。社区安全治理评估应紧扣设定的目标，检验工作成效和进度。

（2）评估主体多元协同。很多主体都可以开展评估，不仅包括社区安全治理委员会自身，也包括其他相关利益者，如政府、基金会、安全治理专业机构等。

（3）评估客体区分层次。评估的对象可以是多样的，既可以是对整个社区安全治理开展情况进行评估，也可以是将其中的一个运行项目抽离出来，评估其开展的过程、达到的效果。

（4）评估方法恰当多样。不同的评估主体开展评估的目的是不同的，而对于不同的评估对象，所适用的方法本身也是不同的。因此，评估是一项创造性、开放性的工作。

▶ 思考题

1. 开展社区安全治理的现实意义是什么？
2. 社区安全治理的总体目标是什么？
3. 社区安全治理的模式有哪些？
4. 社区安全治理组织具有哪些特点？

参考文献

[1] 党若涵. 多中心治理视角下社区安全治理问题研究[D]. 沈阳：辽宁大学，2012.
[2] 王旭珊. 安全社区建设理论与评价方法研究[D]. 哈尔滨：哈尔滨理工大学，2015.
[3] 罗章勤. 城市流动人口聚居区社区安全治理的对策研究——以广州市增城区为例[D]. 武汉：湖北大学，2016（04）.
[4] 徐文静. 性别视角下的女性社区参与：以绍兴市越城区社区为例[D]. 杭州：浙江大学，2010.
[5] 李治欣. 安全社区的系统管理研究[D]. 天津：天津大学，2015.

[6] 张旭. 基于共生理论的城市可持续发展研究[D]. 哈尔滨：东北农业大学，2004.

[7] 夏剑霞. 上海社区风险评估体系研究[D]. 上海：复旦大学. 2010.

[8] 时新. 城市治理绩效视域下的公共安全教育研究[D]. 南京：南京邮电大学，2019.

[9] 郭晓琴. 基于社区公共安全网络的协同治理机制研究[D]. 上海：上海师范大学，2013.

[10] 何超. 协同治理视角下城市社区公共安全治理问题研究[D]. 徐州：中国矿业大学，2018.

[11] 欧晖博. 江门市江海区社区应急管理机制研究[D]. 广州：华南理工大学，2012.

[12] 赵怡婷. 防灾社区规划与建设方法探索[D]. 北京：清华大学，2013.

[13] 方一淼. 社区应急管理中的公民参与研究[D]. 北京：首都经济贸易大学，2014.

[14] 邹淼. 大连长兴岛街道安全社区建设案例的研究[D]. 大连：大连理工大学，2013.

[15] 李治欣，徐静珍. 社区安全影响因素分析[J]. 理论与改革，2014(12)：172-175.

[16] 李瑞昌. 社区安全建设中府民和合作与角色定位[J]. 北京行政学院学报，2009(5)：6-10.

[17] 滕五晓，陈磊，万蓓蕾. 社区安全治理模式研究——基于上海社区风险评估实践的探索[J]. 马克思主义与现实，2014(06)：70-75.

[18] 赵怡婷，毛其智. "防灾社区"概念及相关实践探讨[J]. 城市与减灾，2013(03)：43-47.

[19] 王骥洲. 社区参与主客体界说[J]. 山东行政学院山东省经济管理干部学院学报，2002(05)：3-4.

[20] 方彦明. 新中国70年法治建设的基本经验及启示[J]. 科学社会主义，2019(06)：19-23.

[21] 戴昶舒，鲍铁文，南美花. 城市社区治理的法治化路径探究[J]. 中外企业家，2019(21).

[22] 曹达全. 社区管理模式转型所引发的法律问题思考[J]. 安徽师范大学学报（人文社会科学版），2014，42(02)：214-219.

[23] 何平. 温州城市社区治安建设研究[J]. 温州大学学报（社会科学版），2003(04)：19-26.

[24] 袁振龙. 社区安全治理格局与应急管理思路探索[J]. 华南理工大学学报（社会科学版），2016，18(06)：52-60.

[25] 夏保成. 安全社区建设与公共安全管理的关系辨析[C]. 第十四届海峡两岸及香港、澳门地区职业安全健康学术研讨会暨中国职业安全健康协会2006年学术年会论文集，2006.

［26］吴宗之．安全社区建设指南［M］．北京：中国劳动社会保障出版社，2005．
［27］袁振龙．社区安全的理论与实践［M］．北京：中国社会出版社，2010．
［28］滕五晓．社区安全治理：理论与实务［M］．上海：上海三联书店，2014．
［29］郑孟望．社区安全管理与服务［M］．长沙：湖南大学出版社，2009．

第六章 社区法规

第一节 社区法规概述

社区工作具有综合性和复杂性的特点,为推进社区工作有条不紊地开展,需要社区工作人员具备相应的法律知识,以及运用这些法律知识处理社区事务的能力,是开展社区运营管理的基本要求。

一、社区法规的概念

法是由国家制定或者认可的,反映统治阶级意志,以权利和义务为内容,并以国家强制力保证实施的行为规范总和。改革开放 40 年来,我国相继出台了一系列有关社区的政策和法律法规,综合法和社区、社区工作的概念,社区法规是指由国家和地方的立法机关及依法授权的行政机关制定和颁布的,规范与社区相关的各种机构、法人、组织和团体的活动,规范社区居民的社会行为的各种法律、法规、政策的总称。梳理各类法律法规、政策,专门性的、全国性的社区法律法规较少,大部分以专门性的政策制度和地方法规存在。

从社区法规的地位来看,首先,社区法规并不是一个独立的政策门类。根据不同的内容,政策可分为经济、文化、外交、社会等政策门类。其中,社会政策是为解决社会问题、改善社会环境、增进社会福利、促进社会安全和社会各阶层均衡发展而制定的政策。社区法规虽然包含一些社会政策,但其阐述的目的是为社区建设、社区治理、社区运营等服务,而不是为一般的社会工作服务。其立足点在社区,而不是整个社会。例如,阐述我国现行的刑事政策,目的是为社区各主体做好社区治安工作,为社区长治久安、居民安居乐业服务。其次,社区法规也不是一个独立的法律部门。独立的法律部门都有特定的调整对象,如宪法、行政法、民法、经济法、刑法等。而社区法规所包含的众多单行法规,有的属于宪法范畴,有的属于行政法范畴,有的属于民法范畴,有的属于经济法范畴,有的属于刑法范畴,没有特定的调整对象。因此,它不是一个独立的法律部门。再次,从政策和法律的体系来看,社区法规固然不具有独立的地位,但不能以此来否定它在实践中的重要价值;从实践和应用的角度来看,它是大力推进社区各项工作良好运行的指针和武器,是社区各主体履行职责的重要依托和捷径。

二、社区法规的分类

根据法律法规调整的内容划分,可将社区法律法规划分为社区部门管理方面的相关法规、婚姻家庭方面的相关法规、社区治理方面的相关法规、社会保障方面的相关法规、物业管理方面的相关法规。以下分类列举以法律法规为主、政策为辅。

（1）社区部门管理方面的相关法规。主要是针对社区的第一部门、第二部门、第三部门的相关法规。第一部门和第二部门主要是指政府和企业，前者主要有《中华人民共和国宪法》关于"居民委员会的性质、任务和作用"和"选举制度"的根本明确，也有《中华人民共和国城市居民委员会组织法》《城乡社区服务体系建设规划（2016—2020年）》等法律规定，关于企业的主要是《中华人民共和国环境保护法》对企业在社区选址的规定，以及《中华人民共和国中小企业促进法》《中华人民共和国公司法》《中华人民共和国合同法》《中华人民共和国消费者权益保护法》对于存在于社区中企业的直接约束。第三部门主要是指以实现公共利益为目标，强调非营利性、志愿性的合法组织，在社区里主要表现为社会团体、基金会及自发的草根组织，主要有《中华人民共和国精神卫生法》《社会团体登记管理条例》《中央精神文明建设指导委员会关于评选表彰全国文明城市、文明村镇、文明单位的暂行办法》《天津市促进精神文明建设条例》等。

（2）婚姻家庭方面的相关法规。主要是针对社区居民结婚、离婚条件、家庭财产及遗产分割等方面的法规。主要有《中华人民共和国民法典 第五编 婚姻家庭》《中华人民共和国民法典 第六编 继承》《婚姻登记条例》《最高人民法院关于适用〈中华人民共和国婚姻法〉若干问题的解释》《民政部关于规范生父母有特殊困难无力抚养的子女和社会散居孤儿收养工作的意见》等。

（3）社区治理方面的相关法规。主要是针对社区公共产品提供、社区安全治理等方面的法规。主要有《中华人民共和国刑法》《中华人民共和国治安管理处罚法》《中华人民共和国消防法》《中华人民共和国基本医疗卫生与健康促进法》《中华人民共和国传染病防治法》《中华人民共和国公共文化服务保障法》《中华人民共和国社区矫正法》《租赁房屋治安管理规定》《社会消防技术服务管理规定》《中共中央国务院关于加强和完善城乡社区治理的意见》等。

（4）社会保障方面的相关法规。主要针对社会救济、社会福利、社会保险、社会优抚安置等方面的法规。主要有《中华人民共和国老年人权益保障法》《中华人民共和国残疾人保障法》《中华人民共和国妇女权益保障法》《中华人民共和国社会保险法》《城市居民最低生活保障条例》《退役士兵安置条例》《信访条例》《社会救助暂行办法》《人民警察优抚对象及其子女教育优待暂行办法》《国务院关于安置老弱病残干部的暂行办法》《社会保险费申报缴纳管理规定》《国务院办公厅关于推进养老服务发展的意见》《教育部等九部门关于进一步推进社区教育发展的意见》等。

（5）物业管理方面的相关法规。主要是针对社区范围内各业态项目物业管理、各种物业纠纷的法规。主要有《中华人民共和国物权法》《中华人民共和国建筑法》《物业管理条例》《建设工程质量管理条例》《住宅专项维修资金管理办法》《前期物业管理招标投标管理暂行办法》《物业服务收费管理办法》《住宅室内装饰装修管理办法》等。

特别强调，法律虽然具有稳定性，但是政策与之相比更具有灵活性和及时性。在2020年1月发生了新型冠状病毒感染的肺炎疫情后，各部委、各行业协会纷纷下发关于疫情防控的公告、通知、方案和操作指引，进一步体现了法规对于社区卫生安全的重要性和政策对于事故指导、纠正的及时性。例如，发生疫情后，国家卫健委第一时间下发《关于加强新型冠状病毒感染的肺炎疫情社区防控工作的通知》，指出防控工作从社区抓起。中国物业管理协会先后印发了《关于全力做好物业管理区域新型冠状病毒肺炎疫情防控工作的倡议书》《物业管理区域新型冠状病毒肺炎疫情防控工作操作指引（试行）》，同样从社区入手，直接进入各个物业项目。甚至根据业态和设备不同分别下发操作指南，如针对返工潮下发的《写字楼物业管理区域新型冠状病毒肺炎疫情防控工作操作指引（试行）》，针对居民关注的通风设备而下发的《疫情期公共建筑空调通风系统运行管理技术指南（试行）》。正如方案中强调的，社区是防疫第一道防线，正是有了物业、社区、街道办的第一时间联动牢守，疫情中无畏"逆行"，才有了广大居民在疫情发生的春节假期中的安心和暖心，正所谓"以法之名"，方能更好地促进疫情得以控制并好转。

三、社区法规的特征

（1）实用性。主要体现在应用上，社区法规没有像传统的政策、法律那样，从政策门类或法律部门的角度对相关知识进行系统的论述，而是从社区主体之间各项工作的实际需要出发，选取一些基本法律法规和相关政策作了集中阐述，并且根据实践经验，按照使用的频率、法律效力进行排序，指导社区工作的有序开展，更贴合社区、居民的日常工作实际。

（2）多样性。主要体现在各种法律关系上，社区法规虽然仅包含政策和法律法规，但细分下却包罗万象，政策包含社区建设、社区服务、社会保障、社区商务等，而法律法规则包括隶属诸多法律部门的诸多单行法规，如行政法当中的城市居民委员会组织法、民商法中的婚姻法等。

（3）层次性。主要体现在法律层级上，社区法规既包括党、人大和政府专门为促进社区良好运行而制定的目标、原则、办法、措施等行动准则，如《民政部关于促进农民工融入城市社区的意见》；又包括对相关政策、法规在社区中的贯彻落实意见，如《民政部关于深入学习贯彻党的十九届四中全会精神的意见》。

（4）整体性。主要体现在法律包含的内容上，社区法规涉及社区服务、社区治安、社区卫生、社区环境、社区文化等社区工作的方方面面，基本上能够满足社区运行、建设工作的需要，并且有较严密的逻辑体系。社区法规是自成一体的，具有整体性。但这种整体性是开放的，而非封闭的。随着社区的蓬勃发展，社区发展所涵盖的内容会越来越丰富。相应的，社区建设所适应的政策与法律的内容也会越来越丰富。例如，随着社会信息化程度的提高和移动互联网的普及，社区服务、管理、运营网络化的趋势明显。与此相适应，与计算机软件、移动 App 的知识产权内容也应充实到社区法规当中。

（5）变动性。主要体现在法律的修订上，社区的相关法规从颁布开始，随着历史发展，受各种外在因素变动的影响，社区法规会体现出其落后时代发展的弊端。而随着社区发展的不断进步，社区法规的新需求也会不断出现，就会促使社区相关法规不断修订和完善，甚至导致一些法规会废止。同时，随着依法治国方略的实施，社区建设经验的丰富和成熟，也会促使大量的法规和政策转化升级为法律。

思考题

1. 政策和法规的区别是什么？对于社区运营而言，二者分别具有哪些影响？
2. 社区在运营过程中，如何体现社区法规的特征？

第二节 社区法规重要性

依法治国是中国共产党领导人民治理国家的基本方略,是发展社会主义市场经济的客观需要,也是社会文明进步的显著标志,是国家长治久安的必要保障。法治社区是依法治国的重要一环,社区法规是维系整个社区运行的根本。

一、社区法规对社区各主体具有明示作用

社区法规的明示作用主要是以法律条文的形式明确告知社区范围内各主体,上至行政部门,下至普通居民,什么是可以做的,什么是不可以做的,哪些行为是合法的,哪些行为是违法的,如有违法者将要受到怎样的制裁等。同样,社区各主体的各项权益也是受到社区法规保护的,当社区范围内任何群体或者个人权益受到侵害时,社区法规会给予坚决的维护。社区法规可以明确各主体权利和义务的归属,可以要求社区各主体工作实施的具体措施,对各项工作的开展加以评估。同时,作为社区法规要求的应尽义务也应予以承担,且不可以以放弃权利为由而拒绝履行义务。社区法规对于任何群体、个人都是公开、公平的,社区法规的明示作用是实现知法和守法的基本前提。

二、社区法规对社区工作开展具有促进作用

社区法规的促进作用主要是以法律形式促进社区工作有效、有序地开展,通过社区法规,规定社区内外各部门的职责权限、活动原则、管理制度,为社区各主体安排工作计划提供依据。同时,进一步协调社区内有关机关、企事业单位、社会团体、社区组织、社区居民之间的各种社会关系,大大提高社区运行效率。例如,南昌市社区邻里中心,以政策为引导,开展一站式服务,创建"1+5+X"模式,即依托社区单元,建立一套综合保障体系,配置托幼托学服务中心、居家和社区养老服务中心、基层医疗卫生服务点、社区便利店、综合性文化体育服务中心五类便民服务功能,拓展多个其他功能于一体的新型聚集区,促进社区运行效率倍增。由此可见,社区法规能够促进社区良好运行,推动社区各项工作不断向前发展、协同发展,从而逐步塑造社区工作的凝聚力、向心力。

三、社区法规对社区建设具有连续作用

社区建设是一项复杂事业,具有延展性。尤其是在党的十九大关于"加强社区治理体系建设重要部署"的背景下,如何有质量地建设社区是首要课题,需要去探索。如果缺少政策的指导和法律规范,社区建设就会没有目标、没有秩序。我国社区工作,相当一部分是协助国家机关所进行的社会行政事务,一方面是根据党和国家的中心任务,贯彻执行有关社区的法律和政策所开展的社会管理;另一方面是根据政策或者按照法律规定,为人民群众美好生活实现所开展的社会服务,从而解决社会矛盾。任何一项工作都不是短期完成的,需要经历一个完成的过程,这就需要法规不断配合、更新,将目标完成。例如,北京市开展社区扶贫,将"慈善社区"与东北村镇连接,实施"生态进城、资源返乡",将扶贫工作多元化和立体化,而社区扶贫是实现2020全面脱贫的重要举措。因此,社区建设按照社区法规进行开展,才能掌握方向,避免走弯路。同时,社区建设作为一项长期性事

业，需要持之以恒，有计划、有目标、有步骤地进行，使社区工作"法制化"，促使社区建设连续不间断进行。

四、社区法规对社区工作人员素质具有提升作用

在政治思想与法律素质方面，社区工作人员的理论政策水平、法律意识状况具有决定性意义。作为一名合格的社区工作人员，需要了解法律的基本常识，既包括全国性的有关社区的法律法规，也包括地方性社区法规和本社区内规范。如《南京市紫金科技人才创业特别社区条例》，其只适用于南京紫金（高新区）科技人才创业特别社区的各项服务。社区工作人员必须依法办，使社区管理、服务、经营的一切活动都置于法律法规的监督保护之下。当社区及社区居民的利益受到侵犯时，要学会利用法律保护社区及社区居民的合法权益；面对违法行为，要伸张正义，敢于斗争，以维护法律的尊严。从业务素质而言，社区法律知识是社区工作人员知识储备的重要组成部分。因此，社区工作人员只有掌握相关的法律知识，才能做好本职工作，才能促进社区工作人员个人素养、业务水平的不断提升。

五、社区法规对社区法治具有推动作用

社会主义和谐社会必然是法治社会，和谐社区也必然是法治社区。构建法治社区首先要形成法律意识，形成社区法律意识的基本途径就是普法进社区，不仅仅是服务者、管理者、经营者要知法、懂法，社区居民也要做到人人懂法、守法。普法教育要做到经常性，这就需要社区工作人员能够不断向社区居民进行宣讲、解释国家法律法规，尤其是新近颁布的、与社区居民切身相关的、较为常用的法律常识。同时，在社区居民遇到问题、发生纠纷时，社区工作人员应当予以引导、帮助，借助社区法规进行有效调解，以实现双方诉愿。因此，社区法规有利于社区工作的开展，进一步而言更有利于推动社区法治进程，构建社区法律秩序。

> **思考题**
>
> 1. 社区法规与法治社区的关系是什么？
> 2. 社区法规如何保证人民群众美好生活的实现？

第三节　社区法规建设

党的十八届四中全会提出，要不断建设基层治理的法治化，要不断加强依法治国，要将工作重心放在基层，社区法规建设是社区法治化的初级探索。虽然我国社区建设取得较大成效，但在制度建设方面尤其是法律制度建设方面仍相对不足，因此，我们需要借鉴成熟的理论经验，总结现在社区法规存在的问题，并找到适合我国社区法规建设的路径。

一、社区法治化的理论依据

（1）马克思主义法律观、辩证唯物主义法律观。辩证唯物主义法律观是马克思主义法

律思想的根本出发点与哲学根基。其观点认为作为意识形态的法律由物质决定，并反作用于物质。辩证唯物主义法律观主要内容包括：其一，"对于思想来说，既没有法庭，也没有法典"。[1] 马克思认为精神上的犯罪不应当受到法律的惩罚，能够触犯罪名的只有犯罪行为本身。即便一个人的道德品行再恶劣，只要没有付诸行动，就不受法律的调整，犯罪行为的实施是触犯法典的必要条件。其二，"自由的无意识的自然规律变成有意识的国家法律时，才能成为真正的法律"。[2] 这说明国家的法律并非统治者和所谓社会精英凭空捏造，而是取决于生产力，滞后于现实的法律阻碍社会发展，超越现实的法律则不切实际，无法发挥功用。其三，"政府所颁布的法律本身就是被这些法律奉为准则的那种东西的直接对立面"。[3] 这里马克思是讽刺普鲁士政府要禁锢出版自由，却以保护出版的名义进行立法，揭露资产阶级立法的形式正义与剥削本质，强调流于形式的立法违背历史潮流，会造成法律王国里的黑白颠倒，严重危害劳苦大众的利益，属于"恶法"。

以人为本的法治价值取向。以人为本的法治理念是马克思主义法律思想的核心内容，强调法律规定应以劳动者为中心，保护每一位公民的合法权益，维护社会的公平正义。首先，"在法律和法官面前，无论富贵贫贱，所有的人都一律平等"。[4] 这是法律面前人人平等的精准描述，资本主义社会是金钱和资本的平等，资本家和劳动者在法律面前并无平等的可能。而社会主义社会，不仅在法律规定中是平等的，而且在法律的适用中也应当是平等的。其次，"每个有理性的人都会认为自己的行为是合法的、一切人都可以做的行为"。[5] 这是告诫人民要消除等级观念和特权思想，强调任何人都必须在法律范围内活动，不能突破法律的限制，除非是非理性的公民；反之，公民在实施合法行为时，也不应受到任何主体的非法限制。再次，"法律由人民意志所创立的时候，才会有确实的把握"。[6] 人民群众是历史的创造者，是推动社会发展的主要力量，法律只有"顺应民意"，反映人民的意志，才会受到人民群众的拥护。

（2）社会主义法治理论。社会主义法治理论是基于马列主义并结合我国本土国情，在不断的实践中创立并完善的，是我国法治实践的理论结晶。社会主义法治理论的指导思想为社会主义法治理念，可以集中概括和提炼为"依法治国、执法为民、公平正义、服务大局、党的领导"五个方面。[7] 社会主义法治理论体现了社会主义法治的内在要求，其所体现的一系列法的价值、法的原则及法治要求贯穿于社区治理法治化建设的全过程。中国特色社会主义法律体系作为社会主义法治理论的前提和基础，为社区治理法治化提供了法律制度上的保障；中国特色社会主义法治的行政管理理念为社区治理转型指引了方向；中国特色社会主义法治的法律监督制度为社区治理运行保驾护航；中国特色社会主义的价值追求、尊重和保障人权，与社区治理中自治的价值追求不谋而合。中国特色社会主义法治在战略层面要求加强与创新社区治理，在进行社区治理法治化建设的过程中，必须牢牢把握社会主义法治理论的内涵和精髓，用社会主义法治理论的价值去评判、衡量社区治理法治化的制度、施行手段、效果等各个方面，才能保证社区治理法治化工作依法有序开展。

---

[1] 《马克思恩格斯全集》第1卷，北京：人民出版社1995年版，第418页。
[2] 《马克思恩格斯全集》第1卷，北京：人民出版社1995年版，第176页。
[3] 《马克思恩格斯全集》第1卷，北京：人民出版社1995年版，第122页。
[4] 《马克思恩格斯全集》第2卷，北京：人民出版社1957年版，第70页。
[5] 《马克思恩格斯全集》第1卷，北京：人民出版社1995年版，第348页。
[6] 《马克思恩格斯全集》第1卷，北京：人民出版社1995年版，第349页。
[7] 《中国特色社会主义法治理论体系纲要》，武汉：武汉大学出版社2012年版，第61页。

（3）有限政府理论。有限政府理论是相对于"无限政府"而言的一种政府体制理论，是指政府无论在权力的行使和行为方面，还是在政府的规模和职权方面都要受到宪法和法律的控制。①有限政府理论主要来源于洛克，其在《政府论》一书中提出了有限政府理论，他认为政府权力的行使是应该有边界的，而边界就是公民的授权。②诚然，当下社会多元化的背景与洛克时期的背景相去甚远，但有限政府理论的核心理念——限制政府权力、保障公民权利，仍适用于当下社会。随着我国对有限政府理论的研究逐步深入，我国的治理理念也在不断变化。现代有限政府理论主要包括"限制权力，保障权利；着眼公共，把握限度；用足市场，慎求政府"三个方面的内涵。③从这一内涵出发，诸如从管理型政府向服务型政府转变的理念、政府权力清单制度等均以其为基础而延伸开来。在社区治理法治化过程当中，更离不开对政府权力的限制。因为社区治理的制度基础在于社区居民自治，而政府权力在社区的过度延伸，必然导致自治基础的崩溃。政府的权力来源于人民，如果不对政府的权力加以限制，人民权益就会受到政府公权力的干涉甚至是侵害，这就严重违背了法治的要求。所以，有限政府理论在社区治理法治化方面主要体现为两个方面的要求：一是深入推进依法行政，建设法治社区；二是促进政府简政放权。

二、现行社区法规存在的不足

（1）社区法规专项立法缺位。良法乃善治之前提，完备的社区法规是社区运行的前提和基础。尽管我国社会主义法律体系已基本建立，但由于我国法治建设水平较低，尤其是社区法规方面起步较晚，在社区立法上还存在着许多空白亟须填补。虽然地方上根据自身情况制定了一系列社区的相关法律、法规，但仍不能满足社区高速发展的需求，特别是随着社区建设的不断深入，许多新的问题更加暴露了社区立法上的短板。在社区法规建设方面，各层级依然存在社区法规专项立法的缺位。

1）社区法规专项立法缺位表现在我国目前在社区方面的法律法规较少。目前而言，通过全国人大立法的法律，带有"社区"关键词的，只有《中华人民共和国社区矫正法》一部，进一步与社区密切相关的仅有《中华人民共和国村民委员会组织法》《中华人民共和国城市居民委员会组织法》两部，大部分法律是对社区内容进行了部分的原则性规定，如《中华人民共和国宪法》《中华人民共和国刑法》等，以上法律也仅仅为社区建设搭建了一个框架而已。大量有关社区的法律规范散见于部门规章、地方法规等规范性法律文件之中。社区建设的基础性决定其日常运行工作涉及方方面面，当前有限的社区法规难以覆盖到社区运行发展的各个角落。这就导致现有社区工作难以在法治轨道中开展，给社区运行法治化、科学化、高效化设置了法律制度上的阻碍。

2）社区法规专项立法缺位表现在现有社区相关法律法规有所滞后。例如，有关社区居民最低生活保障方面的规定，《城市居民最低生活保障条例》颁布于1999年9月，距今已经过去20年。而《中华人民共和国城市居民委员会组织法》是从1989年颁布，2018年修订，也是经过近30年的等待。《城市居民最低生活保障条例》的施行在当时的社会环境下，对推进社区建设、提升居民生活水平、保障低收入群体的权益发挥了较大作用。但随着经

---

① 周伟，谢维雁：《宪法教程》，成都：四川大学出版社2012年版，第70页。
② [英]约翰·洛克《政府论》，杨思派译，北京：中国社会科学出版社2009年版，第107页。
③ 唐德龙：《有限政府的基本要义及现实诉求》，《北京科技大学学报》2007年第2期，第61-65页。

济体制改革的逐步深入，社会主要矛盾已经转化为人民日益增长的美好生活需求和不平衡不充分的发展之间的矛盾，国家对待社区发展的要求、目标也有所变化，当下社区居民的生活状态和追求与从前已截然不同。所以，社区相关法律中的部分法律条文已不适应当下的社区发展态势，如果仍全盘接受原先制定的法律规范，无疑会给当下的社区运行带来许多困难。因此，制定和修改社区相关法律法规是当前社区高速、科学发展的内在要求，为此必须大力推进社区专门法的立法进程。

3）社区法规专项立法缺位表现在地方性社区法规不具有普遍适用性。由于效力级别较高的法律法规在覆盖方面有所局限，我国社区发展进程中普遍存在的是大量地方性社区法规。地方性社区法规在推动区域社区发展方面起到了极大促进作用，但是也有一定的局限性。地方性社区法规的制定往往是因地制宜，结合了地方经济、文化等方面的因素，具有其地域色彩。例如，北、上、广、深一线城市和天津、杭州、南京等"准一线城市"地方性社区法规也制定较完备。如果其他地域的社区直接"拿来主义"，会或多或少出现不适用的问题。同时，因为地方性社区法规在制定和实施过程中缺乏统一的标准，也导致地方性社区法规无法在异地直接适用。

综上所述，现行社区立法存在立法层级不高，约束力不强，科学性、体系性、完备性欠缺，部分立法内容滞后或相互冲突，部分新生事物无法可依等问题。社会在发展，时代在变迁，现有社区法规明显已无法适应新时代社区的前进步伐，亟须一部专门的社区法律法规，为全国人民实现小康社会助力，为人民群众实现美好生活助力。

（2）社区法规效力乏力。法律效力是法律所具有或者赋予的约束力，从现有的社区法规来看，存在法律效力乏力的现象。一方面，从上文关于立法的论述来看，缺少专门的社区法规，内容过于简单，体系不够健全，各区域制定情况不一，就无从谈起其效力；另一方面，从现行有关社区专门性的法律《中华人民共和国城市居民委员会组织法》来看，其前身是1954年制定的《城市居民委员会组织条例》，法律效力提升后，也体现了国家对于社区治理、服务的重视。同样，最新通过的《中华人民共和国社区矫正法》，也是从2003年《关于开展社区矫正试点工作的通知》过渡到《中华人民共和国刑法修正案（八）》，再到2019年12月份正式通过《中华人民共和国社区矫正法》，体现了国家通过法律效力提升，借助社区力量来塑造"特殊群体"的正常生活的信念和人格，也间接提升社区居民的法律意识和社会责任感。同时，社区法规效力的乏力也使一些社会问题治理常现"治标不治本"的现象。再加上低位阶的法律文件还可能于法于理而无据，和在实际执行中常存在变形的情况，使本已分散的社区法规被束之高阁，进一步使效力打折。

（3）社区法规内容缺失。

1）社区法规控制范围不定，较"模糊"。社区内的主体多种多样，并且经常更新变化。社区法规从其内容上，并没有明确的区域界线，区域上在社区内发生的事务归社区法规负责，即所谓的"社区红线"。正是缺少这根"红线"，致使遇到各种复杂社区事务而借鉴"他法"。社区法规的"模糊"体现在地方政府在社区治理中较大自由裁量的介入空间，甚至部分地方政府在行政惯性和路径依赖的作用下，频频挤占社区其他主体自我运行空间，使得正常的自治力量和机制难以有效发挥作用。一方面，体现为"越位"，管了很多不该管的事情。自觉或不自觉地将社区自治组织尤其是居民委员会作为依附政府的附属单位或下属单位，并且直接干预自治组织的自治权利。同时，包揽了过多应由社区各主体承担的职能，如社区文化建设、社区慈善等。另一方面，体现为"缺位"，该做的没有做到、做好，对社区各主体活动的政策指导不到位，例如，对社区各公益团体、组织的资助及投入不到位，对新创立的企业、组织的培育不到位。

2）社区法规信息输出和社区居民需求不对称。从现实表现来看，社区居民对于法律的诉求往往得不到满足，现有社区法规覆盖面还不能囊括所有社区居民的日常生活，即社区法规输出的信息与社区居民需求不对称。一方面，体现在社区居民对各自的权利和法律政策规定不清楚。例如，每一位公民都有的身份证件，很多居民居然不清楚凭借本人身份证或者户口可享受的优惠政策。住宅小区内各业主对于业主大会所享有的选举权和被选举权、知情权、投票权等也不知晓。另一方面，没有对社区主体各项职责、权利进行明示，社区各主体在具体社区事务管理中应当扮演什么角色，承担哪些职责，与社区其他主体之间关系如何处理，有必要在制度层面上进一步加以明确化与具体化。比较常见的问题就是社区内物业服务公司、业主委员会、其他社区自治组织与居委会之间的冲突与竞争。又如，住宅小区内业主对于公共烟道的打通，大部分业主并不知道其已经构成对共同利益主体的侵权，而类似现象在社区居民日常生活中比比皆是。

3）社区法规缺少前瞻性。众所周知，法律修订一次需要提案、反复论证、提交有修订权的机构，通过正式会议才能完成修订，比较烦琐、过程漫长，这也体现了法律的严肃性。而各法律制定之时，所体现的时代背景、时代问题，经过多年之后必定有较大不同，甚至有的法规经过漫长的起草到颁布时候，已有滞后时代的趋势。虽然这些问题可以借助政策的灵活性予以弥补，但社区内很多问题，必须以法律形式予以解决。从现行社区法规来看，缺乏前瞻性。例如，《中华人民共和国城市居民委员会组织法》规定："居民委员会根据居民居住状况，按照便于居民自治的原则，一般在一百户至七百户的范围内设立。"但目前城市中大量新建小区，住宅小区的面积和人口不断扩大，单纯一个住宅小区户数便能超过2 000户，甚至个别达到5 000户以上。显然，对于住宅小区规模预判并没有做好预估，造成滞后。

（4）社区法规执行力度不足。"天下之事，不难于立法，而难于法之执行。"习近平总书记在第十八届中央政治局第四次集体学习时指出："如果有了法律而不实施，或者实施不力、做表面文章，那制定再多法律也无济于事。"法律的生命在于实施，在社区日常工作中，就需要将各种法律规范转化成依据规范的行动，还需要将法律变成依据法律的思维方式和行为。我国从1949年中华人民共和国成立开始，先后共颁布了1 100余部法律法规，中国特色社会主义法律体系框架的初步形成，但在社区日常工作中依然存在各种法律问题。最主要的就是在具体施行中，这些法律并没有发挥其应有的作用，原因就在于这些法律的执行力并不到位。因此，目前社区法规问题不单单是出台多少部法律，更是要提高已颁布法律的执行力，让这些法律实实在在地达到"言必行、行必果"，这才是关键。

如前文所述，当前我国社区运行过程中存在大量人治现象，没有具体社区法规姑且不提，有法律规定的部分也往往流于形式。由于当前社区专门性法规多是由各地政府所制定的规章、条例，这就导致其强制性、惩罚性都不足，自然不被社区各方面人员重视。同时，在社区法规执行队伍建设方面，社区法律工作者专业化程度不高，法治能力不足，还不能有效满足社区法治化的需求。在法治基础设施建设方面，很多社区缺少开展大规模居民法律知识讲座的场所，云端讲座的必要的设施设备也不足以满足网络传播的要求。而社区中应该修建的法治雕塑、张贴的法治宣传标语也不到位。当然，软法相比于硬法更适应社区的运行模式,但如何解决软法在社区治理当中的施行问题,也是一个重要的课题。

(5) 社区法规配套不全。

1) 关于社区法规保障实施的资源不足。首先,社区法规运行的保障资金不够。无论法律还是法规,从起草到通过到执行到群众知悉,都离不开资金作为保障。在经费投入方面,虽然近年来各个城市不断加大对社区法治建设经费的投入,但仍然不能满足社区法治化运行的现实需求,法治建设资金缺乏是绝大部分社区法治建设的共性问题。而各个地方的财政实际情况不同,也就迫使对于社区法规的资金支持力度不一,很大程度上影响了社区法规的运行效果。资金保障不到位,直接影响社区法规的平台搭建、宣传贯彻、后期咨询等,良法也会因此而平庸。其次,各地区对于全国性社区法规的配套规定跟进不及时。任何一部有关社区的全国性法律法规,基本上都是给予某一特定部分内容的全国通用性规定,这时就需要各地区结合实际进行配套规定,以将社区法规进行细化。实际上,各地区依然采用通用法规,而缺少地方特色,或者跟进较慢,致使社区法规在某一区域出现漏洞。再次,综合上述两点,无论是资金保障还是配套规定跟进,其实都属于政府行为,都是资源的统一出口,即政府财政投入几乎是当前社区法治建设唯一或者主要的资金来源。这就会导致前两者的保障带有浓重的政治色彩,少了一些居民的自治色彩,往往会脱离社区群众的实际需求,甚至会出现叫座不叫好的面子工程,空耗资源。

2) 关于社区法规执行的监督机制不够完善。前文提到,政府在社区工作运行中的权利是社区法规所赋予,社区法治建设的自治又来源于政府部门,不受约束的权力必然滋生腐败,社区法规在执行过程中无论是法律本身还是执法者,存在大量监督不力的情形。首先,社区内部自律机制不完善。从经济学的理性人假设来看,人人都追求自我利益的最大化,在社区执法中的个体一旦缺乏有效的监管和制约,就极容易出现假公济私的行为。随着社区工作人员执法权力的扩大、权力范围的扩张,致使一些社区内部人员滥用职权,用手中权力进行权钱交易,甚至成为一股风气。例如,某社区党总支书记因对本辖区低保户家庭收入变动情况监管不到位,对享受国家低保政策者把关不严,权力寻租,使百姓利益受损、国家利益受损,终给予党纪处分。其次,政府对社区法规执行的监管力度不足。在立法监督方面,现行地方人大及其常委会对政府公共服务职能的监督乏力。在行政监督方面,我国目前关于行政诉讼的规定是否适用于政府为社区居民提供公共服务仍然值得商榷,因为政府公共服务行为与传统的政府行政管理行为两者之间存在较大的差异。且业务主管部门过多、职责不明晰,容易发生缺位、漏位与错位的现象,相关部门之间利益的交织与冲突也使它们无暇顾及对社区执法的监管。再次,社区执法权力是由政府与社区居民共同赋予的,它不仅要接受来公务部门的监督,还要接受来自社区居民和社会的监督。但在实践中,大部分社区居民对社区执法行为置之不理,缺少参与意识,监督意识不强,且缺乏正式的权益诉求反应机制。社区居民无论是在对政府公共服务职能的监督上,还是对社区自治组织自治职责的监督上,都起不到实质性作用。综上,监督不力会造成组织职责不明确、责任推诿、资金流向不清晰、组织结构混乱等问题,阻碍社区法规的执行,弱化社区法规效力。

三、社区法规建设路径

从近处看，法律是社会之基、国之重器，为国家发展保驾护航；从远处看，法律终将进化为人类的信仰，成为衡量文明开化的硬性标杆。"国无常强，无常弱。奉法者强则国强，奉法者弱则国弱。"习近平总书记时刻强调依靠法治解决各种社会矛盾或问题，以确保我国在深刻的社会变革中既生机勃勃又井然有序，社区作为城市构成的基本单位，社区法规建设首当其冲。

（1）专门制定社区管理法规，并且具有较高法律效力。近些年来，随着我国的立法进程快速而有序地推进，基本建成社会主义法律体系。但在社会主义法律体系中，行政法相比于热门的法律部门在立法步伐上并不快，而与行政法关系密切的社区法规受到的关注更低、立法极少。实践告诉我们，一部专门的社区法规立法，要伴随社区发展模式的转变而转变。需要更多法律专业人士积极深入社区，不断深化对社区工作运行的各项理论研究，为新法的制定提供更多的理论和实践支持。目前社区法规设立专门法律即通过全国人大立法的难度系数较高，一方面，社区法律内容过于庞杂，与其他法存在过多交叉；另一方面，直接升级到法的速度过快，缺少过渡。因此，社区法规目前适合按照宪法和法律的授权制定，以行政法规角度立法较为适合。可以参考《物业管理条例》，针对物业管理区域内的各种关系进行立法规定，以社区管辖区域为红线，在社区里的各项工作、生活事务均可参照条例，前提是遵守宪法和法律的规定，建议立法"社区服务条例"。既做到法律效力适中，仅低于宪法和法律，高于部门规章和地方性法规；又为各地方配套规定做好顶层设计，对各地方立法，给予宗旨、目标、原则、内容、步骤、要求等系统规定，保证地方性社区配套立法工作有法可依、有标准可循、有程序可走。其也体现了行政部门的"服务角色"，而非管理者自居，也为政府从管理型向治理型、服务型转变做出表率。同时，在制定新法的过程中，要尽量克服成文法的滞后性，多加借鉴诸如"枫桥经验""特色小镇""未来社区""低碳社区"等前沿的、成熟的社区发展模式、理念，以前瞻性的眼光进行立法工作。

（2）以实现社区居民美好生活为导向，构建符合新时代发展的社区法规。建设美好生活，离不开经济建设、社会稳定和谐及人民就业、住房、教育、医疗、养老、环境等物质条件的改善，这也反映了广大群众的真实需求，而这一切都与社区发展息息相关，离不开社区法规保障。法律的价值与美好生活契合之处在于，法律不仅可以确保不破坏人们的生活，而且可以促成美好的生活，即美好生活的法律保障集中体现在法律有助于实现一种有序又有活力的生活。前者是底线、基础和前提，后者是更高的追求。对于秩序的价值，法律通过义务、责任的分配，解决纠纷，维持基本的社会秩序，增进共同体的价值共识，巩固社会联结结构，这是法律价值的使命担当。归根到底，解决新时代人民群众主要矛盾的基本方式也就是坚定地推进、实施法治。可见，美好生活的群众视角，为社区法规指明了方向。

党的十九大报告指出："要抓住人民最关心最直接最现实的利益问题，既尽力而为，又量力而行，一件事情接着一件事情办，一年接着一年干。坚持人人尽责、人人享有，坚守底线、突出重点、完善制度、引导预期，完善公共服务体系，保障群众基本生活，不断满足人民日益增长的美好生活需要，不断促进社会公平正义，形成有效的社会治理、良好的社会秩序，使人民获得感、幸福感、安全感更加充实、更有保障、更可持续。"新时代，新的使命，要求社区工作能够积极完善服务体系，保障群众的基本生活。即社区工作人员应该关心并着手增进的，是人民群众所关心的健康、教育、就业、养老、医疗、生态，也是群众权利所向，更是社区法规建设内容的重要框架组成。

（3）大力推进各级部门依法治理社区，严格落实社区管理法治化。加强社区法治建设是推动全面依法治国的应有之义，推进各级各部门依法治理社区，落实社区法治化，就是对社区法规的坚决执行。提高社区法规执行力要摸清病源对症下药，才能取得好的效果。首要任务是理顺社会公共事务与社区事务之间的关系、社区公共事务与社区居民私人事务之间的关系、政府下派事务与社区自治事务之间的关系等。然后是在理顺这些关系的基础上，寻根溯源，锁定这些利益关系的法律依据，做到有据可查，最后才是对社区法规的严格执行。其一，要加速各级社区部门的职能转变。认真贯彻执行社区法规、政策，以建设服务型社区为目标，以当前正在进行的各级政府机构改革为契机，依法界定各部门职能，规范社区服务行为，提升社区工作效能。其二，要加大社区工作问责力度。切实加强社区部门权力内控机制建设，健全内外并重的权力运行监控机制，落实社区执法责任制和执法过错责任追究制，加快推进社区公共权力网上公开透明运行。其三，扎实推进司法公正廉洁。司法机关公正廉洁执法不仅是提高社区法规执行力的重要保障，也是司法水平的重要体现。一方面，要着力规范司法行为，规范自由裁量权行使，细化社区法规适用标准和条件；另一方面，要推进执法监督巡视制度。通过明查、暗访、重点抽查等形式，加强对社区法规执行、落地、规范及整改情况的监督检查。其四，努力推进各级部门领导干部做执行法律法规的表率。领导干部严格执行、遵守法律是提高社区法规执行力的前提。法律能否得到执行，关键在领导干部的表率作用发挥如何。要增强领导干部法律面前人人平等的意识和法律面前没有特权、法律约束没有例外的意识，引导领导干部带头学习社区法规，严格执行社区法规，自觉维护社区法规，在社区法规执行上率先垂范。只有如此，才能确保全方位、无死角的严格执行社区法规，以此捍卫社区法规的初心，保证社区居民的幸福生活。

（4）多渠道做好社区法规的配套工作，全力做好社区法规的保障工作。如果能够完成社区立法，并且具备反映社区居民诉求的法律内容，也能够保证严格落实。那么，最后一步就是为进一步保障社区法规实施效果的配套措施。首先，要有人，即建设好社区法规人才队伍，不断提高社区工作各岗位人员的法律知识储备、法律服务能力和水平。落实社区法律人才队伍建设计划，依法建设一支包括行政执法队伍、普法宣传队伍和社区调解队伍等的社区法治服务队伍。完善社区法治人才引进制度，通过各种激励政策招聘和吸引一批具有法律专业知识的人才充实到社区服务队伍中。也可以建立法律服务人才跨区域流动机制，逐步解决法律服务资源不足和高端法律人才匮乏问题。加强社区服务法律人才的资源整合，促使社区内各种法治力量形成合力。其次，要有财，即给予社区法规以财政保障。针对各地区财政水平不均且资金投入普遍不足的问题，一方面，地方政府在充分考察和论证的基础上，节约其他开支，加大对社区治理财政资金的投入，确保社区法规有效运行，社区内的各主体履行法律职责能有充足的资金作为保障；另一方面，积极探索社会资源、市场资源参与社区法治的投资渠道和投资机制，通过引导和规范社会力量和市场力量，拓宽社区法治的资金来源渠道。再次，要有物，主要是指社区法律平台的搭建，可搭建线上线下平台，保障社区法规的宣传、普及、反馈、监督。线下方面，可设立专门的社区法规咨询机构，能够给予法律实务指导；线上方面，途径较多，可充分发挥移动互联网的作用。若资金充足,可以研发社区法规 App;资金不足或者初期,可开创微信小程序,利用微信大平台,也可以进一步开发 400 电话,同时以互联网技术为支撑,形成各方法治力量信息互通、信息共享格局,提升社区法律服务的辐射力,形成全省、全国的社区法律资源共建、共享、共治。最后,要有配套规定,主要是针对全国性社区法规,结合各地区实际给予补充。前文所述已经按照社区居民需求,搭建好符合时代发展要求的社区法规,做好框架性规定,就需要各地区针对区域特征、纠纷率给予配套规定,可称为"××社区服务规定"或者"××社区服务实施方案",将框架规定充实、细化。

> 思考题

1. 结合实际,谈谈社区日常运行中还存在哪些不足。
2. 美好生活与社区法规有哪些内在联系?
3. 社区工作者如何保证社区法规的有效落实?

第四节 社区法规宣传

一个优质的法治化社区,需要具备一种全民学法、全民懂法、全民用法、全民守法的氛围,需要加大社区法治宣传力度,逐渐培育社区各主体法治意识和法治信仰,形成社区治理法治化的强大动力,让社区各主体在参与社区法治和日常生活过程中将法治精神和法治理念入脑、入心。

一、社区法规宣传主体及职责

(1)街道办事处。街道办事处作为社区范围内最高领导管理机构,其基本职能之一便是"负责在辖区开展普法教育工作,做好民事调解,开展法律咨询、服务等工作,维护居民的合法权益,搞好辖区内社会管理综合治理工作"。因此,对于社区法规的宣传工作,街道办事处应负责主要工作任务和承担主流宣传部分。同时,街道办事处只是政府的派出机关,应该从全国的法律颁布到省一级的配套完善,再到市一级的细化规定,甚至到区里的具体方案,层层递进。不应将社区法规宣传的重担全部压到街道办事处,应该通过层层的权利推进将社区法规宣传任务予以分担。尤其是区里的检法部门,属于法律法规的专业部门,理应伸出援助之手给予专业支持。街道办事处需要做的就是做好社区法律法规的梳理,提供宣传资源,做好保障,针对所辖社区实际情况做好社区法规的宣传方案,搭建好社区法规宣传平台,并进行及时的监督。

(2)居民委员会。居民委员会作为社区的基层群众性自治组织,是党和政府联系人民群众的桥梁和纽带,是被宪法所直接赋予自治权利的基层组织。其首要的基本职能就是"宣传宪法、法律、法规和国家的政策,维护居民的合法权益,教育居民履行依法应尽的义务"。而这些法律法规运用到社区工作,就是与社区居民息息相关的社区法规。作为社区法规宣传的承上启下的机构,也是距离社区各主体最近的机构,主要是执行好街道办事处关于社区法规宣传的方案,接受监督,并对街道办事处负责,引导社区居民尊法、学法、守法。例如,鄂州市花园社区居民委员会联合市中级人民法院志愿服务队开展法律法规宣传活动。市中级人民法院志愿者通过法律法规宣讲,结合案例讲解关于劳动纠纷、婚姻家庭、财务纠纷、合同纠纷等法律知识内容,现场发放扫黑除恶、财产安全宣传手册,并设立咨询台提供法律咨询服务,耐心地为居民答难解惑,引导居民在任何时候都要依法依规办事,以合法的形式维护自己的合法权益,倡导居民形成学法、懂法、用法的良好氛围。

(3)各级职能部门。各级职能部门主要是指省级、市级的职能部门,如人社厅、人社局等,用以辅助街道办事处、居民委员会进行法律宣传。社区法规很多是其他各部门的部门法规,而部门法规一定是该部门的各级工作人员最为熟悉,因此,由他们配合社区法规宣传,会取得事半功倍的效果。例如,开封市东郊乡五城联创办联合东郊乡食药监所、清水河社区在天祥小区开展以"普及食品安全法律知识,增强食品安全防范意识"为主题的食品安全普法宣传活动,同时,联合东郊乡曹门社区开展"树立法律意识,增强法制观念"法律知识进社区讲座,活动现场向辖区居民发放食品安全宣传手册,为辖区居民讲解食品安全知识及法律法规,进一步增强了辖区居民的法制观念,提高辖区居民食品安全维权意识和识别假冒伪劣食品的能力,同时提升了辖区居民学法、知法、守法、用法意识,用法律的武器保护自己,用法律武器维护社区安全稳定。而食品安全方面的法规,一定是食品药监部门更为熟悉,宣传方面也会更专业、权威。

(4)社区公益组织。社区公益组织主要是以志愿者形式体现,可以囊括检法工作的在职人员、退休老人、法学专业的大学生及热心公益的法律人士等。他们用专业知识,将社区法规以自己的经验、学识创新性地表现出来。这既让老年人发挥了余热、大学生得到锻炼、热心人士奉献爱心,又让社区普法形成一股风气、一股正气。例如,浙江工业大学法学院"知律明法"暑期社会实践团队深入社会生活第一线,将专业学习与社会实践相结合,在留下街道等地开展法治文化社区行活动,通过开展"调查访谈摸现状""法律咨询助居民""普法讲堂学知识""法律电影明正义"等形式的活动,大力推广法治思想。将大学生实践与社区普法需求进行有效的资源整合,而最终惠及的是整个社会。进一步引导社区居民明辨是非、崇礼守法,有力地提高居民群众的法律意识,增强社区居民法治观念和依法办事的自觉性,并学会用法律武器维护自身的合法权益,在社区营造良好的法治环境。

(5)法治办公室。区别于国务院、省政府、市政府、县政府的"法制办公室",是由当地政府设立的负责本级政府法制工作的办事机构。建议在社区设立"法治办公室",作为街道办事处的组成机构。"法制办公室"关于法律宣传的职责是"开展政府法制理论、政府法制工作研究和宣传,开展对外法制业务交流",而"法治办公室"的职责是"负责辖区综治维稳、信访处置、劳资纠纷处置、禁毒宣传、物业管理、普法教育、人民调解、法律咨询和服务等相关工作",针对法律宣传更具有针对性。目前,全国范围内已有成功案例,来自深圳市福田街道办事处的法治办公室自设立以来取得较好评价。深圳市是我国内地物业管理的发源地,是业主委员会的起源地,是中国第一部物业管理法规的诞生地,相信法治办公室的作用也会延续之前社区建设的良好势头向前发展。

二、社区法规宣传的意义

(1)做个好公民要学法、懂法、守法。《中华人民共和国宪法》规定,凡具有中华人民共和国国籍的人都是中华人民共和国的公民。无论民族、种族、性别、年龄、出身、政治表现等，即使是触犯刑律、被劳动改造或者剥夺政治权利的人，只要具有中国国籍，就是一个中国公民。每一个中国公民毫无例外都要遵守我国的宪法和法律，因此，要学习宪法。宪法是国家的总章程，是根本大法，是法律的核心。其权威至高无上，是其他法律的立法根据，因此宪法又称母法，其他法律称为子法。宪法具有最高的法律效力，其他法律不得与宪法相抵触。任何组织和个人都必须以宪法为根本的活动准则，违反宪法都要受到追究。遵守宪法、维护宪法的尊严、保证宪法的实施是公民最重要的义务。宪法规定的是国家生活中全局性、根本性的问题，如社会制度和国家制度的基本原则、公民的基本权利和义务、国家机构组织活动的基本原则等。宪法关于公民的基本权利和义务，规定了公民在法律、政治、人身、社会经济、文化教育等方面享有的基本权利。需要注意的是，公民在行使权利时，首先必须符合宪法所确定的党和国家的基本路线，必须以坚持四项基本原则为前提，一切旨在反对或否定四项基本原则的言论、出版、集会、结社、游行、示威等都是违背宪法的，应当依法予以禁止。其次，公民在行使政治权力时，必须严格依照法律规定的要求和程序进行，不能随心所欲，我行我素。再次，公民在行使权利时，不得损害国家的、社会的、集体的利益和其他公民合法的权利与自由。例如，国家保护正常的宗教活动，公民有信仰或不信仰宗教的自由。但是，如果利用宗教扰乱、破坏社会公共秩序，损害公民人身财产与安全，妨碍、破坏公共设施和社会稳定活动，则是不允许的。一些邪教组织冒用宗教名义，造谣惑众、诈骗钱财、危害人民群众身心健康，是违法行为，应依法予以取缔，直至追究刑事责任。再如宪法规定，我国公民有依法纳税的义务，个人依法缴纳所得税，国企、民企、个体工商企业依法缴纳各种税款。

另外，宪法还对中国境内的外国人的权利和义务做了规定，既保护他们的合法权益，也规定他们必须遵守中国的法律等。守法的关键在于加强法制观念，法制观念加强了就会自觉地按照法律规定行事，就会时刻提醒自己，哪些事是法律允许做的，哪些事是法律禁止做的，哪些事是必须做的，哪些事是违法犯罪的，这就是守法。作为中国公民就要做一个学法、懂法、守法的好公民，并帮助别人共同守法，维护国家法律的尊严，这就是护法。一个学法、懂法、守法的公民，才是一个好公民。故此，社区法规宣传对于公民个人学法、懂法、守法，具有重要的意义。

（2）做个好职工要学法、懂法、守法。为了生存，人们总要谋生，或个人创业，或在某单位就职。在工作和日常生活中，必然要发生人与人、人与单位、单位与单位之间的各种经济法律关系。例如，上街买东西，一手交钱一手交货，这就产生了货物买卖的法律关系，即各自需要履行交钱和交货的义务，也分别取得货物和钱款的权利。如果只取货不付钱，或收了钱不交货，或者强行取货、要钱，就是违法行为。企业之间进行大宗货物的购销买卖，双方还得签订正式的书面合同，一旦发生纠纷，可以按照合同的规定处理。为了使合同具有法律效力，就需要去公证，皆属法律行为。随着我国的经济快速发展，从事个体经营活动的劳动者不断涌现，国家相应制定了许多经济法规，因此我们应当学习经济方面诸如合同法、劳动法、物权法、消费者权益保护等的法律法规。以合同法为例，它在经济活动中越来越受到重视，但是，什么是合同，如何签订和履行合同及怎样处理合同纠纷，这一系列问题，不少人并不清楚。有人可能认为自己不搞经济，学这些法规没有用处，其实不然。以与老百姓生活息息相关的《中华人民共和国消费者权益保护法》来说，它明确规定消费者有安全权、知情权、公平交易权等权利，尤其是惩罚赔偿金制度的规定，使消费者在买到有问题的商品或者接受低质量的服务时，不必忍气吞声，自认倒霉，可以通过投诉，保护自己的合法权益，如果社区居民对此一无所知，就会吃大亏。例如，网上购物已经走进千家万户，如何避免在网上交易的风险，就要了解《网络交易管理办法》，保障自己在网上购物的权益。这些法律法规走进各个职工的工作、生活，应该归功于有效的法律宣传。

（3）做个好家庭成员要学法、懂法、守法。家庭是社会的细胞，每个人都是构成家庭的成员之一，营造和睦温馨的家庭氛围，每个家庭成员都应学法、懂法、守法，要懂得家庭成员之间存在的法律关系。只有清楚了这些关系，才能避免及正确处理可能产生的矛盾和纠纷，实现"家和万事兴"的愿望，为构建和谐社会、实现美好生活创造基础条件。在现实生活中，人们往往存在一些认识上的误区，特别是处理家庭矛盾和纠纷时，认为法就是打官司，还认为只要不违法，法就与我无关，甚至有人认为打官司不会是好事，倘若成为被告，就不是好人等。其实家庭依法打官司是通过一定的法律程序来解决已经发生的问题，这是解决矛盾的正常途径和有效方法。例如，夫妻感情破裂要求离婚、子女拒绝承担赡养义务、亲属之间为遗产继承发生争执等，可以到法院请求依法处理，这就是打官司。打官司就是诉讼，这一类民事纠纷要打官司，就是民事诉讼。打官司要按照法律规定的程序，规定当事人进行民事诉讼和人民法院审理民事案件的程序的法律就是民事诉讼法。婚姻法、继承法及保护妇女、儿童、老年人权益的法律法规，都是每个家庭成员都应知道并遵守的行为规范。当人们了解了这些法律基本常识之后，那些由于种种原因不敢起诉或不懂得如何起诉的当事人，就会正确地拿起法律武器来维护自己的合法权益。可见，每位家庭成员都会受益于社区法规宣传，其对于幸福、和谐、美满的家庭生活实现具有重要的意义。

三、社区法规宣传的措施

（1）社区开展法律宣传活动，要坚持"围绕中心，服务大局""依靠群众，服务群众""学用结合，普治并举""分类指导，突出重点""创新发展，注重实效"的原则。高举中国特色社会主义伟大旗帜，全面贯彻党的十八大和十八届三中、四中、五中全会、十九大和十九届三中、四中、五中全会精神，以马克思列宁主义、毛泽东思想、邓小平理论、"三个代表"重要思想、科学发展观、习近平新时代中国特色社会主义思想为指导，深入贯彻习近平总书记系列重要讲话精神，坚持"四个全面"战略布局，坚持创新、协调、绿色、开放、共享的发展理念，按照全面依法治国新要求，深入开展法治宣传教育，扎实推进依法治理和法治创建，弘扬社会主义法治精神。社区工作的相关部门，要提高普法的思想意识，充分针对所辖区域进行调查，了解实际并制定一套长远的计划实施社区普法。在普法过程中，应该将相关法律法规落实清楚，针对较为复杂的内容可以进行简单的注释。教育宣传内容还要紧贴地域、受众者知识情况等进行随时的更新，使普法教育能够被大众所接受，确保第八个五年法治宣传规划各项目标任务落到实处。

（2）发扬领导带头作用，有针对性地提高群众的法律意识。领导重视是完成法治建设的首要条件，要坚持把领导干部带头学法、模范守法作为树立法治意识的关键，完善社区工作人员学法、用法制度，将法治观念强不强、法治素养好不好作为衡量干部德才的重要标准，将能不能遵守法律、依法办事作为考察干部的重要内容，切实提高领导干部运用法治思维和法治方式深化改革、推动发展、化解矛盾、维护稳定的能力。作为社区领导，应将社区法规宣传、建设专项经费纳入财政预算，切实予以保障，并建立动态调整机制。同时，针对社区群体，年龄、学历、经营主体性质等不同特征，科学布局社区法规宣传规划。首先，针对青少年群体，切实抓好青少年的法制教育工作。坚持从青少年抓起，将法治教育纳入国民教育体系，引导青少年从小掌握法律知识、树立法治意识、养成守法习惯。积极研究、探讨、实践"预防和减少青少年违法犯罪"的工作机制，完善学校、家庭、社会"三结合"的法制宣传教育网络，做到"三个结合"，即法治教育与道德教育相结合、思想教育与行为教育相结合、校内教育与校外教育相结合。其次，针对经营主体，积极组织企业领导、员工学法用法活动，促进依法治企。坚持将社区普法宣传教育工作与规范企业内部管理、维护职工合法权益结合起来，教育、帮助企业将生产经营、管理决策等各个环节纳入法制化、规范化的轨道，大力推进企业依法决策、依法经营、诚信经营。坚持向企业经营管理者宣传有关劳动、生产、消防等方面的法律知识，提高经营管理者的法律意识和法制观念。同时，也要加强对农民工等群体的法治宣传教育，帮助、引导他们依法维权，自觉运用法律手段解决矛盾纠纷。再次，针对其他人群，做到"投其所好"。主要宣传教育、就业、收入分配、社会保障、医疗卫生、食品安全、扶贫、慈善、社会救助和妇女儿童、老年人、残疾人合法权益保护等方面的法律法规，以"民生"为关键词，引导全民自觉守法、遇事找法、解决问题靠法。

（3）整合多种资源，创新普法教育方式。社区普法需要推陈出新，创新工作理念，坚持服务党和国家工作大局、服务人民群众生产生活，努力培育全社会法治信仰，增强法治宣传教育工作实效。针对受众心理，创新方式方法，整合有效资源，多渠道、多手段进行社区法律宣传，要让寻常百姓家能够渗透进法律法规，接受、了解并运用法律法规。普法活动的形式起着重要的影响作用，尤其是现如今社会的快速发展，人们生活质量提高，其教育需求、欣赏能力、精神追求等均发生显著变化，为了适应时代发展，必须摒弃传统宣教方法，坚持以人为本，根据受众对象的具体特点，有针对性地进行普法活动。

①普法进社区。形态上都是进社区，但是形式上可以丰富多彩。如社区观影、法律知识竞赛、普法讲座、普法公益演出等。同时，在走进社区的人员上，积极引导司法和行政执法人员、法律服务人员、大专院校法律专业师生加入普法志愿者队伍，畅通志愿者服务渠道，完善志愿者管理制度，培育一批普法志愿者优秀团队和品牌活动，提高志愿者普法宣传水平。

②阵地宣传。一种是常见的宣传栏、宣传板报、宣传橱窗等，可以让社区居民一走一过获得关注和渗透，可谓"润物细无声"，但更新相对麻烦；另一种是大众媒体，常见的是广播、电视、报纸、期刊、宣传手册、画报等。虽然较为流行，易接受，但是也耗费一定的资源。

③互联网宣传。互联网已经走进中国的千家万户，据2019年统计，中国网民已到8.54亿人。利用互联网进行社区法律宣传也符合科学技术发展趋势。一种是传统互联网，需要借

用计算机平台，利用 IE 浏览器去获取法律知识，这种方式虽然占有一定比例，但便捷性也较低；另一种就是当下普及率更高的移动互联网，技术也相对成熟，尤其是 5G 时代的到来，更促进移动互联网的快速进步。借助移动互联网可以开发专门的 App，如"法律问问""学法普法""法律咨询"等；也可以利用微信平台，毕竟，2019 年计，微信的月活跃账户数超过了 11.5 亿，微信平台已经与用户形成了强大黏性，可以利用庞大的基数去创立普法宣传群、普法公众号、普法小程序等，既节约资源受用人数又广，但也需要提防虚假信息的危害，合理规避风险。

④设立社区普法常驻机构。相对来说，这一做法要么设立专人专责，要么发动志愿者，包括一并开通法律宣传热线，能够实现动态、实时的面对面沟通、交流，但需花费较高的人力、资金成本。

综上所述，法律宣传途径众多，但无论哪种途径，只需要谨记"法无常法，道无常道"，如何以易接受、生动的方式普及法律知识、传达理念，注重法律宣传实效，这才是社区普法宣传的关键所在。

（4）建立专业有效的监督考核机制，强化组织保障。社区普法，应建立好责任清单，检查监督是落实普法依法治理任务的一项重要措施，需要成立专业有效的监督考核机制具体实施。从考核方式上来看，可以将社区普法宣传效果的考核与多种学科如心理学、社会学等进行融合，力图从多方面去审核工作开展的情况。将社区普法教育纳入综合绩效考核、综合治理考核和文明创建考核，将多个领域的专家和法律学者进行合作交流，使考核更加科学。另外，还需要进一步将考核标准量化，将考核结果信息公开，促进社区普法宣传工作的透明开展。从考核体系上来看，完善社区普法宣传的考核评估体系，需要遵循结果与现象的一致性原则，从客观可行的角度去实施。例如，可以设置一个指标层级，把社区内实际的普法宣传效果作为一级指标，其他的各种考核项目诸如组织领导（相关领导部门意见的提出和工作的实施）、重点观察对象（干部、青年、企业管理者、流动人口等）、宣传形式（节目、专栏等）等作为二级指标。从监督层面上看，各级人大要加强对法治宣传教育的日常监督和专项检查。完善党委领导、人大监督、政府实施的法治宣传教育领导体制，加强各级法治宣传教育组织机构建设。高度重视基层社区法治宣传教育队伍建设，切实解决人员配备、基本待遇、工作条件等方面的实际问题。同时，各级法治宣传教育领导小组也要积极深入基层、深入群众调查研究，积极解决问题，努力推进工作，加强领导，将法治宣传教育列入政府购买服务指导性目录，推进法治宣传教育不断深入。

经过长年累月、日复一日的社区普法宣传教育，经过长期谨守法律勿徇私意的司法实践，让更多社区群众在观摩中、耳濡目染中守法，在捍卫权利的体验中，逐渐地让法律的精神或原则在人们心目中扎下根来，让每一位社区居民自发信法守法，这样，中国的法治才能成为有源之水、有本之木。

思考题

1. 结合实际设计一套社区普法的创意方案。
2. 从社区服务的角度谈谈普法宣传的意义。

第五节 社区法规咨询

如前文所述,社区法规宣传是让社区居民认识、了解法律。而了解或知晓法律之后,势必会结合自身生活实际、家庭实际、工作实际而产生疑问。对于社区法治化而言,紧跟社区法规宣传之后的就是社区法规咨询。相比社区法规咨询,社区法规宣传较为固定,因为其行为完全以社区为"红线",各种社区法规宣传资源、机构可以投入或者进驻到社区范围内。换言之,社区各主体可以"坐等"家中被普法。而进入社区的法律宣传资源也是各擅其事,只需要将自己准备的、熟悉的、擅长的法律知识进行教育、普及即可。而社区法规咨询则不同,其需求更具针对性。既然需要咨询,就是社区各主体在具体事务上存在法律方面的疑问、纠纷等,而且其所需法律范围也不局限在社区"红线"内,涉及所有法律法规。因此,社区法规咨询相对于社区法规宣传,难度系数更大,更需要专业性、规范性。综合而言,社区法规宣传、社区法规咨询是加快推进公共法律服务体系建设的重要构成,是保障和改善民生的重要举措,是全面依法治国的基础性、服务性和保障性工作。

一、社区法规咨询主体

负责社区法规咨询的主体机构,可以是前文所述社区法规宣传的各机构,如街道办事处、居民委员会、各职能部门、公益组织,承担社区法规咨询的使命。但法规的咨询,需要更专业的回答、反馈,上述机构未必能够完全、准确满足社区各主体的需求,因此,需要补充一些专业法律人士及其他专门机构、组织,更好地满足社区群众法律咨询服务需求。

(1)司法部门。司法部门承担法律咨询,一般指人民法院、人民检察院,广义上指公安机关、国家安全机关、司法行政机关、军队保卫部门、监狱等负责刑事侦查的机构,承担法律咨询任务。按照《关于加快推进公共法律服务体系建设的意见》的文件精神,充分发挥司法部门统筹矛盾纠纷化解、法治宣传、基层法律服务、法律咨询等功能。作为法律咨询,一定是由非专业人士的发问,由常年在司法一线工作的人员给予专业的回答,而司法工作人员属于国家公职人员,理应成为法律咨询方面的中坚力量。例如,十九大代表,来自北京市昌平区人民检察院检察委员会专职委员、未成年人案件检察部主任彭燕,以自己的多年检察实践,生动鲜活、深入系统地进入社区宣讲,面对面地解答社区居民的法律问题,尤其是青少年法律问题。包括北京市人民检察院、分院,昌平区人民检察院及昌平区部分街道、乡镇在内,彭燕进行了多场宣讲,聆听宣讲人数超过4 700人以上。同时,由她发起、组织的常春藤法治宣讲团共有30名检察人员,已在昌平区50多所中小学、职业院校开展140多场宣讲,影响范围超过43 000人。很大程度上,正是司法工作人员以其自身的经历、经验,解答了受众群体的法律疑问。

(2)律师协会。律师协会是社会团体法人,是律师的自律性组织,几乎囊括了所有非公职人员的法律精英。律师协会及所属律师承担法律咨询的任务,一方面,按照《中华人民共和国法律援助条例》的规定,中华全国律师协会和地方律师协会应当按照律师协会章程对依据条例实施的法律援助工作予以协助。律师应当依照律师法和法律援助条例的规定履行法律援助义务，为受援人提供符合标准的法律服务，依法维护受援人的合法权益，并接受律师协会和司法行政部门的监督。另一方面，按照《中华人民共和国律师法》规定，律师可接受自然人、法人或者其他组织的委托，担任法律顾问。虽然此举是营利的，但也能专业、有效地完成法律咨询，并且给予一定保障。近年来，响应国家号召，各地区纷纷开展"律师进社区"活动。例如，重庆市茄子溪街道园林社区特别邀请社区的法律援助律师，团队一行来到社区开展了一次"律师进社区"的法律咨询讲座活动。本着法律服务走进基层、服务群众的原则，就"相邻权""继承权"几类普遍的，且与社区群众息息相关的权利进行了详细讲解。为了让居民们透彻地了解，在法律问题咨询环节，社区群众就财产分割、邻里纠纷、家庭矛盾等问题进行现场咨询，律师通过大量的类似案例结合相关法律及政策进行了专业、细致的解答。让社区居民更实际地接触切身相关的法律，通过法律来维护自己的利益，避免发生一些非法、不理性的处理方式。

（3）高等院校。高等院校里拥有大量的法律人才，一部分是上文提到的兼职律师，另一部分是常年从事法律研究、学习的高等院校教师和学生。后者虽然没有律师资质，但是同样能够结合日常教学、科研工作，以其专业素养的不断积累，服务社区主体的法律咨询。同时，高等院校也具有其他机构不具备的优势，其一，具有丰富的理论优势，各高校利用自身科研平台成立的法律咨询中心，例如，中国政法大学于2007年成立的法律应用研究中心，联合法学专家、学者和有志于法律应用研究的社会各界人士，开展多学科、多门类交叉研究和行业内外的广泛交流。结合我国国情着力解决法律应用中亟待解决的焦点性、社会反应强烈的重大问题，为社会大众排忧解难，促进社会主义和谐社会、法治社会的建设。其二，具有大量的懂法且善于沟通、拥有创意的学生资源，同样利用学校平台成立法律咨询社团。例如，广州大学于1995年成立的法律咨询服务社，是广东省第一个以学生为主体的公益性法律服务社团。自成立以来本着"普法、助人、求实、奉献"的宗旨，长期免费为社会上有需要的群体提供各种无偿的法律咨询和法律援助服务，累计服务群体达15 000人次以上。充分利用高校学生的创新优势，发挥学生的无限想象力，开展丰富多彩的法律活动来服务社区主体，既能满足各主体的咨询需求，也能锻炼学生法律实务能力，为以后从事法律工作打下基础，可谓一举多得。其三，具有丰富的法律图书资源，图书馆的资源不仅仅局限于高校图书馆，也涵盖了各地区公共的图书馆，可以利用馆藏资源成立政策法规文献研究室、参考咨询部；可以接受法律专题咨询委托，为各级党政决策部门提供法律咨询服务，提供法律文献阅览；也可以建设法律专题数据库，为社会各界及社区公众服务。总之，高等院校法律资源丰富，是提供社区法律咨询的潜在力量，应予以高度重视和深度挖掘。

（4）法律援助机构。法律援助机构是负责受理、审查法律援助申请，指派或者安排人员为符合法律援助条例规定的公民提供法律、司法方面帮助的部门、机关，法律咨询只是其业务之一。法律援助机构虽然由直辖市、设区的市或者县级人民政府司法行政部门根据需要在本行政区域内设立，但其服务对象是针对因经济困难没有委托代理人的群体，或者是盲、聋、哑人、未成年人而没有委托辩护人的，是无偿的法律服务。法律援助机构是受《中华人民共和国法律援助条例》保护和赋予职责，仅针对"依法请求国家赔偿的，请求给予社会保险待遇或者最低生活保障待遇的，请求发给抚恤金、救济金的请求给付赡养费、抚养费、扶养费的，请求支付劳动报酬的、主张因见义勇为行为产生的民事权益的事项"提供法律咨询服务。例如，值班律师制度便是因此而设立的，主要是在法院、看守所派驻值班律师，为犯罪嫌疑人、被告人提供法律咨询、程序选择、申请变更强制措施等法律帮助。法律咨询援助是中央深化司法体制改革的一项重要举措，律师值班制度则切实解决当事人获取律师法律咨询帮助的"最后一公里"问题。

二、开展社区法规咨询的措施

（1）建立社区法规咨询服务的统筹协调管理机制。开展社区法规咨询服务，一方面，建立统筹协调机制。健全党委领导、政府主导、部门协同、社会参与的法律咨询服务管理体制和工作机制。加大统筹力度，由司法行政部门牵头，充分发挥人民法院、人民检察院、人力资源社会保障、发展改革、财政、民政、农业农村、信访等部门职能作用和资源优势，在规划编制、政策衔接、标准制定实施、服务运行、财政保障等方面加强整体设计、协调推进。另一方面，健全管理机制。加强对法律咨询服务体系建设的统一管理，明确公职律师、公司律师法律地位，完善法律顾问管理制度，加强对行业专业调解的统筹指导，提升服务综合效能。加强法律咨询服务管理部门对法律咨询服务秩序的监管，充分发挥法律服务行业协会的作用，完善行政管理与行业自律管理相结合的管理体制机制，明确各类法律服务机构资质认定、设施建设、人员配备、业务规范、工作流程等具体标准，统一场所标志、指引和功能设置，推进法律咨询服务标准化、规范化。

（2）加大社区法规咨询服务的保障力度。开展社区法规咨询服务，离不开各项保障措施。

①推进法律咨询服务制度建设。完善法律咨询服务相关规章和规范性文件。研究制定国家法治宣传教育法，推动制定法律援助法、司法鉴定法，修改律师法、公证法、仲裁法等法律法规，完善政府购买公共法律服务制度。加强公共法律服务立法与法律服务相关改革政策的衔接，加快制定地方性法律咨询服务法律规范。

②加强法律咨询服务人才队伍建设。注重引导法律咨询服务人员中的党员带头参与公共法律服务，加大法律咨询教育培训力度，研究制定法律教育培训规划。完善职业道德规范制度体系，促进法律服务行风建设和诚信体系建设。同时，优化法律咨询服务人才队伍结构，稳步增加律师、公证员、法律援助人员、仲裁员数量，培养和壮大高校法律人才队伍，做好法律人才的梯队建设。

③强化法律咨询服务经费保障。将法律服务经费纳入同级财政预算，做好整个公共法律服务体系建设各项经费保障，尤其是将基本公共法律服务事项纳入政府购买服务指导性目录。建立公益性法律咨询服务激励保障机制，对积极参与法律咨询服务的机构和人员，按照国家有关规定进行表彰奖励，并提供必要支持。并且加大对欠发达地区财政支持力度，逐步缩小地区差距，有序推进法律咨询服务协调发展，均衡法律资源。

④提升法律咨询服务的技术保障。推动法律咨询服务与科技创新手段深度融合，着力打造"智慧法律咨询服务"。大力发展公共法律服务科技创新支撑技术，重点突破法律咨询创新方式、律师执业保障与执业监管、电子公证、社会矛盾纠纷排查与预警、法律援助智能保障等关键技术。研发深度学习、智能交互技术，推广应用智能法律服务技术，以精准法律咨询服务支撑技术与装备研究为突破，通过人群精准分类，动态评估不同人群的法律需求。

（3）多种形式推进社区法规咨询服务平台建设。推进社区法规咨询服务平台建设，应多措并举，丰富咨询平台形式。

①社区法规咨询中心。法律咨询中心并非指某一特定机构,而是指具有实体机构、专门工作人员的法律资讯类服务形式。社区法律咨询中心只是其中一个名称而已,也有其他现行的法律咨询中心名为"社区法律诊所""社区法律超市""社区法律咨询服务台"等,名称千变万化,但实质都是为社区各主体提供法律帮助。而这些机构的存在地点,则不单局限在社区,也可以设立于高校、图书馆、人民法院、人民检察院等。可以让有需求的社区主体面对面地进行咨询,针对法律问题答疑解惑,但也存在占地、人工成本高、保密性低的不足。通过实体法律咨询平台的建立,可以以此为依托,衍生出其他形式的法律咨询服务。

②社区法规咨询服务热线是一项保密性高、服务功能强的免费电话服务方式,电话热线在满足广大农村偏远地区、行动不便、网络不通的地区发挥着越来越重要的作用。在我国,推行的是"12348"热线平台,一体化呼叫中心系统,是市、区、县司法局及法律援助中心面向广大市民群众的法律咨询专用电话,它接受解答群众的法律咨询,配合调处民间纠纷,及时反映群众的法律需求信息,指导和接受法律援助申请,维护贫弱当事人的合法权益,维护司法公正,维护社会稳定。

③社区法规咨询服务网站。通过登录网站形式获取法律咨询服务,在登录人浏览登录网页时,为登录人处理遇到的法律问题。在我国点击次数、咨询次数较多、影响较广的网站有中国法律咨询中心网、中国法律服务网等。以中国法律咨询中心网站例,成立以来始终不忘初心、牢记使命,秉承严格依法、客观公正的工作理念,充分发挥第三方优势地位和桥梁纽带作用,广泛开展中央委托的课题研究、志愿专家诉讼服务、政府决策咨询、疑难案件咨询论证、公益性调解、义务法律咨询、国外境外学术交流等法律服务,为满足人民群众的法律服务需求,积极化解矛盾纠纷、提高社会治理的法治化水平,推进全面依法治国、建设中国特色社会主义法治体系、建设社会主义法治国家做出了积极贡献。

④社区法规咨询 App。现在是移动互联网的时代,就是以"互联网＋法律咨询服务"的形式为社区各主体提供法律咨询服务,是法律咨询机构、网站、热线的延续。例如,上面所提到的"12348",就推出了公众号、小程序、App,让社区居民在家足不出户即可获得所需的法律咨询服务。

综上所述,我国正逐渐构建集"12348"电话热线、网站、微信、移动客户端为一体的公共法律服务咨询体系,提供覆盖全业务、全时空的高品质社区法规咨询服务。实现"一网通办"、资源共享,坚持平台建设和运行管理并重,健全平台运行管理和服务标准体系。

(4) 健全社区法规咨询服务的评价机制。社区法规咨询服务的评价机制,就是对上述措施的反馈。

①构建法律咨询服务评价指标体系,研究制定以业务规范指标、服务效果指标和社会评价指标为主要内容,以基础设施、人员配备、业务开展等方面量化考评指标及奖惩标准为重点的科学指标体系。建立健全律师行业专业水平评价体系和评定机制,促进律师专业化分工。开展群众满意度测评,以群众满意度来检验法律咨询服务工作成效。

②做好监督工作。定期对法律咨询服务体系建设进展、成效及保障情况进行督促检查和考核评估,将有关检查和考核评估结果作为本地区有关党政领导干部综合考核评价的参考。同时,应充分发挥大数据作用,建立"法律＋大数据分析",对各主体面对面咨询、拨打热线、网络搜索等涉猎的法律问题,给予分类、归纳、总结,区分出咨询频率较高的法律问题。一方面,为法律精准宣传锁定服务对象,透过数据分析,得出哪类群体在哪类

法律问题咨询的次数最多，再结合犯罪数据，便可得出哪类群体易出现某类问题。例如，网贷问题，青少年群体、家长群体、辅导员教师群体咨询该类问题较多，且校园网贷问题发生频率最高，那在接下来法律进校园时，便可针对校园网贷问题多加宣传和讲解，以此形成宣传和咨询的动态循环。另一方面，也为改进法律咨询服务提供帮助。同样依据数据分析，便可将咨询频率较高的法律问题，在热线或者法治建设上给予更大投入，布局更多资源。

三、社区法规咨询范围及常见问题列举

从社区范围出发，常见的法律咨询服务主要有婚姻家庭法律咨询服务、劳动就业法律咨询服务、消费者维权法律咨询服务、房地产与物业管理法律咨询服务、交通事故法律咨询服务等。

（1）婚姻家庭法律咨询服务，主要是为社区居民提供有关婚姻家庭方面的法律咨询服务。常见的婚姻家庭法律问题有离婚手续、期限、效力问题、家暴问题、彩礼问题、夫妻财产分割问题、夫妻债务承担问题、子女抚养问题、父母赡养问题等。

咨询列举1 网友A问：A与B婚后购买一套住房，并将B位于市区婚前所有的一套住房出租，月租金2 200元。协议离婚时，对B婚前房屋婚后产生的收益如何分割发生了争执。A认为，B名下房屋所产生的升值款20万元和租金16万元应属夫妻共同财产，A有权分得18万。而B认为，他婚前的房产及其收益均归他所有。请问：一方个人财产在婚后获得的收益应否属于夫妻共同财产？

专业解答：根据《最高人民法院关于适用〈中华人民共和国婚姻法〉若干问题的解释（二）》第十一条规定，婚姻关系存续期间，一方以个人财产投资取得的收益应当归夫妻共同所有的财产。《最高人民法院关于适用〈中华人民共和国婚姻〉若干问题的解释（三）》第五条规定："夫妻一方个人财产在婚后产生的收益，除孳息和自然增值外，应认定为夫妻共同财产。"也就是说，一方个人财产在婚后的收益，通常包括自然增值和主动增值两个部分。自然增值是指财产因通货膨胀或价格上涨等非因当事人主观因素而产生的价值增加；主动增值是指由于双方对该财产付出劳务、投资、管理等智力和劳动所产生的增值。据此，B个人房屋的自然增值款20万元仍属于其个人财产，A无权要求分得其中的一半。而该房屋出租获得的16万元租金，是投资收益，由于与房屋的管理状况紧密相连，属于房屋的主动增值，A有权分得其中的一半。

咨询列举2 网友C问：C和原配丈夫离婚，6岁的儿子被判由C抚养。离婚后不久，经过热心人撮合，带着儿子与D组成新的家庭。儿子长大成家后，已丧失劳动能力的继父D要求C的儿子履行赡养义务，每月支付350元生活费，遭到C的儿子反对。他认为生父应该赡养，但是继父不应该由自己赡养，他不可能同时赡养两个父亲。请问：C儿子有赡养继父D的义务吗？

专业解答：首先，根据《中华人民共和国民法典》的规定：第一千零七十二条 继父母与继子女间，不得虐待或歧视。继父或继母和受其抚养教育的继子女间的权利和义务，适用本法对父母子女关系的有关规定。第一千零八十四条 父母与子女间的关系，不因父母离婚而消除。离婚后，子女无论由父或母直接抚养，仍是父母双方的子女。据此，继子女对继父母也负有赡养的义务。当然，继子女对继父母负有赡养义务是有前提的，即继子女与继父母一起生活时尚未成年，双方形成了事实上的教育抚养关系。因此，继子女对亲生父母以及形

成抚养教育关系的继父母负有双重赡养义务。故 C 的儿子确实需要同时赡养父亲和继父。

（2）劳动就业法律咨询服务，主要是为社区居民提供有关劳动就业方面的法律咨询服务。常见的劳动就业法律咨询问题有劳动保险问题、离职手续、待遇问题、合同签署问题、女员工产假待遇问题、实习员工薪资待遇等。

咨询列举 3 网友 E 问：E 在一家物业管理公司当保安，因在工作时间受伤，但公司并未给 E 买工伤保险，又不支付工伤医疗费用。请问该如何处理？

专业解答：所在用人单位未依法缴纳工伤保险费，发生工伤事故的，根据《中华人民共和国社会保险法》第四十一条的规定，职工所在用人单位未依法缴纳工伤保险费，发生工伤事故的，由用人单位支付工伤保险待遇。用人单位不支付的，从工伤保险基金中先行支付。建议 E 可以先和公司协商，如果协商不成，可以到当地人力资源和社会保障局投诉，以维护自己的合法权益。

咨询列举 4 网友 F 问：F 已经怀孕 3 个月，刚好与公司签的劳动合同将要到期。

请问：员工怀孕期间公司是否会以合同期满为由终止雇佣关系？合同终止或双方解除后，是否可以得到经济补偿？

专业解答：根据《中华人民共和国劳动合同法》第四十二条和第四十六条的相关规定，劳动者在孕期、产期、哺乳期内，劳动合同期满时，用人单位不得终止劳动合同。劳动合同的期限应自动延续至孕期、产期、哺乳期期满为止。因此，F 可以要求公司按照原有合同继续履行，即便是合同到期，也可以续延至哺乳期满。在劳动合同终止后，除用人单位维持或者提高劳动合同约定条件续订劳动合同，劳动者不同意续订的情形外，均应按照法律规定给予经济补偿。即使是用人单位与劳动者之间协商一致解除劳动合同，用人单位也应当给予劳动者经济补偿。

（3）消费者维权法律咨询服务，主要是针对消费者订立的各种合同、买卖关系提供法律咨询服务。常见的消费者维权法律问题有网购问题、各种消费侵权问题、销售假货、残次品的质量问题、虚假销售问题等。

咨询列举 5 网友 G 问：G 在一个团购网站上购买一件大衣，在网上买这款衣服前，G 特地在实体店里看好了货号和大小，然后在网上买这款大衣。购买时商家承诺商品是正品，但收到货后，发现与实体店差别较多，衣服比实体店薄，面料也不一样，而且有不少线头，做工一点都不精致，还有一股难闻的气味。G 收到衣服后，便联系了商家，要求退货。但是由于购物时 G 没有要求商家提供正式发票，只有电子发票，G 的退货申请遭到了商家的拒绝。请问：仅有电子发票可以作为退货的凭据吗？

专业解答：根据《网络交易管理办法》第十三条的规定："网络商品经营者销售商品或者提供服务，应当按照国家有关规定或者商业惯例向消费者出具发票等购货凭证或者服务单据；征得消费者同意的，可以电子化形式出具。电子化的购货凭证或者服务单据，可以作为处理消费投诉的依据"。按照此规定，将商家向消费者提供正式服务单据纳入法定义务，同时，也明确了电子化形式票据的证据效力，将极大降低消费者维权投诉的成本，使得电子化票据也能很好地佐证买卖双方的合同关系，避免商家赖账行为。因此，G 网购的电子发票可以作为退货的凭据。

咨询列举 6 网友 H 问：春节期间，H 与家人一同在江西某旅行社报名参加赴东南亚的旅游项目。但在游玩期间，旅行社多次在免费景点收取所谓的服务费。H 认为虽然收取的服务费数额不大,但是这一行为侵犯了消费者的合法权益,该如何维权?

专业解答:按照《中华人民共和国民法典 第三编 合同》和《中华人民共和国旅游法》的规定,该合同从订立时起具有法律约束力,非依法律规定或者取得对方同意,不得擅自变更或者解除,双方应当按照合同约定履行权利、义务。根据H所述,旅行社在免费景点收取的所谓的服务费的行为没有法律依据,属于不当得利。H不仅可以根据与旅行社签订的合同要求退款,还可以向当地旅游主管部门投诉。

(4)房地产与物业管理法律咨询服务。主要是为社区居民提供与住房、物业管理纠纷有关的法律咨询服务。常见的问题有房屋买卖问题、房屋租赁问题、物业服务纠纷问题、业主委员会侵权问题等。

咨询列举7 网友I问:J有一套二手房想要出售,经朋友介绍,I看中了J的房子,决定购买,并签订一份订房合同,I先付订金2万元。一个月后,I找到另一套更便宜的房子,因此不想买J的房子,找J退还2万元订金遭到拒绝。请问:I可以要求J退还2万元订金吗?

专业解答:本纠纷核心是关于"定金"和"订金"的区别,定金是在合同订立或在履行之前支付的一定数额的金钱作为担保的担保方式,具有惩罚性。而订金为预付款的性质,目的在于以率先支付一定款项作为合同履行的诚意,不具有惩罚的性质。根据《最高人民法院关于适用〈中华人民共和国担保法〉若干问题的解释》第一百一十八条的规定:"当事人交付留置金、担保金、保证金、订约金、押金或者订金等,但没有约定定金性质的,当事人主张定金权利的,人民法院不予支持。"因此,J占有I的2万元订金没有法律依据,应予退还。不过,J如有证据证明因I解除买卖协议确有损失产生,可另行要求I赔偿。

咨询列举8 网友K问:K花费大量时间和金钱刚刚装修好的房子,被楼上住户跑水搞得厨房、卫生间、客厅部分屋顶浸泡起皮。找到楼上业主,答复是他家一点也没有漏,并且很不情愿配合检查问题。虽说经物业公司工程人员多次协调已解决了问题,但K心里还是不痛快,认为物业在装修管理上没有尽到责任,所以拒绝缴纳物业管理费。对物业管理公司的服务不满意,是否可以不交物业管理费?K应该向谁要求索赔?

专业解答:其一,楼上跑水可能由两种原因引起:房屋质量不好导致水渗漏或者楼上业主过失导致跑水,但无论哪种原因引起都与物业管理公司无关,不涉及物业管理公司与业主的法律关系;其二,房屋质量不好导致水渗漏涉及业主与开发商之间基于房屋买卖合同而产生的合同法律关系,开发商交付的房屋存在瑕疵导致水管跑水致使业主遭受损失,开发商应当承担违约赔偿责任;其三,楼上业主过失导致跑水涉及业主之间基于侵权行为而产生的侵权法律关系,楼上业主的过错导致楼下业主房屋遭受损失,该行为已经构成对楼下业主财产权利的侵犯,构成侵权应当承担侵权赔偿责任;其四,物业管理公司在本案中只涉及对受损业主家内部的维护和修缮。由于受损部分不属于公共设施、公共区域,该部分的物业服务不属于物业管理费所涵盖的服务范围,而属于特殊的物业管理服务,对该部分维修应当另行支付费用。因此,K没有理由拒缴物业管理费,其损失应向楼上业主或者开发商索赔。

咨询列举9 网友L问:某天晚上,L将车辆停在小区地下停车库,该车库实行停车收费管理。当时管理员给L一张车辆出入卡,卡的背面印有"车辆出入某小区请刷此卡,并按规定缴纳管理费,无卡,将不予放行"的字样。第二天,L却发现车不见了。报案后,L找到物业公司交涉,物业公司推卸责任。请问:如果无法抓到盗窃者,L是否可以凭车辆出入卡向物业管理公司索赔?

专业解答：车辆出入卡能够证明 L 与物业公司形成了保管合同关系。在保管合同中，保管人的主要义务是妥善保管物品，防止损伤或损失，否则保管人应承担责任。加之本案是有偿保管，物业管理公司应高度注意保障车辆的安全。但是，物业管理公司并未尽到高度注意义务而导致车辆丢失，应承担相应的赔偿责任。

（5）交通事故法律咨询服务，主要是当事人车辆在道路上因过错或者意外造成人身伤亡或者财产损失产生分歧的法律咨询服务。常见的交通事故法律问题有事故赔偿额度问题、责任分担问题、公共乘车问题、酒驾问题等。

咨询列举 10　网友 M 问：一起交通事故，导致 M 的父亲重伤。交警没有划分责任，经过复议，交警还是认定为无法确定责任。当时事故是发生在国道上，父亲是行人，事故车辆是大卡车。请问：这种情况如何划分责任？

专业解答：交通事故责任认定书属于行政裁决，根据司法权优于行政权的原则，涉及索赔的责任认定最终由法院进行。在交警没认定时，法院最终依然要根据案件情况及法律规定认定侵权人的责任。因 M 父亲是行人与机动车之间的事故，根据危险因素占优原则及相关法律规定，原则上肇事方承担全部责任，除非对方有证据证明 M 的父亲存在重大过错。

思考题

1. 社区法规咨询主体有哪些？如何厘清责任？
2. 如何通过制度保障社区法规咨询各项措施有效落地？

参考文献

[1] 蒋传宓，周良才. 社区法律法规实务 [M]. 天津：天津大学出版社，2000.

[2] 邓恩远，赵学昌. 社区建设政策与法规 [M]. 北京：中国轻工业出版社，2006.

[3] 杨道，毛腾云，王虹. 社区法律顾问实务指南 [M]. 北京：法律出版社，2017.

[4] 王天煜. 社区治理的法治化研究 [D]. 淮北：淮北师范大学，2019.

[5] 《马克思恩格斯全集》（第 1 卷）[M]. 北京：人民出版社，1995.

[6] 夏芸芸. 城市社区治理法治体系建构研究 [J]. 学习与实践，2018（12）：74-81.

[7] 钱丽君，鲁川. 社区普法 [M]. 上海：上海科学技术出版社，2016.

[8] 李建勇，吴志刚，陶希东. 社区工作法律导论 [M]. 上海：复旦大学出版社，2005.

[9] 张欣甜. 社区社会组织提供公共服务存在的问题及对策研究 [D]. 沈阳：沈阳师范大学，2019.

[10] 周笑安. 以法律完善公共服务体系——十九大中我国主要矛盾的转变对法律的要求 [J]. 法制博览，2018（09）：117+116.

[11] 李一珊. 我国社区矫正若干法律问题研究 [D]. 昆明：云南大学，2016.

[12] 高巍. 公民必知法律常识 200 问 [M]. 沈阳：辽宁科学技术出版社，2011.

[13] 胡占国. 新编公民必知的 1000 个法律常识 [M]. 北京：海潮出版社，2014.

[14] 叶琪. 论当前我国普法措施的转变 [J]. 安徽农业大学学报（社会科学版），2016，25（05）：76-80.

[15] 李泽泉.美好生活与规则意识培育[J].中国特色社会主义研究,2019(05):5-11.

[16] 孙涛.当代中国社会合作治理体系建构问题研究[D].济南:山东大学,2015.

[17] 曹沐霖.把法律带回家——参加社区普法活动有感[J].法制与社会,2016(26):190-191.

[18] 张磊,邵慧娟.全民普法教育工作中存在的问题与改进措施[J].区域治理,2019(28):125-127.

[19] 刘武俊.打通法律援助"最后一公里"[N].人民法院报,2018-11-05.

[20] 刘英赫.国家图书馆法律咨询服务的实践与思考[J].图书馆学刊,2018,40(02):73-78.

[21] 魏哲哲.更好满足人民群众法律服务需求[N].人民日报,2019-07-19.

第七章　社区环境

第一节　社区环境概述

一、环境与社区环境

（一）环境

环境是指事、物周围的境况，是人们赖以存在和发展的自然条件与社区条件的总和，或者说围绕某一主体的外部情况。不同的事、物有不同的环境，不同的环境对同一事、物会产生不同的影响。任何环境都是相对一个主体来说的，相对于主体的事物就是它的环境。环境是主体生存和发展的基础和条件，制约着主体成长的轨迹。

对环境的分类有不同的划分方法。从与主体的关系来说，环境可以分为内部环境和外部环境。例如，相对于某一个企业来说，社会的经济发展、所处的外部文化特征及竞争企业的概况等，都是这个企业的外部环境；本企业的员工素质、企业的生产条件、企业的管理制度及企业的文化等，都是企业的内部环境。

目前，环境的分类主要从环境要素的产生和属性角度出发，可分为自然环境与社会环境两种。

1．自然环境

自然环境是环绕某一主体周围的各种自然因素的总和，如大气、水、植物、动物、土壤、岩石矿物、太阳辐射等。这些是人类赖以生存的物质基础。由于人类活动等因素，又可以将自然环境分为原生自然环境和次生自然环境两种。

（1）原生自然环境。原生自然环境是指围绕某一主体周围，按照自然界原有的规律产生、发展和变化，没有遭受人类社会经济活动的干扰破坏，保持原有状态的生物自然环境和非生物自然环境。没有遭受人类社会经济活动的干扰破坏，保持原有状态的生物自然环境，包括保持原有生存状态的各种野生动物资源、野生植物资源环境等。没有遭受人类社会经济活动的干扰和破坏，保持原有状态的非生物自然环境，包括保持完好状态的大气资源环境、土壤资源环境、水资源环境，江河湖海、山川矿物资源环境，以及地质、地形、地貌等环境。

原生自然环境是人类赖以生存和发展的物质条件，是保持自然界生态平衡的物质基础，因此，人类在社会经济活动中要注意加以保护，避免人为破坏原生的自然环境。因此对待原生自然环境的主要任务是保护。

（2）次生自然环境。次生自然环境是指围绕某一主体周围原生的自然环境，由于遭受人类社会经济活动的干扰破坏，而趋于变化和恶化了的自然环境，是受人为因素影响而派生出的自然环境。如人类在社会经济活动中，不注重对原生生物资源环境的保护，对森林过度砍伐，在草原草场过度放牧，使原生的植被遭受严重破坏，从而引起水土流失、土壤沙化，诱发沙尘暴和洪涝灾害；人类对野生动物的滥捕滥杀，对海洋鱼类的过度捕捞，使陆地和海洋动物资源减少，稀有动物物种灭绝；人类对地下水资源和地下矿产资源的不合理开发，造成地面沉降，引起房屋塌陷甚至诱发地震灾害等。

正是这些人为的干扰破坏活动，造成了原生的自然环境恶化和自然生态的失衡，从而派生出不利于人类生存和发展的次生自然环境。

2. 社会环境

社会环境是在自然环境的基础上，人类通过长期有意识的社会劳动、加工和改造了的自然物质、创造的物质生产体系、积累的物质文化等所形成的环境体系，是与自然环境相对的概念。社会环境根据产生的原因和结果可分为人工再造环境和狭义的社会环境。

（1）人工再造环境。人工再造环境是指通过人类劳动所营造的有利于人类生存与发展、有利于生产和生活的各种环境要素。具体包括以下几项：

1）人工营造的物理环境，是指通过人类劳动所创造的，为人类从事生产和生活活动所必需的各类建筑物、各类设施设备等硬件环境状况。如人工建造的住宅、写字楼、商厦、医院、工厂、学校、道路、桥梁、车站、码头、机场等各类建筑物，人工制造的各类机器设备、交通运输工具等状况。

2）人工营造的生物环境，是指通过人类劳动所培育的动物环境和植物环境状况。例如，人工驯养繁殖的各类珍稀动物，人工饲养的家畜、家禽，人工养殖的鱼、虾，人工种植的森林、草场、果树、粮食、蔬菜，人工营造的园林绿地、栽种的花草树木等环境状况。

3）人工营造的卫生环境，是指人类通过有目的地开展清扫保洁劳动，在各生产经营场所和人们共同生活场所周围，所营造出的清洁的卫生环境状况。

4）人工营造的环境保护，是指人类采取各种有效措施和方法，防治人为造成的各种环境污染危害，自觉保护自然生态的平衡等，所营造出的环境保护状况。

5）人工营造的安全环境，是指国家政府和安全保卫组织机构，为了预防违法犯罪案件和各种突发事故、灾害事故的发生，确保国家利益、人民人身财产不受侵害而开展的各种安全管理活动及其所营造出的安全环境状况。如我国公安机关对国家的社会治安、消防安全、车辆交通安全等实行管理的状况。

6）人工营造的生活环境，是指通过人类劳动所创造的，能满足人民物质生活和精神生活需求的环境状况。

（2）狭义的社会环境。狭义的社会环境是指围绕一个主体的政治、经济、文化、生活发展与变化的状况；广义的社会环境则包括了上述的各种人工再造环境。

1）社会政治环境，是指一个国家的政治理论、政治思想，以及社会政治制度、政党组织、社团组织等状况。

2）社会经济环境，是指一个国家社会经济、国民收入、国民生产总值的发展水平，以及工业、农业、商业服务业、交通运输业、对外贸易等的发展状况。

3）社会文化环境，从广义上理解，是指一个国家的国民所创造的物质财富和精神财富状况的总和，即物质文化和非物质文化发展状况的总和。如一国国民所创造的能反映本国物质文化发展状况的各类建筑、园林艺术、各类设施设备、各类交通运输工具等，以及能反映本国非物质文化发展状况的语言、文字、政治思想、哲学思想、法律思想、伦理道德、风俗习惯、科学技术、文艺、体育、教育等。从狭义上理解，是指一个国家开展文化活动应具备的文化设施设备、活动场地、场所等状况，以及开展文化活动的具体形式和内容，包括政治思想、法律思想、伦理道德、科学技术、文化等知识的传授和学习，各类文化、艺术、体育活动的组织和开展状况。

4) 社会生活环境，是指一个国家国民的物质文化生活状况。其包括国民的人均收入水平、富裕程度，围绕人们衣、食、住、行等物质生活质量提高的程度，消费水平的高低状况。

（二）社区环境

1. 社区环境的定义

社区环境有广义的社区环境和狭义的社区环境两个层次。广义的社区环境，是将社区本身作为主体，社区环境是社区界限以外与社区发展密切相关的各种环境因素，即社区外部环境对社区的影响；狭义的社区环境是将某一特定社区内的居民作为主体，研究居住区范围内一切与居民生活密切相关的各种因素和条件。

本书所说的社区环境指的是狭义的社区环境，即对社区居民的生活产生影响的各种条件。明确这个概念以后，就明确了社区环境建设和管理的主要目标和意义，就是为社区的居民服务，满足社区居民的要求，提高社区居民的生活质量和生活品质，充分体现以人为本的理念。

2. 社区环境的内容

社区环境是指在政府的倡导和扶持下，为满足社区成员的多种需求，依托街道和居委会，发动社区力量，开展的具有社会福利性质和公益性的各种社会服务活动。社区服务环境是社区环境建设与管理的一个软环境的建设，随着社会的发展，社区环境的建设越来越重要，并体现了一个社区的发展程度。社区环境的内容主要是面对各类弱势群体和福利对象的福利服务。

（1）社区绿化环境。社区绿化环境是指围绕社区、居住区周边，通过人工所营造的园林绿地状况。包括城市园林管理单位、房地产开发企业、物业公司在社区和居住区周边规划布置的公园绿地、广场绿地、道旁绿地、宅旁绿地、庭院绿地等状况。社区、居住区人工绿化环境如何，对美化、净化环境具有十分重要的作用。良好的人工绿化环境能创造出怡人的绿地景观，可为居民提供一个优雅的休闲娱乐场所；良好的人工绿化环境可改善小气候，防治粉尘、噪声污染，能维护居民的身体健康；良好的人工绿化环境有利于改善环境质量，提升社区、居住区的档次和品位。因此，要高度重视社区、居住区人工绿化环境建设。

（2）社区清洁卫生环境。社区清洁卫生环境是指围绕社区、居住区周边公共部位的清扫保洁质量状况。其包括各类房屋建筑内的门厅、走廊、楼梯间、电梯间等公共部位的清扫保洁质量状况；房屋建筑外部的宅旁空地、道路、广场、公园、绿地等公共部位的清扫保洁质量状况；各种废弃物、垃圾的收集和清运状况等。社区、居住区内保持一个良好的清洁卫生状况，对净化环境，减少疾病传播途径，维护居民的身体健康，创建文明社区、文明居住区具有十分重要的意义，是社区环境建设与管理的重要内容。

（3）社区环境保护。社区环境保护是指社区、居住区周边各种环境污染的防治和管理状况。其包括对社区、居住区周边存在的烟尘污染、水污染、固体废弃物污染和噪声污染的防治与管理状况。社区环境保护状况如何，对净化环境，避免和减少环境污染造成的各种危害，维护居民身体健康，同样具有十分重要的意义。因此，社区街道、物业公司和广大居民应积极协助环保部门，努力学习贯彻《中华人民共和国环境保护法》，依法做好社区、居住区内的环境保护工作。

（4）社区安全环境。社区安全环境是指社区、居住区内公共财产和居民人身财产安全保障的状况。其包括社区、居住区内治安保卫工作状况，消防安全工作状况，车辆安全、设施设备运行安全等管理状况。社区、居住区安全环境状况如何，对打击和预防各种违法犯罪活动，避免各种突发事故和灾害事故的发生，保证国家财产、居民人身财产的安全具有十分重要的意义。因此，社区街道、物业公司和广大居民应积极协助公安部门，努力做好社区及居住区的安全环境建设与管理工作，共同维护好社会秩序。

（5）社区生活环境。社区生活环境是指社区、居住区内，能满足居民衣、食、住、行等日常生活需求的基本生活设施和服务业配套设施的建设状况。其包括与居民日常生活密切相关的供电、照明、给水排水、供煤气、供暖、邮政电信、道路交通等的建设状况，也包括与社区居民日常消费密切相关的商店、超市、饭店、洗衣店、理发店、农贸市场及各种会所等。良好的社区、居住区生活环境，是方便群众生活，促进消费水平和生活质量提高的前提条件，是社区、居住区环境规划和建设中最基础性的工作。

（6）社区文化环境。社区文化环境是指围绕社区、居住区内各种文化活动设施的建设状况，组织开展文化活动的状况，以及社区居民的行为方式、归属感等。具体内容包括开展社区文化活动所必备的设施设备、场地、场所等物质文化环境（"硬环境"）建设状况；社区文化活动的组织与开展状况；社区居民的文化素质、道德修养、社会公德、职业道德、家庭美德、遵纪守法、精神文明程度等非物质文化环境（"软环境"）状况。良好的社区文化环境，能丰富居民的业余文化生活，提高居民的精神文明水平，是社区街道、居委会、物业公司在社区环境建设与管理中不可缺少的内容。

（三）社会变迁与社区环境

社会时时处于变化之中，由于社会的变化对社区环境会产生重大的影响，社区的居民对环境会产生更多的要求，因此，社区环境的建设必须和社会的发展一致，以满足社区居民的新要求。

1. 社会变迁

社会变迁是指一切社会现象发生变化的动态过程及其结果。在社会学中，社会变迁这一概念比社会发展、社会进化具有更广泛的含义，它包括一切方面和各种意义上的变化。社会学在研究整个人类社会变迁的同时，着重于某一特定的社会结构的变化、特定社会结构要素或社会局部变化的研究。

在社会学的研究中，社会变迁的内容主要包括以下几个方面：

（1）自然环境引起的社会变迁。社会变迁的过程总是在一定的自然环境中进行，自然环境为社会的生存和发展提供了自然资源和物质条件。自然环境依其自身规律不断地演变，人类的活动和作用也会引起自然环境的变化，这些都会影响社会的变迁。例如，由于人类的活动对环境产生的污染，导致了人类保护环境的需要，因而产生了环保志愿者及环境的研究者等。

（2）人口的变迁。人口变迁主要指人口数量、质量、构成及人口流动和分布的变化。

一定的人口是社会存在和发展的基本前提。人是社会生活和社会活动的主体。人口的变化将给整个社会的变化带来极大的影响。例如，由于人口老龄化的出现，人们对老年人的养老行业的需求也变得十分巨大。

（3）经济变迁。经济变迁包括生产力的变化、生产关系的变化、生产量的增长和生产质量的提高。社会经济的变化与发展是社会变迁的主要内容之一，它将给整个社会变迁带来决定性的影响。例如，由于网络经济的出现，使现代媒体的概念及营销方式等都发生了很大的变化。

（4）社会结构的变迁。社会结构的变迁主要体现在两个方面：一是社会功能性结构的变化，表现为人们为了满足生存和发展的需要，各种经济、政治、组织、制度等结构要素出现分化和组合；二是社会成员地位结构的变化，表现为社会成员由于其经济地位、职业、教育水平、权力、社会声望等的不同，所造成的社会阶级和阶层关系的变化。

（5）社会价值观念和生活方式的变迁。社会价值观念的变迁主要是通过人们的行为规范和思想体系表现出来的。人们的社会活动都是以不同的程度在价值观念指导下发生的，社会价值观念的变化往往成为整个社会变迁的先声。

（6）科学技术的变迁。科学技术作为社会结构体系中独立存在的知识系统，对现代社会的变迁有着越来越大的影响。科学技术的发展及其研究规模、组织形式的变化，一方面直接影响到社会经济、政治、观念和生活方式的变化，另一方面促使现代社会变迁日益加速。

（7）文化的变迁。文化变迁是分析社会变迁内容的一种综合角度，主要是指文化内容或结构的变化。其包括因文化的积累、传递、传播、融合与冲突而引起的新文化的增长和旧文化的改变。

由于这些方面的变迁，使社区的居民对社区的环境建设和管理，提出了更多的要求，因此，必须以发展的眼光来看待社区环境的建设。社区变迁不断地进行，在这一进程中必然会产生各种各样的社会问题，而对社区环境的建设与管理提出新要求，使之具备更新的内容。

2. 社会变迁引发的社会问题

（1）由人口变迁引发的社会问题。人口素质是影响社区发展进程的诸多因素之一，也是最重要的因素。

人口因素可分为两部分：一是人口数量或人口密度；二是人口结构，其中包括年龄结构、文化结构和职业结构等。人口数量与人口结构变迁都有可能引发社会问题，尤其是以人口结构中年龄结构的变化引发的社会问题更为典型。

随着社会经济的不断发展，人们的生活质量不断提高，人口的平均寿命越来越长。当65岁的老年人口占总人口的7%时，该地区就进入了老年社会，人口结构就可以称为老龄化。20世纪80年代初，我国的若干城市和省份老年人口比重急剧增加，即出现了人口老龄化现象，其所带来的社会问题引起了社会的广泛关注。如代际关系、老年人婚姻、老年人赡养和老年人自杀等，尤为突出的是老年人退休后，无所事事、孤独寂寞和心情沮丧，导致老年性痴呆及多种老年身体和心理疾病，这些问题给社区的发展带来了不同程度的影响。

对于社区环境的建设而言，最主要的是要解决老年人参与社会方式的变化，同时，能给老年人提供更多的活动机会，如老年大学、老年人健身与娱乐中心等。这些都是由于人口的变迁而产生的新要求。

（2）社区区域空间变迁引发的社会问题。社区区域空间的变迁主要表现在两个方面：一是住宅区的聚集与集中。在传统社会中，住宅区分散于商业小区、工业小区等小区之中，并未形成一定规模的物业小区，缺乏实行物业管理的条件。随着经济的发展，住宅区逐渐开始聚集与集中，形成一定的规模，开始有物业管理。二是住宅区的郊区化。新开发的住宅小区多聚集于城市四周的边缘地带，这成为城市化发展的主要标志。住宅区向郊区发展的原因很多，其一就是体现了人们对住宅环境清静、舒适的追求。

在这个过程中，由于传统的社区管理方式并不很发达，而住宅建设的聚集与郊区化产生了一系列管理上的问题。突出的是社区配套设施不完善的问题，如周边交通、供水排水、通信设施等不完善，以及生活服务设施不配套带来的诸多不便，这些都会导致居住小区的吸引力降低。虽然市民对居住在市中心已不再像从前那么感兴趣，但由于上述种种问题，也不愿搬到偏远、不方便的居住小区。但随着生活设施的配套、交通的发达、人口密度的适当增加、各种商业服务行业的发展，郊区化居住小区的地位将逐渐提高。

①家庭的变迁引发的社会问题。随着经济的发展，家庭结构也在发生着显著的变化。传统社会的三代同堂、四代同堂的大家庭正在被一对夫妻、一两个子女组成的核心家庭取代。核心家庭成为中青年追求的理想家庭结构，主要是可以使复杂的家庭关系简单化，减少家庭冲突。因此，核心家庭是与现代生产方式与生活方式分不开的，应该说是一种进步。但是，家庭结构的变化也带来了具有普遍意义的社区问题，如老年人养老问题、婴幼儿护理与教育问题、孩子入托问题，这些都将成为突出的社会问题。

家庭变迁的另一方面突出表现为由于离婚率的提高，家庭结构开始不稳定，出现了一些单亲家庭。单亲家庭的出现一方面要求孩子监护方的更多付出，另一方面也要求社区为孩子的管理与教育提供服务。单亲孩子的教育与管理问题成为社区的一个重要问题。

最后，家庭变迁引发的社会问题还包括由于家庭功能的变化，传统的家庭功能正在消失。如家庭的生产功能、娱乐功能与养育功能的日益消退和降低，这些功能在逐渐被社会分担。但是，社会所提供的服务与家庭功能的变化却不相适应，如社区对儿童的教育、娱乐和休闲等功能的负担不够，因而产生了一系列的社会问题。

总之，家庭变迁所包括的家庭结构、单亲家庭与家庭功能等变化，对社区服务提出了一系列的要求，社区服务业这个新兴产业也在不断发展前进。

②工业生产方式的变迁引发的社会问题。随着传统手工业向现代化大工业的发展，它给社区经济注入了新的活力，创造了更舒服的生活环境，然而也带来了前所未有的环境污染。据水资源的污染据有关资料统计，我国目前每天排出的工业污水为 8 000 万 t，其中 80% 以上未经处理直接注入江河湖海，严重破坏了水体。垃圾污染大量未经处理的垃圾弃置于城郊或倒入江河中，严重污染了城市社区的生活环境。大气污染在生产和生活中大量排放烟尘、粉尘、有毒有害气体，会污染大气环境，引发各种自然灾害，危害人的身体健康。据噪声污染据有关资料介绍，噪声白天达 65 dB、夜间达 45 dB 时，就会对人体产生伤害。据测定，北京、上海、天津、南京、杭州等城市社区的噪声强度均在 80 dB，现代化学、光学污染也不断出现。由于诸多社区环境污染问题的存在，治理社区环境污染已迫在眉睫，并成为现代社区发展水平的标志。

③社区管理变迁引发的社会问题。除传统社会与社区的管理方式外，现代居住区的管理机构还包括物业公司与业主委员会。由于我国住宅区的发展还处于初级阶段，物业

小区的管理还较为落后,因而产生了许多问题。例如,业主委员会的功能如何真正实现,如何完善物业公司的组建与管理,如何建立社区的有效管理体制等,都已成为至关重要的问题。总之,社区变迁带来了一系列的问题,也对社区环境建设提出了新要求,增加了新内容。

二、社区环境建设的新要求

由于社区变迁产生了一系列问题,为了解决这些客观存在的社会问题,社区环境建设与管理必须针对问题进行具体的处理。社区环境建设的新要求,也是未来社区环境建设与管理的焦点问题,它包括以下几个方面:

(1) 完善社区服务设施,提高社区服务水平,扩大社区服务内容。其原因有以下几个方面:

① 人口老龄化的要求。通过社区服务设施的完善,例如,建立敬老院、老年大学、托老院、老年活动中心等,增加老年人参与社区活动的机会,减轻家庭压力。同时,开办家庭护理等与老年人相适应的社区服务会使社区的老年人安度晚年。

② 家庭功能弱化的要求。核心家庭成员的父母由于工作压力的增加,也要求各种各样的家庭服务,如接送孩子上学、计时家务工作、送买净菜等一系列服务。

③ 社区经济的发展,分工的明细使社区服务成为可能与必然。随着社会的不断发展,人们生活质量的不断提高,社区服务的社会潜力越来越大,可开发的内容越来越广泛。加强社区服务的开展,也将提高住宅区的竞争优势,改善人们的生活质量。

(2) 强化生活设施的配套建设,加强交通、商业服务行业的发展。随着郊区住宅小区的出现,对社区中配套的基本生活设施及商业服务业、交通的需求日益突出。其原因有以下两点:

① 由于郊区住宅小区建在较为偏远的地带,城市基础设施并不发达,交通条件也较不便利,人口较为稀疏,所以商业服务起步较晚,发展水平相对较低。

② 新兴住宅小区聚集与集中的规模发展,使原先的生活设施的配套与现在的居民需求相差较远,并出现了许多新问题。如交通问题,一方面是对交通条件的需要;另一方面是私家车的出现,而小区内又缺乏相应的设施与管理,也使发展社区的生活配套设施,发展交通和商业服务业成为迫在眉睫的问题。

因此,强化生活设施的配套建设,加强交通、商业服务业的发展,一方面可以增加小区的吸引力,另一方面可解决城市的拥挤状况。

(3) 改善社区的教育环境,建设社区的教育基地。教育环境的优劣是现代居住区是否有竞争力的一个主要方面。家庭养育功能的弱化与结构的变化也对社区教育提出了要求。目前,多数核心家庭的子女养育功能正被社区负担,教育环境的社会化对社会教育环境的改善提出了一定的要求。因此,社区必须对从幼儿园、学前教育到小学教育的环境进行改善,以方便社区家庭的教育。而人口老龄化已对社区教育产生了一定的影响,如上海等地的老年人兴起了学计算机热。因此,可以通过社区教育使老年人承担一定的社会责任,发挥余热。

可见,未来的社区,儿童与老年人的教育将成为热点。从幼儿园到托老所,从小学教育到老年人的大学教育,这种人口两极教育体系的建立,将改善社区的教育环境。解决了老龄人口与儿童的问题,就增加了社区的竞争力。

(4) 加强社区的环境保护,建立优雅、舒适的居住环境。经济的发展,一方面给社会创造了巨大的物质财富,另一方面也给社会环境造成了各种污染。对居住区而言,噪声污染、垃圾污染等尤为突出,因此,加强环境保护极其重要。这就要求社区加强管理,保持居住区清洁、清静;要加强环境保护的规章制度的制定,健全各种规章,保护社区环境。随着经济的发展,人们的生活质量越来越高,人们对居住环境的要求也越来越高,因此,建立优雅、舒适的居住环境成为居住区的任务之一。

总之,社会总是在不断变化的,而社区环境的内容与建设的要求也将随之不断地发展。在未来的一段时间内,社区服务、社区的教育环境、社区的配套设施等是否优良和完善已成为社区发展的一个标准,是社区环境建设的主要任务。

三、社区环境建设的新趋势

由于社会变迁,产生了诸多的社会问题。而社区是社会的基础单位,因此对社区的管理也产生了更多的要求。由于这些需要的产生,也产生了社区环境建设的新趋势。

(一)智能社区环境

智能社区环境是利用现代4C(即计算机、通信与网络、自检和IC卡)技术,通过有效的传输网络,将多元信息服务与管理、物业管理与安防、住宅智能化系统集成一体,为住宅小区的服务与管理提供高技术的智能化手段,以便实现快捷、高效的超值服务与管理,提供更加安全、更加舒适的居住环境。简而言之,即运用现代化的手段对社区进行全方位的管理。

智能社区环境的基础是智能住宅,其目标是将家庭中各种与信息相关的通信设备、家用电器和家庭保安装置通过家庭总线技术连接到家庭智能化系统上,进行集中的或异地的监视、控制和管理,以便达到住宅环境的安全、便利、舒适及多元化信息服务的目的。1984年,世界上第一座智能化大厦在美国诞生,很快就掀起一股"智能建筑"热潮。随着信息化技术的发展,智能化技术开始走向社区,并走入家庭,进而形成智能环境社区的概念,这是社区环境建设的新概念。

构建智能社区环境的主要内容就是通过社区内综合布线,形成自己的局域网络,该网络上端与城市多媒体公众信息网、国际互联网、有线电视网连接,下端与每一户的家用计算机,房屋安全保护设备,水、电、气表及环境监视装置连接,在这个局域网络里,可以方便地实现楼宇自控、物业管理、信息服务、家庭办公、娱乐教育和电子商务等功能。

随着网络产品功能、性能的飞速发展,国内的技术水准已基本能满足智能环境社区的装备需求。智能环境社区可分为高、中、低三个档次,中高档的标准,每平方米造价为100元左右。随着智能化设备运用到成本较低的普通住宅社区的建设中,将会有越来越多收入较低的居民居住到智能社区中,在不远的将来将会出现越来越多的智能社区。

(二)"生态园林式"社区环境

"生态园林式"社区环境是指从园林绿地系统规划着手,根据各个社区环境的自然条件、气候条件合理地进行设计规划,促使社区环境的良性循环,协调人与自然环境的关系,创造高效、和谐的居民生活环境。

"生态园林式"社区环境的概念来自19世纪下半叶欧美的城市公园建设运动,并影响到中国。1898年英国的霍华德在其出版的《明日的城市》一书中提出"花园城市"的规划思想,其理念是使人们能够生活在既有良好的社会经济环境,又有美好的自然环境的新型城市中。到了20世纪70年代，在生态思想的影响下，城市绿化建设开始呈现新的动态，如"自然中的城市""生态园林式""城市生物多样性保护"等的理论探讨与实践摸索。

从我国现有的城市社区环境来看，园林的四大要素为地形、植物、建筑和水体。园林生态即讲求这四个要素的生态。"生态园林式"社区环境开发的核心就是完善生态绿地系统。生态绿地系统是人居环境中具有生态平衡功能，与人类生活密切相关的绿地空间，它由生态绿地支持系统和休憩景观绿地系统两个子系统构成。生态绿地建设主要包括构建绿色通道、健全气流通道隔离林带、加强大环境绿化、建设"生态墙"等方面，设计每一块绿地，即在遵循提高绿地覆盖率、遵循交通安全性，以及生态适应性、经济实用性等原则的基础上，充分利用每一块城市社区的土地。

（三）可持续发展的社区环境

可持续发展的社区环境就是合理开发、利用社区资源，使社区环境的建设既符合现代居民生活的需要，也能为子孙后代造福；使社区环境的建设既有经济效益，又有社会效益。众所周知，由于人类不合理的开发、利用自然资源，造成了全球性的环境污染和生态破坏，对人类的生存和持续发展构成了现实威胁。在这一严峻的现实面前，人类不得不重新审视自己的社会经济行为和发展历程，认识到通过高消耗追求经济数量增长和"先污染后治理"的传统发展模式，已不再适应当今和未来发展的要求，而必须努力寻求一条环境、经济和社会相协调的可持续发展道路。为了衡量城市的发展状况，既要考察其经济总体实力，又要考察城市的生态生活环境。因此，需要建立一套能反映城市环境、经济和社会发展协调程度的指标体系和评价方法来指导城市的发展，这就是社区环境持续发展的依据。

为了建设可持续发展的社区环境，越来越多的人注意到构建社区发展的评价方法。社区环境持续发展是一个不断取舍与扬弃的择优变化过程，因此，社区环境指标的选择既要考虑相对的稳定性，又要把握不同时期、不同领域、不同层次的动态变化，以便准确地描述、刻画与度量可持续发展体系的完备状态、运行状态与质量状态。

四、研究社区环境的意义

（1）明确社区环境的概念，消除对社区环境认识的分歧。由于社区概念的多样化，社区的分类标准不一致，不同的社区概念，社区环境是有差异的。因此，明确社区环境的概念显得尤为重要。本书所研究的社区环境重点是居住区内部的各种与居民生活相关的诸环境因素的组合。

（2）社区环境是社区居民生活的基础。随着社会的发展和人们生活水平的提高，人们对居住环境的要求也越来越高，不仅要求生活设施齐备、交通便利、购物方便、服务周到，而且要求生活环境舒适、优雅，具有一定的品位。这些都构成了社区环境的一部分。社区环境是居民赖以生存的基础，所以，研究社区环境，才能不断地丰富社区环境的内容，建设和管理好社区，使居民的生活真正得到改善。

（3）社区环境的界定是社区环境建设与管理的基础。按照与居民生活密切相关的各种环境状况对社区的影响，将社区环境界定为自然环境、人文环境和社会环境三项主要内容，可为社区组织、物业公司开展社区环境建设与管理提供目标和方向，从而为加强社区环境建设与管理奠定基础。

（4）明确社区环境的发展性与阶段性。社区的变迁是客观存在的，社区变迁的发展使社区环境的内容也随之发生了一系列的变化，社区变迁的阶段性，使社区环境也相应地具备了阶段性。因此，应用发展的眼光看待社区环境的建设，这也为社区服务开拓了广阔的前景。随着社会经济的发展，社区环境建设与管理的要求也会不断提高，内容也随之不断丰富。

1. 社区环境的定义与内容是什么？
2. 社区环境建设的要求与趋势是什么？

第二节 社区环境建设与管理

一、社区环境建设与管理

在明确了社区环境的内容以后，主要明确社区环境建设与管理的主体及核心的任务和目的。在对社区的具体环境（如绿化环境）进行建设和管理时，应遵从社区环境建设与管理总的规律，并体现其自身建设与管理的特点。

（一）社区环境建设与管理的主体

社区管理主要是指政府和社区组织依据相关的法律对社区的公共行为和公共事物实施管理。它包括了两个层次的含义：一方面是从广义的角度上讲，社区管理是整个公共事业管理的一部分，它包括了政府对社区的管理，从这个角度出发，作为公共管理的主体——政府在管理上承担了一定的责任，并从宏观上对社区的管理实施干预；另一方面是从狭义的角度上讲，就是社区组织对居民的公共行为及内部事物进行管理，从这个角度出发，社区管理主要是社区居民的自治管理。

根据这个概念，社区管理的主体是政府和社区组织。政府从宏观的角度及政策的角度，对社区的管理进行干预和政策上的引导；社区各类组织根据社区居民的需要和政府的政策指导进行具体事物的管理。

社区环境的建设与管理作为社区管理的一个方面，它的管理主体是与社区管理的主体和主要职责是一致的。

（二）社区环境建设与管理的原则

1. 政府干预和公众参与相结合的原则

政府是环境管理的主体，环境管理要依据政府制定的环境保护的相关法律政策和方针进行。但是，环境管理完全依靠政府的干预也是不行的。主要是由于环境管理的任务是非常繁杂的，必须依赖公众的广泛参与，才能解决具体的问题。

因此，在社区环境管理中，将主管部门的干预和社区居民的参与结合起来，发挥环境教育的作用，增强公众对环境价值的认识和开展环境建设与管理工作的积极性，激发人们自发保护环境的热情，才能有效地维护社区环境的和谐。

2．重新认识环境的价值属性

环境是资源，并以各种形式直接向生产和消费者提供服务。资源是有价值的，因此环境是有价值的。在市场经济条件下，特别是我国的市场经济处于初级阶段，往往没有考虑到环境问题，对环境资源和自然资源无偿使用，造成了对环境的巨大破坏。因此，应该利用价值规律来做好环境管理，通过加强经济核算等方法，来调节生产效益与环境效益，从经济利益上使人们珍惜资源、保护环境。

环境具有价值这一原则，有助于建立各种指标体系，将环境管理工作定量化、科学化，有助于通过社区环境管理将环境管理真正落实到各项具体工作中，否则环境保护只能停留在口头上，仅是一种愿望而已。总之，重新认识环境的价值属性是社区环境管理的基础和前提。

3．全局和整体效益最优的原则

环境管理要遵循全局和整体效益最优的原则。这条原则表明了社区环境管理的生态属性，社区环境管理必须遵循生态规律，这可从以下三个方面进行说明：

（1）将环境问题作为城市和社会经济建设中的一个有机组成部分，从环境本身固有的各个方面、各种联系上去认识和研究，进而揭示环境总体发展趋势和运动规律，正确处理全局与局部、局部与局部之间的关系，以取得最大的全局效益和整体效益。

（2）在制定环境方案和组织实施方案时，要对区域内的各组成要素或功能进行定性和定量分析，避免决策失误和管理不善等情况的发生，促进环境管理的整体效益与全面效益的不断提高。

（3）加强环境规划和区域内的综合治理工作，要综合研究区域内的人口、资源、经济结构、自然条件、环境污染和破坏程度等因素，合理安排区域内的生产、建设、商业、生活等活动，制定区域内的环境规划，统筹环境问题，运用多种管理手段来加强对环境的管理，实现环境管理的最佳整体效应。

4．综合平衡的原则

环境问题主要是关于保护生态与发展经济的协调性问题。环境管理具有生态经济属性，环境管理必须遵循生态经济规律，力求生态与经济的协调和平衡。在环境管理中，遵循综合平衡原则具体表现为保持生态环境的良性循环和控制污染，它是整个城市乃至整个社会大系统中的一个有机组成部分，应该将区域内的生态保护和环境管理纳入城市经济和社会发展计划，来协调和综合平衡城市社会经济发展与环境保护的关系，在整个城市乃至整个社会发展的基础上做好区域内的环境管理。

5．可持续发展的原则

1987年4月，联合国环境与发展委员会发表了研究报告《我们的未来》，正式提出了可持续发展战略，其含义是"既满足当代人的需求，又不对后代人满足其需求的能力构成危害的发展"。相关管理机构在制定政策时，要兼顾公平与效率两个方面，公平包括代内公平和代际公平，效率则涉及管理成本与实际效果。要改变过去各个部门独立地、单一地制定社会政策、经济政策、环境政策的做法，提倡根据社会、经济、环境的全面信息和综合要求来制定相关政策和措施，并有效地予以实施。

总之，对社区环境的建设管理，要依据社区环境建设与管理的原则进行，从整体上对社区环境进行规划,并依据相应的法律和法规进行社区环境的建设和管理。

二、住宅区环境建设与管理

住宅区环境的建设是住宅区建设的基础,住宅区环境的管理是住宅区环境建设的核心。只有有效的、有力的住宅区环境的管理,才能使住宅小区环境建设的成果得以保持与维护,才能为社区的长远发展奠定基础,为居民提供长久的舒适、整洁、方便的居住环境。

(一)入住后的住宅区环境管理的目标及主要内容

住宅小区环境的管理应着重从两个方面努力:一是加强管理机构的建设,为住宅小区环境管理建立良好的组织保障与服务;二是加强各种管理制度的建立,规范小区环境的管理,使管理者依据规章兢兢业业为住户提供服务,使居民也依据规章,规范自己的行为,从而使社区管理井然有序。

如前所述,当住户入住以后,住宅区环境的建设与管理包括七个方面的内容,但主要内容有两个方面:一是配套设施的不断完善,创造一个整洁优美、舒适方便的居住环境;二是通过完善的管理,建立住宅区的软性环境,建立良好的社区文化环境,加强社区的整合,创建文明小区,使住宅区的住户有更好的精神生活。

1. 配套设施的完善

配套设施的完善是给物业管理提供物质基础的保证,是管理阶段不可缺少的环节。住宅区、写字楼、公共商业楼宇和工业厂房在开发完成后,从社会的发展及人们的实际生活与工作需要来看,总有其不尽人意之处。为了解决这个问题,保障业主与租户的利益,创造一个整洁优雅、舒适方便的居住、工作环境,物业公司必须加强配套设施的完善工作。

配套设施的内容,如供热、供暖、给水排水、照明、邮电等一系列与生活相关的设施配套等,在以后的章节中将详细讲述。

2. 软性环境的建设与管理

建立社区人文环境,加强社区的整合。社区人文环境的建立,一方面包括各种场所、设施的建设;另一方面包括软环境建设,即精神文明建设。通过社区各种管理制度的建立,规范社区居民的行为;通过开展各种活动,增强社区的凝聚力,创建文明小区(详见本书第十章)。

(二)住宅区管理机构的建立

住宅区管理机构的建立是住宅区环境管理的基础。只有建立健全的住宅区管理机构,才能为住宅区环境的建设与维护提供强有力的管理。

1. 健全业主委员会,强化其管理监督职能

根据国外物业管理的成功经验,为了保证物业管理的顺利进行,除要有完善的法律法规,使管理有法可依、有章可循外,更重要的是要有各业主直接参与物业管理,实行业主自治管理与专业公司管理相结合的原则。

业主委员会是由业主代表组成的,代表业主利益,向社会各方反映业主意愿和要求,并监督物业公司行为的一个民间性组织。业主委员会的权利基础是其对物业的所有权。业主委员会代表着该物业的全体业主,对有关的一切重大事项拥有决定权。

根据辖区大小，业主委员会可由5～11人组成，设主任1名，副主任1～2名，其他成员若干，其职责在业主委员会章程中规定。

业主委员会的主要职责是：召集业主大会会议，报告物业管理的实施情况；代表业主与业主大会选聘的物业企业签订物业服务合同；了解业主、物业使用人的意见和建议，监督和协助物业企业履行物业服务合同；监督业主公约的实施等。

业主委员会是业主大会的执行机构，为审议有关问题，有必要举行例会与特别会议。例会是常规会议，通常有两种：一是业主委员会内部例会，主要是总结工作；二是业主委员会与物业公司的例会，正常情况下每月召开一次，检查管理服务计划的执行情况和执行质量，双方互通信息，协商解决有关问题。特别会议属非常会议，一般情况下在有突发的、临时产生的重大问题时召开。

业主大会可分为定期会议和临时会议。定期会议应当按照业主大会议事规则的规定召开。经20％以上的业主提议，业主委员会应当组织召开业主大会临时会议，对重大的事件进行决策。

目前，由于我国的物业管理处在初级阶段，业主委员会的产生、组成、工作开展等多方面都存在问题。因此，随着经济的发展，物业管理的不断规范化，应不断健全业主委员会，强化其管理与监督职能，使物业管理在一定的监督与管理下运行，为物业管理的规范化提供组织上的保障。

2．加强物业公司的专业化建设，引进竞争机制

物业公司是按合法程序建立并具备相应资质条件地对物业进行管理的企业性经济实体，是独立核算、自负盈亏的经济组织。其组建原则是企业化、专业化、社会化；其经营宗旨是综合管理、全面服务，为业主和用户提供安全、整洁、方便、舒适的工作环境和生活环境。

由于目前我国的物业管理还处在初级阶段，物业公司的管理还不规范，物业走向市场竞争是发展趋势，物业公司要在今后的市场竞争中占有一席之地，就必须加强内部建设。

（1）制定一个长远的发展规划，朝着多元化、规模化的方向发展。物业公司如果仅仅盯住几幢楼宇或一个小区，不注意开拓、创新，从长远来讲必将在市场竞争中遭受失败。物业公司应根据自身的优势与特点，以"一业为主，多种经营"的原则，使自己的业务朝着多元化、综合性的方向发展。

（2）建立专业化的物业管理机构和专业管理队伍。一是多配备专业人才，包括建筑、测量、电气、机械等方面的工程技术人员和技术工人，以及物业评估、财务、法律等方面的管理人员；二是要逐步完善内部组织，要根据设备运行、维护与改造、安全消防、清洁卫生等划分职责，明确内部的工作流程和信息沟通方式，加强综合协调和计划指导，达到适应现代化物业管理的要求。

（3）加强员工的教育，提高物业服务人员的竞争意识和员工素质。住户支付一定的费用，其目的是换取舒适、安全、方便、优雅的居住环境，物业服务一定要看准住户的这种心态，尽可能提高服务水平。物业公司要提供的服务，包括物业维护养护、清洁卫生、治安保卫及各种综合代办服务等多方面的内容，涉及社会管理，需要建立和谐的人际关系，还要承担某些城市管理的业务。要形成良好的居住环境，有许多深层次的工作要做，因此，必须加强员工教育，提高员工素质。

（4）加强基础管理工作。要从日常工作入手，注意每一个细枝末节，形成一套岗位职责和工作规范,让员工知道该做什么,怎样做才是对的,并将这些工作和奖惩机制结合起来,从根本上解决管理中的薄弱环节,全面提高物业服务水平。

3. 明确小区各管理机构的关系,协调规范管理

社区存在各种各样的管理机构,有纵向和横向关系,必须理顺各种关系,协调规范管理。

(1)完全市场条件下的物业公司与业主委员会之间的关系。决策人是业主委员会,物业公司是雇员,两者之间的委托与受托是一种合同关系,是一种市场的双向选择。两者独立运作、互不干扰,双方可因发展变化的需要,在协商一致的条件下续签、修改或解除合同,但都无权干预对方的内部活动。虽然我国目前两者之间的关系较为复杂,但逐渐地在向规范化方向发展。

(2)住宅区实行属地化管理。住宅区业主委员会与物业公司应接受当地政府与街道办事处的领导与管理,但街道办事处对住宅区的管理主要是行政管理与精神文明建设,主要是管人,不是管物。

(3)房产、城建、煤气、电信、电业、自来水和公安等行政管理部门,仍按各自的职责分工,对住宅区实行行政管理和行业管理,并对住宅区业主委员会和物业公司实行指导、检查和监督。

总之,要加强住宅区环境的建设与管理必须加强住宅区管理机构的建设,明确各自的职责,为社区管理提供组织保障。

(三)各种管理制度的建设

在对住宅区环境管理过程中,从物业管理者的角度来看,管理制度的建设包括对外与对内管理制。

1. 住户手册

住户手册是物业管理公司发给住户,由住户保存的文件。制定住户手册的目的是让住户了解物业的概况,管理公司的职责权限,管理的主要内容和主要规定,住户的权利和义务及应注意的事项等。通过住户手册,加强管理公司与住户的关系,发挥双方的积极性,共创良好的环境。手册内容包括物业概况、物业管理、业主与租户须知、日常管理与维修、综合服务及其他应注意的事项与电话号码等。

2. 物业管理规约

物业管理规约也称公共契约,属于协议、合同的性质。物业管理规约是由物业业主或使用者和物业管理者共同参与而订立的协议,它将业主或使用者及管理者双方的权利和义务以文件的形式加以确定,并对全体业主或使用者及管理者均有约束力。物业管理的公共契约在我国香港具有法律效力,对签署各方都具有法律上的约束力。订立"物业管理规约"的目的,是要清楚和明确各项规则,使物业业主或使用者及物业管理者都有共同遵守的行为准则,使双方都明白自己的职责、权利和义务。"物业管理规约"一般由物业公司拟定,但须经各方签署认可后方可生效。规约内容大致有:有关概念的定义;明确业主的权利与义务;明确物业开发商应享有的权利;明确物业管理者的权利与义务;明确对物业公共部位及公用设施的管理;对物业全部或部分损坏无法正常使用的规定;管理费用的规定;法律责任;其他事项。

3. 住宅区管理规定

住宅区管理规定是一份综合性的管理文件。制定本规定的目的是保障住宅区房屋及公用设施的正常使用，为住户创造一个良好的社区生活环境。

住宅区管理规定的主要内容包括：住宅区的管理机构；住宅区的管理原则；住宅区管理机构的职责权限；住宅区的使用、维修与维护；环境和安全的管理；综合服务；管理经费问题；违反住宅区管理规定的处理原则；对管理公司和管理人员的要求；建设文明住宅小区。

4. 住户行为的规范

物业管理的成功与否，其前提条件之一是住户的密切配合。作为物业的业主或使用人在履行自己的权利时，不能损害其他住户的利益。为管理好住宅小区的环境，就必须有全体住户共同遵守的行为规范。行为规范内容十分广泛，它主要包括：装修规则；水电、空调等使用管理规定；电梯使用管理规定；电信及闭路电视使用规定；环卫绿化管理规定；车辆管理规定；单车、摩托车管理规定；治安保卫管理规定；防火与防风管理规定；房屋租售管理规定；费用分摊及缴纳管理规定；罚则等。

5. 业主委员会章程

业主委员会章程对成立业主委员会的目的、宗旨、权利与义务、成立的方法、主要职责进行了规定，明确业主委员会在小区环境管理中的作用及地位。

6. 物业公司职能制度的制定

物业公司职能制度的制定主要是明确物业公司各部门的职责规范，例如，工程部的职责规范是通过对房屋及其附属设备的养护维修，确保物业正常使用；管理部的职责范围是落实公司关于物业管理的有关决议、决定，有计划、有步骤地完善楼宇及住宅区的各种配套设施，管理好所服务物业的卫生、庭院绿化、消防安全、治安保卫等，为住户提供一个安全、舒适、清洁、宁静的居住环境，从而使物业公司真正做到为社区服务，并能各负其责。

7. 物业公司岗位制度的制定（员工手册的制定）

物业公司岗位制度的制定（员工手册的制定）主要是明确物业公司所设岗位的职责范围。规定了某一岗位对从业人员的要求，包括基本素质、应知应会、岗位职责、工作量规范等方面。

在住宅区环境的管理过程中，应强化各种管理制度的建设，并在实践中不断丰富；同时，在实践中必须严加执行，即物业公司、住户等必须遵守各项规定，共同创造住宅区的优美环境。

思考题

1. 社区环境建设的原则是什么？
2. 住宅区环境管理的相关制度有哪些？

第三节 社区环境污染治理

环境污染是指由于人类在生活、生产和一切社会活动中，将产生的废物（如废气、废水和废渣等）、能量（如噪声、热能和辐射等），以及其他资源和有害物质排入环境中，使环境的化学、物理、生物特性发生变化，环境质量下降，对人类生存与生态环境产生影响和危害的现象。

环境污染主要是人为因素造成的。人们在生产和生活活动中需要消耗大量的燃料，例如，在消耗燃煤过程中会产生大量烟尘和二氧化硫、氮氧化物、一氧化碳等气体，这些物质排入大气，会使空气质量发生变化。人们在生产和生活中排出的废水含有各种有毒有害物质，汇入江河湖海，使水体质量发生变化。人们使用汽车等现代化交通工具，不但会排放废气，而且会产生大范围的噪声，同样改变了环境质量。上述这些都会产生环境污染，从而使环境的化学、物理和生物特性发生变化，对人类的生存和发展产生影响和危害。

一、大气污染及其防治

大气污染治理由于易受天气影响且会在不同地域间转移，因此政府对大气污染治理的积极性较低，这部分市场也较为薄弱。

华北地区出现大量雾霾天气这一现象引发了社会对大气污染的关注。事实上，我国早在几年前，就对大气污染防治工作已经陆续展开，自 2002 年以来，我国出台了各项政策，加大了节能减排的力度，如 2002 年 1 月 30 日发布的《燃煤二氧化硫排放污染防治技术政策》，政策从能源合理利用、煤炭生产加工和供应、煤炭燃烧、烟气脱硫、二次污染防治等方面进行了详细的规定。2012 年 8 月，我国发布了《节能减排"十二五"规划》，对电力与非电力行业脱硫、脱硝效率提出了具体的发展目标。以上各项节能减排政策对我国大气污染防治起到了一定的推动作用。

我国大气污染主要来自工业端排放，2011 年，我国工业二氧化硫废气排放中，电力行业所占比例高达 47.52%，而钢铁、水泥建材、有色冶金行业的二氧化硫排放量分别达 10.64%、13.26% 和 6.04%。

从我国大气污染排放量来看，2000—2011 年，中国工业废气排放量年均增速为 19.06%，由 2000 年的 138 145 亿标立方米增长至 2011 年的 674 509 亿标立方米。

（一）大气污染的含义

大气污染是指向大气排放有害物质，造成大气的质量下降和严重恶化。造成大气污染的有害物质主要是燃烧含硫的煤和石油，有色金属冶炼厂、硫酸厂排放的硫氧化物气体 SO_2，煤尘和粉尘，CO，氮氧化物 NO、NO_2，还有光化学烟雾等。

（二）大气污染的危害

人类体验到的大气污染的危害，最初主要是对人体健康的危害，随后逐步发现了对工农业生产的各种危害及对天气和气候产生的不良影响。人们对大气污染物造成危害的机理、分布和规模等问题的深入研究，为控制和防治大气污染提供了必要的依据。大气污染后，由于污染物质的来源、性质、浓度和持续时间的不同，污染地区的气象条件、地理环境等因素的差别，甚至人的年龄、健康状况的不同，大气污染对人均会产生不同的危害。

大气污染对人体的影响，首先是感觉上不舒服，随后生理上出现可逆性反应，再进一步就出现急性危害症状。大气污染对人的危害大致可分为急性中毒、慢性中毒和致癌三种。

1. 急性中毒

大气中的污染物浓度较低时，通常不会造成人体急性中毒，但在某些特殊条件下，例如，工厂在生产过程中出现特殊事故，大量有害气体泄漏外排，外界气象条件突变等，便会引起人群的急性中毒。如印度帕博尔农药厂甲基异氰酸酯泄漏，直接危害人体，导致了2 500人丧生、十多万人受害。

2. 慢性中毒

大气污染对人体健康产生慢性毒害作用，主要表现为污染物质在低浓度、长时间连续作用于人体后，人出现的患病率升高等现象。中国城市居民肺癌发病率很高，其中最高的是上海市，城市居民呼吸系统疾病明显高于郊区。

3. 致癌作用

致癌作用是长期影响的结果，是由于污染物长时间作用于肌体，损害体内遗传物质，引起突变，如果生殖细胞发生突变，则使后代机体出现各种异常，称为致畸作用；如果引起生物体细胞遗传物质和遗传信息发生突然改变作用，则称为致突变作用；如果诱发成肿瘤的作用，则称为致癌作用。这里所指的癌包括良性肿瘤和恶性肿瘤。环境中致癌物可分为化学性致癌物、物理性致癌物、生物性致癌物等。致癌作用过程相当复杂，一般有引发阶段、促长阶段。能诱发肿瘤的因素，统称为致癌因素。由于长期接触环境中致癌因素而引起的肿瘤，称为环境瘤。

大气污染物主要可分为有害气体（二氧化碳、氮氧化物、碳氢化物、光化学烟雾和卤族元素等）及颗粒物（粉尘和酸雾、气溶胶等）。它们的主要来源是工厂排放、汽车尾气、农垦烧荒、森林失火、炊烟（包括路边烧烤）、尘土（包括建筑工地）等。

（三）大气污染的防治

空气污染防治的目的是消除或减轻社区区域内的二氧化硫气体、机动车排放的尾气及扬尘。由于社区区域是城市的一个部分，城市整体的空气污染使社区区域不可能幸免。防治社区区域空气污染能做到的是尽可能地消除扬尘，减轻社区范围内空气中二氧化硫气体和机动车尾气的含量。

空气污染的防治办法主要是：教育住户和生产单位改变能源结构；硬化地面，不能裸露地面是减少扬尘的一个重要措施；绿化；加强城市综合管理；限制车辆驶入。

（1）加快调整能源结构。实施跨区送电项目，合理控制煤炭消费总量，推广使用洁净煤。促进车用成品油质量升级，2014年年底前全面供应国四车用柴油。推行供热计量改革，开展建筑节能，促进城镇污染减排。加快淘汰老旧低效锅炉，提升燃煤锅炉节能环保水平。提前一年全面完成"十二五"落后产能淘汰任务。

（2）发挥价格、税收、补贴等的激励和导向作用。对煤层气发电等给予税收政策支持。中央财政设立专项资金，2014年安排100亿元人民币，对重点区域大气污染防治实行"以奖代补"。制定重点行业能效、排污强度"领跑者"标准，对达标企业予以激励。完善购买新能源汽车的补贴政策，加大力度淘汰黄标车和老旧汽车。大力支持节能环保核心技术攻关和相关产业发展。

（3）落实各方责任。实施大气污染防治责任考核。健全国家监察、地方监管和单位负责的环境监管体制。完善水泥、锅炉和有色等行业大气污染物排放标准。规范环境信息发布。

二、水污染及其防治

层出不穷的水污染事件，让公众对自己生存不可或缺的资源感到担忧。2014年3月14日，环保部发布首个全国性大规模调查。结果显示，中国有2.8亿居民使用不安全饮用水。

国土资源部网站发布的调查结果显示，华北平原浅层几乎已无Ⅰ类地下水；需要经过专门处理后才可利用的Ⅴ类地下水占56.55%以上。《2011中国国土资源公报》公布的全国200个城市、4 727个水质监测点结果显示，较差、极差级水比例过半，中国地下水质量状况不容乐观。

水污染已成为悬在公众头顶的达摩克利斯之剑。2013年6月，中国疾控中心一份淮河流域水环境与消化道肿瘤死亡之间因果联系的研究，首次证实了癌症高发与水污染的直接关系。

"中国城镇化率已经超过50%，国际经验表明，城镇化率达到50%之后，是水污染危机的高发期。"全国政协人口资源环境委员会副主任、住建部副部长仇保兴警告说，"也是修复水生态的关键期，一旦错过这个机会，将会付出极为高昂的治理代价。"一些地方显然已经意识到水环境污染可能给经济社会健康发展带来的负面效应。在中国东部省份浙江，2013年启动了一个由省委书记亲自挂帅的治水行动。在这项名为"五水共治"的决策行动中，"治污水"首当其冲。为确保治水成效，这项计划历时7年，仅省级财政就将投入600亿元。

（一）水污染的含义

水污染是指人们在生产、生活活动过程中，将有毒、有害物质和液体排入水体，使水质下降，利用价值降低或丧失，并对生物和人体造成损害的现象。这些有毒、有害物质的来源主要是工业废水、生活废水、医疗污水等排入水体中的酚、氰化物、砷、汞、铅等有毒物质，油类，氯、磷等富有营养的盐类等。常见的水污染物有以下几项：

（1）病原微生物，如伤寒杆菌、痢疾杆菌、霍乱菌等，会引起传染病的传播和流行。

（2）植物营养物，如氮、磷、钾等，引起水质富营养化，使水质恶化，造成水体中生物死亡。

（3）无机盐，如酸、碱、盐等无机化合物进入水体，影响人们生活、生产和农业灌溉用水水质，对人体健康、工业生产和农作物造成危害。

（4）各种油类物质，如石油、汽油、柴油、机油、动植物油等进入水体，阻隔水体复氧能力，破坏水的自净作用，危害人体健康，引起水体中生物死亡。

（5）有毒化学物质，如汞、镉、铅、铬、砷、硒、钒、有机氯化物、放射性物质等进入水体，危害人体健康，引起水体中生物死亡。

水体污染物来源于人类生产和生活活动，其污染源主要有以下几项：

（1）生活污染源：城市居民家庭生活和为居民生活服务的行业等排放的各种生活污水，流入江河湖海形成的水污染源。

（2）工业污染源：工矿企业从事各种生产活动中，排放的含有有毒有害物质的生产污水，流入江河湖海形成的水污染源。

（3）交通污染源：各种船舶等水上交通工具，在水面行驶、停泊过程中泄漏、排放的各种有害物质和污水。

（4）农业污染源：农业生产中喷洒农药、施用化肥等时被雨水冲刷流入水体而形成的污染源。

（二）水污染的危害

1. 水污染对人体健康的危害

（1）会引起急性和慢性中毒。当水体受化学有毒物质污染后，人通过饮用受污染的和食用受污染的鱼类、贝类等水产品会引起中毒。如汞和甲基汞中毒会引起"水俣病"，"水俣病"最早发生在日本熊本县水俣湾，故称"水俣病"。该病是由当地渔民食用水俣湾受甲基汞污染的鱼类、贝类后发生的一种中毒性公害病。镉中毒会引起"痛痛病"，该病是一种因镉污染水体而产生的一种公害病。最早发生在日本富山县神道川流域，由于当地居民长期饮用镉污染的河水和食用这种污染河水灌溉的含镉稻米，引起骨质软化症和病理性骨折而产生的"痛痛病"。如果饮用砷污染水体会引起砷中毒，造成全身出血，尿毒症导致死亡。饮用农药污染的水体也会引起中毒死亡等。

（2）会诱发癌症。水体如受某些有致癌作用的化学物质污染，如砷、铬、镍、苯胺、苯并芘、多环芳烃等物质污染，人们长期饮用这类水，食用这类水中生长的水产品会引起癌症。

（3）会引发各种传染病。水体如受某些带细菌、病毒的废水污染后，会引发以水为媒介的各种传染病。如含有细菌、病毒的城市生活污水、皮革业污水、屠宰业污水、医院污水、卫生防疫站污水、体检站污水等，如果排入水体，被人饮用或食用该水体中生长的鱼、贝、藻类水产品，就会引起细菌性肠道传染病、寄生虫病，如伤寒病、痢疾病、霍乱病、肝炎病、血吸虫病、肠炎等。

2. 水污染对水生动植物的危害

水污染会造成水质变坏、发黑发臭、缺氧等，会引起大量水生动植物因缺氧而死亡。水中混入各种有毒物质，会毒死水生动、植物。海洋水污染会引起大面积"赤潮"现象，使大量"赤潮"生物覆盖海面，减少和隔绝水中溶解氧来源，破坏海洋水产资源。

3. 水污染对淡水资源的危害

水污染会使地表水（河流、湖泊）、地下水（井水、泉水）变质、变黑发臭、沉积物增加、干枯断流等，从而使可采用淡水资源严重匮乏，城乡淡水供应紧张。目前，我国大城市普遍存在生产、生活用水缺乏现象，其中主要原因之一就是许多可用水资源被污染不能采用。

4. 水污染对土壤、农作物的危害

使用被污染的水浇灌农作物，会使土壤板结硬化、盐碱化和毒化等，从而使农作物的生长受到严重影响，造成大面积枯萎、病虫害和减产。

（三）水污染的防治

水体如果受到有毒有害物质的污染，会影响水的有效利用，危害人体健康和破坏生态环境。因此，必须加强对水污染的防治。

1. 地表水污染的防治

根据《中华人民共和国水污染防治法》的有关规定，对地表水污染的防治主要采取以下措施：

（1）任何单位和个人要严格遵守国家或地方规定的水污染物排放标准。凡超过国家或地方标准的，要限期治理。对严重危害饮用水源的，环保部门有权采取强制措施责令减少或停止排放污染物。因排放污染物危害单位和个人并造成损失的，排污者应承担赔偿责任。

（2）禁止在国家规定的水体保护区内新建排污口。生活饮用水源地、风景名胜区水体、重要渔业水体和其他有特殊经济文化价值的水体为国家规定的水体保护区，在保护区内禁止新建排污口。在保护区附近新建排污口，必须保证保护区水体不受污染。

（3）排污单位因发生突发事故事件，使排放污染物超过正常排放量，造成或可能造成水污染事故的，必须采取应急措施，通报可能受水污染危害和损害的单位，并向当地环保部门报告。

（4）任何单位和个人禁止向水体排放和倾倒一切污染物。包括禁止排放和倾倒油类、酸液、剧毒废液；禁止在水体清洗装贮过油类或有毒污染物的车辆和容器；禁止将含有汞、镉、砷、铬、铅、氰化物、黄磷等可溶性剧毒废渣向水体排放、倾倒；禁止向水体排放、倾倒工业废渣、城市垃圾和其他废弃物；禁止向水体排放、倾倒放射性固体废弃物或含有高放射性和中放射性废水等。

（5）向水体排放含热废水，应当采取措施防止热污染危害。如采用循环散热、贮存自然散热、人工冷却等办法，保证排放的废水温度符合水环境质量标准。

（6）排放含病原体的污水，必须经过消毒处理。如采用加热高温消毒，紫外线照射消毒，碱、酸消毒，氧化剂（氯及化合物、碘、臭氧等）消毒，在符合现行国家有关标准后，方可排放。

（7）禁止向饮用水源排放、倾倒农药残液和在饮用水源中洗刷农药容器。运输、存储和处置过期失效农药，必须加强管理，防止造成水污染。

（8）船舶排放含油污水、生活污水，必须遵守国家规定的污染物排放标准。禁止向水体排放残油、废油和倾倒船舶垃圾。船舶装载运输油类或有毒货物，必须采取防溢流和渗漏措施，防止货物落水造成水污染。

（9）加强对水污染防治的监督管理。各级政府要将防治水污染纳入城市建设规划，建设和完善城市排水管网和污水处理设施。城市环保部门要严格企事业单位排污申报登记制度、排污检查监督制度和超标排污限期治理制度等。城市任何单位和居民个人都有责任保护水环境，有权对污染损害水环境行为进行监督和举报。

（10）完善水污染防治的综合治理。

①改革工艺、抓源治本。将废水中污染物的数量、浓度在生产工艺中压缩到最低限度。

②循环回用，一水多用。采用全封闭或半封闭用水系统，使水在生产过程中重复利用。

③综合利用，化害为利。利用各种工艺手段，将废水中包含的可用资源、能源回收，变害为利。

④净化处理，安全排放。利用净化处理装置净化污水，然后排放，有效控制水污染。

⑤加强水体监测，为水管理提供依据。

2．地下水污染的防治

根据《中华人民共和国水污染防治法》的有关规定，对地下水污染的防治主要采取以下措施：

（1）禁止任何单位和个人利用渗井、渗坑、裂隙和溶洞排放、倾倒含有毒污染物、病原体污染物的废水、污水及其他废弃物。

（2）禁止任何企事业单位使用无防止渗漏措施的沟渠、坑塘等，输送或存在含有毒污染物或病原体污染物的废水、污水及其他废弃物。

（3）在开采多层地下水时，如果各含水层的水质差异大，则应当分层开采。对已受污染的潜水和承压水，不得混合开采。

（4）兴建地下工程设施或进行地下勘探、采矿等活动，应采取防护措施，防止地下水污染。

（5）采用人工回灌补给地下水，不得恶化地下水质等。

3. 治水污染的技术措施

（1）污水三级处理技术。根据城市污水处理程度和需要，分别实行一级处理、二级处理和三级处理。

①污水一级处理即将污水中悬浮性固体物通过机械物理的沉淀、浮选、过滤等方式，使污水中过浓的有毒、有害物质得到初步净化，为进行二级生化处理，提供适宜的水质条件。污水一级处理的设施有：格栅和筛网设施，用于截留和滤除污水中的漂浮物；沉沙池和沉淀池设施，通过沉淀原理除掉污水中的可沉淀悬浮固体；隔油池设施，用于分离污水中分散颗粒较大的油品。

②污水二级处理即在简易的一级处理的基础上，利用生化作用原理对污水进行深层次的处理。降解、消除污水中的病毒、虫卵和各种有毒有害物质，使水质进一步净化。

③污水三级处理即利用生物脱氮、凝集沉淀、砂滤、臭氧氧化、蒸发、冷却等方法，对污水进行更深层次处理和净化，使之达到工业、农业用水、居民饮用水的标准，实现水的再利用。

（2）物理、化学、生物学技术。在污水三级处理中采用物理、化学和生物学方法使水质达到净化。

①物理法即利用物理原理分离污水中呈悬浮状态的物质，达到净化水质的目的。

②化学法即用化学反应原理分离、回收污水中的污染物或改变污染物性质，使水质净化。

③生物法即利用各种微生物，将污水中有机物分解转化为无机物，达到净化水质的目的。

上述三种处理方法可互相结合，交替使用。

三、固体废弃物污染及其防治

（一）固体废弃物污染的含义

固体废弃物污染的含义是指人类生产和生活中丢弃的工业固体废渣、城市生活垃圾和农业固体废弃物等造成的周边环境的污染。固体废弃物主要有以下几项：

（1）工业固体废渣包括冶金废渣、矿业废渣、燃料废渣、化工废渣、放射性废渣、玻璃、陶瓷、造纸废渣、建筑废渣、废料等。

（2）城市垃圾包括城市居民生活垃圾、商业服务业垃圾、市政建设和维修管理产生的垃圾。如大量丢弃的废纸、废布、废塑料制品、废玻璃制品、废家俱、废弃包装物、碎瓷器、碎陶器、废弃建筑材料、厨房垃圾、装修垃圾等。

（3）农业固体废弃物包括农业生产、农产品加工和农村居民生活排出的废弃物品。如农作物秸秆、农用塑料薄膜、家畜粪便、农产品加工废弃物、农村居民生活垃圾等。

以上各种固体废弃物如果在收集、贮存、运输和处理方法上不当，随便丢弃、排放，必然会影响城乡容貌，污染城乡周边环境，造成蚊蝇滋长，传播疾病，危害人体健康。

（二）固体废弃物的危害

（1）对大气、水体、土壤造成污染。固体废弃物中的尾矿、粉煤灰、干污泥和垃圾中的尘粒会随风飞扬，使空气中的悬浮颗粒物增加；有毒有害固体废弃物，会散发毒气、臭气，污染空气；将固体废弃物倾倒入江、河、湖、海，会污染水体使水质变坏；将固体废弃物倾倒在土壤层面，经雨水浸淋渗出有害物质，会改变土质和土壤结构，使土质酸化、碱化、硬化。

（2）对城市卫生环境造成影响。固体废弃物随便排放会影响市容卫生环境。如生活垃圾长期堆放会腐烂变质，滋生细菌、蚊蝇；塑料袋、塑料餐盒、塑料包装物随便丢弃会造成"白色污染"；焚烧垃圾、废物会散发有毒有害气体，使周围环境恶化。

（3）对人身健康造成危害。固体废弃物中的尘粒、有毒有害物质污染空气，被人吸入会引起中毒和诱发各种呼吸道疾病。含细菌、病毒的固体废弃物污染的水体被人饮用，会引起肠道传染病（如痢疾、肠炎）、肝炎病、伤寒病等；生活垃圾长期堆放会腐烂变质，滋生蚊蝇叮咬食物和人体，会传染疟疾、瘟疫等病；含放射性物质的垃圾、废弃物露天堆放，被人接触会得放射性疾病。

（4）对植物、农作物造成危害。大量堆放废矿石、废渣等固体废弃物，会毁坏大片农田和森林，减少森林和耕作面积；有毒有害固体废物堆放在土壤上，经雨水浸淋渗入土壤被植物、农作物吸收会枯萎、死亡；废弃塑料薄膜、塑料袋埋在土壤中不会腐烂，阻碍植物、农作物生长，造成农作物减产。

（三）固体废弃物污染的防治

为了有效控制固体废物污染环境，必须遵守《中华人民共和国固体废物污染环境防治法》中关于"固体废物污染环境的防治"的有关规定，并采取相应的固体废弃物处理方法和技术。

1. 国家对固体废弃物污染环境的有关规定

（1）一般规定。

①产生固体废弃物的单位和个人，应采取措施，防止或减少固体废弃物对环境的污染。

②收集、储存、运输、利用、处置固体废弃物的单位和个人，必须采取防扬散、防流失、防渗漏等措施。

③产品应采用易回收利用、易处置的包装物。

④鼓励科研、生产单位研究、生产易回收利用的农用薄膜。使用农用薄膜的单位和个人应采取回收利用措施，防止对环境污染。

⑤对收集、储存、运输、处置固体废弃物的设施设备和场所，应加强管理和维护。

⑥禁止擅自关闭、闲置或拆除工业固体废弃物污染环境防治设施和场所。

⑦对造成固体废弃物严重污染环境的企事业单位，要限期治理。

⑧禁止在国家划定的自然保护区、风景名胜区、生活饮用水源地和其他特别保护区，建设工业固体废物集中储存、处置设施、场所和生活垃圾填埋场。

⑨禁止我国境外的固体废弃物进境倾倒、堆放、处置。

⑩禁止进口不能用作原料的固体废弃物，限制进口可用作原料的固体废弃物等。

（2）工业固体废弃物污染环境的防治。

①国家环保部门应会同其他有关部门，制定防治固体废弃物污染环境技术政策，推广先进的防治生产工艺和设备。

②研究、开发和推广减少工业固体废弃物产生量的生产工艺和设备，公布限期淘汰产生严重污染环境的工业固体废弃物的落后生产工艺、落后设备的名录。

③推广能减少工业固体废弃物产生量的先进生产工艺和设备，合理选择和利用原材料、能源等。

④建立、健全环境污染防治责任制，采取防治工业固体废弃物污染环境的措施。

⑤国家实行工业固体废弃物申报登记制度。

⑥露天存工业废渣和其他工业固体废弃物，应设置专用的设施、场所。

⑦建设工业固体废物储存和处置的设施、场所要遵守国家环保部门的规定，并符合国家环保部门规定的环保标准等。

（3）城市生活垃圾污染环境的防治。

①任何单位和个人应遵守城市环卫部门的规定，在指定地点倾倒、堆放城市生活垃圾，不得随意扔撒或堆放。

②储存、运输、处置城市生活垃圾，应遵守国家有关环境保护和城市环境卫生的规定。

③及时清运城市生活垃圾，积极开展合理利用和无害化处置，城市垃圾逐步推行分类收集、储存、运输和处置。

④改进燃料结构，发展城市煤气、液化气等清洁能源。

⑤组织净菜进城，减少城市生活垃圾。

⑥统筹规划，合理安排废旧物资收购网点，促进废弃物回收利用工作。

⑦配套建设城市生活垃圾清扫、收集、储存、运输、处置的设施和场所，并符合国家规定的环境保护和城市环境卫生标准。

⑧禁止擅自关闭、闲置、拆除城市生活垃圾处置的设施和场所，确有必要关闭、闲置、拆除的应经县以上环境卫生部门和环境保护部门核准，并采取措施，防止污染环境。

⑨施工单位应及时清运、处置建筑垃圾，并采取措施，防止污染环境。

2．固体废弃物的处理方法和技术

（1）工业垃圾、建筑垃圾和城市生活垃圾处理方法和技术。

①一般堆存法对一些不溶解、不飞扬、不腐烂变质、不散发毒气、臭气的块状和颗粒状废弃物，如钢渣、高炉渣、废石、废建筑材料等在指定地点合理堆放、集中处理。

②围隔堆存法对那些含水率高的粉尘、污泥、如煤灰、尾矿粉等在指定地点进行筑墙围隔堆放，并在表面采取遮盖等防扬尘措施。

③填埋法即对城市生活垃圾、污泥、粉尘、废屑、废渣等固体废弃物用土填埋到指定的低挂地、坑和垃圾场。

④焚化法在指定地点利用焚化设备对那些经焚化后能缩小体积和减轻质量的可燃有机废弃物、工业和生活垃圾等进行焚烧，然后填埋处理。

⑤生物降解法对一些能通过微生物降解的有机废弃物，如生活垃圾中的有机废物、人畜粪便、农业废弃物、污泥等进行生物降解变为肥料处理。

(2) 固体废弃物的回收利用方法和技术。

①利用工业废渣作建筑材料。如利用尾矿渣、煤渣、灰渣、石渣等制砖，制水泥，铺设道路等。

②回收固体废弃物中的可用资源和能源。如从含铜、铁、铅、锌、镍等废渣中回收金属类资源；从含碳、含油、含其他有机物质的废物中回收能源；利用有机垃圾、植物秸秆等经过厌氧发酵，制取沼气回收能源等。

③利用固体废弃物作农业肥料。如将城市生活垃圾经过筛选分类后与粪便拌在一起作农业肥料；将生活垃圾中的有机物和农作物秸秆等生化发酵处理作农业肥料。

(3) 防治塑料薄膜、塑料制品"白色污染"的处理方法和技术。

①加强可化解的"绿色塑料"研制工作，推广使用无污染的"绿色塑料"。

②对生产"污染型塑料"的企业进行宏观控制，并规定生产和销售"污染型塑料"的生产、销售企业同时承担旧塑料的回收和加工任务。

③支持和鼓励生产和使用纸制、麻制等可化解的包装袋，代替"污染型塑料袋"。

④提高废旧塑料的收购价格，调动废品收购人员的积极性和居民出卖废旧塑料的积极性，防止乱扔、乱倒废旧塑料污染环境。

⑤加强对抛弃废旧塑料制品较多的公共场所（如列车、车站、码头、闹市区）的管理，禁止乱扔或乱倒包装塑料袋、塑料餐盒、塑料饮料瓶等，防治"白色污染"。

⑥制定优惠奖励政策，鼓励铁路、公路、水路等客运服务人员自觉收集旅客丢弃的废塑料制品进行合理处理。

四、噪声污染及其防治

（一）噪声污染的含义

噪声污染是指人类在生活和生产活动中，由人为造成的能妨害人们学习、工作和休息，危害人体健康，并超过一定分贝（dB，即表示声音强弱程度的计量单位）的高强度声音。噪声通过空气等物质为媒体传播到人的听觉感官，危害人体健康，妨害学习、工作和休息，是影响社区环境的一大公害。常见的噪声如下：

(1) 工业噪声，如工业生产机器设备运转的轰鸣声，锻锤敲打声，排放废气、蒸汽尖叫声，矿业开采爆破声，锅炉风机嗡响声等。

(2) 建筑施工噪声，如建筑施工装卸声、搅拌机和卷扬机开动声、打桩机敲击声等。

(3) 交通噪声，如汽车、电车发动声、鸣喇叭声，火车、轮船鸣笛声，飞机起落轰鸣声等。

(4) 社会生活噪声，如群众集会、文化娱乐喧闹声，宣传广播喇叭声，居民家用电器音响声，乐器声，装修房屋敲击声等。

（二）噪声污染的危害

噪声污染环境主要对人的工作、学习、休息和人体健康产生影响或危害。具体表现在以下几个方面。

1. 对人体健康造成危害

强烈的噪声会对人体生理器官产生影响，导致多种病症出现。

（1）易损伤听力，患噪声性耳聋。在强烈的噪声环境下，轻则会使人的听觉皮质层器官受到暂时性伤害，造成听觉灵敏度下降、耳鸣、暂时性耳聋，噪声停止后经过一段时间才会逐渐恢复听力。重则会引起耳膜受损，被击穿出血，使听觉不能恢复，造成永久性耳聋。

（2）易患神经官能症。长期受噪声危害，会使人头晕、头痛、失眠、多梦、烦躁、焦虑和记忆力减退。

（3）易使冠心病复发。连续受噪声刺激，会使人心悸、血压增高，会使有冠心病的人旧病复发。

（4）使消化机能减退。强烈的噪声会影响人的消化液分泌，使人食欲不振、消化不良，逐渐消瘦，易引发各种疾病。

2．会干扰睡眠影响休息

强烈的噪声，会使人不能入睡，如在夜间睡眠中受噪声干扰，人们会被惊醒，影响睡眠休息，长期下去，会引发各种疾病。

3．噪声会影响人们的情绪，引起烦恼

高频率的噪声会使人焦虑不安，引起人厌烦、抱怨、发怒，情绪变坏；连续不断的噪声或时停时放重复性噪声更会使人厌烦、发怒，情绪变坏。这些都会影响人的身体健康，影响人的情绪和文明举止。

4．噪声会干扰语言交流

强烈的噪声会使谈话的人、洽谈工作的人、课堂授课的教师语言清晰度降低，即使大声讲话，对方也听不清楚，从而影响人的正常交谈，影响正常工作和学习秩序。

5．噪声会引发人身伤亡事故

由于噪声会影响人的休息、睡眠，造成在工作中打瞌睡、注意力不集中，反应迟钝，会引发各种交通伤亡事故、工伤事故。

（三）噪声污染的防治

噪声污染的防治包括对工业噪声、建筑施工噪声、交通噪声、社会生活噪声的防治。

1．工业噪声防治

（1）凡新建、扩建、改建工业建设项目，必须遵守国家有关建设项目环境保护管理的规定，配备防噪声污染设备，规定防治噪声污染措施，并上报环保部门审查批准。

（2）企事业单位向周围生活环境排放噪声，应当符合国家规定的环境噪声厂界排放标准，对超标排放噪声、造成严重噪声污染的企事业单位，必须限期治理。

（3）生产国家急需产品的企业，确因经济、技术条件所限，不能通过治理消除噪声污染的，必须采取措施将噪声污染危害降到最低程度，并与受污染的居民组织和有关单位协商，达成协议，采取其他保护受害人权益的措施。

（4）进行产生强烈偶发性噪声的单位，应事先向政府、环保部门、公安机关申请，经批准后方可进行，并向社会公告。

2．建筑施工噪声污染防治

(1)建筑施工单位向周围居民生活区排放噪声，应符合国家规定的施工场界排放标准。

在建筑施工中使用可能超标排放噪声污染的机械设备,应在开工前 15 天向当地政府环保部门提出申请,并说明采用的防治措施等。

(2)建筑施工排放噪声超过国家规定标准,危害周围居民生活环境时,应经当地环保部门报政府批准后,可限制其作业时间。

(3)禁止夜间在居民生活区、文教区、疗养区进行产生噪声污染,影响居民休息的建筑施工作业,但抢修、抢险作业除外。

(4)因经济条件所限,不能通过治理消除噪声污染的,必须采取措施将污染降到最低程度,并与居民组织和有关单位协商,达成协议,采取其他保护受害人权益的措施。

3. 交通噪声污染防治

(1)行驶的机动车辆,应配备消声器和符合规定的喇叭,不符合规定超标排放噪声的,不发行车执照。

(2)一切带警报器的特种车辆,在执行非紧急任务时或在禁止使用警报器的地段,不得使用警报器。

(3)火车驶入市区、疗养区、风景名胜区,只准使用风笛。飞机起降产生的噪声,应符合航空器噪声排放标准。

(4)车站、码头、机场等场所使用广播喇叭,应控制音量,减少噪声对周围生活环境的影响。

4. 社会生活噪声防治

(1)在街道、广场、公园、公共场所,未经政府批准,禁止使用大功率广播喇叭和广播宣传车。

(2)禁止在商业活动中采用发出高大声响方法招揽顾客,影响周围生活的环境。

(3)从事文娱、体育场所的经营者,禁止使用播放超标音响设备,防止噪声对周围环境的影响。

(4)使用家用电器、乐器在室内开展娱乐活动,应控制音量,不得干扰他人休息。禁止在夜间播放超音量电器设备,防止影响周围居民睡眠。

(5)禁止居民在夜间从事家庭装修,防止装修产生的噪声扰民。

5. 防治噪声污染的技术措施

(1)源控制技术。

1)改进设备结构,提高机械设备,运输工具的部件加工精度和装配质量,减少部件振动摩擦而产生的噪声量。

2)采用吸声、隔声、减振技术。如在运转设备、运输车辆上安装消声装置等,控制排放的噪声量。

(2)噪声传播途径控制技术。

1)采用技术控制噪声传播方向。

2)设置隔声屏障,采用隔声墙、隔声罩,阻挡噪声传播。

3)采用吸声材料和吸声技术设备,减少噪声传播。

(3)接收者的防护技术。佩戴护耳器,如耳塞、耳罩、防声头盔等,防止噪声危害人体健康。

思考题

1. 社区面临哪些环境污染？
2. 社区环境污染的治理方式有哪些？

第四节　绿色社区的构建

绿色代表生命，代表健康和活力，是充满希望的颜色。国际上对"绿色"的理解通常包括生命、节能、环保三个方面。绿色消费包括的内容非常宽泛，不仅包括绿色产品，还包括物资的回收利用，能源的有效使用，对生存环境、物种的保护等，可以说涵盖生产行为、消费行为的方方面面。为了使人们有较系统的了解，一些环保专家把将绿色消费概括成 5R，即节约资源，减少污染（Reduce）；绿色生活，环保选购（Reevaluate）；重复使用，多次利用（Reuse）；分类回收，循环再生（Recycle）；保护自然，万物共存（Rescue）。

"绿色消费"的概念是广义的，主要是指在社会消费中，不仅要满足我们这一代人的消费需求和安全、健康，还要满足子孙万代的消费需求和安全、健康。其有三层含义：一是倡导消费者在消费时选择未被污染或有助于公众健康的绿色产品；二是在消费过程中注重对垃圾的处置，不造成环境污染；三是引导消费者转变消费观念，提倡崇尚自然、追求健康，在追求生活舒适的同时，注重环保，节约资源和能源，实现可持续消费。狭义地讲，"绿色消费"的重点放在"绿色生活，环保选购"等直接关系到消费者安全健康方面的内容，社会监督的重点放在食品、化妆品和建筑装饰材料三个方面上。

一、社区环境绿化的功能

绿化是指植树造林，意在变赤地为绿洲。随着社会的发展与人们对理想人居环境的追求，环境绿化的意义变得更为重要。

社区环境绿化是指在社区管理范围内，按照一定的原则及美学原理种植花草树木，使植物依附室外地面、护坡、外墙、屋顶并装点阳台、室内等空间所形成的优美协调的有机体系。其功能如下。

（一）物理功能

1. 遮阳、隔声

树木可以遮阳、隔声，尤其是落叶乔木，十分切合时令。在冬季，人们需要阳光的时候，树叶落了，让阳光洒满室内外；夏天，树枝上长满叶子，恰好遮住炎炎烈日，为人们提供凉爽，减少人们的暴晒之苦。灌木和乔木搭配种植可以形成一道绿篱声障，四季常青的针叶树效果更佳。

2. 改善小气候

绿化能使空气中的相对湿度增加，又可以调节气温，尤其是能使夏季的气温降低，减少炎热程度。一般情况下，夏季树荫下的空气温度比露天的空气温度要低3 ℃～4 ℃，而草地上的空气温度要比沥青地面的空气温度低2 ℃～3 ℃。

3．改善空气质量

植物通过物理吸附、过滤作用和生理变化的代谢反应（如光合作用），能吸收氯化氢、二氧化硫、二氧化碳、臭氧、氯气、氨气等有害物质，起到净化空气的作用。

4．防风、防尘

树林具有明显的防风效果。当气流穿过树林时，受到阻截、摩擦和过筛，消耗了风的能量，起到降低风速的作用。绿化还能阻挡风沙、吸附尘埃，大面积的植物覆盖对防止尘土飞扬是十分有效的。

5．杀菌防病

许多植物能分泌芳香的代谢产物，可以起到杀菌作用。

（二）精神功能

1．美化环境

园林绿化是美化社区环境的重要方式，是社区环境建设的重要组成部分。因地制宜地种植一年四季色彩富有季节变化的各种乔灌木、花卉、草皮，能让居民得到视觉上的享受，而且感到身心愉悦。

2．分割空间

绿篱能很好地起到分割室外空间的作用，既能满足居民的私密性要求，又能满足社会性要求。

3．形成消闲场所

绿地是人们休闲的场所，儿童在此游戏，大人在此娱乐、锻炼。因此，绿地能起到丰富生活、陶冶情操和消除疲劳的效果。

二、社区绿化的建设

（一）社区绿化基本要求

1．统一规划、合理组织、形成系统

根据功能和使用的要求，采取重点与一般，集中与分散，点、线、面相结合的原则进行布置，形成系统，并与周围环境相协调。

2．节约用地

绿地布置必须充分利用自然地形和周边的环境，尽可能地利用劣地、坡地、洼地及不适宜建筑的用地，以便节约用地。

3．营造良好的社区景观

要合理选种和配置，力争做到花草结合，常绿树与落叶树结合，乔木、灌木相间，追求四季常青、鲜花常开的生活、工作环境。

4．投资经济，方便管理

树种的选择及种植方式的确定，均应考虑投资经济性，同时，还要考虑建成后日常管理的方便。

（二）社区绿化基本原则

1. 以乡土植物为主，适当选用驯化的外来及野生植物

绿化植树，种花栽草，创造景观，美化环境，最基本的一条要求是栽植的植物能成活并健康生长，这就必须根据居住区的自然条件选择适应的植物材料。当然，为了丰富植物种类、弥补乡土植物的不足，也不应排斥优良的外来及野生植物种类。但是它们必须是经过长期引种驯化，证明已经适应当地自然条件的种类。同时，还要注意防止外来物种的侵入。

2. 以乔、灌木为主，草本花卉点缀，重视草坪地被、绿色植物的应用

高大雄伟的乔木是城市绿化的骨架，是绿化的主体，也是景观的主体，但是丰富的色彩则来自多种多样的灌木和花卉。通过乔木、灌木、花、草的合理搭配，才能组成平面上的成丛成群，立面上层次丰富、灵活多变、色彩绚丽的植物群落，从而达到最大的景观效果和生态效益。

3. 速生树与慢生树相结合，常绿树与落叶树相结合

新建居住区，为了尽早发挥绿化效益，一般多栽植速生树，近期即能鲜花盛开、绿树成荫。但是，速生树虽然生长快、见效早，然而寿命短、易衰老，三四十年就要更新重栽。这对园林景观及生态效益的发挥是不利的。因此，从长远来看要选种一些慢生树。合理搭配速生树与慢生树，近期与远期相结合，做到有计划地用慢生树代替速生树。北方冬季长，缺少绿色，所以要多选用一些常绿树，以增加冬季景观；南方四季常青，缺少变化，所以要适当选用一些落叶树，以丰富四季景观。

4. 根据不同特点选择不同的植物种类

居住区绿地是城市绿地系统中的重要组成部分，具有城市绿地的共性，同时又有自己的特点。总体上要求植物从姿态、色彩、香气、神韵等观赏特性方面有较好的表现，同时要能够抵抗不良环境，还要有利于人们的休闲、活动。既要有一些色彩淡雅、冠大荫浓的乔木，也要有一些色彩丰富的灌木、花卉，还可以栽植一些刺篱以达到安全防范的目的。

（三）社区绿化管理

社区绿化管理是指为美化和净化社区的环境与改进社区景观，而在社区范围内进行的绿地、花圃等地的养护行为，以及该类行为的计划与组织。物业公司一定要重视绿化工作，特别要重视绿化管理工作。

1. 设立绿化管理机构

为了搞好社区区域的环境绿化管理，首先应当确定社区区域环境绿化管理模式，并在此基础上设置不同的环境绿化管理机构。绿化管理一般有以下两种方式：

（1）委托式。委托式即将社区区域的环境绿化管理工作委托给专业的绿化公司负责。社区管理企业一般采取承包的方式转包给专业的绿化公司。物业管理企业只需要配备1～2名管理人员，根据承包议定书对绿化公司进行检查、监督和评议。

（2）自主式。自主式即社区区域的环境工作完全由自己负责。这种方法要建立自己的绿化管理机构，其规模大小要根据具体情况而定。如果社区区域规模小，则绿化管理机构相对来说可以小一些，有一个绿化养护组就可以了；如果社区区域规模大、类型多、任务比较重，则社区管理企业就需要建立一个比较完备的社区环境绿化管理机构。

2．明确岗位职责

（1）办公室的职责。协助社区绿化管理部主管管理好社区区域的绿化管理工作；对内协调好各个部门之间的关系，督促检查各项工作完成的情况及档案管理、资金管理、库房管理等；对外处理好与其他各个部门之间的关系，并开展一定规模的对外宣传活动、经营管理活动。

（2）花圃组的职责。培育各种花卉苗木，不断学习和引进新品种，以满足居住区绿化的需要；负责种花、养花及节假日摆花、用花的需要，不断提高花饰技艺，用碧绿青翠的植物，带给人们清新高雅、美好的享受；妥善保管和使用各种工器具和材料；完成部门主管交办的其他相关工作。

（3）养护组的职责。负责绿地树木花草的保护工作，禁止人为地破坏、践踏或改变绿地的用途；负责绿地树木花草的养护工作，及时浇水、施肥、清除病虫害及补植、更新等；负责清除绿地的杂草、枯枝败叶，铲埋乔灌木树坑，处理草地鼠洞，扑杀草地蚂蚁，维护园林小品、雕塑及绿地设施完好；妥善保管和使用各种工器具与材料；完成部门主管交办的其他相关工作。

（4）制定严格的管理制度，强化绿化管理的职能。物业公司应当在调查研究的基础上，制定全面、严格的绿化管理规章制度，包括绿地营造、养护管理和巡视制度等。同时，按照我国的《城市绿化管理条例》，对违章占绿、毁绿现象，加大管理和处罚力度，依靠法律法规和各项管理制度，保护绿化成果。

（5）加强绿化宣传，培养绿化意识。长期以来，绿化在一些人的头脑意识中总是公益行为、短期行为，一些公司、企业在植树节将植树任务当成走过场、赶时髦，而忽略了其真实的意义。在社区绿化中，一些公司人员对绿化的认识不足，一些居民对绿化成果非常不珍惜，随意破坏和占用。这些主要都是因为对绿化的宣传不够造成的。因此，物业公司要积极通过行使组织、协调、督导和宣传教育等职能，以及通过建绿、护绿等活动，培养公司员工和社区广大居民的绿化意识。

（四）社区绿化日常管理的主要内容

1．浇水

不同植物对水的需要各不同，不同的季节对水的需要量也不一样，绿化部要根据具体的气候条件、植物品种或生长期等情况来确定浇水量和浇水次数，努力做好浇水工作。

2．施肥

园林绿化种植的树木种类很多，有观花、观叶、观姿、观果等植物，又有乔木、灌木之分，它们对养分的要求各不相同。另外，植物在不同的生长期，需要养分的种类和数量也不相同。因此，绿化部要根据具体情况来施肥。

3．修剪整形

修剪整形是栽培树木的一种养护措施。树木的形态、观赏效果、生长开花结果等方面，都要通过整形修剪来解决或调节。

4．除草松土

除草是将树冠下非人植的草类清除，面积大小根据需要而定，以减少草与树木争夺土壤中水分及养分的情况发生，有利于树木生长；松土是让土壤表面松动，以达到保水、透气、增温的目的。

5. 防治病虫害

"预防为主、综合防治",要充分利用抑制病虫害的多种因素,创造不利于病虫害发生和危害树木的条件,采用各种必要的防治措施。

6. 管理

具体管理措施包括以下几项:

(1) 涂白。冬季用石灰水加盐或加石硫合剂涂白树干,以消灭在树皮中越冬的害虫,防止爬虫上树产卵。

(2) 立支柱。风速较大的地方或台风发生频繁的地区要立支柱,防止大风吹倒、吹斜树木。

(3) 围护。临街临路的树木要适当加上围护,防止树木被撞伤撞倒。要加强宣传教育或派人巡视,防止人为毁坏。

(4) 洗尘。人与车辆流动多,引起尘土飞扬,造成树冠污染,影响树木的生长和环境的美化。绿化部要经常用水对树冠进行喷洗。

三、和谐绿色社区的建设

随着社会的发展和人们生活水平的不断提高,人们关注自身健康的意识日趋增强,以环保、自然、卫生为特征的绿色消费逐渐成为时代发展的潮流。

绿色社区是指具备了一定的符合环保要求的硬件设施,建立了较完善的环境管理体系和公众参与机制的社区。绿色社区的含义,就硬件而言,包括绿色建筑、社区绿化、垃圾分类、污水处理、节水、节能和新能源等设施。而绿色社区的软件,则包括一个由政府各有关部门和社会各界参与的联席会,一个垃圾分类清运系统,一块有一定面积和较好质量的绿地,一支起先锋骨干作用的绿色志愿者队伍,一块普及环保科学知识的宣传阵地与一定数量的绿色文明家庭。

(一) 绿色社区环境建设与管理的对策

1. 着眼长远,统筹规划

社区环境建设与管理是一项复杂的、事关社区居民长远利益的系统工程。在社区环境建设过程中,要将建设环境优美、舒适怡人的城市社区作为社区环境建设与管理的目标,做好各项工作。首先,要制定社区环境建设的长期规划。要在深入调研的基础上,根据城市建设的总体目标,吸纳国内外城市社区环境建设的先进经验,充分考虑未来城市发展的人口规模、发展速度及环境承受力等因素,集思广益,制定社区环境建设的长期规划。其次,要统筹兼顾,着眼长远。社区环境建设既要考虑各种类型居住小区的不同情况,制定不同的发展规划,又要注重对现有的各个居住小区的各种配套设施不断完善,做到统筹兼顾。同时,要着眼长远,不能只顾眼前利益。其次,要注重基础设施与配套设施的建设。要按照社区建设的总体要求,完善社区道路、活动场所、垃圾收容与处理等各项基础设施,同时,也要搞好包括园林绿化、给水排水、垃圾处理、通信和电力等配套设施的建设。另外,还应注重社区绿化建设。在规划与建设小区时,要留足绿化用地,使绿化率达标。

2. 加强管理

(1) 发挥好社区居民委员会的管理、协调、督促、监督等作用。

（2）发挥好小区业主委员会的作用。应充分调动业主委员会在小区环境建设与管理中的积极性与主动性。

（3）发挥好物业公司的作用。物业公司在社区环境建设与管理中具有举足轻重的地位。有关部门要依照有关法律、法规的规定，建立制度来加强管理。

（二）绿色消费社区的建设

目前，许多城市政府围绕创建安居乐业的生活环境，强化"绿色消费社区"建设。政府有关部门的工作内容主要是：在小区内向居民宣传培训食品安全法律法规，普及《消费者权益保护法》，让居民了解不合格食品的危害，并能够进行识别，掌握食物中毒应急处置方法，了解环保等相关知识；组建社区食品安全社会监督员队伍，配合执法部门监督社区内蔬菜和食品经营业户；在社区内增加便民设施，完善社区便民服务网络。

将绿色消费品引进社区，主要是重点做到"三个请进来"和"三个赶出去"：将政府规定的绿色食品厂家请进来，销售它们的绿色食品；将让利、让价的生产厂家请进来，让居民购买到便宜的食品；将生产过年、过节食品的商家请进来，为社区居民提供方便。同时，将游商浮贩从社区赶出去；将"三无"食品从社区赶出去；将过期变质、有公害的食品从社区赶出去。

唐山路社区居民委员会定期将绿色食品送到孤寡老人和残疾人家里，让无能力出门购买食品的孤寡老人和残疾人也能吃到绿色食品。某社区孤老户王同军老大爷感激地对记者说："居委会按时到家里来询问情况，给我购买想吃的食品，他们买的我吃起来放心。"据了解，唐山路社区居民委员会免费为30多位老人和3位残疾人赠送绿色食品，使他们尝到创建绿色消费社区带来的甜头，享受到党和政府给他们带来的温暖。

创建绿色消费工作从娃娃抓起。每次举行大的宣传活动和绿色食品消费活动时，唐山路社区居民委员会都会与幼儿园沟通，给孩子们讲解简单的绿色食品知识，如该吃什么，不该吃什么，并且帮助他们的家长了解如何选择食品，给孩子选择有利于健康成长的食品。

社区邀请专家到社区开展绿色消费知识讲座，社区工作人员携带宣传展板和各种环保宣传资料，为社区居民现场讲解日常环境污染是怎么造成的、什么是污染环境行为等与居民日常生活息息相关的环保知识，以便将可持续消费观念和绿色环保理念贯穿于居民的日常生活之中，提高居民的环境意识和公众环保参与意识，推动公众参与环保、支持环保的行为。通过讲座，社区居民能够了解环境问题的重要性，认识到垃圾分类、选购节能产品这些生活细节本身就是在为环保做努力。

四、绿色家庭的构建

（一）绿色家庭的概念和标准

绿色家庭是积极参与社区环保活动、带头实施绿色生活方式的家庭。通过这些家庭影响和带动其他家庭选择绿色生活方式，能够使更多的家庭加入绿色家庭的行列里。创建"绿色家庭"是实施绿色社区的一项细胞工程，绿色社区的每个家庭都应通过选择绿色生活来参与环保。

家庭是社会的细胞，每个人都生活在一定的家庭中。环境保护是每个家庭应负的责任。让绿色走进家庭，开展家庭环保活动，享受现代绿色生活，不仅是每个家庭成员的执着追求和自觉选择，而且对保护环境、维护生态平衡、全面建设生态文明的小康社会具有不可替代的重要作用。目前，我国已形成以宪法为基础、以环境保护法为主体的环境法律体系，环境保护已经建立在逐步健全的法制基础上，并不断促进环境保护的法制化、规范化和科学化。它对防止环境遭到污染和破坏、切实保护好环境、实施可持续发展战略起到了极其重要的作用，有力地推动了我国环保事业的健康发展。环境保护是一项全民的事业，涉及千家万户，但由于很多家庭正处在一个重要的变革和转折时期，正经历着由以家庭环境卫生为主向绿色生活建设为主的历史性转变，因此，保障和加快家庭环保进程，坚持让绿色走进家庭，让全民享受绿色生活，已成为进一步促进环保事业健康发展，最终实现以建设绿色生活为主的家庭环保道路，全面建设文明小康社会的自然选择。绿色家庭的标准如下：

（1）家庭绿化（室内、阳台绿化），认养小区绿色植物。

（2）垃圾分类处理。

（3）废电池回收。

（4）节水。节水要求：每人每日用水在 $0.36 m^3$ 以下。

（5）使用无磷洗衣粉。

（6）不吃野生动物。

（7）至少有一名家庭成员参加社区环保自愿队伍，对违反环保的行为进行劝阻或教育。

（8）降低家庭生活娱乐噪声。

（9）参加社区举办的讲座等各项活动。

（10）以下要求必须做到两条：

1）不使用一次性餐盒和筷子，外出购物、买菜使用购物袋、菜篮。

2）不使用燃油助动车。

3）选用绿色产品，坚持绿色消费，使用无氟冰箱、空调和节能电器。

4）家庭禁烟。

（二）创建绿色家庭

环境友好型社会要求经济社会的方方面面必须符合自然生态规律，向着有利于维护良好生态环境的方向发展。社会的组成单位——家庭，在建设环境友好型社会中的作用不可忽视，而"绿色家庭"就是环境友好型社会的示范者、促进者。

众所周知，人类需求的无限性与资源的有限性之间的矛盾日益突出，保护环境、节约资源已经刻不容缓。我们应该清醒地认识到，小康生活不等于奢侈浪费，挥霍无度的生活方式只能给环境和资源带来更大的压力。如果每个家庭都能有科学的居家生活理念，一切从环境优良、生态绿色出发，坚持从身边的小事做起，节约每一滴水、每一度电、每一张纸，这样不仅减少了家庭开支，也带来了生态效益，从而造福于子孙后代。因此，"绿色家庭"也是对全社会的贡献。

1. 大力倡导家庭环保

随着绿色家庭建设和创建绿色家庭活动的深入开展，绿色家庭对生态资源的要求是多层次、宽领域、大范围、全面的，这就要求培育、管理和科学合理利用一切家庭生态资源，不断适应家庭生态建设的发展，满足家庭生态文明的不同需求。要实现以建设绿色家庭生活为主的创建绿色家庭的可持续发展道路，建设生态文明的小康社会，不仅需要宝贵的花草树木等生物资源，还需要从人们的生活起居、衣食住行等方面着手，进行家庭生态建设。倡导每个家庭重视家庭环保、生态建设和创建绿色家庭，使单纯的家庭环境卫生走向生活起居、衣食住行，走向绿色生活建设的历史性变革。

2. 树立家庭环保意识，不断扩大环保范围

在全面建设生态文明小康社会的实践中，对开展家庭环保、创建绿色家庭提出了更明确的要求，即树立家庭环保意识，扩大环保范围，改变过去仅限于搞好家庭环境卫生的片面思想和观点，要赋予整个家庭环保丰富的内涵，不仅仅是生活起居、衣食住行，还包括水、空气、工作、学习用具、生活用品、家具及房屋装修等，所有家庭资源都是家庭环保的基础，都应该引起高度重视，走向家庭绿色环保，建设现代绿色生活。

3. 明确家庭环保概念，加快创建绿色家庭步伐

加快创建绿色家庭的最终目标就是要确立以建设绿色生活的家庭为途径来实现环保的道路，用绿色装饰和扮靓家庭，切实保护好我们生存的家园，使它真正成为每一个家庭成员的安乐窝和避风港，在家庭中享受现代绿色生活，全面建设生态文明的小康社会。只有当绿色生活成为千家万户家庭成员的执着追求和自觉选择时，改善环境的曙光才会真正出现，并逐渐变成现实。

许多城市的"绿色家庭"的创建活动丰富多彩。据报道，2008年10月，湖南省株洲市积极开展创建"绿色家庭"活动，已产生18个市级"绿色家庭"、1个全国"绿色家庭"。这些"绿色家庭"成员带头不使用纸杯等一次性用品，节约用水用电，对各种物品充分利用，将垃圾分类存放，不使用污染环境的物品，主动参与环保志愿者行动，有力地促进了构建环境友好型社会。

五、社区环境教育

社区环境教育将环保知识寓于人们的日常生活，不仅达到了保护环境、宣传环保理念的目的，还可以丰富人们的日常生活，达到"双赢"的效果。最重要的是，社区环境教育因其涉及人群面广、内容丰富和地域性强等优势被看成是可持续发展能力建设的重要组成部分，受到全社会的青睐，被认为是未来社会环境教育发展的一种最有效的方法。

社区是人们生活所在地，也是环境污染的主要产生地，人们在社区中对生活垃圾污染感受最深。同时，社区也是治理环境污染的重要场所，治理和减少生活垃圾污染应从社区开始。

（一）社区环境教育目的

（1）从实际出发，改进人们的日常生活行为。通过社区教育可以改进人们的行为。生活中的环境污染与人们的日常生活行为直接相关，在社区中开展环境教育，可以将教育的内容同生活紧紧相连，有助于人们良好行为习惯的养成。

（2）改善社区环境，提高人们的生活质量。社区环境的状况直接影响人们的生活质量。在社区中开展环境教育，居民认识到诸多问题的存在及原因，在改进自身行为的同时，也能够改善社区环境、提高生活质量。事实上，正是由于在社区中开展环境教育具有很大的优势，社区教育在兴起之初就已经将环境教育作为其主要的内容之一，例如，在社区中开展的"垃圾分类法""消除白色污染""家庭绿色装修"等活动。

（3）将环境教育作为社区文明建设的"绿色窗口"。在全民共同建设资源节约型、环境友好型社会的今天,必须重视环境教育的重要作用,通过社区这个环境教育的"窗口",来营造和谐社区、文明社区、生态社区,让社区居民在良好的环境中学习、生活和成长。社区是若干社会群体聚集在一起的一个特定空间。社区中的群体生活在一个共同的空间之中,受一定行为规范和生活方式的共同影响,容易形成情感和心理上的认同感和归属感。因此,社区环境教育的特点是接受教育的人群面广、层次多,特别是有很强的地域性和现实针对性,易于突出重点、解决难点,对提高全民的环境保护意识有重要的作用。

(二)社区环境教育模式

以社区居民委员会为主导的参与性模式,是社区环境教育的一种实践性强的模式。此模式是由社区居民委员会负责各项活动的策划和实施,这也是社区环境教育的主要形式。

其主要内涵为:社区居民委员会作为所管辖行政区域的社区环境教育组织者、实施者、监督者和协调者,以社区服务及社区文化为着眼点对社区居民进行社区环境教育。社区居民委员会在其过程中实行"社区带头、社会参与、双向服务"的模式,本身带有较强的行政管理色彩。在我国目前及未来相当长的时期内,社区应责无旁贷地成为社区环境教育的主导者,因为它具有领导性、灵活性和非正规性等特点,在开展社区环境教育方面具有其他民政系统、教育系统等不可比拟的资源优势、组织优势和中介服务优势。

这种模式的主要特点:首先是政府主导。社区居民委员会作为地方政府的派出机构,在社区环境教育中占据主导地位。社区居民委员会将社区环境教育工作纳入工作目标,并借助行政手段推进。其次是社会参与。社区居民委员会负责动员社区内居民参加环境教育活动,发挥社区内拥有的资源优势(如学校、社区学校和教育课堂),形成"共建、共管、共享"的格局。

这种环境教育模式的前提条件是社区要建立一个专门领导小组以确保各项活动的正常实施,社区居民委员会起中心作用,带领社区内的居民积极参与到活动中。主要从事的工作:宣传阵地建设;社区法规建设;构建社区服务网络,重视媒体作用;环保教育实践活动等。

社区环境教育需要政府的参与。社区环境教育是社区建设的一部分,在社区中进行环境教育,政府的参与是社区环境教育有效开展的重要保障。政府的参与不是参加具体工作,而是确定社区环境教育的总体目标和方针,并对工作进行指导。社区要依靠各级政府的支持,建立起社区环境教育委员会,聘请专家任委员,统筹指导社区环境教育工作,加强对社区教育社会工作者的业务培训,包括基本的理论培训和工作方法培训,使他们能有计划、有组织、科学地进行环境教育活动。

为弘扬生态文明、普及环保知识、提升社区居民参与环境保护及和谐社区建设的自觉性、切实将环保宣传融入社区的文化生活当中,许多相关政府部门都为社区环境教育做出了努力。据报道,佳木斯市环保局于2007年11月下旬在九洲社区开展了"环保进社区"活动。该活动以环保流动展览图板为载体,以图文并茂的宣传形式,向社区居民宣传、展示了环保法律法规、环保常识、环保警示教育、节约资源、保护水资源等方面的内容,进一步加强了社区居民的保护环境意识。为了使环境宣传工作在社区内深入、持久地开展,环保部门还协助九洲社区建立了环保宣传组织机构,聘请了两名环保义务监督员。这次活动还设立了12369环保咨询服务台和法律服务咨询台,市环保局还联合东方医院为70余名九洲社区居民进行胆结石义诊,以此举倡导居民在生活中注意环保,提醒居民污染环境会给每个人的生活与健康带来影响。虽然天气寒冷,但九洲社区的居民还是争先恐后地来到宣传板前驻足观看，向环保人员咨询有关环保方面的知识、法律法规，提出自己关注的环保问题，环保工作人员都耐心地给予了解答。对于这次"环保进社区"活动，九洲社区的居民表示了极大的兴趣。大家纷纷表示，过去对于环保工作一直不是很了解，通过这次活动，老百姓更加深入地认识和了解了环保工作对人们生活的重要性，今后一定从自己做起，从一点一滴做起，爱护周围的环境，让生活环境更加健康、和谐。

思考题

1. 什么是绿色社区？
2. 怎样才能构建绿色和谐社区？

参考文献

[1] 常慧．侨批业与侨乡社会变迁——以王顺兴信局为例兼论侨汇对当代侨乡的意义[J]．闽商文化研究，2013（01）：48-55．

[2] 丛晓峰．新时期我国社区建设的基本任务[J]．北京理工大学学报（社会科学版），2002（01）：17-19．

[3] 冀红．业主委员会参与社区治理的问题与对策研究[D]．北京：北京林业大学，2017．

[4] 陈若愚．业主撤销权相关法律问题研究[D]．上海：华东政法大学，2018．

[5] 申彬．集体行动视野下业委会自治能力研究[D]．上海：上海交通大学，2016．

[6] 王越．包头市东河区老旧小区改造后续治理问题研究[D]内蒙古：内蒙古师范大学，2019．

[7] 孟晓蓉．住宅小区公共环境安全困境及治理[J]．中国公共安全，2018（01）：90-92．

[8] 徐延辉，龚紫钰，陈磊．社区建设与城市居民的主观幸福感[J]．社会建设，2017，4（05）：48-60．

[9] 张成溟．关于物业环境管理建设的思考和展望[J]．呼伦贝尔学院学报，2011（05）：78-82．

[10] 徐静秋，龚毅．人口老龄化背景下的老年社区环境建设研究[J]．大众文艺，2016（12）：29-30．

[11] 邱朝晖．浅谈社区环境教育[J]．广州环境科学，2002（02）：46-48．

[12] 冀红霞，蔡婷．浅析社区基础设施存在的问题及改造对策[J]．经营管理者，2010（03）：139．

[13] 周良才，胡柏翠．社区环境建设与管理存在的主要问题及对策[J]．理论界，2007（08）：239-240．

[14] 栗明．社区环境治理多元主体的利益共容与权力架构[J]．理论与改革，2017（03）：114-121．

[15] 刘思华．绿色社区[M]．北京：中国环境出版社，2016．

[16] 席北斗．城乡环境污染控制规划[M]．北京：科学出版社出版，2016．

[17] 郭兆平．社区环境建设与管理[M]．北京：机械工业出版社，2008．

第八章 社区文化

社区文化可以形容为"以用户为中心的社区运营"。社区与文化密不可分,社区文化是社区生活的中心,也是灵魂。所以活动一开始,就要通过各种方式吸引用户参加,因为前期热不起来,后面提升就会有困难。社区作为互联网产品,除用户总量外,用户活跃数量、活跃度也是非常关键的指标。社区这种产品形态,能有效延长用户生命周期,无论是哪一类型的社区,社区的形成、规则制定、氛围养成等,都需要以点成线,以线带面,将其串联起来,形成一个良性的闭合生态链。这个闭合生态链可以称为社区文化。

第一节 社区文化基础知识

"文化"一直是我们所熟悉的概念,社会主义现代化既要有发达的经济,也要有繁荣的文化。社区文化服务在满足社区居民的需求、改善和提高居民生活质量方面发挥着越来越重要的作用。但社区文化服务到底是什么?社区文化服务包括哪些内容?怎样进行社区文化服务?这需要在实践中去探讨。

案例:上海着力建设社区文化,完善公益性多功能服务,为群众提供了文化艺术,体育健身、社区教育、科普宣传、法律咨询、信息传输、娱乐休闲等多项公益行动服务。社区文化阵地成为建设先进文化、构建和谐社会的重要基层阵地。

经过多年的硬件和软件建设并举,上海目前已经基本形成了结构合理、布局优化、多层次的社区文化设施,上海社区学校以社区为平台,面向社区全体居民,开展教育培训、文化、体育、科技活动,倡导终身学习、快乐学习,顺应了广大市民"上学"的愿望。目前,全市共建有标准化社区文化中心 50 个、社区学校 3 000 个教学点、东方讲坛举办点 195 个。在最近的百万家庭学礼仪活动中,全市社区学校在短短两个月中完成近五万人次的培训。近两年来,东方讲坛整合优质讲座资源围绕形势政策、人文发展等专题共举办各类讲座 2 708 场、直接听众为 96 万人次,成为社会公益教育平台。近年来,上海东方宣传教育中心为基层提供了教育电视片、电影、戏剧等一大批文化服务产品,最近又配合全市交通文明宣传整治活动,制作下发了两期电视专题片,供全市社区、小区和基层单位 250 万人次的干部群众收看。

"东方信息苑"遍布上海,广泛提供了文化传播、电子政务、便民服务等各种功能,顺应了居民群众"上网"的愿望。"东方信息苑"建成以来,先后开发了多媒体展台、文化共享、自主培训、未成年人德育基地、电子图书等 19 个频道、76 个栏目。"东方信息苑"为广大社区居民提供"上百万家庭网上行"活动、社区远程医疗、岗位职业技能培训、文化、旅游等数字化便民服务。它推出了公益卡、少儿卡服务,至今已为居民办理了 3 万多张,居民花 15 元工本费就可以享受一年的公益服务。在使用者中,青少年、老年人、社区就业被援助者、失业人员占总数的79%，充分发挥了社区阵地公益性服务的作用。老百姓亲切地将"东方信息苑"称作"青少年社区第二数字课堂""社区居民的IT生活新天地""再就业家门口学习辅导站"。上海具有"阳光星期六"活动点64个、青少年活动中心65个、社区公共体育场地76个，社区健身苑201个、健身点4 345个，老百姓出门500 m就有公共健身场所。上海市委宣传部，市文明办等部门还在暑假期间，以社区内中小学体育场地为依托，开展"阳光星期六"活动，不断加强未成年人思想道德建设，顺应了青少年学生渴求成长、锻炼的愿望。

一、社区文化的内涵

社区文化是人类文化中的一个重要方面。要把握社区文化的含义，就必须从理解"文化"的一般含义着手。

关于文化的解释，泰勒在其1871年出版的《原始文化》一书中首次给文化下了一个明确的定义："文化是一种复杂体，它包括知识、信仰、艺术、道德、法律、风俗以及其余从社会上学到的能力与习惯"，这只是将"文化"定义于精神层面。奥格本、亨根斯以及维莱等人对泰勒的文字定义进行了修正，补充加入了"实物"的因素。奥格本在《社会变迁》一书中还把诸多文化现象划分为物质文化和非物质文化，又将非物质文化划分为宗教、艺术类的精神文化和规范人类行为的制度、习惯一类的调适文化。马林诺夫斯基在《文化论》一书中从功能论的角度指出："文化是就那一群传统的器物、货品、技术、思想、习惯及价值而言的。这个概念包含着既调节着一切社会科学。"他将文化分为经济、教育、政治、法律、秩序、知识、巫术、宗教、艺术娱乐几个方面。我国学者早在20世纪初就对文化概念做过理论上的思考和表述。梁启超认为："文化者，人类心能所开释出来之有价值之共业也。"梁漱溟认为："文化是生活的样法。"黄文山说，文化"是人类为着满足生存的需要，凭借语言系统、技术发明、社会组织与习惯、累世承袭创建出来的有价值的'工具实在'"。

目前对于社区文化的内涵，学术界有诸多观点，但大多是从狭义的角度来理解社区文化，而要全面把握社区文化内涵，还应该从广义的角度来解读社区文化。广义的社区文化是指一定区域、一定条件下社区成员共同创造的精神财富及其物质形态，它包括文化观念、价值取向、社区风尚、道德规范、行为准则、公众制度、文化环境等。因此，社区文化是环境文化、行为文化、制度文化和精神文化的总和。

社区文化建设的意义在于需要了解国家为什么要建设社区文化，这样才能让人们从思想上重视社区文化建设。社区文化建设有利于社区居民文化思想水平的提高，社区文化建设可以在社区内传递积极向上的思想文化，对居民的人生观、世界观、价值观产生积极的推动作用，在社区文化的影响下，社区居民可以形成积极向上的文化道德，进而净化自己的心灵，促进和谐社区建设；社区文化建设可以满足居民精神需求，密切社区邻里之间的友好关系。当代城市居民生活压力、工作压力普遍较大，如果没有合理的释放途径，就会对社会稳定造成危害。社区是人们在工作之余生活最多的地方，通过丰富多彩的社区文化可以让这些压力有渠道、有方向地进行缓解释放，社区文化活动的参与，也会密切社区居民之间的关系，增进邻里关系，有利于建设和谐社区；社区文化建设有利于提升整个城市的综合实力，在当代社会，对一个城市的综合实力不仅体现于这个城市的经济发展层面，更重要的是文化内涵素养的体现，作为城市文化重要组成部分的社区文化，只有建设好，才能够不断地提升整个城市居民的文化素养，为城市文化的发展不断注入新的生命力。

我们主要是从精神层面来把握社区文化，但也会涉及其物质层面，因为社区物质文化乃是社区精神文化的对象化成果。

二、社区文化的特点

社区文化是一种综合性的地域文化现象，它具有社会性、地域性、群众性、实用性、分散性、多样性、层次性和综合性等特点。

（一）社会性

社区是社会最基本的单位之一，因而，社区文化无时无刻不受特定时期社会文化的主导和影响，体现社会性。同时，社区文化又是社区成员长期共同形成的，通过社区中单个的人、家庭、团体发生种种关联，构成社会性。社区文化的社会性突出体现在社会文化的交流、融合、冲突，最终通过文化整合，促进社区安定、和谐、进步。

（二）地域性

社区是地域文化的发祥地，是地域文化形成、保持、传承和创新的根据地。一方面，社区文化是生活在同一地域的社区居民长时间互相学习、互相影响的结果。人们开始在共同的地域进行生产和生活时，必然要发生互动，必然会形成某种共同的社会心理、语言与思维方式、生活方式、价值观念、习俗、社会规范等。另一方面，社区所在地区的特殊气候、特别地貌和特有生态都会对社区文化的形成产生影响。特殊气候通过对人们的体格、性格、心理和生活方式的影响而影响着社区文化特色的塑造，特有生态对社区的传统艺术和饮食文化有一定的影响。

（三）群众性

社区文化是一种群众性很强的文化。它的群众性体现在以下几个方面：

（1）群众组织并参与社区文化活动。社区文化的策划、组织、实施应有社区群众的自主参与，只有通过社区成员的自主创意，才能创造反映群众自己的生活、符合群众自己的实际需要的社区文化。

（2）群众自身受益于社区文化活动。社区居民在各种文化活动中受益颇多，他们自娱自乐，锻炼了身体，增进了友谊，提高了品德修养和文化艺术修养。

（3）社区文化优劣的判断标准来自社区居民群众。社区居民群众有权对社区文化的优劣做出评价，这样才能使那些满足群众要求、合乎群众口味、群众喜闻乐见的社区文化成为社区的主流文化。

（四）实用性

社区文化中的许多活动都是社区居民日常生活的内容，有些是历史传统、风俗习惯，有些是流行趋势、现代时尚。读书看报、唱歌跳舞、下棋弹琴、跑步打拳、养花养鱼等活动，都是社区居民的生活爱好。这些百姓消遣休闲、自娱自乐的活动，表现了社区文化的实用性。衣食住行、花鸟虫鱼、琴棋书画这样的文化实践，似乎都是个人的风采，但它们的展示方式可以导致群体行为的形成，因此，这些文化形式既有益于个人修养，又有益于社会整合。

（五）分散性

社区文化既不同于文艺团体和研究单位的专业文化，也不同于文化宫、群艺馆的群众文化，相对于专业文化单位而言，它具有分散性。组织和参与社区文化活动的人员多是退休或业余的人士，有事合到一起，完事各自散开，工作机制比较灵活。更为分散的是社区居民和家庭按各自的爱好与习惯，在早中晚或节假日开展各种各样的文体活动。

（六）多样性

社区文化虽处于同一个空间，但由于社区是由各个社会团体或主体所构成的，所以它会呈现不同的特色。一是内容的多样性。包括文化娱乐、科普宣传、时事政治、法制道德教育、文学艺术等。二是服务对象的多样性。既有工人、职员、学生、军人、教师，也有商人、流动人口等。三是形态的多样性。如企业文化、军营文化、商业文化、家庭文化、校园文化、民族文化、街道文化等。四是组织的多样性。主要体现在党的各级组织、政府各职能部门、社区各相关部门、各级文化主管部门和文化团体、群众自治组织等。协调不好关系，对社区文化建设将产生很大的副作用。

（七）层次性

在社区的共同体中，由于社区居民阶层不同、年龄不同、文化程度不同、民族不同、兴趣不同等特点，他们对社区文化有不同层次的需求，这就要求社会文化显现出层次性特征。因此，在社区文化的规划、文化设施的安排及文化活动的组织都要周密考虑满足不同层次人群的要求，还要调动一切积极因素，进行不断教育引导，逐渐形成共同的社会心理、价值观念、语言思维方式、生产生活方式，以及风俗习惯、行为规范和制度等。

（八）综合性

社区文化是一个综合的概念，涉及社区居民的方方面面。社区文化是老百姓生活中必不可少的多种活动的统一称谓，是一个大文化的概念。例如，组织艺术培训班既属于文化范畴又属于教育范畴；群众舞蹈活动既是文化活动又是健身活动；台球和保龄球既属于文化娱乐又属于健身竞技体育；园艺和街边雕塑既是环境也是艺术。将社区民俗、文艺、体育、教育和精神文明都归入社区大文化之中，就使文化活动阵地得到拓展也便于制订发展计划和进行具体实施。社区文化应该是大文化的观点，不仅得到了广大社区建设实践工作者和理论研究者的共识，也得到了国家有关部门的认可。

三、社区文化的功能

随着人们物质生活水平的不断提高，人们对精神生活更加重视，精神需求越来越多，层次也越来越高。社区文化在满足人们的精神需要、提高居民的各方面素质、建设和谐社区方面发挥着极其重要的作用。

（一）娱乐和健身

娱乐和健身是社区居民从事社区文化活动的重要目的。人们在歌唱、跳舞、绘画、跑步、打球、下棋等休闲活动中放松神经、消除疲劳、调剂精神、愉悦身心。在现代生活中，娱乐和健身不但是一种保障身体健康的生理需要，也是交际、审美、娱乐等精神心理需要，而且成为一种社会时尚，社区居民在娱乐健身方面所用的时间越来越多，娱乐和健身的形式不断变化。在娱乐和健身活动中，社区居民还可以敞开心扉，倾听心声，沟通思想，交流感情，使人际关系更加和谐。

（二）增智和育智

开展社区文化，就要创造条件来满足人们不断增长才智的要求，例如，通过组织计算机和外语学习，各种职业培训、知识技能竞赛等活动，居民可以增加知识，学习技能，开发智力，增长才干。社区文化教育不是以说教为形式的，而是通过渗透方式，使人们在亲身参与中受到启迪、获取知识、提高素质。社区文化针对社区内不同服务对象的特点，采取形象生动的文化艺术形式和群众自娱自乐的方式，将健康向上的思想及社会科学、自然科学知识等传授给社区居民，让他们在娱乐中、在艺术审美中受到思想的陶冶和精神的感染，使之在娱乐之中受到教育。

（三）传承和整合

社区文化活动是社区成员进行交流、沟通思想，改善关系，增进友谊，建立情感的主要方式，是提高社区成员文化素质，形成共同的价值观，提高精神文明水平的重要途径，社区要努力创造自己的文化特色，并将特色保持下去，形成民俗和传统，真正实现社区成员对社区的认同感、归属感和责任感。塑造社区精神还需要进行社区整合。整合是指用正确的理论来规范人的行为，用合理的制度和法律来约束人的行为，以此来保障社会的稳定有序。显然，社区文化在社区整合过程中扮演着重要角色，它有助于社区居民在各种文化活动中达成共识。

（四）审美和创造

社区居民的审美需求包括文艺审美、体育审美、环境审美等，人们在这些欣赏创造活动中，可培养认识美、欣赏美、赞颂美和创造美的能力，增加审美情趣和艺术修养。在审美鉴赏过程中，人们的精神得到愉悦，心灵和行为会潜移默化地得到美化，而得到美化的心灵和行为又会以美的理念来美化环境、美化社会。社区是创造性思维的摇篮，而社区开展的科学知识普及和各种文艺活动为人们进行的兴趣、好奇、幻想、小制作、小发明等提供了便利的条件和展现的机会，为人们以后技术革新、科学发明和文艺创作打下了一定的基础。

（五）经济和环保

社区经济是指在特定社区内为满足社区居民的物质生活和文化生活的消费需求而提供服务的活动。其既包括房地产业、商业、餐饮业、医疗保险业、建筑装修业和其他物质生活方面的服务行业，也包括旅游产业、教育产业、文化产业、体育产业、律师和会计等知识，精神、健身和智力支持方面的文化服务。人类的经济与文化活动在创造大量的物质财富和精神财富的同时，也会造成对自然环境的物质污染和人类自身的精神污染。要想净化生态环境和社会环境，首先需要净化文化本身，尤其是要改变人们错误的世界观、人生观和价值观，使人的思想得到净化美化，使社会的文明程度不断提高。

(六)沟通和评价

社区文化活动是社区居民之间、各类社会组织与团体之间开展的活动,社区文化活动可以将人吸引到一起,密切人与人之间、人与社区之间、社区与社区之间的联系,增进人与人之间的感情,加深彼此的理解,积极创造亲善、和谐的氛围。增强社区居民参与社区精神文明建设意识,提高争做文明市民的主动性和自觉性。在我国当前的社会转型时期,社区文化所包含的理念性规范,可以帮助人们评价社区居民的行为和社区的变迁,引导和推动社区朝着文明进步和人民富裕幸福的方向发展。

四、开展社区文化服务

开展社区文化服务对于提高人民生活质量、加强社会主义文明建设具有重要的意义。

(一)社区文化服务

社区文化服务是指政府、社区居委会及社会其他组织、个人为社区成员提供的以保障公民基本文化生活权利为目的的文化产品与服务制度、服务系统的总称。

(二)开展社区文化服务的必要性

(1)社区文化服务是社区建设的客观需要。市场经济快速发展,以工作单位为社会基本组织形式的体制被逐渐打破,个人对单位的归属感逐渐减弱,对社会的归属感逐渐加强,社区建设已经成为刻不容缓的课题,而文化服务也是社区建设的一项重要内容。

(2)社区文化服务是满足人民日益增长的需求的需要。随着社会的发展,人们的需求也日益增长,这种需求既包括物质文明生活水平,也包括精神文明生活水平。人们不再满足于吃饱穿暖,而是要求生活质量进一步提高。社区文化可以丰富社区成员的业余生活,提供休闲娱乐的良好环境,提高居民生活质量,满足其日益增长的精神需求。

(3)社区文化服务是化解矛盾、建设和谐社会的需求。每个人都生活在一定的环境中,生活琐事多,邻居间免不了磕磕碰碰,如果社区可以给人们提供健康向上的文化服务,那么它不仅能够改善人们生活的环境,而且能维系社区良好的人际关系,让大家彼此信任,彼此依赖,彼此友好的交往,化解邻居间的矛盾,促进和谐社会的建设。

> 思考题

1. 根据以上材料,谈谈你对社区文化服务的直观感受。
2. 通过学习和查阅资料,讨论社区文化服务包括哪些主要内容。

第二节 中国社区文化的历史发展

中国的社区和社区文化是中国历史进入阶级社会以后产生的,社区是统治阶级为了维护自己的统治,镇压统治阶级的反抗而设置的。中国社区文化自问世至今,大致经历了古代、近代和现代三个发展阶段。古代社区文化是中国文化自身演变的结果，近代社区文化渗透了西方文化的因子，现代社区文化是社会主义文化的重要组成部分。

一、中国古代社区文化的建设

中国古代社区文化诞生于先秦时代，一直延续到鸦片战争之前结束，它是中国传统文化的重要组成部分，既是古代官方意识形态的具体体现，也是古代社区居民的价值观念、风俗习惯、生活方式和心理结构的具体反映。由于古代社区有乡村社区和城市社区之分，我们将从乡村和城市两个方面揭示中国古代社区文化的发展历程及其存在形式。

（一）中国古代乡村社区文化

根据人类和社会发展的基本规律，中国古代乡村社区的基层组织，主要是从原始宗法聚落演化而来的。从国家产生之日起，乡村社区就已成为社会发展和人类居住的基本单元，乡村社区文化也主要成为维护统治阶级政权的重要意识形态。中国古代乡村社区文化的建设主要表现在以下四个方面。

1. 制度文化

以军权为核心的政权系统和以族权为核心的家族系统是贯穿中国古代社会的两个组织系统，与此相联系，乡村社区管理文化，一方面表现为统治者对村民进行有效统治的管理方式，另一方面表现为乡村家族和宗族自觉维护封建宗法等级制度的思想武器。从前者看来，历代统治者都建立了以社区为对象的基层管理形式。夏、商的邑里制度、周朝的乡遂制度、春秋至秦汉的乡里制度、唐代的"邻保"制度、宋朝的保甲制度、明朝的里甲制度，就是要通过发挥政治、军事和教化的功能以维护乡村社区的稳定和统治政权的长治久安。同时，由于政权与族权相互支持和相互勾结，通过制定家族法和乡规民约向本族子弟及乡里民众传播儒家道德规范与政治意识形态，以实现对族员和乡民的控制。族规是古代封建家族内部的制度与法规，族规在唐代以前是一家一户家长教养子孙的礼仪与规矩，而到宋代则转变成专门约束家族成员的规章。乡约是指在乡里中订立的共同遵守的规约，由宋至清，乡约由以吕氏相约为代表的带有民众自治性质的契约性组织，发展为清代以政治职能为主的多功能组织。其中，官方权力对乡约的渗透逐渐增强，乡约也由纯粹民间的教化组织演变为官方统治的基层社会的重要工具。

2. 教育文化

中国在夏商周时期就已经出现了官府所办的"乡学"。《周礼》云："乡有庠，州有序，党有校，闾有塾"；《礼记》云："家有塾，党有庠，术有序。"可见，当时的乡学主要有庠、序、校、塾等形式，这也是中国古代乡村社区教育文化中古老而又持久的表现形式。元朝的官方乡学中又出现了"社学"新形式。元制规定，五十家为一社，每社设学校一所，农闲时令子弟入学。明承元制，各府、州、县皆立社学。私塾是私人所办的学校，产于春秋时期，在中国乡村历经两千年而延绵不衰。私塾可分为三类：一为富贵之家设立的家塾或坐馆；二为地方（村）、宗族或私人兴办的村塾、族塾（宗塾）、义塾；三为塾师自己办的门馆、教馆、学馆、书塾。官方"乡学"与民间"私塾"的结合，构成了乡村社区教育的基本形式。

3. 民俗文化

古代乡村的民俗文化在表现形态上可分为三种：一是物质民俗，它包括：服饰民俗，涉及衣服、鞋帽、佩戴和装饰等内容；饮食民俗，涉及居家饮食、节日饮食、嗜食口味和饮食禁忌等内容；居住民俗，涉及建筑风格、居住形式等内容；生产民俗，涉及狩猎生产、农耕生产、手工业及其他生产等形式。二是社会民俗，它包括：岁时节令，有宗教性节日、纪念性节日、生产性节日、社交性节日和综合性节日等形式；生活礼仪，涉及生活方式、婚丧礼俗等内容；游艺竞技，涉及游戏、游艺、竞技、体育、工艺等内容。三是精神民俗，它包括：宗教信仰，涉及信仰的偶像、仪式、组织和教义等内容；禁忌习俗，有日常生活禁忌和礼仪禁忌等内容，民俗文化具有很强的地域性，故有"三里不同风，五里不同俗"的说法，这也反映了古代农村社区文化的差异。

4．祠堂文化

中国古代社会的家族观念相当深刻，往往一个村落就生活着一个或数个同姓家族，各大家族多建立自己的家庙祭祀祖先，这种家庙一般称作"祠堂"。祠堂既是用来供奉和祭祀祖先的场所，也是族长教育和处理违反族规人的道德法庭。祠堂也可以作为家族的社交场所，有的祠堂附设学校供族人子弟读书，祠堂建筑一般都比民宅规模大、质量好，高贵家族在祠堂建筑上往往更为讲究，将它作为这个家族光宗耀祖的一种象征，祠堂都有堂号，堂号由书法高手书写制成金字匾高挂于正厅，另挂有姓氏渊源、族人荣耀、妇女贞洁等牌匾，讲究的还配有对联，如果是皇帝御封，可制"直笃牌匾"。祠堂内匾的规格和数量都是族人显耀的资本，有的祠堂甚至有旗杆石，表明族人得过功名，因此，祠堂文化是祠堂的物质文化、行为文化、制度文化和精神化的集合体，是古代农村社区中一道亮丽的文化风景。

（二）中国古代城市社区文化

氏族社会的晚期，由于贸易和防御的需要，一些乡村聚落演变为最早期的城市社区。早期城市社区是建立在宗法血缘关系的基础上，政治和军事的功能突出。春秋战国时期，城市社区有了新的变化，非血缘的邻里杂居取代了父系大家族的血缘族居，士、农、工、商隔离居住。秦汉时期，城市社区经济功能开始显现，但仍以政治和军事功能为主，文化功能极其微弱。进入宋代，城市社区的居民与市场的联系逐步增强，开始出现"夜市"，社区生活更加丰富、自由。明清时期，社区城市社区的功能开始分化，出现了生活居住区，商业区与工业区，自治区以及娱乐区等功能社区，中国古代城市社区文化的建设主要体现在以下四个方面。

1．建筑文化

中国古代社会的权利中心集中于城市，城市建筑文化乃是城市人的权利、身份和地段的象征，因而它与乡村建设文化相比，无论在规模、档次、质量上都高出一等。古代城市社区的建筑文化，包括城池建筑文化、会馆建筑文化、坛庙建设、古塔建筑文化、建筑小品文化、陵墓建筑文化、园林建筑文化和居民文化等，反映了中国古代人的审美风格和建筑技巧。

2．教育文化

春秋以前，"学在官府"，教育为官府所垄断，《礼记》所说"国有学"，表达了西周都城的官学教育，西周的"国学"分小学和大学两级，"小学"包括设在官府附近的小学和设在郊区的普通贵族子弟小学；"大学"包括设在天子都城的"辟雍"和设在诸侯都城的"泮宫"。战国时期，齐军在都城临邑创建"稷下学宫"，招揽天下贤士。"稷下学宫"是当时集询议功能、教育功能和学术功能于一体的教育社区。自汉朝起，中央官学（太学、国子学）都设在京都，县级以上的地方官学（如郡学、路学、府学、县学等）也都设在都城。宋代开始盛行以书院为形式的教育社区，如岳麓书院、嵩阳书院、应天府书院、白鹿洞书院、石鼓书院等。书院社区一般都选在偏僻山林之处，建有一定数量的校舍。

3. 宗教文化

在阶级社会中，宗教既是统治者维护其统治的精神武器，又是信教民众的重要精神寄托。因而，它在不少城市社区中构成社区文化的一部分。而且，中国古代流行的主要宗教都曾有自己的活动社区。儒教社区以孔庙为主，佛教社区以寺庙为主。汉明帝时在洛阳修建了第一座寺院——白马寺。北魏时，洛阳城有大寺四十所、中小寺四十多所，形成了高度密集的佛教社区。唐朝时，京城长安几乎每一个坊里都有佛寺。道教社区以道观为主。魏晋南北朝时期，很多崇道皇帝在京邑为道士大兴道观。唐朝曾在东、西两京和各州置玄元皇帝庙。宋真宗时在皇城西北天波门外作玉清昭应宫。

4. 生活文化

在早期的城市里，生活情趣体现为统治阶级的情趣，平民只是贵族生活的附属品。到了宋代，城市商业活动开始面向平民百姓，城市生活也从贵族化转向平民化。首先表现在大众服务业的兴起。北宋以后，城市居民开始转向生产专门化、生活消费型的生活方式。行医卖药、箍桶等大众服务业应有尽有。其次表现在文化娱乐业的大众化。唐朝以前城市分区规划严格，宫廷的娱乐活动不易传到民间。到北宋时，娱乐活动打破了等级的藩篱，在市井兴起，出现了大众娱乐场所——瓦舍。里面有各种功能的演出厅——勾栏。到南宋时，临安城内瓦舍有17处，不仅演出的剧种繁多，而且配套服务齐全。每当夜幕降临时，有钱人就来到戏园子或茶楼看戏和品茶，市民还可以观看或参加各种杂耍杂技和体育活动，一年一度的城隍会活动多样，简直是个超级娱乐场。明清时期，随着城市工商业的发展，城市社区的功能开始分化，形成了不同等级和层次的多样化社区，如生活居住区、商业区、手工业区、政治区及娱乐区等，并在城市内部产生明显的地域差异。

二、中国近代社区文化的变革

鸦片战争以后，中国逐步沦为半殖民地半封建社会。随着西方文化的输入，与中外文化交流的频繁，中国城乡社区文化建设在不少地方和领域都融入了外来的文化因素。但是，中国近代社区文化的变革具有明显的不平衡性。一方面，部分沿海沿江地区的社区文化较为发达趋向于近代化，而广大边远地区和内地的社区文化变化很少，仍固守传统文化。另一方面，近代社区文化变革的区域主要限于中心城市，而乡村社区文化的变革显得非常缓慢。

（一）中国近代乡村社区文化的变革

近代中国大多数乡村社区仍然固守着传统文化，但沿海乡村由于受到西方文化的冲击和影响也发生了一定的交化，这些变化主要表现在以下四个方面。

1. 物质文化

近代乡村社区物质文化的变迁突出表现为：一是商业文化渐行浓厚。鸦片战争以来，西方工业品源源涌入中国市场。到清朝末叶，"虽穷乡僻壤，殆无不有欧西工业品之足迹"。随着工业品的输入，西方的商品运行模式也渗透到乡村，商店式的经营、店主、商贩和雇工的协同运作，将传统的家族互惠合作关系变成了街坊成员之间的商品交换关系。西方工业品的输入，也给中国乡村的物质消费带来了巨大的变迁。报湖北《蒲犁厅乡土志》记载：光绪初年，乡民多服土布。光绪中年以后，农民争服洋布，着洋袜。二是建筑文化渗入西方元素。这在沿海乡村最为显著。例如，广东开平村落的碉楼群，大多是在鸦片战争以后那些被迫出洋谋生的侨民，将积攒起来的钱财带回家乡修建的能够避盗防涝的住房。碉楼群一改传统的秦砖汉瓦结构，代之以钢筋混凝土结构，体现了本土与西方建筑艺术的融合。

2．制度文化

近代西方文化的输入，给中国的社区制度文化带来了巨大变迁。太平天国政权建立以后，实行社区民众公开选举乡官的制度，具有显著的民主性和社区自治特征。清末康有为等维新派人士提出了"秉西法，重乡权"的主张，清末新政倡行"乡镇自治"，北洋军阀时期，乡村社区出现了零星的"村政"或"村治"试验。首先是河北定县来春明、米迪刚父子借鉴日本自治的经验，在翟城村成立了"自治公所"。山西阎锡山又借鉴米氏的经验创立了"村治"，随后云南、广西、浙江、江苏等省也推行"村治"。但这些"村治"模式实质上是一种"乡绅统治"，国民政府时期，国统区制定了区自治与乡镇自治施行法，但蒋介石为了维护自己的独裁统治，镇压红色政权，建立了一套党、政、军特为一体的保甲组织。而在共产党领导的乡村社区，最先实行的是村苏维埃政府制度，在抗日战争期间改为村、间、邻三级制度，至解放战争时期，自然村成为乡以下的基层选举单位，充分体现了中国共产党的民主集中制原则。

3．教育文化

近代乡村教育文化的变革可以追溯到太平天国时期。以洪秀全、洪仁玕等为代表的太平天国领导者，在其早期任教的私塾里就发起了反儒运动，他们建立政权之后又制定和实施激烈的反儒政策，大力提倡以"拜上帝教"为中心的宗教教育。但是，随着太平天国运动的失败，传统的教育模式和教育内容仍然大行其道。直到戊戌维新运动，才将乡村新式教育纳入新政之中，要求地方的义学、社学一律兼习中学和两学，将不在祠典中的民间祠庙改为学堂，奖励绅民办学。尽管维新运动以失败告终，但新学教育制度还是建立起来了。但是，新的教育制度惠及的主要是城市，乡村教育因被漠视而陷入危机。乡间学校偏少，乡村精英流向城市，乡村失学者众多，乡民识字率降低。

4．观念文化

近代乡村观念文化的变革，是在中外双重力量的感染下逐渐形成的。一是西方传教士的影响，鸦片战争以来，西方传教士为了打开在中国传教的局面，以创办学校、赈灾救济、提供免费医疗等实利诱惑手段来接触乡村民众，通过潜移默化的方式将西方文化传播到他们中间，以对其施加影响。由于这些村民的生活和生产及其子弟的教育获得了实实在在的帮助，因而他们的精神信仰和行为方式也难免会受到传教士的感染；二是中国社会精英的影响，近代早期，太平天国领袖人物就在乡村传播拜上帝教和西方文化。吸引了大批乡村民众的加入，进入20世纪，新文化运动的发起者和骨干人物通过办报、下乡等形式向乡村民众宣传新思想，唤起他们的乡土意识和民族意识，而在中国共产党领导下的乡村社区中，积极倡导文化知识的学习，发展民众教育，扫除文盲，提高边区基层社区成年人的民族意识与政治文化水平；树立和培养人人平等，尤其是男女平等的良好社区氛围；提倡边区基层社区人民不分民族，保持团结，一律平等。经过先进文化的教育与实践，大大提高了红色乡村社区民众的思想觉悟。

（二）中国近代城市社区文化的变革

相对于广大乡村社区来说，中国近代城市社区的文化受西方文化的影响较大，新的思想和新的形式在城市社区文化中表现得比较突出。

1. 管理文化

鸦片战争以后，西方列强将现代市政体系移植到中国口岸城市的外国租界内，《辛丑条约》签订以后，清政府在大城市普遍推广市政层级制度，并以警察区作为城市社区的主要组织形式，后来又颁布了城镇与地方自治章程，规定在城镇社区中设立"议事会"和"董事会"，实际上就是要通过建立新的绅商"辅佐官治"的形式来达到控制城市的目的。另外，商业联合会与新式慈善团体等民间的出现，为清末城市社区的管理文化增添了一点新元素，北洋政府制定了一套市自治制度，在城市社区实行分区制和"区董"制度。国民政府时期，城市社区最大的变化是城市政区的正式确立和城市法定社区的出现，社区民间组织的行政化色彩浓厚。

2. 物质文化

在建筑方面，由于受西式建筑风格的影响及都市化程度的提高，在一些通商口岸，中国人开始建筑西式或半西式住宅，出现"多仿西式"的风尚。邓子琴在《中国风俗史》中称："晚清园亭，亦参西式建筑，而通都大邑，几于触目皆是矣。"在交通方面，随着西方的火车、轮船、电车、汽车、自行车和摩托车的等引入，人们出行一下子就由"乡人"而变成"国人"。在饮食方面，19世纪中期以后西式饮食开始在一些沿海通商城市流行，上海、天津、北京的西餐馆相继开设。辛亥革命之后，在一些大城市，吃西餐成为一种时髦，在以"洋"为时尚的时期，具有西方风味的食品（如啤酒、香槟、奶茶、冰激凌、西点、蛋糕等）逐渐被国人接受，丰富了我国人民的日常生活。随着社会工业、农业经济的发展，具有近代意识和科学技术知识的主政者们吸取了国外近代城市发展的经验，促进了我国近代城市环境文化的发展。

3. 教育文化

近代以来乡村社区教育处于衰落状态，而城市社区教育则渐渐发达。新学教育制度代兴后，整个中国的教育结构与布局发生了显著的变化，新式学堂集中于城市，特别是集中于大都会。高等学堂、专门学堂、实业学堂、师范学堂等全部集中在京城、省城或其他重要的城市，中学堂也基本设在各府、厅、直隶州的所在地，较为正规的中小学也都在县城，"教育变成了城市中的新专业"。

4. 民俗文化

在西方近代工业文明及西俗的冲击影响下，近代城市社区的民俗发生了前所未有的变化，在礼仪习俗方面，沿海通商地区的新式知识分子由于受到西方平等观念的影响，在见面方式上逐渐采用握手、鞠躬等形式，并且用"先生""女士""小姐""同志"取代了先前的称谓。在消费习俗方面，鸦片战争后，洋货在城市已渐成时尚，赛马、赛船、网球等西式生活方式也在城市人中流行起来，在装束习俗方面，部分国人开始接受西式服饰，无论通都大邑还是偏远小城，都有一群着洋式服装的人。禁止女子裹足和男子蓄发，已渐成风气。

5. 租界文化

租界文化又称半殖民地文化，是指19世纪40年代中期以来，由国外势力在上海、天津、武汉等城市开辟的租界区域内逐渐形成的,具有殖民性、现代化、都市化、市民化和多元化的文化形态。租界文化是中外文化的杂糅体。在观念形态上表现为西方帝国主义的强势文化与中国封建主义的弱势文化并行,从而使租界的一般市民在意识形态、生活方式、价值观念、风俗习惯和语言等方面呈现混杂的局面,在物质形态上表现为传统中国城镇文化景观杂糅于现代西方城市文化景观之中,高级住宅区遮掩着旧式里弄、棚户陋屋,形成强烈的反差。租界文化又是制度文化、市民和文化和商业文化的结合体。租界外组织了工部局,创设了以纳税人会议核心的租界制度,成立各种团体组织。租界的商埠发展模式,造成了工商业的繁荣和重商主义的流行,也诞生了中国的资产阶级。

三、中国现代社区文化的发展

新中国成立后,经过几十年的发展,尤其是改革开放的40多年来,中国社区建设得到了不断的发展和完善,并逐步走上了真正的社区化发展之路,社区文化建设和管理也在不断创新之中。

(一)改革开放前社区文化的曲折发展

1. 乡村社区文化的演变

新中国成立以后,党和政府在农村大力发展文化事业,各地政府本着"治穷必先治愚"的宗旨,在广大农村发起了扫盲运动,以提高村民的文化素质。各地政府又加强乡村文化的硬件和软件建设,在农村建立了文化站、俱乐部和文化室等文化组织,并开展各种群众文化活动。文化站的主要工作是搞讲座、幻灯放映、图书借览、到农村进行宣传和组织群众开展文艺活动。农村文化室和俱乐部多数都有图书室。20世纪60年代初,各地采取"稳步发展,提高质量"的方针,向农村进军,充分利用农村俱乐部和业余剧团来开展各种宣传与文化娱乐活动,丰富了群众文化生活。

2. 城市社区文化的演变

在百废待兴的新中国成立初期,城市文化建设首先面临的是如何利用旧政权所属文化地位和旧文化设施为新社会服务的问题,一些省市县的文化部门将旧政权所属文化单位接管过来,在充分利用现有教育观、图书馆、科学馆、电影院、戏院等场馆及其管理与服人员的基础上,构建由文化总站,人民文化馆、图书馆、博物馆、文化管理委员会、电影影片发行公司、电影院、剧团、文工团等组成的文化组织,以满足市民的文化生活的需要。到20世纪50年代中后期,全国各县(市)都设有文化馆、站,文化艺术出现了百花齐放、欣欣向荣的局面。随后,各级文化部门在电影事业、戏剧艺术事业和群众文化事业等诸多方面取得了丰富的成就。

(二)改革开放后社区文化的稳步发展

20世纪70年代末,中国进入了改革开放的春天,政治体制和经济体制改革都在客观要求单位体制功能简化,原来单位承办的一些社会工作回归到了社区,人民对社区的期望也越来越多。为了满足社区居民的各种需求,街道和居民委员会开始了社区服务、社区卫生、社区治安方面的实践,基层群众文化也开始以"社区文化"的称谓出现在中国大地上逐渐形成了百花盛开、异彩纷呈的局面。到20世纪80年代中期，有些城市政府和各区县政府成立了"社区文体工作委员会"，将社区文化作为一项重要的任务认真研究，统筹规划、协调和指导，使社区文化工作蓬勃开展起来，基层群众文化就开始了"社区文化"的伟大实践，经过改革开放40多年的努力，我国社区文化建设取得了巨大的成就：社区文化观念不断更新，社区文化能够蓬勃开展；社区文化的经济投入不断增加；社区文化工作者的素质有所提升；社区文化活动日益丰富多彩。

思考题

1. 中国古代乡村社区文化主要表现在哪几个方面？
2. 中国古代城市社区文化主要表现在哪几个方面？
3. 中国近代城市社区文化变革经历了哪些过程？
4. 中国现代城市社区文化的发展是怎样的？

第三节 社区文化的类别

社区文化是指一定区域、一定条件下社区成员共同创造的精神财富及其物质形态。其包括文化观念、价值观念、社区精神、道德规范、行为准则、公众制度、文化环境等。其中，价值观是社区文化的核心。社区文化不可能离开一定的形态而存在，这种形态既可以是物质的、精神的，也可以是物质与精神的结合。具体来说，社区文化包括环境文化、行为文化、制度文化和精神文化四个方面的内容。

案例：社区文化建设仅仅是举行文娱活动吗？社区文化建设，大多数都是举办文艺活动，社区欢度节日，都是文艺演出和游园。对于千篇一律的社区文化老面孔，有人提出质疑，社区文化何时能搞出一些新意来？

2010年国庆长假期间，南宁一些社区的文艺活动特别火热，甚至从9月20日开始，就不断有小区组织各种形式的文艺晚会，将小区居民聚在一起，然后让小区里有特长的人物出场，再请来专业的文艺团体，穿插着演出各种小品、歌舞等。文艺演出往往是这样的场面：台上的人尽情演绎，自我陶醉，台下看客表情平淡，若是碰到小品之类的搞笑节目，还能博得大家开心一笑，由于缺少互动，现场气氛往往是"剃头挑担一头热"。

在某小区的文艺晚会上，一位姓韦的女士带着女儿在一边观看，她对记者说："小区逢年过节都要搞晚会，都看腻了，要不是小孩子想来，还不如去散步呢！"另一位居民接过话说："小区的文艺节目参与性太差，居民不参与，心里面就没有那份期盼和激动。只站在台下看，心里自然比较麻木。"

在另一个小区里，一位居民只是朝着奖品而来。"晚会没啥看头，年年都是跳跳唱唱，主要是看到通知上说晚会现场进行有奖抢答，在家反正闲着，不如来拿个礼品。"他还告诉记者，他喜欢打球、下棋，但小区从来就没有组织过这类比赛，"可能是居民委员会的人都是女的,没有这个爱好吧。"

对此现象,有居民提出质疑:政府倡导社区文化建设,社区文化的内涵这么大,仅靠几场文艺演出是不完整的。目前,社区文化仅局限在文艺活动方面,参与者也只有小区老人和有文艺特长的人。其实,社区文化的主体应该是全体居民,社区文化的内容也应该涉及方方面面,诸如居民的生活方式、居住环境、社区意识,邻里关系等。

分析:提起社区文化建设,居民委员会都喊缺钱。据了解,为了活跃居民生活和丰富群众精神文化生活,西宁市的128个社区逢节必有活动,月月不会落空。"三八"是拔河,"五一""五四"是歌咏比赛、篮球比赛,暑假是乒乓球比赛,国庆是象棋比赛,中秋有游园,重阳是登山,春节有文艺演出,元宵猜灯谜……

"搞这些活动都要钱,但是,上面没有补贴,平时举办活动,资金是个大问题。"城中区一社区负责人说,他们今年参加西宁市老年人运动会,训练了一个月,光是买衣服、球服、矿泉水就花去了1 000多元。到比赛时,已花去了2 000多元。城西区中华巷社区主任贾××告诉记者,除政府给他们补贴1 000元的办公经费外,社区举办各类活动,只有靠辖区内企业、单位赞助或者是社区工作人员自己垫。没有资金,开展活动特别难。

记者询问了社区、街道办事处、区有关部门,钱不够,社区文化项目少一点行不行?没有钱一些活动不搞行不行?几位居民委员会主任说:"社区文化活动事关大局,不搞不行!"记者发现,社区内的文化设施每年都有很大改善,按照统一规划,财政投入可解决硬件问题,但社区日常的文化和节庆活动经费还需要予以保证。靠财政当然容易,但不可能解决问题,应该探索出一条自己能创收的文化建设路子。有社区居民委员会建议,用"以文化赚钱补文化"的办法来改变现状,但苦于没有明确的思路,它们希望有关部门深入调查研究,借鉴先进的经验,使社区文化建设走出一条好路子。

一、环境文化

社区环境是社区文化的第一个层面。它是由社区成员共同创造、维护的自然环境与人文环境的结合,是社区精神物质化、对象化的具体体现,主要包括社区容貌、休闲娱乐环境、文化设施、生活环境等。通过社区环境,可以感知社区成员理想、价值观、精神面貌等外在形象。如残疾人无障碍通道设施可以充分体现社区关怀、尊重生命、以人为本的社区理念。当然,怡人的绿化园林、舒心的休闲布局、惬意的小品园艺等都可以营造出理想的环境文化氛围。社区环境文化是社区自然环境与人文环境的结合。自然环境指标中包括环境的场地大小、位置、便利度及场地绿化程度和卫生条件。

2016年1月,《嘉兴市社区文化生活现状及社区人居环境满意度评价》中调查结果指出,小区内的自然环境状况基本可以满足居民的舒适度要求,但是还没有达到足够满意的程度,具体细节方面还需要提高。老社区的绿化虽然面积可能不是很大,但是草木生长得都很茂盛,而且已保持多年,常住居民已经习惯了这样的布局,短期居民也比较容易接受。被调查小区内的共享空间有限,使居民难以有一个较舒适的场所进行更多的休闲娱乐、相互交流或者组织活动等。另外,必要的配套设施也少,即使有场地也较小且环境较差。健身活动环境也存在很多问题,如场地狭小、偏僻、拥挤,地质松软,雨天泥泞,不能遮风挡雨,周围卫生环境较差等。这些都严重影响到居民进行日常娱乐文化活动的积极性。以上分析表明,为了满足人们日常休闲娱乐需求,现代商业健身娱乐场所蓬勃发展,因此,小区周围不缺乏这样的商业娱乐场所,但是这些场所也具有局限性,利用者大多是薪资高、空闲时间多的人。教育机构和文化设施环境满意度评价较低,教育机构不仅指学校,还包括语言培训、技能培训等各种培训机构。对于有文化活动中心的社区来说,即使周围教育机构缺乏,居民也可以有一个良好的学习环境;而对于文化设施及场所缺乏的社区来说,周围商业性的教育文化场所则起到举足轻重的作用,它确实直接影响了社区整体文化氛围的形成和整体居民文化素质的提高。

二、行为文化

行为文化也被称为活动文化,是社区成员在交往、娱乐、生活、学习、经营等过程中产生的活动文化。通常所说的社区文化都是指这一类的社区文化活动。这些活动实际上反映出社区的社区风尚、精神面貌、人际关系范式等文化特征,它如社区之"手",动态地勾勒出社区精神、社区理想等。如"中国城市文明第一村"深圳市莲花北村的物业管理者——万厦居业公司,自1994年以来,就在该小区组织开展了300多场大中型社区文化活动,涉及娱乐、健身等各个领域,如广场交响音乐会、元旦千人舞会、重阳节文艺汇演、趣味家庭运动会、游泳比赛、新春长跑等。

社区行为文化可以反映出社区的社区风尚、精神面貌、人际关系等文化特征,它动态反映出社区精神、社区理想等社区精神文化,其重要性不言而喻。行为文化内容包括广场舞、广场交响音乐会、元旦文艺汇演、重阳节赛龙舟比赛、趣味家庭竞赛、游泳比赛、社区运动会、书法绘画比赛等。根据对居民的户外健身活动频率统计可知,有75%的居民户外健身活动的频率达到每月数次以上,可见在重视健康与养生的当今社会,户外健身活动已是人们生活中必不可少的内容,人们将身体健康视为第一位,而以上分析所发现的健身设施不足、健身环境一般的现状,与这之间的矛盾将日益明显。基础设施及场所的制约,直接影响到社区行为文化的开展,社区文化建设机制的不健全也制约着行为文化的实施与发展。

三、制度文化

生活在不同的社区,就会感受到不同的生活秩序,这是不同的社区有不同的制度文化,也就是平常所说的社区规范。社区规范可以分为两种:一种是社区的风俗习惯,它是社区成员在生活当中自然而然形成的共同遵守的传统风尚、礼节、习性;另一种是社区的规章制度,相对于前者而言,规章制度更具有强制性,需要一定的政治、经济权力来保证它的实施,社区的制度文化服务可从两个方面展开,对于约定俗称的风俗习惯,并不需要专门去维护,这是人们在生活中不自觉形成的,一旦不再适用生活的需要,自然就会随着新的需要而改变;至于规章制度,则需要完善社区文化服务组织,建立规范的社区文化准则,为居民提供更有效的服务。建立规范的社区文化准则,便可给居民提供有效的服务。

制度文化是社区成员在生活、娱乐、交往、学习等活动过程中形成的,与社区精神、社区价值观、社区理想等相适应的规章制度、组织机构等。它们对保障社区文化持久健康地开展具有一定的约束力和控制力。制度文化可以粗略地分为两类:一类是物业管理企业的各种规章制度；另一类是社区的公共制度。企业的规章制度和社区的公共制度都可以反映出社区价值观、社区道德准则、生活准则等。为保障社区文化活动深入持久地开展下去，现在很多小区物业管理部门都成立了专门社区文化部，负责社区文化活动建设工作。社区文化部在引导、扶植的基础上成立各种类型的社区文化活动组织，如艺术团、协会、表演队等，同时，还对社区文化活动开展的时间、地点、内容、方式、程序等予以规范。

社区的规章制度、组织机构对保障社区文化持久且健康地开展具有一定的约束力和控制力，它是社区文化健康发展的保障。制度文化可以分为物业管理企业的各种规章制度和社区的公共制度。

四、精神文化

精神文化是社区文化的核心，是社区独具特征的意识形态和文化观念，包括社区精神、社区道德、价值观念、社区理想、行为准则等。这是社区成员价值观、道德观生成的主要途径。环境文化、行为文化、制度文化都属于精神文化的外在体现。这里，特别将那些指向性强烈、精神性突出的活动等也算作精神文化建设的范畴，如社区升旗仪式、评选文明户、学雷锋演讲等。由于精神文化具有明显的社区特点，所以往往要多年积累，逐步形成。

精神文化具体表现在社区居民的思想观念、价值观念、伦理道德、文化艺术和宗教信仰等，在社区文化中占据主导地位。社区精神文化服务，要坚持以人为本，通过文化将居民联系起来，紧密结合社区实际，充分挖掘社区资源，开展各种健康、有益、积极向上的文化体育活动，倡导科学健康的生活方式，丰富居民的精神生活，增强居民的认同感、归属感，提高居民的政治素质和文化素养，为广大居民打造共同的"精神家园"。

> **思考题**

1. 案例中社区文化服务存在着什么问题？
2. 结合所学知识，讨论社区文化服务还可以包括哪些内容。这些内容在你所生活的社区是否实用？

第四节　社区文化服务的方式

我国社区文化服务体系建设不断推进，从设施建设到制度建设、从丰富活动内容到文化资源整合，广大社区居民中越来越多的高手参与到了社区文化服务中，为社区居民带来了便利。

案例：阿克塞县按照社区"资源共率、文明共创、活动共办"的格局，立足做好社区文化活动的组织、引导，积极挖掘多层次的社区互动文化，在积极发挥党组织作用的同时，创新了社区文化服务的形式，进一步丰富了社区群众的文化生活。

走进家门，开展积极向上的家庭文化。在社区深入开展以道德、文化、科学、体育、法律为主要内容的"五进家庭"活动,号召居民以自家为基地,自己动手,展示各自的风采。目前,全县各社区已形成了家庭社区文化活动场所5处,涉及民族刺绣、钢琴、冬不拉演奏等各个方面。离退休老党员、老干部自发组建了老年自乐班、冬不拉演奏队等,定期在各社区进行巡回演出,丰富了家庭文化。

敞开家门,开展健康有益的小区文化。依托居民学习会,深入开展全民读书活动及居民互换好书、向社区图书馆捐一本好书等活动,初步形成了讲学习、爱读书的良好社会氛围。同时,各社区根据群众需求,采取各种形式从多方面培养群众的兴趣爱好,引导群众参加健康向上的文化娱乐活动。

迈出家门,开展丰富多彩的广场文化活动。在县休闲文化广场和社区小广场设立了音乐角、流动电影、民族舞会、交谊舞会四个广场文化活动点,为居民搭建了展示自我的文化舞台。以"构建和谐社区、共创关好家园"为主题,组织开展文化广场周周乐等活动,鼓励广大社区居民群众积极参与,达到了夜晚"群众走出来,灯光亮起来,歌曲唱起来,舞蹈跳起来,党组织和群众的心连起来"的目的。

一、社区文化服务体系的不断完善

我国社区文化服务体系不断完善,主要体现在以下几个方面。

(一)社区文化建设加强

社区文化建设得到显著加强,目前我国有5亿多人口的生活区域是社区,社区文化不仅关系到公民文化权益的实现,更与社会和谐发展密切相关。做好社区文化建设,要注意坚持政府主导、社会参与,以人为本,发挥社区群众的主体性作用。城市社区文化设施建设要高效整合资源,加大力度形成合力,认真落实社区文化设施建设的重要法律法规和政策;要加大力度,加快推进城市社区文化设施建设;认真落实社区文化设施建设的重要法律法规和政策;公共文化机构要创新社区文化服务方式,拓展服务领域,根据需求提供服务;加强全国文化共享工程建设,推动数字化文化服务进社区;将社区文化纳入公共财政保障范围,建立社区公共文化服务经费保障机制;加强社区文化队伍建设,调动广大群众和社会力量与社区文化建设的机制性。

(二)制度建设成为亮点

长期制约基层文化建设发展的,除文化设施等硬件外,软件建设乏力也是瓶颈之一。2009年9月,文化部正式印发《乡镇综合文化站管理办法》,这对推动文化站工作规范化具有重要的意义,同时,文化部起草《公共图书馆法》(讨论稿)、《文化馆管理办法》《城市社区文化设施管理办法》《公共图书馆服务标准》等一系列法律法规和规范性文件。

(三)群众文化活动丰富多彩

社区文化活动立足社区,以社区居民为主体,组织丰富多彩的文化活动,如文艺晚会、歌咏比赛、科普知识竞赛等,活跃了社区居民的文化生活。

二、社区文化服务方式的不断丰富

社区文化服务的方式包括:完善相应的文化服务机制;加大文化基础设施建设和文化

投入的力度，建立多渠道资金投入体系；开展多种多样的社区文化活动。

（1）利用现有文化设施，完善服务。社区服务中心、阅览室、老年活动室、乒乓球室、书画室、社区文化广场等向居民免费开放，尽可能地满足他们进行文化活动的需求，倡导科学、文明、健康的生活方式，形成健康向上、文明和谐的社区文化氛围。

（2）开展主题系列活动，培育社区特色文化。结合社会热点，社区每年开展一项主题系列活动，吸引各个层次的社区居民参与，充分尊重并顺应社区特有的社会风习和文化传统，针对各社区居民的不同文化爱好，开展赋予地方特色的地域文化活动，大力扶持，培育社区特色文化。

（3）组织丰富多彩的文化活动。组织开展丰富多彩、健康有益的文化、体育、科普、教育、娱乐等活动，是社区文化服务的重要内容，大力开展社区广场文化活动，如社区居民健身活动，科技节展示活动、节日联欢晚会，将具有共同兴趣爱好的居民组织起来，组织读书读报队、合唱队、舞蹈队、书法团队、民族艺术团队等，既丰富社区居民的业余文化生活，又能提高居民的思想道德和文化素养，还能提高居民的归属感，促进社区和谐。

三、社区文化服务效果的不断加强

（一）完善社区文化服务机制

开展社区文化必须建立相应的社区文化机构，有了机构组织，才可以有效地开展本地区的社区文化。

（1）建立健全社区文化服务管理体制。目前社区文化服务工作处于一种自发状态，主要靠一些爱好文艺的热心居民，大多情况是离退休的老同志在维持，管理较为混乱，健全的管理体制应由政府主导、社区单位组织、社区居民参与。政府主导并非政府包办。政府主要为社区文化服务提供总体规划，由社区组织进行具体执行，并吸收社区居民参与，形成社区文化服务良好的运行态势。

（2）建立优秀社区文化服务队伍。要做好社区文化人才开发和使用，挖掘培养社区文化服务人才，调动社区文化人才的积极性，将其吸纳到组织中，也可以向社会招聘有志于社区文化建设的人才，使社区文化服务更具有活力。

（3）完善文化传播机制。充分利用社区现有的设施，发挥文化服务中心、阅报栏、科普画廊、社区板报等媒介的作用，整合资源，强化管理，实现社区文化资源共享。

（二）加大社区文化基础设施建设和文化投入的力度，建立多渠道资金投入体系

（1）政府投资是十分重要的环节，政府部门可在年度经济规划中将对文化的投入纳入财政预算，并可实行社区文化建设经费与社区财政收入以一定的比例同步增加的机制，这样社区文化服务才会得到充分的保障。

（2）社区要充分利用本社区企、事业单位或个人的优势，通过各种方式对社区文化服务输入资金，建立社区文化事业发展基金会，通过一定的程序投入社区文化设施和社区文化活动，共同促销社区文化事业的繁荣。

（3）社区要利用现有文化设施的优势，实施有偿服务，像舞会、电影等活动服务项目实行收费的办法进行服务管理，既能达到促进居民参与社区文化活动的目的，又可增加社区文化服务资金。

四、社区文化制度效果的不断提升

随着居民素质的不断提高，对文化需求也日益强烈，开展文娱活动已势在必行。促进小区精神文明建设，形成良好、活跃的小区文化氛围，营造安定、和谐、温馨的社区环境，为精神文明建设贡献力量。从提高社区居民的文化素质、道德水准的高度切入、引导、优化、提高居民的文化素养。通过有益的文化活动，加强与业主的交流，密切物业与业主的联系，争取居民的积极参与和支持，从而促进物业管理工作向前发展。在丰富业主业务文化生活的同时，激发居民的主人翁意识和爱护小区的责任感，加强社区的整体凝聚力。开展富有创意的专题活动，激发居民的荣誉感、自豪感、归属感，树立主人翁的意识，从而在以人为本的基础上提高物业的管理水平。有益的文娱活动，必然会对居民的整体素质提高有着积极推动作用，使社区内的违章、违法行为概率减少，确保社区的长治久安，也使居民确实能过上安居乐业的生活。

➤ 思考题

1. 根据以上材料，谈谈你对社区文化服务体系的思考。
2. 通过学习和查阅资料，讨论社区文化服务体系包括哪些主要内容。

第五节 社区文化管理实施与活动的程序

一、社区文化管理实施

1. 社区文化管理的概念

所谓社区文化管理，是指政府职能部门和社区组织根据社区的具体情况，遵行文化发展的客观规律，运用思想政治的、经济的、法律的及教育的各种手段，有意识、有计划、有目的地对社区文化的形成、演化与发展加以有效控制的过程。

社区文化管理的根本目的，是根据社区文化发展的实际状况，按照它们的不同内容和性质加以管理与组织，为社区全体居民创造合理的、美好的精神生活条件，以满足居民不断提高的精神生活需求，提高社区居民的综合素质和社区的文明程度，树立良好的社区形象。

社区文化管理不仅是社区对其居民的思想行为的指导、约束，也是居民之间互相影响、互相监督的过程。社区文化管理以社会规范为基准。社区是以人为主体的，而每个个体的自由生活和幸福应该成为社区的最终价值目标。社区文化管理不是以消极地限制个人的行为和思想为目的，更不是意味着个人自由的丧失；相反，它的目的是积极协调个人、组织与社会之间的和谐，通过秩序和安全来促进人的自由与幸福。从社区发展的角度看，管理的目的不是造成社区的僵化和丧失活力，而是要保持其良性运行，为社区的健康发展创造安全而又宽松的条件。

2. 社区文化管理的类型

（1）积极性管理与消极性管理。这是根据对管理主体使用奖励手段还是惩罚手段划分的。积极性管理主要是指运用舆论、宣传和教育等手段对社会成员的价值观和行为方式进行诱导，以鼓励成员遵从社会规范。其手段主要体现为奖励，包括精神名誉上的鼓励和物质利益上的奖励。消极性管理是对已经发生的违反社会规范的行为进行惩罚，使行为人危惧，以达到警告本人或使其他社会成员效尤的目的。其手段包括从名誉上的损伤和经济上的罚没，到人身自由或某项权利的限制等。

（2）内在的管理与外在的管理。这是依据管理的途径来划分的。内在的管理指那些引导人们自我激励并遵从社会规范的方式行动的过程。它主要靠社会规范的内化，即个人对群体或社会规范的认同来实现。外在的管理是运用各种正式或非正式的社会约束来促使人们遵从社会规范。它主要体现为对社会制裁的运用，是依靠外在力量使其成员遵守规范，控制其偏差行为。

（3）非正式管理与正式管理。这是根据使用强制手段还是非强制手段来划分的。非正式管理是指运用风俗、习惯、伦理道德和信仰，以及广播、电视、电影和印刷物等传播媒介的管教来对社区成员的价值观念和行为方式进行管理，也称非强制性管理。正式管理则是指通过法律、纪律、条例、命令和政策等强制性手段对社区成员的管理，因而也称强制性管理。

3. 社区文化管理的方法

对社区文化活动要采取科学、合理、有效的方法加以管理。

（1）行政方法。行政方法是指主要依靠社区的文化行政管理机构，运用行政手段，按照行政方式来组织、指挥、监督社区文化活动的管理方式。社区文化行政机构是指按照对社区文化进行行政管理的需要，根据一定的等级制度组织起来的"官方"机构，它的主要职能是按照逐级规定的权限，接受政府最高领导的授权、旨意和指令，对其所下属的社区文化单位和社区文化事业实行统一的管理。行政手段主要是指行政机构进行文化行政管理所运用的决议、决定、命令、规章、制度、纪律、工程程序、规划预算、检查标准等办法。

（2）经济方法。经济方法是指依靠社区文化的经济调节控制机构，按照社区文化发展所体现的经济原则和经济规律，运用经济手段来管理社区文化。经济调节控制机构是指社区文化事业的财政管理部门、工商管理局、文化公司、税收部门和银行等组织机构。经济手段是指财政拨款、利润成本、价格调节、工资奖金、税收监督、经济罚款等经济杠杆，以及经济责任制、经济合同制等方面的制度。

（3）法律方法。法律方法是指立法机构根据广大社区居民文化活动的根本需要，通过各种法则、法规、法令、规章、条例等文化法律规范和文化司法工作，来调整规范城市文化生活的正常顺利进行。

（4）思想教育方法。思想教育方法的目的是从思想上、道德上来提高全体居民的矛盾，来制止文化活动中不健康因素的蔓延。通过加强思想道德方面的建设，提高素养，也就是通过说服、教育、批评和自我批评的方法来处理文化工作中的矛盾，通过思想政治工作来提高整体居民的思想文化素质。

（5）舆论引导方法。社会舆论是指多数社会成员对某些人或事的议论和评价。它往往是根据一定的价值标准特别是道德规范做出的，与法律和道德观念等紧密结合在一起。舆论可能是根据事实做出的判断，也有可能仅仅是捕风捉影的传言，但总是会直接或间接地影响到相关社会成员的声誉，具有较强的控制力量。应努力做到引导居民形成正确良好的舆论导向，起到惩恶扬善的作用。

二、社区文化管理面临的主要问题

我国社区文化管理由于理论研究滞后、实践时间较短，在管理过程中出现了许多问题，并且这些问题日益突出。

（一）管理组织不健全

目前，我国主要实行政府和社区双重管理的社区文化管理模式，这种管理模式要求政府和社区内部有完善的管理组织或机构，负责社区文化管理事务的处理，但目前我国政府和社区内部的管理组织并未达到上述要求。一是社区内部管理组织机构的缺失。目前我国相当一部分社区内部未组建社区文化委员会、社区文化协商小组、社区文教工作委员会等专门机构。社区文化自治组织不仅缺少资金和人才，而且在社区文化管理现实操作中不受政府肯定。二是政府主管部门结构不合理。未成立政府主管部门的城市，社区文化主管部门结构存在分散型并联症状；已成立政府主管部门的城市，社区文化政府主管部门结构存在集中型并联症状。

（二）管理队伍不得力

社区文化专职人才是社区文化管理的主导力量，承担社区文化的组织、协调、规划等相关具体工作。现阶段，我国社区文化管理人才队伍不稳定，工作缺少计划性和连续性。文化市场管理人员少，管理力度不够，盗版及宣传暴力、内容污秽的出版物还普遍存在。有些社区文化工作者素质不高，工作具有盲目性，组织的文化活动流于形式；有的社区文化经营活动收费不统一，账目管理有漏洞，有私吞和避税现象。

（三）投入机制不完善

资金是社区文化管理的有形资源，是保证管理顺利进行的物质基础。管理资金的不足与我国社区文化管理投入机制的不完善有密切的关系，主要表现在两个方面：一是社区文化投入主体的一元化。当前大部分城市社区文化的管理资金依赖于政府财政下拨的款项，因此政府的财政压力增加。二是社区文化投入分配的不合理。政府未能贯彻"费随事转"的原则，仍将社区文化馆、社区图书馆、社区文化站的大多数工作人员作为事业单位的编制人员而给予国家财政上的补贴，增加了社区文化管理的开支；在社区文化硬件设施建设上投入过多而在社区文化管理上投入明显不足。

（四）思想认识不到位

（1）缺乏对社区文化管理内涵的系统认识。有的社区管理者仅仅将社区文化管理理解为单纯文娱活动的开展，认为进行影评、书评、剧评、建立图书馆、成立阅览室、组织文化活动宣传、开展文艺演出就等于进行社区文化管理。有的干部和居民将社区文化的功能仅仅理解为休闲、健身、娱乐，而不是为了丰富市民的精神文化生活。

（2）对社区文化管理主体的认识存在局限性。一些政府官员依然沉浸于文化改革体制前的行政管理方式，他们不愿意放弃社区文化行政管理的手段，也不习惯对社区文化实行"指导"性的管理，引发社区文化决策机制的过度行政化，降低效率，延缓自治管理进程。

（五）政策法规不配套

社区文化管理是社区管理的重要工程，政策法规的支持是实现社区文化管理的坚强后盾。但到目前为止，涉及我国社区文化管理的相关政策法规依然处于缺失状态。一是我国还没有出台一部专门针对社区文化管理的法规。政府在社区文化内容涵盖、组织结构、工作人员编制、经费、场地设施、群众文化组织的合法地位等诸多方面没有明确规定；对社区文化管理的权利、责任和指导范围没有详细的框定；对社会力量投资社区文化建设没有相应的规定。二是有关社区文化发展的一些政策缺乏足够的力度。例如，在鼓励对文化事业的捐赠方面，纳入公益性的捐赠范围显得稍窄，免税机制未得到完善，难以激励产生鼓励专门从事社区文化专职工作政策的缺失，将影响社区文化管我国现有的社区管理体制基本以街道和社区居民委员会为主。由于街道没有相应的权力可以协调职能部门和专业管理部门来完成城市管理事务，只好自己承担。政府对社区自治组织的培养表现为一种鼓励却防范的态度，既提倡自治组织又实施限制，其实质是对自治组织依然实行政府主管机制，加重了社区管理体制中的行政色彩。

三、社区文化管理的实施策略

（一）开展社区文化调查

社区文化调查包括两部分：一是社区文化资源调查。资源调查的对象包括人才、社区组织、设施和文物等基础性资源，以及民俗、文艺、教育、体育、环境等专项资源。资源是发展社区文化的基础，只有弄清楚该社区的文化资源状况，才能制定出合理的社区文化规划。因此，社区文化资源调查的重要性是显而易见的。对于历次调研的基础数字、材料及研究论文，都要建立档案并存入计算机，有条件的还要联网，以供社区之间相互查询，开展纵向和横向的对比研究。二是社区居民文化实践调查。要检验社区文化活动所达到的效果，摸清楚社区文化的变化情况和发展动向，就要进行社区文化实践调查，调查的方式一般为问卷式或访谈式，调查内容通常包括社区居民业余文化活动的方式、社区居民文化活动参与的目的、社区居民文化活动的实际参与和未来参与意向，以及社区居民文化活动的总体情况。

（二）制定社区文化规划

在调查研究的基础上，社区要制定社区文化发展规划。有了社区文化发展规划，社区文化工作就能够增加科学性、系统性、连续性和实效性。社区文化发展规划包括以下三个方面。

1. 总体规划

总体规划通常由指导思想和基本原则、总体目标和基本任务、阶段任务和具体任务、落实检查和考核措施等要素构成。总体规划制定以后，要进行可行性论证。在论证过程中，既要听取领导和专家的意见，又要融入社区文化工作者和广大社区成员的意见。规划修改确定后，还要制定详细的实施方案，指定责任单位和责任人，明确具体分工、完成时间和验收办法。

2. 专项规划

专项规划包括比较具体的发展项目的重点工作、落实措施和评价标准。

3. 年度计划

年度计划一般涉及文化场地建设、文物保护工作、文化交流活动、文化市场管理、文艺创作和大型文化活动及具体的实施方案等内容。

（三）建设社区文化体制

社区文化建设的内容很多，涉及政府不少部门和许多社会组织及社区中的各个单位，因此需要方方面面共同参与，研究组建科学系统的领导体制和工作机制，有利于各方面相互配合，促进社区文化建设的快速发展。社区文化体制建设包括以下两个方面。

1. 社区文化领导体制建设

社区文化是由民俗、文艺、教育、体育、精神文明、环境等文化成分共同组成的，是需要社区内所有单位共同参与的大文化。因此，只有成立一个上下贯通的领导、协调、执行和管理机构，才能使社区文化健康发展。各区县应该成立由党委和政府领导，文化局、文物局、文明办、教委、科委和科协、体委、园林局、旅游局等部门领导，居民代表、社区主任、人大代表、政协委员、社区单位领导、社会知名人士等多方代表组成的社区文化工作委员会，街道和下属地区也应该成立相应的领导机构。有了领导机构，还要制定较为完善的工作制度，如资格、责任、权利、利益、关系、内容、时间等具体条款，以推动社区文化建设的顺利开展。

2. 社区文化工作者队伍建设

要建立一支高素质的社区文化工作者队伍，就要求现有的社区文化工作者掌握熟练的技能和一专多能的业余爱好。培训可以采取脱产、半脱产方式。培训工作要定期或不定期地持续开展，使社区文化工作者具有较高的文化修养、很强的敬业精神和干练的工作能力。培训内容大致包括思想教育、基础知识学习、能力训练等。

（四）开发社区文化资源

社区文化资源是进行社区文化建设的重要条件。社区文化人才是社区文化的宝贵资源，是社区文化的骨干力量。人才培训要从儿童抓起，同中小学的素质教育相结合。兴趣小组是人才培养的摇篮，小作家、小画家、小歌手、小乐手、小球手、小棋手、小发明家等评选活动是人才培养的有效手段，要通过社区人才资源调查和各种活动积极发掘社区文化人才，发挥他们的特长，壮大社区群众性文化社团组织。群众性文化社团组织是社区建设的骨干力量。社团组织要注重组织制度建设，要制定组织章程，就组织目标、性质、会员资格、民主议事、财务管理、活动办法等内容做出明确的规定，会员登记要严肃认真，数目要精准到人，每一次活动都要有记录，以备日后查证。政府、企业和社团组织应想方设法增加文化设施的数量，并实行文化设施和场地资源共享。保护和利用好社区的文物资源与文物保护的价值、欣赏价值和感化价值来创造直接的经济收入。

(五)搞好社区文化市场

搞好社区文化市场是繁荣社区文化的重要手段,而社区文化市场涉及了文化设施的有偿服务、文化的产业化、文化市场的管理和文化消费引导。大力发展社区文化产业,包括民俗产业、文艺产业、教育产业和体育产业。文化产业的运作和管理要逐步规范化、法制化,要完全按市场经济方式运行,由文化企业提供服务,其服务原则是经济效益和社会效益兼顾。有些文化市场的经营者唯利是图,不讲道德良知和社会责任,以色情、淫秽、赌博、暴力等低级糜烂的商品和服务招揽顾客,严重污染了社会风气。有些文化市场存在偷税漏税现象,严重干扰了正常的经济秩序。要提倡健康高雅的社区文化消费观念,满足人们的求知欲和审美情趣,努力创造条件,在社区内开办健康高雅的文化消费场所。

(六)发展社区文化事业

社区文化事业是政府及其派出机构为满足社区成员休闲、娱乐、健身、求知、审美、交际等精神方面的需求而开展的福利性、公益性工作。这些工作包括组织群众文化活动并提供经费、场地和设施等物质条件与有关服务。文化事业的主要目的是提高社区成员的素质,促进社会的进步,其出发点是社会效益。社区文化事业主要是由当地政府、社区、文化社团提供的。政府主要负责规划、管理、协调和设施建设等事项,社区主要负责群众文化活动组织、协助和信息传递等工作,文化社团主要负责活动设计、组织、筹措资金和业务指导。社区成员和社区单位参与社区文化建设的热情需要保护和激励。

四、社区文化服务的程序

(一)准备阶段

(1)了解社区基本情况,包括社区环境、经济情况、人员构成、社区资源等方面,结合社区特点,充分考虑社区业主的不同年龄、文化水平、职业等形成的不同需求。

(2)招募和培训工作人员,选择热情、开朗、有组织能力和领导能力的居民作为带头人,并进行相关培训,成立工作小组。

(3)制定活动方案,方案要结合社区居民的爱好、追求和意愿,具体、全面,并具有可作性。

(二)组织实施

(1)建立组织内部合理的行政运作程序,使社区服务工作系统化。

(2)按照计划方案实施,注意突发事项。

(3)总结评估,总结活动的经验和教训,评价活动是否达到预期目的。

五、社区文化服务存在的问题与对策

(一)居民社区文化活动的参与度不高

我国社区发展较快,但社区文化活动的参与面不广,参与者总是社区的少部分人,社区成员的参与度是衡量社区文化服务是否成功的一个重要指标,提高社区居民参与文化活动的热情,通过问卷调查、座谈、访谈等形式对社区成员的兴趣、爱好作广泛深入的分析，针对社区居民的各种文化需求，开展多种多样的文化服务活动，打造社区文化特色，吸引社区不同年龄成员的参与，增进居民对社区的认同感和归属感。

（二）行政色彩过于浓厚

目前，我国社区文化服务行政色彩过于浓厚，服务活动往往是自上而下的行政安排，通过权力的推动进行，而社区成员作为社区文化真正的主体，经常处于被动状态，社区文化活动自然也无法达到预期的目的。社区文化服务应本着"以人为本"的精神，想居民之所想，以居民的需求为导向，切实为居民服务。

（三）社区文化专业人才缺乏

社区文化服务基本上是按照历史传统和政府计划惯性运转的，缺乏专业人才支撑，社区服务活动的组织者往往就是街道一两位兼职人员，再加上社区的热心居民，他们缺乏专业的指导。热爱社区文化事业、群众文化活动，且具有一定文艺专长的文化工作骨干，是繁荣和发展社区文化的重要支撑，培育和建立一支具有社区特色、素质较好、文化业务知识较为全面的文化队伍，是提高社区文化服务能力、进一步发展社区文化的迫切要求。

（四）社区文化教育功能弱化

社区文化具有影响公民的政治态度、灌输价值观念、传送技能功效，对于形成整个社会文化价值理念具有不可忽视的作用。但是，目前我国社区文化没有完成这样的使命，很多时候还仅仅停留在娱乐的单一功能上。因此，社区文化仍然是提升国民素质的一个有效途径，其教育功能也应该被重视。

思考题

1. 根据以上材料，尝试策划一个社区文化管理实施方案。
2. 社区文化管理面临的主要问题是什么？

参考文献

[1] 斯琴高娃. 呼和浩特市城市社区文化建设研究[D]. 内蒙古：内蒙古大学，2012.

[2] 李丽君. 上海市社区公共文化服务模式研究[D]. 兰州：兰州大学，2007.

[3] 龚大鹏. 社区文化建设绩效评价研究[D]. 湘潭：湘潭大学，2009.

[4] 王静. 社区环境的优化与学校德育[D]. 合肥：合肥工业大学，2006.

[5] 陈静. 社区领导者角色定位探析[D]. 哈尔滨：中共黑龙江省委党校，2009.

[6] 王梅峰. 智能化住宅小区物业管理信息系统架构研究[D]. 北京：北京林业大学，2007.

[7] 高国富. 社区文化建设中的政府角色分析[D]. 杭州：浙江工业大学，2009.

[8] 李慧. 天津城市社区文化建设与发展研究[D]. 天津：天津大学，2012.

[9] 万克宝. 城市社区思想政治教育的方法研究——基于戴维·伊斯顿的系统分析理论[D]. 合肥：安徽大学，2012.

[10] 李志宏. 城市社区文化建设与发展路径阐释[J]. 管理观察, 2019 (33): 68-69.

[11] 邵希芸. 民族地区社区文化建设研究[D]. 延吉: 延边大学, 2006.

[12] 刘雅文. 对辽宁省社区文化建设的调查与思考[J]. 辽宁省社会主义学院学报, 2009 (02): 76-79.

[13] 赵玉婷, 宁碧波, 田伟利, 等. 嘉兴市社区文化生活现状及社区人居环境满意度评价[J]. 浙江建筑, 2016 (01): 1-3.

[14] 陈继取. 社区文化特色培育初探[J]. 艺术科技, 2013 (06): 74.

[15] 王正凯. 谈构建和谐社区中文化建设的作用[J]. 语文学刊, 2015 (20): 89, 101.

[16] 郭小红. 社区治理中的文化因素的探析[J]. 学习月刊, 2014 (14): 96-97.

[17] 肖寒. 试论社区文化在构建和谐社会中的引领作用及发展思路[J]. 科技视界, 2013 (20): 201, 203.

[18] 吴达君, 欧阳钟辉. 我国社区文化管理存在的问题和自治模式探讨[J]. 中国酿造, 2008 (5X): 150-152.

[19] 吴正锋, 王峰. 基于智慧社区建设的物业管理创新发展思路[J]. 安徽工业大学学报 (社会科学版), 2016 (01): 17-18.

[20] 王莉莉. 探析农村社区文化建设的发展路径[J]. 经营管理者, 2016 (07).

[21] 李新. 物业智能化管理在中国特色商业街中的实际应用[J]. 软件导刊, 2013 (08): 76-77.

[22] 刘丹. 我国社区文化中心的管理模式比较及发展趋势探析[J]. 湖北经济学院学报 (人文社会科学版), 2013 (04): 14-16.

[25] 张丹媚, 周福亮. 智慧社区管理[M]. 重庆: 重庆大学出版社, 2019.

[26] 王红阳, 杜丹. 社区服务[M]. 北京: 机械工业出版社, 2015.

[27] 晴曦. https://www.zhihu.com/question/26611589/answer/699325282.

[28] 汪大海. 社区管理学[M]. 北京: 北京师范大学出版社, 2013.

第九章 智慧社区

第一节 智慧社区概述

"十三五"规划中,我国已有不少城市将智慧社区建设纳入城市信息化进程中,如北上广等一线城市都将建设智慧社区作为智慧城市的重要组成部分。据相关数据统计显示,全国已经建成的智慧社区有 1 000 余个,纳入智慧社区规划的约有 3 000 个。智慧社区已经成为社区建设和发展的整体趋势。

一、智慧社区的概念

智慧社区作为最基本的单元和模块,可以被认为智慧城市发展的一个缩影。目前有关智慧社区的定义表述主要从信息技术、物联网、综合服务方面来阐述,更偏重智慧社区的技术层面。现阶段学界相对认同的概念是:通过利用各种智能技术和方式,整合社区现有的各类服务资源,为社区群众提供政务、商务、娱乐、教育、医护及生活互助等多种便捷服务的模式。其目的是为社区的居民提供便捷安全、舒适的生活,其形成的先决条件是新一代信息技术,类似云计算、物联网、人工智能等技术的集成运用,基于信息化、智能化的专业社会管理和服务的社区形态。

智慧社区与传统社区最主要的区别在于智能化。先进的工具有利于能力的发挥,但先进的工具并不等于高能力。因此,智慧社区"智商"的确定必须以它的使用者和管理者对其能力的表现评估作为尺度,一般建议从以下四个方面考虑。

(一)该社区提高使用者工作效率的能力

(1)提供健康的环境。
(2)提供良好的工作空间。
(3)提供健身的设备。
(4)提供高效率的办公设备。
(5)给使用者提供福利与方便。

(二)该社区降低营运成本的能力

(1)节省能源消耗的能力。
(2)减少因设备故障而产生的损失。
(3)节省维护管理人员的开支及费用。

（三）该社区防止、控制自然或人为灾害的能力

（1）灾害的自动察觉、反应和报警能力。

（2）警卫防盗能力。

（四）该社区对未来发展变化的适应能力

（1）水、电、资讯及电信管道预先留有足够的发展空间。

（2）在社区的层高中预先留有足够的管道空间。

（3）楼板的承重量应考虑未来电子设备的使用。

（4）社区空间布局应考虑对未来使用情况变化的应变能力等。

因此，一个智慧社区不是简单的新技术堆砌，而是依据社区运营需要形成的整体性、集成化、智慧化的设计。

二、智慧社区形势下社区运营的特点

智慧社区由于采用了高度的自动化装备和先进的信息通信与处理设备，能全面获取物业的环境、人流、业务、财务及设备运行状况等信息，有更加高效便捷的服务手段，因此，在管理上更加科学规范、优质高效，对社区运营及管理客观上带来了积极影响。其特点主要表现在以下几个方面。

（一）社区运营网络化

传统的社区运营是自成体系的独立管理模式，也可以称为"信息孤岛"。社区运营的信息传递采用派送表格人工填写、公告栏、广播等方式。智慧社区的运营则可以通过网络来实现社区运营信息的传递和交互。在住宅社区内建立宽带局域网，实现与 Internet 的连接，社区运营公司可以通过网络来发送社区运营通知，住户、业主可以通过网络实现物业保修和管理投诉及查询物业收费的有关资料。同时，一个物业公司也可以通过远程网络实现对多个异地物业楼盘的管理，提高社区运营的效率和优化管理的水平，降低社区运营的运行费用。

（二）社区运营信息化

随着信息技术的推广应用与信息资源的开发利用，管理信息化正在往深度和广度发展，并进入了管理活动与业务活动综合信息化的新阶段。随着信息管理体现和渗透到管理的所有方面，在社区运营活动中，信息种类繁多，数据量大，信息涉及物业的产生、交易、维护、处理过程中人与人、人与物、物与物关系处理的各种记录、文件、合同、技术说明、图纸等资料，并且这些资料因物业种类、物业业主及管理者的不同而不同。由于自然、社会及人为的因素作用下，物业的实物形态和使用状态经常处于变化发展之中，需要实时更新，动态跟踪。智能社区的社区运营凭借现代化信息技术，使物业信息的管理具有集成性、交互性和动态性特征。

1. 集成性

智慧社区运营信息系统建立在网络集成、系统集成和数据库集成的一体化信息系统集成平台上。智慧社区运营应能实现社区运营信息网络（IPMS）与自动化控制网络的集成，使安防系统监控信息、社区运营服务信息、公共设备管理信息及企业外部信息汇入信息网络，

甚至可以通过互联网实现对家庭报警状态的监控。通过一体化系统集成将社区运营的要求、功能与系统紧密地融合在一起，从而实现了系统中信息、数据、规则、人员、设备、网络、环境、应用模式的整合和集成。而常见的智慧社区运营数据库主要包括机电设备与安全报警监控数据库（BMS/SQL）、智慧社区运营数据库（IPMS/SQL）和信息服务与管理数据库（IIS/SQL）的集成，通过社区运营数据库的集成，最终实现社区运营的交互和动态数据处理。

2. 交互性

智慧社区运营信息化的交互性特征，是其所具有的独特体现。传统的社区运营无法利用现代的信息与网络科技，实现人（管理员）与物（设备）和人（管理员）与人（住户）之间的信息交互和意见与建议的沟通。智慧社区运营充分体现了现代管理的理念，即管理无时不在、管理无处不在，同时使管理者（社区运营公司）和被管理者（房产、设备、住户）共同参与管理，具体表现在以下几个方面：

（1）设备维护管理信息的交互。住户可以通过网页向社区运营部门提出房产维修、设备安装、室内装修的申请。社区运营公司有关部门也可以通过网络及时将批准意见通知住户。

（2）三表交费、物业收费和财务查询信息的交互。住户家中的三表数据通过采集器和传输网络上传到物业收费与财务功能模块，住户可以通过网络页面查询本住户三表交费和物业收费的情况，在建立电子商务的社区可以实现网上交费。

（3）社区资讯与住户投诉信息交互。社区运营公司可以通过网络发出社区运营通知，住户也可以通过网络提出对社区运营的意见和建议。实现社区全体住户人人参与社区运营的局面。

（4）家庭智能化的信息交互。住户可以通过互联网和社区内的局域网实现对家庭报警信息的查询和对家中电器设备的遥控。

3. 动态性

智慧社区运营信息化的动态性特征，也是区别于传统住宅社区运营模式的主要特征。智慧社区运营改变了以往依靠人工方式来采集有关社区运营信息和数据资料的方式，通过网络、自动化实现信息的采集和综合，获得动态的、实时的数据，进行信息的分析和处理、信息的交换和共享。

智慧社区运营的动态性特征体现在信息采集的自动化、实时性和可靠性上。与社区运营相关的数据库大都可以自动生成，例如，机电设备运行与维修数据库、三表数据与收费数据库、社区公共与家庭安全报警管理数据库，甚至应用用户缴费管理数据库自动生成有关房产与住户资料数据库。实时信息的提供有利于社区运营对突发事件的处理和对事件现场形势的控制。同时，智能社区运营的实时监控信息是由系统提供的，可以避免人为抄写和在传递过程中的误差，大大提高采集数据的可靠性。

（三）智慧社区办公自动化

应用计算机作为社区运营系统工具是社区运营的发展方向，只有应用计算机进行物业联网管理，才能实现物业信息的标准化和规范化，使社区运营走向现代化。计算机在社区运营领域主要具有以下功能。

1. 房产管理管理

主要功能是储存、输出所有需要长期管理的社区房屋的各种详细信息，包括每套社区的产权信息和管理业主档案。

2. 收费管理

业主可以通过网络平台缴纳各种物业费用，包括租金、月收费、年收费、合同收费、三表收费等。另外，社区运营公司根据各种成本费用进行计算并确定物业收费合理标准，要做到收费标准有依据，实现社区运营的收费规范化。

3. 费用结算

费用结算的主要功能是进行实际的费用收取工作，输出每户的各类费用收费、欠费情况，实现社区账目的电子化，并与指定银行协作，实现业主费用的直接划转，能较好地解决收费难问题。

4. 图纸图像管理

图纸图像管理的主要功能是利用计算机储存社区的建筑规划图、建筑效果图、建筑平面图、建筑效果图，以及单套住宅的单元平面图等资料。

5. 办公自动化

办公自动化是在社区网络的基础上搭建一个开放的平台，实现数据共享、内部通信和无纸办公。其主要包括物业文档管理、收发文件管理、各类报表的收集整理、接待管理（来宾、投诉、报修等）及日常事务处理等。

6. 维修管理

房产维修的主要功能是储存、输出物业维修养护的详细情况，设施维修的主要功能是储存、输出对物业中的各种公共设施、各种楼宇设备进行维修养护的详细情况。

（四）智慧社区公用设备智能化控制

现代化的社区运营要求对公用设备进行智能化集中管理，主要包括建筑的采暖热交换、电梯、给水排水、公共照明、消防、变配电等系统进行信号采集和控制，实现设备管理自动化，强化集中管理。对社区的各类公用设备做到运行安全、可靠、节能降耗。主要涉及的公用设备管理包括以下几项。

1. 供配电监测及故障报警

高、低压配电柜的状态监测及报警，包括高压配电的电流、电压及有功功率监测变压器出线电流、电压、功率因数与有功功率监测各种负载的电流监测和故障监测。

2. 给水排水系统监控

通过对水箱水位及水泵的监视与控制，实现给水排水自动化，并可以实现通过计算机屏幕以动画图形显示给水排水系统的运行状况。若有异常情况，自动调出报警画面显示故障位置及原因，并提供声响报警及报警情况打印。

3. 公共照明智能化

电梯口夜间警戒时段由红外人体侦测联动照明庭院照明、节日彩灯、喷泉彩灯、航空障碍照明灯等的定时开关控制及各种图形效果的智能控制路灯的时序智能控制。

4. 闭路电视监控

闭路电视监控系统用于整个社区范围内的监视。可以将各监视点设于社区的各主要出入通道、车库等重要地区，对社区的人流进行动态监控。

（五）社区管理信息系统的应用

社区管理信息系统是能对社区运营各种事物进行信息处理（收集、存储、加工、传递等）、维护和使用，反映社区运营企业运行状况，辅助企业决策，促进企业实现规划目标，提高管理效率与质量的计算机应用系统。它是专用于社区运营企业处理社区运营各种事务的专向管理信息系统，包括一整套的计算机硬件设备和基础应用软件与社区运营事务处理专用软件。

由此可见，智慧社区的出现和发展对社区运营带来了积极的作用，具体表现在以下几个方面：

（1）有效降低了社区运营的成本。智慧社区所采用的现代化技术和设备，不仅降低了因运营人手不够的管理疏忽的风险，而且一次性投入长期受益，有效降低了运作成本。如传统物业秩序管理中，智慧社区依托"社区区域安监系统"，包括巡更、门禁和红外线设防、突发事件自动报警等自动识别系统，有效减少安防岗位配置，降低工资成本开支，提高秩序维护的有效性和安全性。

（2）有效提高业主对运营企业的满意度。"智慧社区"在满足业主多方面需求的条件下，融合线上线下交易、家政服务、娱乐休闲和智能家居等功能平台，真正实现业主通过智能终端设备实现获取信息、家政预约等一系列特约服务。

（3）有利于整合社区周边资源。智慧社区具有明显的功能集成性，智慧化的社区运营及管理通过整合社区周边商业资源，能够实现主动为居民提供衣、食、住、行、游、娱、购等生活资讯，营造社区生活方式，引导消费。实现商业和社区高效结合，不仅让居民充分享受便捷的、额外的增值服务，而且实现社区商圈范围内的资源互补和信息共享。

三、我国智慧社区建设现状

自2012年国家提出智慧城市战略以来，智慧社区建设已经进入国家发展的范畴。目前，以北京、广州、上海、重庆、杭州、苏州等城市的建设和发展思路来看，都是充分利用城市信息网络资源，着眼利用数字化与智能化技术将城市管理由纵向管理向扁平管理转变，大力提高城市管理的效率和效益。通过城市信息化建设，逐步建立政府、企业、社区与公众之间的信息共享和良性互动，协调人与环境和公众与政府之间的关系。特别着重改善与民生直接相关的城市交通、教育、医疗、居住、治安、社区服务等方面，进行了城市市民卡、城市大城管、城市应急指挥、城市智能交通、城市社会保障与公共卫生、社区物业与服务等应用系统平台的开发和建设。充分发挥智慧社区在城市综合管理和公共服务方面积极与主动的作用，全面落实和促进城市经济与社会的和谐发展、科学发展、可持续发展。

当前，国内许多知名物业服务企业已经在智慧物业方面开展了积极的探索，取得了很好的经验。例如，深圳中信物业在红树湾项目打造的Wi-Fi全覆盖社区，通过智能物业服务终端，能够满足业主衣、食、住、行等方面的需求。业主可以在电视、智能手机、计算机终端上在线购买蔬菜、食品、日用品等；可以通过智慧社区云终端，调取社区安防视频在家观看，通过智能管家平台预订车辆、送餐、衣物干洗、洗车、收发快递、票务等服务；还可以在线报修、投诉及与物业服务企业互动，完成家政服务安排，获得二手房交易与房屋租赁等中介服务等。

除物业公司外，其他社会主体也对智慧社区的建设投入了极大的热情，目前我国智慧社区建设主要涉及以下三种模式。

（一）以政府主导的项目

如重庆市第一家智慧社区"汇祥林里3000"就是由重庆有线与仙桃街道联合打造。这类项目有政府资源的介入，通过行政手段推进智慧化建设，进而促使社区运营企业经营模式向智慧化转变。

（二）依托物业服务企业自身建设

依托物业服务企业自身建设的有如彩生活、万科、保利等社区运营企业。其中如彩生活通过自建的"彩之云"系统，实现了智慧管家、社区服务、连锁经营等功能的融合，不仅使企业自有资源利用率提高，也通过引入外部商务资源，实现了企业盈利的新增长点。

（三）引入第三方信息服务供应商

近年来，腾讯、百度等传统互联网公司也涉足智慧社区的建设和开发。而龙湖物业使用的千丁系统，采用的是"BPC"模式，通过第三方App企业来构建一个基于物业项目的物业经营生态系统。与企业自建相比，龙湖物业在基础性社区运营方面相对弱化，更加注重周边生活资源的整合。第三方企业可以通过自身数据处理的优势，发挥大数据的作用，开展客户分析和资源建设。

第二节　智慧社区相关技术

一、大数据技术

1. 大数据的概念及特征

最早提出"大数据"这个词的是美国麦肯锡全球研究院，该研究院在2011年发表了一篇名为《大数据：未来创新、竞争、生产力的指向标》的研究报告，"大数据"一词随后开始流行起来，被人们用来定义信息爆炸时代产生的海量数据和与之关联的技术创新发展。现在提到的大数据是指无法在一定时间范围内用常规软件工具进行捕捉、管理和处理的数据集合，是需要新处理模式才能具有更强的决策力、洞察发现力和流程优化能力的海量、高增长率和多样化的信息资产。

大数据通常认为有"5V"的特征：一是量（Volume），即大量到人工难以处理的数据；二是多样性（Variety），即数据类型纷繁多样；三是价值（Value），即数据中蕴藏着有价值的结论；四是速度（Velocity），即具备快速处理的能力；五是真实性（Veracity），即收集数据是真实有效的。

在社区运营的过程中的大数据主要包括两大类：第一类是关于人的数据，如社区住户的年龄、职业、家庭成员、爱好、交费习惯、消费额度、支付习惯、车辆、旅游等消费信息，通过这类大数据分析统计，就可以对住户未来的需求进行预测，设计服务方式，满足各种需求。第二类是关于物的数据，即社区运营工作中针对物的管理所产生的数据，如设施设备管理、保洁绿化、安全防范等，数据内容包括设备的数量、品牌、市场份额、能耗水平、故障原因、日常维护成本等的统计。在社区运营中，如果能有效地收集、挖掘、分析并加以利用，对社区运营的整体效率提升将是显而易见的（图9-1）。

图 9-1　金科物业大数据中心

2. 大数据环境下的社区运营创新

（1）提升技术创新能力、实时获得动态性信息。传统的数据分析方式和智能研究模式将侧重点放在了历史数据的分析上，而在大数据时代的背景下，企业面临着需要更加及时地对数据进行分析处理的情况，只有更高效地获得实时地商业情报，增强商业洞察力，改变传统的决策模式，提高技术创新能力，才能实时获得动态性信息，发挥出实时分析和及时报告的能力，及时调整工作方向。

（2）做好实时监控工作、提升分析能力。在如今大数据时代的背景下，各市场经济主体都会有大数据需求，要提升数据的分析能力，就要做好实时监控工作，而构建高水平的数据平台就可以满足需求。例如，由于业务的不断扩张和数据的不断累积，相比传统的文本信息，现在非结构化的数据系统更为庞大。要提高对非结构化数据的应用能力，构建高水平的数据平台，从而对大数据信息进行监控，及时分析出自己的发展情况，然后根据不同行业数据自身的独特特点，结合好自身行业知识，制定出具体的发展策略，最大限度地将大数据转换为价值。

（3）加强内外部联系。随着信息化水平的不断提高，大数据更新的速度越来越快。因此，在加强市场经济主体内部联系的同时，还要加强各经济主体之间的联系。首先，各市场经济主体必须加强上、下级单位之间的联系，形成合力，共同促进本单位的发展。其次，在发展过程中，各经济主体必须加强与其相关单位的联系，形成一种良性的"生态发展链条"，在相互配合中共同发展，促进本单位的"可持续发展"。例如，企业既需要加强与员工之间的沟通联系，使员工自觉为本单位的技术创新贡献力量，又必须与其供应商、顾客、合作单位等建立良好的关系，提高企业的营运效率，形成一个全新的商业发展链条。

（4）培养大数据分析人才。大数据时代的到来，要求我们必须培养和引进一些高素质的数据分析人才，即"首席数据官"。他们要了解自己所从事行业的发展趋势，预测本单位在未来发展过程中可能遇到的难题，帮助本单位应对未来发展过程中遇到的挑战。因此，各市场经济主体必须培养"首席数据官"，并在适当时机引进更高水平的"首席数据官"。

（5）恰当利用新科技。人性化是社区运营服务需要秉承的原则之一。社区公司可以恰当地利用新科技来实现服务人性化，例如，可以采用门禁系统和电子监控以确保业主的人身财产安全，运用网络搭建服务平台，为业主提供最及时服务。科学技术是提高社区运营服务水平的重要措施。

二、云平台技术

（一）云平台简介

随着社会经济和技术的发展，智慧社区、智能建筑建设蓬勃兴起，作为智慧社区的重要组成部分——设备的数量、种类、复杂程度也在不断提高，这就需要提供一个整合性、存储性、智慧化于一体的平台，云平台也就应运而生了。

云平台又称云计算平台，是以公开的标准和服务为基础，通过具有高速传输能力的互联网将多个成本较低的计算实体整合成一个具有强大计算能力的系统，提供安全、快速、便捷的数据存储和网络计算服务。目前主要的云计算服务模式有 SaaS、PaaS、IaaS 等，可以发挥强大的计算和处理能力按需分布给个人或企业用户。

云平台的一般运作机制是利用中间件与各种设备进行通信，各种传感器、RFID 标签、智能卡通过 WSN（无线传感网）与物联网中间件相连，物联网应用中间件在与 SOA 总线相连；各种设备连接楼宇自动系统（Building Automation System，BAS），BAS 通过 OPC（OLE for Process Control）与 SOA（Service Oriented Architecture）总线相连；各种数据库系统通过数据库连接池与 SOA 总线相连，这样，各种智能设备通过统一的 SOA 总线为社区运营平台提供服务。这样就实现智能建筑局域网与传感器互联，实现了智能建筑设备的系统集成，并与计算资源、通信网络构成社区运营基础设施服务。社区运营基础设施服务可以直接通过 SOA 向平台用户提供服务，也可以作为 PaaS 模式的支撑平台间接向最终用户服务。

而智慧社区的云平台服务主要是将各种业务进行整合，向下根据业务能力需要调用基础服务能力，通过 IaaS 提供的 API 调用硬件资源，向上提供业务调度中心服务，实时监控平台的各种资源，为用户提供订阅、计费、部署、监控等服务，也就是采用平台即服务的模式。用户利用社区运营平台中的结构单元来创建自己的客户应用，可以实现界面配置、功能配置、安全机制等各项应用服务，这能够更简易地构建业务信息系统，并将这些资源通过 API 开放给 SaaS 或最终用户（图 9-2）。

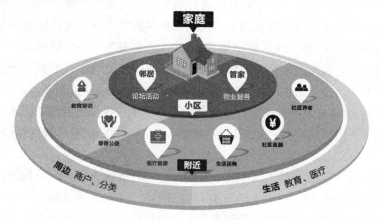

图 9-2 社区云平台

（二）云平台的运用

社区运营云平台功能包括商务管理、门禁管理、财务管理、信息公告、安防管理、仓储管理、物资管理、环卫管理、停车场管理、员工管理、设备维护、报表管理、系统管理等。

（1）商务管理包括会议服务管理、会所管理，安防管理包括保安消防管理、视频监控管理、安防预警预报。

（2）仓储管理包括入库管理、储位管理、库存管理、出库管理、配送管理。

（3）物资管理包括资产分类、设备信息、资产登记、资产移除、资产盘点、资产查询、资产报表。

（4）员工管理包括员工信息管理、员工培训等功能。

（5）系统管理包括用户管理、系统运行参数管理、数据管理、日志管理等功能。

目前很多企业依托云平台对自己传统的运营模式进行了改造，如长城物业的一应云智慧平台（图9-3）。该平台的本质在于将社区运营过程中极为零散的信息用"云"的方式进行管理，同时，为业主提供一整套信息化的生活服务方案。

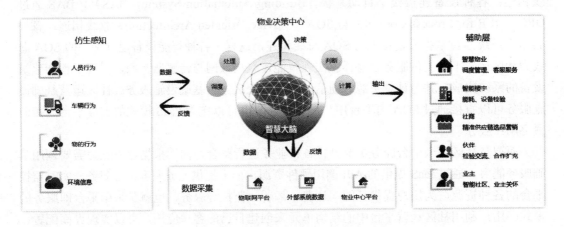

图 9-3　一应云智慧平台构架

一应云智慧平台整合社区物业和社区客户两大核心资源，构建了一应云物业服务和一应云社区商务两大平台，融合物业服务、社区商务和公共服务三大社区服务系统。一应云服务共包括ELN在线培训、PMS物业维护、CRM业主服务、一应便利店（一应生活）社区商务四大模块，它们互为一体共同构成了物业服务的价值链条，形成一个健康永续的社区生态系统。其中，通过ELN在线培训帮助中国物业企业提升员工能力；通过PMS物业维护、CRM业主服务等领衔物业服务系统为中国物业企业提供更智慧的降本增效工具；通过一应便利店（一应生活）特许经营体系（包括一应云社商系统）为社区顾客提供更便捷的消费体验。

一应生活平台的价值主要体现在三个方面：一是升级物业服务。长城物业通过线上产品（一应生活微信公众号、一应生活新浪/腾讯微博、一应生活App、一应生活官网），将物业的服务从实体服务流逐渐转化到线上电子信息流，优化了物业服务人员与业主之间的沟通方式，提高了问题解决效率，优化了管理流程。二是改善邻里关系。一应生活平台区别于同类产品很重要的一点,即注入"邻里社交"的元素。长城物业覆盖全国数百个社区的数十万家庭,高质量的终端用户超百万,邻里之间存在相互交流的渴望。引导居民、留住居民、组织话题、增加互动、引爆社区、规模效应……从点到线,从线到面,快速扩张,活跃了终端用户。三是提供家庭消费的解决方案。线下一应便利店(泛实体店)与线上一应生活相呼应,建立了商品配送团队,为业主提供送货上门、快递代收发等服务。另外,对家政服务、衣物干洗、养老服务等进行高度整合,致力于为各个家庭满足商品与服务的基本需求和定制化需求。

三、物联网技术

(一)物联网技术简介

物联网是通过 RFID 技术、无线传感器技术及定位技术等自动识别、采集和感知获取相关系统的信息,借助各种电子信息传输技术将相关信息聚合到统一的信息网络中,并利用云计算、模糊识别、数据挖掘及语义分析等各种智能计算技术对物品相关信息进行分析融合处理,最终实现对物理世界的高度认知和智能化的决策控制。

完整的智慧社区管理系统一般由多个子系统构成。通过一个数字化信息网络系统将智能楼宇的空调、给水排水、照明、供配电、消防、安防,以及办公自动化与通信系统的各种设备设施连接在一起,通过智能化控制实现精确的监控和管理,以使智能物业的管理提高到全新的水平,这就是智能楼宇社区运营的思想。而这一思想的实现,离不开电子电工技术、通信技术、控制技术、计算机技术、信息技术的支持,而物联网技术正是这些技术的有效体现。

(二)智慧社区物联网的基本构成

基于物联网技术的智能社区运营系统的基本特征是全面感知、可靠传送和智能处理。因此,该系统的体系架构主要可分为以下三个层次:

(1)感知层。在感知层中通过各种传感器、RFID、全球定位系统、红外感应器、激光扫描器、气体感应器等设备实现三个子系统原始数据的全面收集。在智能楼宇中,这些数据主要包括智能楼宇中的温度、湿度、水位、电流、电压、频率、各设施的机械状态、环境状态、数据状态等信息的收集。

(2)网络层。在网络层将原始数据通过通信网络传输至物联网信息及管理中心,在这里,主要实现的是原始数据的编码、认证、鉴定、计算等功能,同时在物联网信息中心,还设置了相应的算法库、样本库、信息库,以便进行数据的对比分析,为进一步的决策做准备。

(3)物联网的应用层。在应用层中利用中间件及各种应用基础设施为智能楼宇的各个环节实现应用信息处理。

(三)物联网的运用

如果将物联网用人体做一个简单比喻,那么传感器就相当于人的眼睛、鼻子、皮肤等感官,网络就是神经系统,用来传递信息,嵌入式系统则是人的大脑,在接收到信息后进行分类处理。而在智慧社区应用中,物联网主要通过以下三个方面发挥作用。

1. 智能标签

通过二维码、RFID 等技术标志特定的对象，用于区分对象个体，例如，在生活中使用的各种智能卡，其条码标签的基本用途就是用来获得对象的识别信息；另外，通过智能标签还可以用于获得对象物品所包含的扩展信息，如智能卡上的金额余额、二维码中所包含的网址和名称等。

2. 环境监控和对象跟踪

利用多种类型的传感器和分布广泛的传感器网络，可以实现对某个对象的实时状态的获取和特定对象行为的监控，例如，使用分布在市区的各个噪声探头监测噪声污染，通过二氧化碳传感器监控大气中二氧化碳的浓度，通过 GPS 标签跟踪车辆位置，通过交通路口的摄像头捕捉实时交通流程等。

3. 智能控制

物联网基于云计算平台和智能网络，可以依据传感器网络用获取的数据进行决策，改变对象的行为进行控制和反馈。例如，根据光线的强弱调整路灯的亮度，根据车辆的流量自动调整红绿灯间隔等。

四、人工智能技术

（一）人工智能的概念

人工智能（Artificial Intelligence，AI）是一门全新的信息技术科学，是计算机科学技术的一个重要分支，是指对于模拟、拓展和延伸人类的智能的应用系统及相关的理论与技术方法的开发研究。主要通过研究及了解人类智能的本质从而开发出能给出类似人类智能反馈的智能机器，计算机系统在理解目标方向之后所取得的最大化成果是计算机实现的最大智慧。人工智能不单单是一个特定的技术，它所研究的往往是能创造智能意识的高科技机器，包括了算法和其他应用程序，处理的任务也远远超出了简单计算，从学习感知规划到推理识别控制等。人工智能的研究方向包含语言及图像识别技术、机器人设计、自然语言处理等，日益成熟的理论方法和技术实践也使应用领域范围大规模扩张，人工智能是人类智慧的结晶，未来也可能展现出超过人类的智能。

（二）人工智能在社区运营中的应用

人工智能的首次提出至今已有 60 年的历史，在这个循序渐进的过程中，无论功能场景还是机器模式，都逐渐从单一到通用、从简单到复杂，表达方法也更多种多样。目前主要通过赋予机器产品一定的人类智能从而有效地提升机器工作效率及能力，未来的人工智能将更多地模拟人类生活环境及思维方式来设计出真正具有人类智能的高效人机系统。作为辅助人类生产生活的重要工具，日趋成熟的智能机器人已经走进了人们的日常生活中，下面介绍几种常见的使用场景。

1. 智能房屋和家居生活的构建

未来的智能家居将不仅限于对电视、窗帘、灯具、空调进行控制，而是根据住户的日常行为了解住户的习惯喜好，利用传感器和自动装置收集用户的行为数据，通过机器学习和深度学习算法改造所居住的环境。最终实现真正意义上的智能家居生活。对未来社区智能家庭而言，从插座、温控、灯泡这些小家电，到电视、空调、家庭安防这些大家电，依托智能家庭平台系统的人工智能化物业服务，将成为真正意义的客厅"控制者"（图 9-4）。

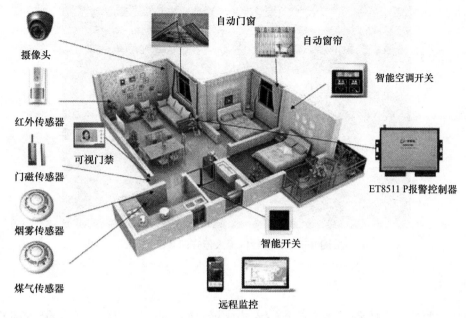

图 9-4　智能家居系统

2. 智慧机器人提高运行效率

随着智能建筑管理服务机器人、社区运营服务机器人、安保机器人、酒店服务机器人、清洁服务机器人、健康服务机器人、管家型服务机器人等服务于各行各业，人工智能正在越来越多地被运用于服务业，服务类智能机器人市场总值正以 20%～30% 的速度增长。以万科物业的智慧停车系统"黑猫二号"为例。"黑猫二号"智慧停车系统通过"远程授权＋车牌识别"实现车辆快速通行和有效管理，统一接入万科业主专属 App"住这儿"，对全国停车场运营情况实现远程管理。包括核查各项目车场的手动开闸记录、手动修改车牌记录、收费记录，以及集团—城市—项目的分级管理，同时提供丰富的运营报表，方便财务核算。"黑猫二号"智慧停车系统提供的整体方案，从本地停车场到停车管家，再到云平台，形成"三位一体"的整体运营平台和管控平台。

3. 智慧社区提升运营效率

智慧化技术可以有效地延伸社区管理服务的深度和广度，覆盖人们生活的方方面面，小到一个社区生活的具体场景，大到整个社会体制的运行维系。长城物业的"一应云"系统，可以通过一应云全国监控中心的全面提升及强化，长城物业的一应停车、一应门禁、一应楼控等将完全智能化，实现停车管理、门禁管理（图 9-5）、楼控管理，提高企业管理效率，未来很多岗位能用人工智能取代的都将被取代。

需要说明的是，以上几种技术在智慧社区的设计和运行中不是单独存在的，如大数据的收集需要前端设备，然后通过物联网进行传输，大量数据汇总到云平台后，通过人工智能进行分析和处理，才能最终形成对社区运营有价值的数据资源。因此，这些技术在智慧社区中的整合至关重要。

图 9-5 智慧社区无人值守门禁系统

第三节 智慧社区总体架构及其主要系统的管理

一、典型的智慧社区架构

建设部住宅产业化办公室早在 1999 年 12 月就出台了《全国住宅小区智能化系统示范工程建设要点与技术导则》，由于该导则和 2000 年出台的《智能建筑设计标准》（GB 50314—2000）中都没有详细规定每个系统的设计及施工规范，实施过程中往往只能参照各相关系统的有关标准执行，有的甚至是凭感觉，因而，导致工程设计、施工、安装、设备选型的随意性较大。各厂家的相同产品的兼容性、互换性、开放性差，给未来系统的集成与数据共享带来很大困难，不利于物业企业进行维护和管理。目前，主流的智慧社区主要由基础环境、基础数据库群、云交换平台、应用及其服务体系、保障体系五个方面构成。

（1）基础环境（基础层）。基础层主要包括全部硬件环境，如家庭安装的感应器，老年人测量身体状况的仪器，通信的网络硬件，如宽带、光纤，还有用于视频监控的摄像头，定位的定位器等。

（2）基础数据库群（数据库层）。基础数据库包括业务数据库、传感信息数据库、日志数据库、交换数据库四大数据库。

（3）云交换平台（云层）。云交换平台（云层）主要实现各种异构网络的数据交换和计算。提供软件接口平台，或提供计算服务，或作为服务器。

（4）应用及其服务体系。应用及其服务体系包括个人信息管理系统、日志管理系统、应急呼叫系统、视频监控系统、广播系统、智能感应系统、门禁系统、远程服务系统等，这些系统为社区各类人群直接服务。

（5）保障体系。保障体系包括安全保障体系、标准规范体系和管理保障体系三个方面。从技术安全、运行安全和管理安全三个方面构建安全防范体系，确实保护基础平台及各个应用系统的可用性、机密性、完整性、抗抵赖性、可审计性和可控性。

智慧社区除以上基础架构外，每个智慧社区都会根据自己项目的实际情况选择具体设备，并保留一定的扩展性，具体架构情况如图9-6所示。

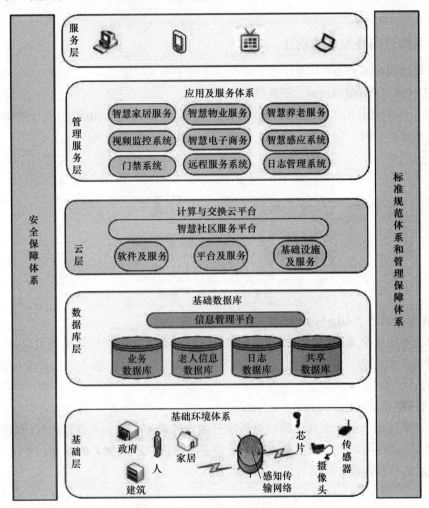

图9-6　智慧社区架构

二、综合布线系统

（一）综合布线系统的概念

综合布线系统GCS（Generic Cabling System）是智能建筑中传输语音、数据、视频图像和各类控制信号的综合性线缆传输系统。由于目前大多是用于传输语音、数据信号，它为智能建筑的通信网络和办公自动化系统建立了支撑平台，是智能大厦的设备自动化技术。

（二）综合布线系统的设计指标

综合布线系统的设计指标是指综合布线的通道、线缆及相关链接硬件的技术性能指标。综合布线系统有 A 级、B 级、C 级、D 级和光纤级五种应用级别。其中，A 级综合布线系统的最高传输频率为 100 kHz；B 级综合布线系统的最高传输频率为 1 MHz；C 级综合布线系统的最高传输频率为 16 MHz；D 级综合布线系统的最高传输频率为 100 MHz；光纤级综合布线系统所支持的传输频率为 10 MHz 以上。在具体设计上可以根据社区需求进行设计和选择，如写字楼就需要按较高指标进行设计才能满足日常使用的需要。

（三）综合布线系统的设计

建筑物结构化综合布线网是由以下六个独立的子系统组成。

1. 工作区（Work Areas）子系统

工作区子系统由工作区内的终端设备连接到信息插座的连接电缆组成（图 9-7）。常用设备是计算机（PC、工作站、中端、打印机）、电话、传真机等。

图 9-7 工作区子系统

2. 管理子系统（Administration Subsystem）

管理子系统由交叉连接、直接连接配线的（配线架）连接硬件等设备组成。实现配线管理，其设计很完善，使用颜色编码，很容易追踪和跳线，体积小，比传统配线箱节省 50％空间。

3. 水平子系统（Horizontal Subsystem）

水平子系统由每一个工作区的信息插座开始，经水平布置一直到管理区的内侧配线架的线缆组成（图 9-8）。实现信息插座和管理子系统间（跳线架）的连接，常用三类和五类双绞线实现这种连接。

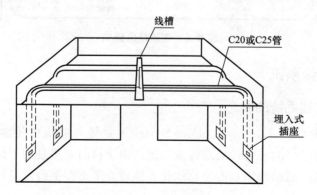

图 9-8 水平子系统

4. 主干线（Riser）子系统

主干线系统由建筑物内所有的（垂直）干线多对数线缆组成，即多对数铜缆、同轴电缆和多模多芯光纤，以及将此线缆连接到其他地方的相关支撑硬件，实现计算机设备、程控机和各管理子系统之间的连接。常用通信介质是光纤，使系统传输率达到 100 Mbps。

5．设备间子系统（Equipment Subsystem）

设备间子系统由设备间的线缆、连接器和相关支撑硬件组成，实现布线系统与设备的连接，主要为配合不同设备有关的适配器。

6．建筑群子系统

将一个建筑物中的线缆延伸到建筑物群，实现楼宇之间的布线，连接到另一些建筑物中的通信设备和装置上，它由电缆、光缆和入楼处线缆上过流过压的电器保护设备等相关硬件组成。

综合布线系统如图 9-9 所示。

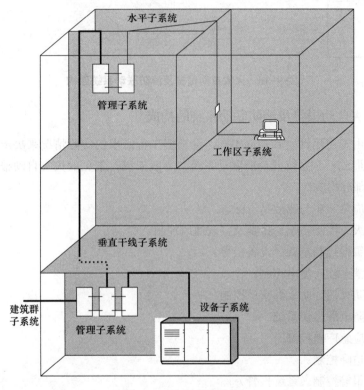

图 9-9　综合布线系统

三、火灾自动报警及消防联动系统

（一）火灾自动报警及消防联动系统的概念

火灾自动报警系统是由触发装置、火灾报警装置及具有其他辅助功能装置组成的。它具有能在火灾初期，将燃烧产生的烟雾、热量、火焰等物理量，通过火灾探测器变成电信号，传输到火灾报警控制器，并同时显示出火灾发生的部位、记录火灾发生的时间，使管理者能及时发现、即使处理。

消防联动系统是火灾自动报警系统中的一个重要组成部分，通常包括消防联动控制器、消防控制室显示装置、传输设备、消防电器控制装置、消防设备应急电源、消防电动装置、消防联动模块、消火栓按钮、消防应急广播设备、消防电话等设备和组件。

火灾自动报警及消防联动系统架构如图 9-10 所示。

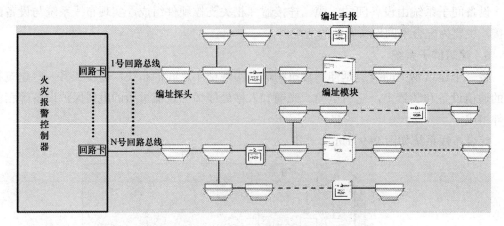

图 9-10　火灾自动报警及消防联动系统架构

（二）火灾自动报警及消防联动系统的构成

每个建筑由于使用性质和功能不同，会根据工程需求的实际情况来决定整个系统选装哪些控件，以形成一个系统的消防联动系统，一般来说，常见的火灾自动报警联动控制系统由以下几个部分构成：

（1）火灾应急照明与疏散指示标志。
（2）自动灭火控制防烟、排烟及空调通风控制。
（3）火灾警报控制装置（设备报警）。
（4）室内消火栓、喷淋控制。
（5）常开防火门、防火卷帘门控制。
（6）非消防电源强切系统。
（7）火灾应急广播控制。
（8）电梯迫降控制。
（9）火灾报警控制（系统报警）。

以上设备无论选取多少，其控制装置均应集中于消防控制室内，即使控制设备分散在其他房间，其操作信号也应反馈到消防控制室。

（三）常见的消防设备

1. 火灾探测器

火灾探测器对现场进行探查，发现火灾的设备。它的作用是一旦出现火情，就将火灾的特征物理量如温度、烟雾、气体和辐射光强等转换成电信号，并立即动作向火灾报警控制器发送报警信号。常见的火灾探测器包括感烟探测器［图 9-11（a）］、感温探测器［图 9-11（b）］、火焰探测器和特殊气体探测器等。

 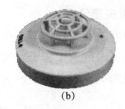

图 9-11　感烟、感温探测器
(a) 点型光电感烟探测器；(b) 电子差定感温探测器

火灾探测器对于及时发现火灾是非常有帮助的，因为在火灾初期的阴燃阶段会产生大量的烟和少量的热，选择感烟探测器可以及时发现火患；在火灾发展迅速的阶段，可能产生大量的热、烟和火焰辐射，则可以设置感温火灾探测器、感烟火灾探测器。不同的火灾探测器在实际安装中会有一定的技术规范，感烟探测器和 A1、A2、B 型感温探测器的保护面积和保护半径（表 9-1）是存在一定差异的，需要根据建筑状况进行选择。

表 9-1　火灾探测器保护面积及半径

火灾探测器的种类	地面面积 S/m^2	房间高度 h/m	一只探测器的保护面积 A 和保护半径 R					
			屋顶坡度 θ					
			$\theta \leqslant 15°$		$15° < \theta \leqslant 30°$		$\theta > 30°$	
			A/m^2	R/m	A/m^2	R/m	A/m^2	R/m
感烟火灾探测器	$S \leqslant 80$	$h \leqslant 12$	80	6.7	80	7.2	80	8.0
	$S > 80$	$6 < h \leqslant 12$	80	6.7	100	8.0	120	9.9
		$h \leqslant 6$	60	5.8	80	7.2	100	9.0
感温火灾探测器	$S \leqslant 30$	$h \leqslant 8$	30	4.4	30	4.9	30	5.5
	$S > 30$	$h \leqslant 8$	20	3.6	30	4.9	40	6.3

注：建筑高度不超过 14 m 的封闭探测空间，且火灾初期会产生大量的烟时，可设置点型感烟火灾探测器。

2. 手动火灾报警按钮

手动火灾报警按钮（俗称手报）是火灾报警系统中的一个设备类型，当人工确认火灾发生后按下按钮上的有机玻璃片，可向火灾报警控制器发出信号，火灾报警控制器接收到报警信号后，显示出报警按钮的编号或位置并发出报警音响（图 9-12）。

在设计、安装过程中要求每个防火分区应至少设置一只手动火灾报警按钮。通常将其设置在疏散通道或出入口处，并保证从一个防火分区内的任何位置到最邻近的手动火灾报警按钮的步行距离不应大于 30 m。

图 9-12　手动火灾报警器

3. 区域显示器（火灾显示盘）

火灾显示盘是一种可以安装在楼层或独立防火区内的火灾报警显示装置（图 9-13），可用于楼层或独立防火区内的火灾报警装置。当控制中心的主机控制器产生报警时，将报警信号传输到失火区域的火灾显示盘上，显示盘会显示报警的探测器编号及相关信息并发出报警声响。

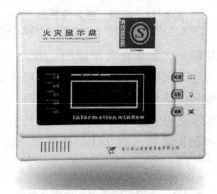

图 9-13 火灾显示盘

在每个报警区域宜设置一台区域显示器，并将其设置在出口明显、易于操作的部位，用于显示本楼层或分区内的火警情况。区域内探测器等器件报警时，显示盘发出声光报警信号并指示出报警区域和部位代号和注释信息。当采用壁挂方式安装时，其底边距离地面高度宜为 1.3～1.5 m。

4. 监控系统

监控系统又称为闭路电视监控系统（Closed-Circuit Television，CCTV），典型的监控系统主要由前端音视频采集设备、音视频传输设备、后端存储、控制及显示设备五大部分组成，其中后端设备可进一步分为中心控制设备和分控制设备。前、后端设备有多种构成方式，它们之间的联系（也可称作传输系统）可通过同轴电缆、双绞线、光纤、微波、无线等多种方式来实现。一般监控系统由前端设备、传输设备、终端设备组成。

（1）前端设备。前端设备是指前端采集设备，由摄像头（图 9-14）、防护罩、安装支架、译码器等组成，经过对社区整个环境现场勘察，确定各个重要监控点位置，尽可能全面对社区进行安全监测。而这个部分最重要的摄像头，作为整个系统的"眼睛"，摄像头可安装在电动云台上，通过控制台的控制，可以使云台带动摄像机进行水平和垂直方向的转动，可变焦距（变倍）镜头可使摄像机观察的距离更远、更清楚，提高监控覆盖的角度和面积。

图 9-14 各类前端设备（摄像头）

(2)传输设备。传输设备就是系统的图像信号通路,通常是由光纤、同轴电缆、电源线、控制线等组成的。一般来说,传输部分单指的是传输图像信号,但很多系统还可以传输声音信号。同时,由于需要有的控制中心通过控制台对摄像机、镜头、云台、防护罩等进行控制,因而,在传输系统中还包含控制信号的传输,本部分所提到的传输部分,通常是指所有要传输的信号形成的传输系统的总和。

(3)终端设备。终端设备是系统的中枢,由数字监控主机、监视器等组成。智能数字监控主机具有监视、录像、动态报警等功能,可任意设置视频报警布防区域,是集屏幕画面分割器、录像机、云台控制于一体的智能数字监控系统。随着人工智能等技术的引入,现在的终端设备在功能上也得到了更大的提升(图9-15)。

图 9-15 社区监控联动中心

5. 安防系统

安防系统(Security&Protection System,SPS)以维护社会公共安全为目的,运用安全防范产品和其他相关产品所构成的入侵报警系统、视频安防监控系统、出入口控制系统、防爆安全检查系统等,或由这些系统为子系统组合或集成的电子系统或网络。

安防系统主要包括闭路监控系统、入侵报警系统、楼宇对讲系统、停车场管理系统、社区门禁系统、红外周界报警系统、巡更系统等。下面重点介绍几种常见的安防系统。

(1)入侵报警系统。入侵报警系统(Intruder Alarm System,IAS)是指利用传感器技术和电子信息技术探测并指示非法进入或试图非法进入设防区域的行为、处理报警信息、发出报警信息的电子系统或网络。

入侵报警系统一般由周界防护、建筑物内(外)区域防护和实物目标防护等部分单独或组合构成。系统的前端是由大量的、各型的入侵探测器构成的,如红外线报警、巡更系统等,常设置于门窗、围墙等处以提高技术防范的范围(图9-16)。

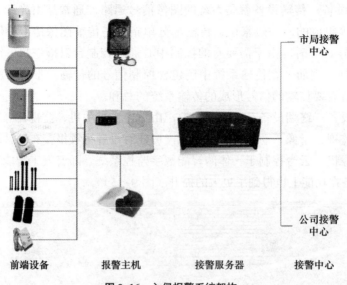

图 9-16 入侵报警系统架构

（2）门禁控制系统。门禁控制系统（Access Control System，ACS）是安防系统的重要子系统，系统对需要控制的各出入口，按各种不同的通行对象及其准入等级，对其进出时间、通行位置等实施实时控制与管理。系统一般由出入口对象（人、物）识别装置，出入口信息处理、控制、通信装置和出入口控制执行机构三部分组成。目前的智慧社区已经由人脸识别（图 9-17）、二维码技术逐步取代了传统的门禁卡系统。

图 9-17 智能门禁系统（人脸识别）

（3）电子巡更系统。电子巡更系统（GTS-Guard Tour System）是指对安保巡查人员的线路、方式及过程进行管理和控制的电子系统（图 9-18）。其一般包括有线式和无线式两种。

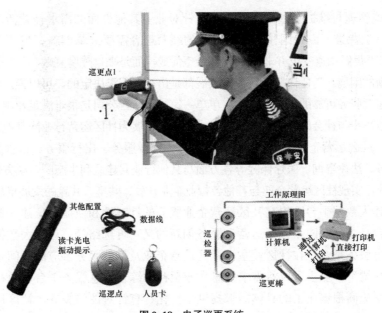

图 9-18 电子巡更系统

第四节 智慧社区下的社区运营

一、智慧社区相关生态链构建

(一)智慧社区生态链构建的优势

(1) 公共管理和服务智能化,可提高管理和服务的效率,降低经营成本。住宅社区的社区运营是为全体业主提供的日常性服务,所有业主皆可以享受。传统社区运营常规的公共服务主要依靠人工来完成,如绿化、保洁、保安、公共设备设施维护、房屋公共部位维修养护、客户服务等。这种人力密集型的服务模式所需人力众多,服务流程繁杂、滞后,效率低下。将互联网技术应用于社区运营的设施系统和管理系统当中,能极大地提高管理和服务效率。住宅社区运营企业要主动对接"智慧城市"的发展趋势,积极创设智能社区。首先,在治安监控和消防管理方面,通过安装一体化监控设备和智能显示设备等各种先进的专业设备,实现社区全方位、无死角的治安、消防布控,切实做好人员、车辆、财物把控,有效提高社区的安全防控,确保业主的人身和财产安全;其次,在设备设施管理方面,充分运用自动化技术、通信技术、远程监控技术以及互联网技术,准确监控设备设施运行状况,及时维修养护;再次,在客户服务方面,运用互联网技术,建立社区服务信息平台。一方面,社区运营企业全面、及时、准确地收集住宅社区物业服务信息,及时、主动地为业主提供服务;另一方面,方便业主第一时间了解住宅社区物业服务整体情况,一旦业主有需求,可以通过各种终端设备及时向社区综合服务信息平台发出服务需求。

(2) 突破社区运营固有的传统观念,实现社区运营与其他行业的高度融合,共建盈利生态圈。我国传统的住宅社区运营仅限于保洁、绿化、秩序维护、房屋公共部位维修保养、设备设施管理与维护等基础性的服务，针对业主其他方面的需求经营活动少之又少。在"互联网+"背景下，我国住宅社区运营的经营理念需要改革创新。现代管理学之父德鲁克曾说过："我们知道变革并非由成就和希望促成，而是来自陈腐衰败、日暮西山的观念和无法自我创新的困境。"任何服务行业的发展都是由社会需求决定的，可以说，业主需求是住宅社区社区运营服务可靠的"指南针"。单单一家社区运营公司是很难满足业主多方面的需求的。随着科技进步与社会的发展，互联网技术的快速发展为社区运营行业同其他行业融合发展提供了可能。社区运营企业可以探索在电子商务、家政服务、出行服务、饮食服务、金融服务、养老服务、法律咨询、医疗保健等各方面与其他行业共建盈利生态圈，全方位满足社区业主的各种需求，实现社区运营企业与其他各行业企业开放、共享、共赢的发展格局。

（3）构建大数据平台，提高社区运营企业服务的针对性和便捷性。建立覆盖全网的在线信息化平台是"互联网+社区运营"服务创新的又一可选路径。运用大数据，建立住宅社区综合信息服务平台，在社区业主、社区运营企业及其他服务供应商之间建立可相互信任的沟通"桥梁"。业主可以将需求信息发布至社区综合信息服务平台，由社区运营企业和其他服务供应商根据业主的具体需求提供个性化、有针对性的服务。社区运营企业和其他服务供应商可以将各种服务信息发至业主的移动终端，或通过微信公众号及其他 App 应用软件等发布各种服务信息，由业主根据自己的需求选择所需要的服务。综合信息服务平台有效融合了社区业主、社区运营企业，以及与社区运营企业建立合作关系的其他服务供应商之间的关系，可有效提高业主对服务的满意度。

（二）智慧社区服务的资源整合

提供智慧社区服务需要集合现有的各种信息系统，因此，各类为智慧社区服务相关的基础资源和信息都应该是共享的。这样，才可以加强各部门及组织结构之间的协作配合，以提升社区的服务质量，提高服务能力，加强服务管理，创建服务型社会。但是，目前在网格化平台之外的信息系统还不能充分满足社会不断发展的需要，问题主要表现在以下两个方面：

（1）资源共享不够。信息资源缺少跨部门共享的渠道，没有建立跨部门信息交换的机制。大量的基础数据源头多样，重复产生，无法相互校对和核验，基础数据的唯一性、准确性无法保证；信息资源的综合利用和深度开发很难开展；随着部门信息系统的陆续建立，解决问题的难度和代价也将随之提高，这是问题的关键。

（2）协同管理不够。随着社会的进步和经济的发展，政府的社会管理和公共服务事务相当繁重。传统的以"单位人"为主体的管理服务体系正在演变为以"社会人"为主体的管理服务体系。服务主体多，每家只管自家的事，最后就会导致服务体系纷繁复杂，无从适应。

本着充分利用资源、促进资源共享的出发点，为使智慧社区建设能够切实做到统一规划，避免重复建设，需要进行社区信息资源的整合。社区信息资源的整合需要充分利用已经建设好的各类资源，达到最大限度的共享应用，使社区服务水平迈上更高的台阶，达到以下目标：

1）建设城市基础数据共享平台，提供已有的数据资源给相关的政府公共服务部门和数字社区内的商业服务单位，减少各个管理和服务主体在相关数据资源方面的重复建设。

2）通过数据交换，共享各个管理专业单位的业务属性数据，实现基础数据共享平台和各个管理专业单位的内部业务系统之间的无缝连接，丰富平台的数据资源，便于进行多方面的综合分析，实现更大范围的协同办公。

智慧社区生态系统如图 9-19 所示。

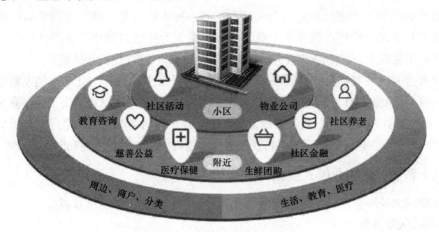

图 9-19　智慧社区生态系统

二、智慧社区商业服务模式创新

（一）智慧社区商业服务模式

社区运营企业的商业模式以可概括为社区服务提供商模式（即基础服务模式）、社区资源开发商模式（即不动产顾问服务模式）、社区顾问服务商模式（即多种经营模式）、社区服务集成商模式（即社区服务总包模式）、社区资产运营商模式（即社区资产管理模式）和社区保障服务商模式（即社区后勤服务模式）。后三种商业模式代表着未来社区运营行业的发展方向。如今，互联技术已经融入了社区运营公司日常经营的各个环节，对于提升管理水平、拓展盈利渠道发挥着不可或缺的作用，在以上六种模式中均有不同程度的体现。从互联网技术应用的角度，现阶段社区运营企业创新商业模式主要有商业机构对家庭消费（Business To Family，B2F）和线上对线下（Online To Offline，O2O）两种。

1．B2F 模式

B2F 模式是指物业公司跨界转型为商业机构平台，面对社区家庭直接提供增值服务。物业公司通过互联平台整合自身及社会资源（家政服务、文化旅游、养老养生、金融资产等），将社区居民转化为潜在消费者，满足其多层次、多方位的需求，实现多方共赢的转型模式，企业的经营思路由对物的管理转变为对人的服务。

彩生活采用的就是 B2F 模式。借助 App 等网络技术，彩生活为其管理的数百个社区打造出一个生活服务的云平台，基于此种商业模式，彩生活获得了远比传统社区运营企业高的利润和增幅，2011 年、2012 年的净利润率分别是 16% 和 22.8%，2013 年更是高达 29.3%（除去上市费用因素），大大超过了物业公司 TOP100 的平均水平。2014 年 6 月，彩生活在港交所主板挂牌上市，成为中国物业管理企业第一家上市公司。根据彩生活 2014 年中期报告：彩生活上半年收入 1.634 亿元，同比增长 49%；净利润 6 530 万元，同比增长 188.5%；直接得益于商业模式转型的业务为社区租赁、销售及其他服务，收入 3 270 万元，同比增长 79.7%。彩生活由传统社区运营商，创新定位为社区服务电商运营商，是社区运营差异化和物业公司跨界经营战略的典型体现。

2. O2O 模式

O2O 模式代表了当前社区运营公司转型的另一种主要趋势,即传统物业通过互联网技术等智能科技手段的应用,搭建线上线下平台,转型为智慧型物业。借助社区服务电商平台,社区业主在线上完成商品和服务的选购与支付,线下进行提货和体验。

2014 年 3 月,龙湖物业微信服务平台"龙湖生活"正式上线,与之配套的龙湖社区服务中心,可以为业主提供体验和增值服务。社区运营公司采用 O2O 模式解决了社区商业"最后一公里"的问题,实现了线上商业和线下服务的互补,将消费送到居民家门口,满足了用户个性化的消费需求,也降低了用户在传统商业消费过程中所产生的交通和时间等成本。

(二)智慧社区商业模式创新

在互联网大环境下,社区运营公司创新商业模式,必须注意以下几点:

1. 以社区服务为中心

社区运营的三大职能是服务、管理和经营,以服务为首。对于社区运营公司而言,物业服务是一切工作的中心,是立身之本,是满足业主需求的核心资源,是做大做强的基础,没有优质的物业服务,一切都是空中楼阁。对于依托房地产开发企业的社区运营公司,如万科物业、碧桂园物业等,在服务上大做文章,将其作为提升产品附加值的重要方法,不仅为多元化增值经营打下良好基础,而且促进了集团房产的销售和增值。

2. 树立互联网思维

所谓互联网思维,是指在互联网、大数据、云计算等科技不断发展的背景下,对市场、用户、产品、企业价值链乃至整个商业生态进行重新审视的思考方式。互联网带给社区运营公司的不仅仅是技术,更是一种全新的理念。在互联网环境下,社区运营公司尤其要注重树立互联网思维,包括用户思维(以用户为中心)、简约思维(专注、简约、快速)、极致思维(给用户提供超越预期的产品、服务和体验)、迭代思维(实时关注消费者需求并加以完善)、流量思维(注重流量和体量的培育)、社会化思维(利用社会化网络、众包协作)、大数据思维(集腋成裘、小数据汇成大金矿)、平台思维(开放、共享、共赢)、跨界思维(掌握用户和数据资源,跨界颠覆式创新)。

3. 加强资源整合和商业合作

苹果公司抓住了网络社会最大的权力拥有者——消费者,借助网络联结创造共享价值,这很值得社区运营公司借鉴。社区运营公司作为距离社区消费群体最近的实体,具有做社区服务 O2O 天然的优势,但缺乏互联网基因,更缺乏社区服务产业链条上的其他资源,因此,需要采取资源整合、共同发展的方式与市场上的软件开发企业、商家和物流企业开展商业合作,创造多方共赢的局面。

2014 年,深圳市软酷网络科技有限公司携手万科温馨花园共同为考拉社区课堂揭幕,正式为社区居民提供便民服务;搜房网重点在社区金融服务和房屋租赁买卖服务方面积极与物业公司合作;顺丰和京东则通过社区便利店 O2O 的商业模式,给社区业主提供更便捷的服务和体验。

4. 选择适合自身的盈利模式

社区运营公司的自身情况千差万别,发展模式也多种多样,对于企业而言,没有最理想的、只有最适合的发展模式。企业要用发展的眼光来看待商业模式,在实践中结合自身特点不断摸索和调整,重新定位自身的业务重心,找到适合自身发展的商业模式。在这方面不少企业进行了有益的尝试。金科推出了以资产管理为重点的线上线下相结合的大社区服务,向用户提供集资产托管、资产服务、资产经营于一体的资产增值服务。对于大多数社区运营企业来说,根据自身特点,坚持特色化服务是明智的,而对于少数规模企业来说,在保持核心业务优势的前提下,通过整合产业资源,开展商业合作,尝试多元化的经营模式,通过标准化推进低成本经营和复制管理,也能够实现规模化快速良性发展。

三、智慧社区经营模式创新

服务外包是指社区运营企业将物业基础服务中的部分服务外包给第三方组织,或将技术研发、营销等任务委托第三方执行,从而达到"瘦身"变轻的效果。

(一)基于能量叠加的服务外包

社区运营企业按照物业服务合同履行义务时,可以自建团队开展公共秩序维护、公共环境卫生维护、公共设施设备维修保护、公共园林绿化养护等基础服务,也可以将其中的部分服务外包给第三方组织。例如,将公共秩序维护服务外包给专业的保安服务公司,将保洁服务外包给保洁服务公司。但需要注意的是,根据《社区运营条例》的相关规定,外包仅是部分服务项目,社区运营企业不得将服务整体外包给第三方。

社区运营企业在践行"社区运营+社区服务"时,根据企业的实际情况,如果需要企业自己做技术研发,组建技术团队的时间成本、人力成本较高,可以考虑将技术研发外包给专业的技术团队,同样也可以将产品营销外包给专业的营销服务公司。这与房地产开发企业相似,房地产开发企业将规划交给规划设计公司,将建设承包给社区公司,将销售外包给销售公司。社区运营企业将部分服务外包给第三方时,要权衡利弊,外包服务的优势在于,减少经营中的风险,集中精力转型升级,将较"重"的部分外包出去,让企业"瘦身"变轻等。这样可以减少经营中的风险,主要包括人力风险、经验不足导致的研发风险、经营风险。社区运营企业将专业的事情交给专业的组织,只留下风险较小并且属于企业自身强项的部分,集中精力研发新的商业模式,积极参与到转型升级的大潮中。服务外包可能存在服务执行与监督、组织领导与协调、专项外包费用较高、核心技术掌控、知识产权等方面的新风险。

社区运营企业采取服务外包时,应注意各个流程的设计和安排。包括服务外包前决策层讨论、达成共识,承包方考查与筛选,尤其是承包方的资质与成功案例考查,也包括与承包方洽谈沟通,对合同的实质条款和担心部分交换意见,还包括外包服务的监督与管理,对承包组织的服务内容或进度考核、激励等方面的操作流程。服务外包基于社区运营企业与承包组织的信任与共识,引入合作单位也是资源整合的举措,引入互信的合作单位有利于弥补社区运营企业的短板,聚合能量。

(二)服务外包的生态模式

社区运营企业引入外包服务合作方是为了优势互补,借助外力以提升社区综合服务能力,因此,在外包模式设计上要生态化,遵循共同成长、共同帮扶的原则。

1. 业务层面的合作

业务层面的合作方式是社区运营企业选择外包服务单位时普遍采取的合作模式,仅针对某项具体的业务进行合作。例如,社区运营企业与保安公司就公共秩序的维护业务进行合作，社区运营企业将公共秩序维护外包给保安公司，通过服务过程监督和绩效考核结果付给保安公司承包费，保安公司扣除管理费用后将承包费支付给保安人员。在这种业务合作关系中，承包方主要赚取的是劳务价差和管理费，员工得到的是相对固定的劳动报酬，合作双方之间的关系相对松散，属于战术层面的简单合作。

2．资本层面的合作

资本层面的合作是指社区运营企业和合作方共同出资就合作的项目进行经营，利益与共、风险共担的合作方式，这种合作方式主要体现在股权合作上。例如，社区运营企业与技术开发公司就社区O2O服务平台合资进行开发，社区运营企业与技术开发公司共同投入资金，或者由其中一方作为主要投资，另一方以未来业绩作为投资，双方在不同的投资方式中各占相应的股权。在这种合作关系中，社区运营企业与合作组织得到的可能是未来巨大的发展空间，也面临着研发失败的风险，员工得到的可能是更大的平台和价值，也可能得到的是创业失败的风险。双方在合作过程中为了稳定核心团队，还可以采用股权激励方式给予核心团队一定的股权，让组织与组织、组织与个人之间形成利益共同体。这种合作关系属于战略层面的合作，你中有我，我中有你，合作关系相对紧密。

参 考 文 献

[1] 陈鹏．智能小区物业管理系统的研究与开发[D]．西安：长安大学，2008．

[2] 王梅峰．智能化住宅小区物业管理信息系统架构研究[D]．北京：北京林业大学．2007．

[3] 徐青．城市管理数字化研究——以区级政府为例[D]．济南：山东大学，2008．

[4] 项吉羽．基于大数据的统计机制创新研究[D]．南昌：南昌大学，2019．

[5] 毕振波．基于云计算的BIM关键技术应用研究[D]．西安：西安建筑科技大学，2015．

[6] 彭建津．基于城市网格化管理平台的数字社区服务研究[D]．上海：复旦大学，2008．

[7] 林莉．社区文化教育专业网格系统设计及关键技术研究[D]．上海：复旦大学，2008．

[8] 冯国雄，伍子轩，连绮文．香港物业管理行业新规管制度透视[J]．城市开发（物业管理），2015（02）：22-25．

[9] 刘骏．台湾物业管理实践给我们的启示[J]．上海房地，2014（02）：51-53．

[10] 颜世礼．台湾：研讨法规政策，规范物业管理发展[J]．住宅与房地产，2016（12）：32-33．

[11] 王敬敏，夏连滨．论物业管理在城市建设与发展中的作用[J]．中国高教论丛，2003（04）：38-40．

[12] 陈小芳．城市化进程中物业管理存在的问题、作用及发展趋势[J]．长江大学学报（社会科学版），2013（10）：77-78．

[13] 赵天赋．对物业管理向现代服务业转型升级的研究[J]．化工管理，2018（03）：25．

[14] 朱红．物业管理向现代服务业转型升级的研究[J]．劳动保障世界，2015（32）：32-34．

[15] 陈小芳，邓福康．物业管理向现代服务业转型升级的粗浅认识[J]．湖北科技学院学报，2016（02）：167-169．

[16] 赵健康. 智慧物业建设的调查与思考——以连云港市为例[J]. 中国房地产, 2017 (07): 25-27.

[17] 严文珍. 大数据助推物业管理发展——"大数据与物业管理"论坛实录[J]. 中国物业管理, 2014 (08): 52-55.

[18] 蒙昌明, 莫涛, 苏静. 大数据环境下的物业管理创新研究[J]. 中国科技期刊数据库科研, 2016 (077): 201-202.

[19] 曹重华. 智能商务建筑物业管理云计算平台研究[C]. 信息化、工业化融合与服务创新——第十三届计算机模拟与信息技术学术会议论文集, 2011.

[20] 长城物业. "云端"上的物业管理[J]. 城市开发: 物业管理, 2015 (03): 20-21.

[21] 向戈强. 基于Web的智能小区物业管理系统的设计与实现[D]. 西安: 西安电子科技大学, 2011 (6).

[22] 程建钧. 基于物联网技术的智能物业管理系统的设计[J]. 硅谷, 2012 (06): 66.

[23] 任卫东, 李琦, 康洪波. 基于物联网技术的智能电网信息反馈系统[J]. 电源技术, 2012 (06): 829-831.

[24] 吴正锋, 王峰. 基于智慧社区建设的物业管理创新发展思路[J]. 安徽工业大学学报 (社会科学版), 2016 (01): 17-18.

[25] 高晓云. 试论基于大数据环境下的技术创新管理方法[J]. 中国管理信息化, 2015 (01): 212-213.

[26] 李新. 物业智能化管理在中国特色商业街中的实际应用[J]. 软件导刊, 2013 (08): 76-77.

[27] 种洁. 浅析如何通过管理创新提升物业管理服务水平[J]. 电子制作, 2015 (01): 290.

[28] 赵海峰. AIoT技术创新赋能智慧社区建设[J]. 中国安防, 2019 (04): 45-48.

[29] 陈石清, 黄汝丽. 互联网思维下住宅小区物业管理企业服务创新探讨[J]. 江苏商论, 2017 (10): 82-84.

[30] 林野. "智慧社区"建设给物业管理行业带来的机遇和挑战研究[J]. 职业技术, 2015 (04): 5-7.

[31] 高佩娟. 人工智能引发物业管理新思潮[J]. 中国物业管理, 2017 (09): 45-46.

[32] 傅明军. 小区智能安防系统及应用[J]. 科技传播, 2011 (20): 135-136.

[33] 刘娜. 互联网环境下物业管理公司创新商业模式初探[J]. 经济研究导刊, 2015 (01): 20-21, 45.

[34] 齐华. "互联网+物业管理"模式的探索与研究[J]. 长沙民政职业技术学院学报, 2016 (03): 88-89.

[35] 刘娜. 社区电子商务发展现状、问题及对策研究[J]. 商业经济, 2014 (22): 68-70, 76.

[36] 万金宝. 论物业管理在城市管理和发展中的重要作用[J]. 上海房地, 2018 (05): 30-33.

[37] 余乐, 黄安心. 关于物业管理相关理论问题的研究[J]. 湖北社会科学, 2010 (12): 91-95.

[38] 张年,张景乐. 智慧小区建设与运营系列丛书:智慧小区建设与运营(综合版)[M]. 上海:复旦大学出版社,2017.

[39] 马克·迪金. 世界城镇化理论与技术译丛——智慧城市的演化:管理、模型与分析[M]. 武汉:华中科技出版社,2016.

[40] 包进. 物业管理模式优化与创新[M]. 广州:广州旅游出版社,2018.

[41] 李笑. 物业管理实用手册[M]. 北京:经济管理出版社,2012.

[42] 黄文. 现代物业系统化管理方法[M]. 天津:天津大学出版社,2012.

[43] 徐爱民,温秀红. 物业管理概论[M]. 2版. 北京:北京理工大学出版社,2017.

[44] 陶威. 物业管理法规应用[M]. 济南:山东科学技术出版社,2017.

[45] 罗纪红. 物业管理与服务[M]. 重庆:重庆大学出版社,2013.

[46] 雷林. 物业管理+社区服务移动互联网时代,物业管理企业的创新之路[M]. 重庆:重庆大学出版社,2016.

[47] 中国智能城市建设与推进战略研究项目组. 中国智能城市建设与推进战略研究[M]. 杭州:浙江大学出版社,2017.

[48] 郭会明,于相宝. 智慧城市建设运营模式研究[M]. 北京:北京理工大学出版社,2016.

[49] 李林. 智慧城市建设思路与规划[M]. 南京:东南大学出版社,2012.

第十章 案例分析

第一节 华远 Hi 平台：引领社区运营新风尚

一、房地产白银时代，社区运营成为新蓝海

（一）市场环境变化，房地产企业发展存在困境

1. 我国房地产发展历程

1980 年被称为中国房地产的元年，这一年国家把房子定义为商品。房改和土地改革同时被推动，中国房地产正式成为一个产业。根据房地产市场的特点可大致划分成以下六个阶段：

（1）房地产发展起步阶段（1978—1991 年）。在这个阶段可以细分成 1978—1981 年的全价售房阶段、1982—1986 年的补贴售房和 1986—1991 年的住房制度改革阶段。第一阶段时，虽然当时房价很低，但是人们对住房商品化保持怀疑态度，房地产几乎无人问津；第二阶段的补贴售房阶段，原则是个人、单位、政府各支付三分之一的房款促进民众购房，许多单位和政府都因不堪承受补贴而陆续停止补贴售房；第三阶段，住房制度进行改革，20 世纪 90 年代初，我国推出城镇国有土地使用权的转让条例等系列政策法规，规范了房地产投资市场，市场开始步入正轨发展模式。

（2）房地产发展过热阶段（1992—1993 年）。南方谈话使 1992 年成为房地产发展的转折点。1991 年，我国房地产开发投资总额仅为 410.4 亿元，到 1992 年年底，投资总额上涨 78.1% 达到 731 亿元，房屋销售面积上涨 288.9 平方米，增长约 40.4%。1993 年，市场投资过热，全国投资增幅达 164%，销售总额同比增幅达 90.4%。全国商品房价格由 1991 年的每平方米 786.2 元上涨至 1993 年的每平方米 1 291.5 元，年增长率接近 30%。显然，这种现象是不科学、不健康的，国家迅速出台了一系列调控政策，有效抑制了房地产市场的疯涨，中国房地产开始走向理性健康的发展道路。

（3）房地产调整阶段（1994—1997 年）。自房地产出现投资过热之后，国家便开始了宏观调控，推出紧缩的货币政策，促使房地产步入消化调整阶段。到 1995 年，随着政策的执行和调控的深化，许多在过热时期盲目投资的地产公司遭遇损失，许多企业因资金困难而出现大批的烂尾楼现象，其中属海南最为严重。

（4）房地产复苏阶段（1997—2000 年）。随着宏观政策的深入及市场的消化，经过几年的调整，至 1998 年我国房地产泡沫得到了有效的控制，市场开始迈入恢复阶段。中央一边扩大内需一边出台住房改革等经济政策进行引导，使我国房地产市场迈入新一轮的发展时期，在 2000 年时"国房景气指数"高达 104.06 点，全国地产市场呈现一片繁荣现象。

（5）房地产繁荣阶段（2001—2007年）。经过市场调整消化之后，我国房地产"国房景气指数"一路攀升，并持续高位运行，市场呈现一片生机盎然的景象，投资与销售总额大幅增加，并且房地产市场体系也日趋完善。

（6）房地产宏观调控阶段（2008年至今）。随着房地产市场的不断升温，投资过度现象有所加剧，并且伴随新型城镇化的步伐，国家加大了对房地产市场的宏观政策调控的力度，在房价涨速过快、投资过剩时国家通过政策和宏观经济调控房地产，在房地产萧条、冷清时期通过调控和政策稳定房地产发展。例如，2010年的"国十一条"规定二套房首付比例不低于40%，从而抑制投资和改善性需求，再如之后的"国十一条"及"新国八条"等；在2014年房地产市场冷清、萧条之际，国家通过一系列政策和央行降息、降准等手段稳定房地产的发展，加速房地产回暖。

2．现状和问题

伴随着供给侧结构性改革的步伐加快，房地产行业传统靠单一土地增值形成的价值链被打破，我国房地产行业自2013年前后结束粗放型增长的"黄金时代"，进入精细化、专业化、差异化发展的"白银时代"，房地产行业发展面临了很多困境。

首先是政策方面，党的十九大报告指出"房子是用来住的，不是用来炒的"，强调我国的房地产发展不应当停留在圈地、圈钱上，行业应当走正确转型升级道路，让住房回归居住属性。在这样的宏观政策及经济增速放缓的背景下，房地产行业整体景气度大幅度下滑。

在成本方面，地价不断上升导致房地产企业成本增加。土地成本是房地产开发企业成本构成中占比重最大的部分，由于土地的稀缺性和不可替代性也决定了其是房地产企业不断争夺的重要资源。我国总土地储备有限，而且土地所有权归属国家，房地产企业无法自由控制土地的买卖，因此，为了保障自身开发项目的需求，房地产企业不得不以极高的价格购买土地，甚至为了土地资源而哄抬土地价格。另外，国家的财政收入有很大一部分就来自土地出让金，政府对土地的管控也是土地价格居高不下的重要原因之一。房地产企业为了购置土地所付出的成本日渐上涨，利润也进一步下降。虽然地价一直在上涨，但是房地产企业的拿地成本已经高于土地自身所具有的增值速度，高昂的资本成本不但加剧了企业的财务风险，还会限制其规模的扩大，企业难以得到长远的发展。

在供求方面，增量市场已转为存量市场。随着房地产业几十年的高速发展，我国人均住房面积已大幅提高，潜在需求呈下降趋势。《社科蓝皮书》数据显示，目前我国城镇居民的家庭住房拥有率为92.6%，供求关系上，呈现供大于求的现象。兰德咨询曾预测，当中国商品房销售面积达到17亿平方米左右后，房地产市场将由增量市场为主转为存量市场，这一时点在2018年前就已经到来。房地产市场已经由增量市场变为存量市场，国家统计局数据显示，截至2019年4月末，商品房待售面积为51 380万平方米，产量过剩导致大量库存，消化这些库存是对房地产企业的巨大挑战。

其次是市场竞争激烈，同质化严重。我国房地产行业经过近几十年的发展，已经走向成熟，截至2018年，我国的房地产企业数量已经达到97 938个，但是绝大多数房企经营模式都是拿地、开发、建设到销售的一条龙模式，无论是产品还是经营管理，都陷入同质化的困境。房地产企业之间的竞争激烈，兼并是常态，行业集中尤甚。大型房企不创新模式，就会面临利润困境，中小型房企不改变路径，就有被兼并的风险，如何转型升级，提高竞争力是大部分房企面临的问题。

（二）住房买方市场下，社区运营成为新出路

1. 供过于求和消费升级，房企竞争力发生变化

住房买方市场下，供需主要矛盾发生变化。在住房数量方面，供过于求成为常态，特别是在消费升级的背景下居民对住房的品质需求正在上升。住房的品质将成为行业努力的方向，房地产企业的竞争力已经发生变化，最典型的变化就是：产品线的竞争将以公共服务配套体系的价值代替单一的住宅或商业写字楼。随着人们生活水平的提高及国家新型城镇化规定的内容丰富，过去由于生活水平的限制及房地产市场投资性质的影响，业主没有过多地关注房屋的物业管理水平、社区的成熟度、周边配套设施的完善程度、交通的便捷性及空气环境的质量等相关因素，但随着城镇化的成熟及业主对房屋期待值的提高，在未来有较高社区管理水平、培育能力，以及有优质公共配套设施和景观环境的房地产企业更受业主青睐。

2. 社区运营成为房地产企业转型升级新出路

随着城镇化的深入发展，城镇房屋越来越趋于饱和状态，业主对住房的要求越来越高，房地产商将由开发企业的性质向城市运营商和服务商进行转型。社区运营的提出和推广是强调基础设置的硬件建设为核心，到以服务满足业主需求为核心的一种理念转变。从整个行业看，社区运营是房地产开发的兜底环节，对房企品牌创建至关重要，优质的社区运营将是企业保持竞争力的重要手段。社区运营的投入并不多，但是为房地产带来的溢价增值非常明显，不仅可以为开发商带来不菲的经济效益和良好的宣传效益，而且可以建立业主对社区的归属感和认同感，提升业主的满意度和忠诚度，直接或间接提高企业的竞争力。数据显示，截至2020年，全国住宅物业面积将达到300亿平方米，社区服务消费将超万亿元，社区运营是房地产企业深度开拓产业链下游市场的渠道，必将成为房企发展的新的蓝海市场。

目前已有较多房地产企业开始涉水社区运营，如万科早就意识到转型的趋势，在2013年6月正式宣布转型为城市配套服务商业。另外，龙湖、世贸等一线房地产企业近两年都在尝试跳出房地产开发企业的传统定位，计划以房地产开发龙头企业的资质，打造"城镇新型服务平台"——除满足业主住房的需求外，还为业主及片区居民提供餐饮、教育、理财、购物、家政等综合服务等。

但总体来看，关于社区运营目前大部分房地产企业仅仅是对相关的服务设施进行配套，在社区文化建设和社群运营管理方面还相当匮乏。国务院发布的《关于加强和改建社区服务的工作意见》中对社区服务管理体系建设提出了新要求：能够适应城镇化发展带来的养老问题、能够满足社区居民多元化的服务要求、能够提升社区居民文化教育水平。因此，社区运营并不仅仅是简单的基础设施配套和服务，其核心其实是关于"人"的运营和社区文化的构建。而华远Hi平台的共创中国新邻里关系的出现恰好弥补了这一空白。

二、华远Hi平台：社群+空间+服务，重新定义房企竞争力

（一）Hi平台简介

1. Hi平台概况和起源

华远Hi平台是华远地产进行社区运营、社群运营、资源整合及华远共享空间运营的

专业平台,是华远服务力及品牌力的推动平台,是华远社区文化及服务品牌IP树立的官方渠道。

华远Hi平台成立于2016年10月,源于西安,是国内最早进行城市社群运营探索与实践的平台之一,自成立以来一直致力于华远社区文化建设、资源整合及运营、共享空间运营。以"让美好发生"为运营指导,以"尊重、参与、共建、分享"为对客价值观,旗下有Hi爸妈、Hi青年、Hi宝贝三大子品牌,分别致力于中老年、青年、少年儿童的社区成长及文化生活服务,并与所开发项目定位及属性形成匹配,全国已完成多个Hi宝贝、Hi青年主题项目落地,为业主完善最后100 m的服务,重拾社区邻里文化,成为社区文化的运营者与倡导者。华远地产所之城,均已落地Hi平台,并正式成为华远服务品牌,进一步提升了华远的服务力和品牌形象。

2. 服务理念:共创中国新邻里关系

华远Hi平台以"共创中国新邻里关系"作为slogan。华远认为伴随着经济社会的变迁,人口流动的加速,同一个小区的居民具有很强的异质性。入住之后面临的是冷漠的邻里,不知道隔壁邻居姓什么,也不知道居住的小区每天都有什么事情发生。钢筋水泥,建构了一道道人为的藩篱;防盗门,让人们的内心渐趋封闭。对门之间"相见无语",楼上楼下擦肩而过"面无表情",人们在享受商品房带来的保密与隐私的同时,也承受了缺乏人情味儿的庸俗与乏味。这样的社区虽然满足了业主的基本居住功能,但并不能给业主带来很高的居住幸福感,如何促进邻里之间的互动、促进社区融合与社区治理,成为摆在每一个城市社区面前的现实考题。在这样的思考下,华远Hi平台以业主及其家人的需求为出发点,以邻里共融、邻里共享、邻里共生、邻里共建这种新型邻里关系模式,促进邻里和谐,营造睦邻友好的社区温馨氛围,打造丰富的社区文化及有温度的社区生活,努力将"无事不相往来"的冷漠,真正转变为"远亲不如近邻"的温情与美好。

(二)具体做法

1. 构建社区文化环境

(1)软文化构建。随着人们物质生活水平的不断提高,人们对精神生活更加重视,层次也越来越高。社区文化在满足人们的精神需要、提高居民的各方面素质、建设和谐的社区方面发挥了极其重要的作用,因此,Hi平台开展了一系列活动来促进社区文化的建设,通过"IP共振+情感共鸣"的内驱力,逐步稳定和发展的社区的外聚力。

1)业主春晚。Hi平台自2016年成立以来,每年都举办业主春晚,坚持"业主自行策划、自编自演"的原则,让业主参与春晚的全程。通过公众号宣传、楼宇海报、社群宣传等方式,号召业主报名参加节目海选。演员业主通过节目准备、排练、海选、彩排、登台表演一系列过程,逐步培养了邻里感情。广大的业主观众,更通过参与春晚海选、观看春晚表演、参与入场券公益捐助等方式,加强了对于华远社区大家庭的认同感与凝聚力。春晚不仅为业主创造了展示的舞台,还为业主提供了邻里交流的平台。业主通过自导自演,加强了团队合作精神,也增进了邻里之间的关系,促进了社区的和谐发展。业主春晚已经成为华远Hi平台一个重要IP,树立了华远的品牌形象(图10-1)。

图 10-1　华远业主春晚

2）友邻节。Hi 平台倡导友邻文化，倡导睦邻友好的人居氛围，并将每年中秋前后定为"华远友邻节"，发起邻里长街宴，促进邻里文化融合和交流。华远通过向业主发布号召令，号召有才艺、有手艺、有资源的业主参与到中秋活动中，让业主一起猜灯谜、做月饼、手工 DIY 等，营造中秋氛围。同时，还开展了宝贝跳蚤市场、摄影作品展、共做家宴菜品等活动，邻里欢聚一堂，用烟火味还原生活本真，共创团圆宴，共品家常菜，共叙邻里情，感受社区的温暖和关怀，增加归属感。中秋长街宴自 2017 年至今已举办四届，每届参与业主为 500～1 000 人，另外，现场的菜品全部由业主自己烹制，节目也做到自导自演，完完全全是一场业主自制的盛会。

3）社区文化艺术节。2017 年，华远开展了首届社区文化艺术节，以"非遗"为主题，时长四个月，探访陕西的三秦文化（图 10-2）。业主由非遗专家带队，相约走进历史悠久的秦镇、汉中，探访杨氏木杆秤、正宗的陈氏家宴和百年酒铺等。亲眼见证和体验制作过程，感受到非遗文化的魅力，关注传统手艺在现代化浪潮下所遇到的困境。活动结束之后通过视频和文字将这些记忆保留下来，向没能参加的业主进行宣传，让更多的业主感受到陕西的三秦文化，形成文化认同感和社区归属感。

图 10-2　华远业主的"非遗"探访

4）开展国学活动。作为幸福社区、美好生活建设的引导者和倡导者，华远 Hi 平台始终秉承"尊重、参与、共建、分享"的核心理念，关心下一代的成长与教育，用参与和分享的方式，让传统文化以润物无声的方式融入日常生活。因此，华远每年都开展国学活动,通过"国学亲子节",让孩子们诵读四书五经、学书法、画国画,将国学家风家训文化传扬至社区每个家庭,提升文化素养和礼仪观念。孩子们在国学活动中可以穿汉服,学习传统礼仪、茶艺,画脸谱等,感受传统文化的精髓。通过国学的体验,让中华传统文化融入华远社区的文化当中,丰富了社区文化的多样性,连接华远Hi平台与业主共创的情感。

5) 开展公益活动。华远一直坚持做公益事业,不仅仅自己,也希望业主共同参与。在全国共抗疫情、共克时艰的特殊时期,华远实时关注疫情的发展态势,在主动做好社区疫情防控工作的同时,也关注一线人员的工作和身体情况,多方面提供支持,向战"疫"一线的业主送去蔬菜,向消杀一线捐赠口罩、酒精、消毒液等防护物资,为业主提供安全保障。在日常生活中,华远和业主也一直在践行公益事业,自2017年起,西安华远Hi平台及业主一直用爱心帮扶"晶洁鸟阳光家园"的孩子们,用"大爱"诠释社会责任与正能量,关注社会弱势群体,在增进社区邻里情的同时又带动了业主一起做公益,将华远的大爱初心广泛传播。

6) 出版社区原创刊物。华远Hi平台出版了原创杂志《远遥》《花漾》《仰望》《遇见》《听风》等刊物,记录和展现华远Hi平台业主成长的点滴,如业主的非遗探访、华远的社群合唱团和悦跑团,以及老年大学花漾学院等,让这些社群和活动被更多的业主了解和熟知,让共创中国新邻里关系的概念更加深入人心,也让华远的业主更加了解Hi平台的模式。

7) 创立华远家风家训。华远业主委员会和Hi平台历时一年多以社区为大家庭,以传承优秀传统文化为主题,创建"华远家风家训",并以三字经的形式表现。从国、家、亲、邻等多个方面倡导华远大家庭存正气、传家风、承家训,让业主自行实践文明公约。华远的家风、家训已经内化成业主内心认知和情感的一部分,不断塑造着华远社区的生命力和凝聚力。

(2) 硬文化构建。社区硬文化构建对社区运营和发展也具有重要的作用,它能起到给人们的消遣提供一种轻松、舒适的环境的作用。华远社群运营者根据华远地产自身的品牌气质与业主的需求,打造一系列社群运营所需的硬件设施。

"小食厚"业主餐厅既能让业主找到"家常便饭"的熟悉味道,让业主不出小区大门也能品尝到美食,也让左邻右舍的"小团聚"成为常态;"儿童乐园"成为专属孩子们的幸福天地,对0~3岁、4~6岁、7~12岁分龄构建不同的成长乐园,以及全维度儿童体验场,减轻业主的负担,让孩子们自由自在地玩耍;"篮球场"让健康走进园区,华远在篮球场定期举办篮球比赛,既能够给业主锻炼身体的活动空间,也能拉近邻里之间的距离,促进社区和谐。

有间·比邻生活馆(图10-3)的诞生将主题空间全龄层覆盖,满足老、中、幼三代物质、精神、文化、社交的需求丰富的设施搭配,贴心的设计构成一处处有情感、有温度、有价值的共享空间,有小礼堂、书画区、阅读区、舞蹈房等功能,业主可以在这个空间里健身、读书、聊天、放松享受闲暇时光。它吸引更多的业主走出家门与邻居产生社交互动重建亲密关系,解读那些关于生活的美好之道,让更多的情感交流和美好共创在社区中茁壮成长。

图 10-3　有间·比邻生活馆

这些共享空间成为每一位邻居的温馨港湾，促进了邻里情谊，人们可以在这些空间里享受学习的快乐、观影的乐趣、体育运动的魅力。它们承载着社区文化建设的初衷与使命。

同时，华远 Hi 平台还在积极探索对业主创业进行支持的渠道，将硬件场所资源用于共有化合作，与业主实现双方互惠共赢。

2. 社群运营

社区运营是以人为中心，因此最重要的环节就是社群运营，地产社群运营的逻辑起点是寻找并提炼出这片土地上生活的人们所共同追求的价值观，以及普遍向往的生活方式，这是地产社群的灵魂。因此，需要建立稳定的用户群体，潜移默化业主的习惯，让各项服务措施更加深入人心。

华远通过业主访谈、社区圆桌会、邻里共创会等沟通方式，了解业主及其家人的实际需求，帮助业主找到相同兴趣爱好的邻居，引导业主共同融入各种类型的社团，形成 Hi 平台标签文化，通过华远组织或业主自行组织的方式开展各种社群活动，为业主的闲暇时间提供最丰富的社群生活。

华远 Hi 平台成立之时，由 Hi 平台通过各种方式，发起成立了合唱团、花漾舞蹈团、悦跑团、篮球俱乐部等第一批业主社群，参与人全部为业主，由 Hi 平台带领业主举行活动，给予支持，鼓励业主进行日常训练，积极参与外部活动和社区活动，业主通过社群活动，逐步建立起较好的邻里关系。在第一批社群取得较好的效果之后，Hi 平台又发起成立了小视界摄影旅行社群、小食光美食社群、陪你长大亲子社群、布衣书舍读书会等第二批社群，并陆续有越来越多的业主加入。随着社群在邻里关系共创中起到越来越积极的推动作用，第三批社群如足球俱乐部、羽毛球俱乐部、宠物社群等也陆续成立。悦跑团、篮球俱乐部、合唱团、花漾舞团、布衣书舍读书会、小视界摄影旅行社群、陪你长大亲子社群等社群，已经成为华远 Hi 平台的精品社群。

另外，华远 Hi 平台的社群，还根据用户的年龄段划分需求，形成子品牌矩阵，不同年龄段有不同的圈子和需求，匹配不同的资源和配套。如 Hi 宝贝品牌中，与外部品牌合作，引进教育资源进入社区，外联内生，更好服务业主和孩子；Hi 爸妈品牌中，根据老年人需求，细化社群分类，花漾舞蹈艺术团、合唱团、上善太极社群等社群团体，为中老年创造了建立新邻里关系的平台与机会，也为中老年创造了更多走出社区表演的机会。从真实生活出发，切实关注社区业主的真实需求，依此打造出的社群产品，自然备受业主喜爱，这也是华远一直以来践行的"真社群"理念。

华远 Hi 平台发起成立的社群见表 10-1。

表 10-1 华远 Hi 平台发起成立的社群

第一批		
社群名称	参与人数	合计
篮球俱乐部	370	
华远悦跑团	311	891
花漾舞蹈团	108	
华远合唱	102	
第二批		
社群名称	参与人数	合计
陪你长大亲子社群	610	
小食光美食社群	148	
小视界摄影旅行社群	170	1 126
布衣书舍读书会	110	
美好志愿者社群	88	
第三批		
社群名称	参与人数	合计
足球俱乐部	165	
华远 Hi 运动 365 健身社群	75	
萌宠总动员宠物社群	93	734
乒乓球爱好者群	154	
羽毛球俱乐部	247	

加入悦跑团的业主在之前互相并不认识，通过华远 Hi 平台发起的悦跑团，参加华远 Hi 平台与五环体育合作的"跑步打卡赢礼品"活动，逐渐互相认识，悦跑团进行逐步"激活"。随后，通过每日晨跑打卡，以及周末桃花潭跑步打卡，共同参加马拉松等活动逐渐熟悉，建立了良好的邻里关系及跑友友谊。此外华远还发布了悦跑团杂志《听风》，在里面记录业主的感悟体会和参与悦跑团的点点滴滴，让全体业主共同见证悦跑团的成长（图 10-4）。

图 10-4　华远悦跑团

花漾舞蹈俱乐部是由华远业主舞蹈爱好者组成的舞蹈俱乐部，不仅有广场舞队，还有老年模特走秀队、民族舞队等。这个俱乐部不仅宣扬了舞蹈的魅力，还激发了中老年人对舞蹈的热情和肯定，更是中老年人的一个很好的交友平台，让更多兴趣相投的爱好者互相认识成为朋友，交流舞艺，促进彼此之间的友谊。在俱乐部，业主用行动体现了对于精神文化生活的热爱。

华远合唱团是由华远组织业主建立的一个合唱团体，大家由互相不认识到因为一个共同的歌唱爱好聚集在一起，增进了业主彼此之间的了解，丰富了业主的空余生活。此外，华远还组织合唱团参加各种大型活动和比赛，为合唱团提供日常训练场地，得到了合唱团成员的大力支持，也拉近了业主和地产商之间的距离。

华远通过开创一系列社群活动，创新了业主的社交模式，让邻里关系更加密切。从服务业主到配合业主，增强了业主的主观能动性，也增强了业主黏性。

3. 优化社区生活服务

在消费升级的背景下，旅游、文化、教育、康养等新服务需求逐渐兴起，服务质量和品质已经是业主最为关心的问题，如何满足业主多样化的服务需求已经是房企提高竞争力的关键。

（1）细分社区服务对象。华远Hi平台通过对不同年龄段业主的需求进行细分，采取一系列不同的措施来精准定位业主需求。有365天在线的"微信小助手"，实时发布生活信息和社区动态，会第一时间回复业主的咨询及提问，此外还根据Hi爸妈、Hi青年、Hi宝贝三大子品牌分别设立了不同的微信小助手，让业主得到更加精准的服务，从细节处让服务深入人心。

①针对老年人的需求，华远创办了"Hi爸妈"平台，并在此基础上创建了老年大学"花漾学苑"，秉承"活到老，学到老"的理念，让中老年人也跟进时代的步伐，开创了瑜伽、中国舞、书法、声乐、国画、计算机手机应用等课程，旨在用最专业的师资与丰富的课程内容，将老年大学的运营，作为一项值得不断升级与完善的品牌文化，为更多的业主带来更为无限的快乐和更多新鲜的知识（图10-5）。此外还发布了社群原创期刊《花漾》，满足老年业主追求老有所学、老有所乐的精神需求，实现社区长者精神素养。

图 10-5　华远花漾学苑老年大学开学典礼

②针对孩子，华远设立了"Hi 宝贝"平台，并开展了一系列活动。如在 Hi 平台公众号设置 Hi 宝贝蛋壳晚安故事模块，每天推出一个新故事，收获了一批小业主粉丝。华远还开展公益阅读活动，将每月第二个周末设为亲子阅读日，不仅能够扩展知识、学习文化，还能增进业主和孩子们之间的关系。此外，华远还每月在社区举行 Hi 宝贝少儿跳蚤市集，以物易物，让资源得到最大化利用，也增加了宝贝们的生活实践经验。

华远还针对儿童在社区内设置了一系列适合儿童成长和发展的设备设施及活动空间，如 Hi 宝贝安全成长产品系列：在住宅空间设计上，为了儿童安全设置高飘窗把手和安全儿童锁以及隐形防盗网，在园区设置儿童洗手池、卫生间等；在游乐设置方面，设置分龄游乐园，在公共活动场地方面，设置室外剧场、环形跑道、英语角等活动空间。此外，华远还与知名教育机构联手，为孩子提供婴儿教育、学龄前教育以及素质教育等多方面的教育配套体系。

③针对青年，华远设置了"Hi 青年"平台，举办了"野草音乐节""桥牌"等活动，满足青年的文化娱乐需求，让他们在休闲娱乐中减去生活压力，放松身心。在活动空间方面，华远 Hi 青年社区内打造有间生活馆，根据当下青年的生活态度，推出有颜、有料、有趣、有爱的四大生活主张。内部空间包含手游吧、手工坊、咖啡书吧、mini 健身房、多功能厅、深夜食堂、厨房、胶囊旅馆八大生活空间，给青年提供了足够的活动场所，可以开展各种娱乐活动，安放每个有趣、有料的灵魂。

（2）开展社区共创。为了探索中国新邻里关系的突破口，打破隔阂在邻里关系之间的坚冰，让邻居之间的感情更加紧密和谐，2019 年，西安华远 Hi 平台联合华远社区业主代表、华远社区商家代表、华远 Hi 平台志愿者、青年艺术家等共同签署确立了《中国新邻里关系共创宣言》，"中国新邻里关系共创元年"由此拉开序幕。

首次活动华远 Hi 平台从"新街区·新教育·新运动·新健康·新品味"的五大焕新计划出发，为社区发展带来了美好和感动。新街区改造计划，让来自不同领域的业主自己动手改造和创作社区，老街到新街的焕新过程为彼此建立了良性沟通互动的桥梁，焕新升级新邻里关系，为后续活动打下坚实的基础；新健康计划，华远组织业主赴临潼旅游休闲区开展健康研学营，体验不一样的晚年生活，让老人们感受到社区对老年健康生活的全新构想与身体力行；新运动，西安华远 Hi 平台联手西安市篮球协会等，组织业主开展共创新运动篮球联赛，让邻里体验了运动带给社区的活力。这一系列的活动，让业主感受到了自己是社区的主人，提升了业主建设社区、共创社区的活力，增进了邻里之间的交流，促进了社区的良性发展。

（3）增值服务。华远通过 Hi 平台微信公众号向业主提供增值服务，帮助业主查询缴纳契税所需实测报告以及房产证办理查询等，向业主提供大修基金线上交存通道和落户指南以及契税缴纳攻略等，详细地阐述办理业务的流程和步骤以及所需的证件等，方便了业主对于相关手续的办理，为业主带来了便利。此外，华远还和一些优质的商业资源合作，把服务引进社区，拓展多种经营，给业主生活带来更多的便利，满足业主最后 100 m 的生活需求。

（4）业主反馈机制。华远注重业主对社区发展的建议，在 Hi 平台公众号上利用小助手和建言献策板块，听取业主的对于社区的建议和反馈，业主也可以通过服务热线向物业和地产公司进行反馈，给业主建立了一个共同交流的平台，有摩擦和困难，华远地产和物业会第一时间出面解决问题，促进了社区和邻里关系的良性发展。此外，业主还可以通过公众号的"我要报修"模块，来对家中或者小区内的设备设施进行报修，一旦设备发生故障，物业在得到相关信息后，会第一时间了解并赶到现场进行维修，减少业主的等候时间。

（三）具体成效

目前华远 Hi 平台在全国范围内已发展成熟社区近 40 个，社区特色业主空间 13 座，引入了百余家优质商业资源进入社区，已经形成了一套完整的运营模式和机制。

从业主的角度来看，业主来自四面八方，又不在同一单位工作，以致居住了多年，邻里之间还叫不出姓名。华远 Hi 平台采取的一系列的措施和开展的文化活动有助于业主之间的沟通，有助于融洽业主之间的关系，增进业主之间的了解，减少邻里间的摩擦，有助于创造和谐社区环境。业主通过参与社群活动，丰富了业余时间，增加了文化知识和实践能力，让身体和精神得到放松。同时 Hi 平台还给业主创造了更多的社交机会，认识更多志气相投的朋友。此外，Hi 平台还增进了业主和开发商之间的沟通，增进彼此间的了解，融洽双方的关系，有利于管理工作的顺利开展。Hi 平台一系列的服务措施和活动，大幅度提高了业主生活的幸福感，让业主的生活更加高效便利，满足了业主多样化的服务需求，增强了业主黏性。

从企业的角度来看，Hi 平台的建立是华远创新社区运营模式，延长下游产业链的体现，将社区运营作为自身的有效应力手段进行复制，提升自身的品牌认知。通过整合各种资源，为业主提供有效的、多元的社区服务平台，将业主牢牢把握在平台中，通过收集数据、分析数据，提供更佳的业主认可的服务，增强了业主黏性，利于形成口碑营销，树立良好的品牌和企业形象。一系列和住房相适应的配套服务，也提高了华远产品的附加值，增强了华远的产品在市场上的竞争力，在资本市场上也更容易得到审计评估机构的认可。

从行业的角度看，华远 Hi 平台在社区运营方面取得了很大的成果，前景不容小觑，这也为在当前面临困境的房地产行业的发展引领了一条新出路，社区运营会成为新的蓝海。同时也能看出房地产开发企业进行社区运营的一些问题，传统房地产行业的商业模式重点在于融资、拿地和建设，而在社区运营中，还需要加强运营能力，加强多方资源的整合，这对房地产开发企业来说是一个很大的挑战。而华远开展社区运营所采用的一系列措施、平台搭建和资源整合的内容，恰好避开了这些问题，非常值得其他企业参考。且华远"共创中国新邻里关系"的服务理念也很值得其他企业借鉴和学习，在经济快速发展的现代化都市如何增进邻里之间的感情，提高社区凝聚力是社区运营最为重要的一个环节，华远从社区文化建设、社群、社区共创等角度出发，为业主提供了一个融洽向上的社区环境和邻里关系，还扭转了传统模式下业主和地产开发商之间紧张的关系，这对于房地产企业的发展具有重要的借鉴意义。

华远 Hi 平台深度根植于华远的每个社区之中，以实践的方式反映城市居者的需求与向往，为城市社区建设提供更多创新蓝本，打造邻里文化、社区文化，为创建文明城市，贡献一份力量。城市发展和社区建设，需要更多像华远这样的地产商和 Hi 平台这样的社区圈层出现，构建美好人居，创新邻里关系，让城市生活更加美好。

（四）典型项目代表：华远·海蓝城（西安）

华远 Hi 平台于 2016 年 10 月成立，并最早落地于西安华远·海蓝城项目，是华远 Hi 平台的典型项目代表，其模式已得到市场的认可。

华远·海蓝城小区位于西安市二环路东北处玄武东路，整体占地约 580 亩（1 亩 = 666.67 m^2），建筑面积 1 200 000 m^2，共分六期开发，包含城市洋房、小高层、纯板高层、精装高层、集中式商业等多种物业形态。项目累计 10 000 户，2019 年已全部入住。该项目配有两所幼儿园、两所小学，是华远"有孩子住华远"教育理念落地的典型代表项目。海蓝城项目原属地块为陕西重型机器厂厂址，为了保留原有的风貌，海蓝城项目保留了翡冷翠社区内街两侧粗壮茂密的梧桐树，将原厂房的砖块铺到这块历经 55 年的土地上，成为海蓝城一道不可磨灭的风景线。如今梧桐树上、社区石墩都是优质手绘作品，俨然一派艺术气息，2018 年得到了陕西电视台"都市快报"节目的报道。

海蓝城项目同时配有比邻生活馆、Hi+ 共享美学空间、篮球场、有间生活馆等共享配套。比邻生活馆包含书画室、小礼堂、舞蹈室等功能空间，供业主免费使用，目前是华远 Hi 平台各兴趣爱好俱乐部的活动场所，还是华远社区中老年大学花漾学苑的活动场地，也是华远社区一年一度的业主春晚的海选比赛场地。有间生活馆位于海蓝城六期，包括健身房、阅读区、儿童游乐区等功能空间，目前已投入使用。Hi+ 共享美学空间，是咖啡阅读共享空间，所有由华远 Hi 平台打造的共享空间业主均可免费使用。

海蓝城的社区文化氛围极其浓厚，社区读书会、摄影旅行社群、太极社群、合唱社群蓬勃发展，"扫黑除恶共建和谐"社区文艺宣传活动，"快乐普法"社区活动的成功举办，得到了陕西省妇联、陕西省司法厅、浐灞生态区以及辖区相关领导单位的充分认可。

三、经验启示

（一）创新商业模式

1. 转变运营模式

在新时代高质量发展的背景下，我国房地产行业的市场化运作时间较短，经验比较缺乏，国家相配套的政策也欠缺完善，种种因素导致我国房地产企业的传统盈利模式与我国新常态、新型城镇化的背景不相适应，也难以满足城镇居民对完善生活配套服务、提升物业服务品质的要求。这必然会迫使房地产企业转变自己的盈利模式来适应新格局。在过去几十年，我国房地产企业的盈利模式比较简单单一，基本是学习了我国香港房地产企业的"香港模式"，即储备土地、挖坑造房然后售出盈利这种粗犷式盈利。但是随着国家宏观经济的改善、房地产市场的发展成熟、竞争加剧以及土地成本的不断提升，这种盈利模式显然失去了竞争力，不再适应当下的趋势。

在消费需求持续增加且个性化、差异化凸显的背景下，房地产企业应以需求为导向，加快供给与产品配套相关的服务方面，整合土地、资金、人力等资源，创新商业模式，从开发商向城市社区运营商、生活服务商转变。如适应租赁、健康、养老、旅游等新兴市场需求，加大对生活服务领域的投资，开创开发—销售—运营的新型商业模式，提高市场竞争力。根据企业调研，尽管房地产企业仍以开发销售为主，但大多企业通过持有部分物业获取持续性收益。部分企业持有物业规模不断增大，如2014—2017年华润置地持有物业面积由220万平方米增加到688万平方米。随着房地产企业向新业务领域的拓展，房地产企业探索持有—运营型模式，通过专业化的资产管理和社区运营，有效提升物业资产价值将会是新趋势。

2. 提高运营能力

持有运营、服务和管理领域对企业经营能力、专业化水平、持有成本等提出了较高要求。无论自持物业还是服务领域，运营管理能力是房地产企业转型成功的核心要素，也是提升物业资产价值和形成新收益增长点的重要途径，这需要在人才、管理、技术应用等方面的突破。首先，加强专业人才培养和引进，通过引进专业人才、复合型人才或企业合作，既可以加大企业人才的培养，又可以直接从知名企业引进，或是与知名机构建立长期合作关系。其次，提升专业化管理水平，房地产企业可以依托开发、建设经验，提升某个环节的专业化水平，可输出开发和运营管理模式，通过标准化、品牌化提升资产价值并获得管理收益。还需要企业合理选取运营模式，包括确定是采取重资产模式还是轻资产模式，也包括确定独立运营还是引进外部力量联合运营。在教育、医疗领域通常需要专业队伍，房地产企业拓展该领域需要通过合作或收购来实现。再次，随着移动互联网以及新社交工具和媒体的迅速发展，人们所需要的产品和服务触手可及，房地产企业通过互联网、大数据、物联网等技术，对目标客户、消费人群、消费区域和市场特征进行整合，感知消费习惯、预测消费趋势，评估消费行为、输出管理方案，对平台运营进行精细化管理，实现运营决策和管理能力的提升。

（二）注重业主需求，促进服务多样化

房地产"黄金十年"已经过去，卖方市场已转向买方市场。房地产企业要改变过去那种"认筹+摇号"的传统营销方式，主动"走出去"寻找市场，发现、挖掘客户和市场需求，从"坐商"向"行商"转变。在经济快速发展下，业主的消费敏感度和品质要求在提高，未来会更愿意为体验、环境、情感和服务买单。在这种重视服务体验的消费模式下，要满足不同业主的消费需求，房地产企业必须提供更加高品质、更多个性化的服务。要坚持以业主需求为导向，突出"用户思维"，根据服务对象的不同特点进行细分，想办法满足业主多样化的服务需求，例如，可以根据不同年龄段的业主划分不同的服务平台，并以此构建不同的活动空间和场所，精准定位业主需求，在提升服务质量的同时可以提高业主满意度，在增强业主黏性的同时还可以促进口碑营销。

（三）注重社区服务产品设计

传统的社区商业仅仅是为小区居民提供简单的商业功能的承载，社区商业的价值无

法体现，很难实现和居民的互动，如果将社区商业变成业主可以参与的创意市场，在社区引入各种优质的商业资源，在休闲商业区增设交友沙龙、家庭活动区等，提升商业区的文化内涵和品位，使社区商业变成业主可以参与的商业载体，可以体现其完整的社会服务价值。此外，社区承载着人们生活空间的服务功能，业主会越来越重视环境、景观所带来的影响。项目的风格、文化品位都可以通过景观和环境表现出来，这些景观和一些功能的叠加、组合，满足了不同层次、不同文化差异和年龄段的业主对生活质量和空间环境的需求，因此要十分重视社区服务产品的设计，提升服务质量。

（四）注重社区文化建设

社区文化是社区生活的核心，企业要想提高对社区的运营管理能力，必须加强社区文化建设。社区文化建设不仅能创造业主相互尊重、和睦相处的氛围，形成一个陶冶情操、净化心灵、提升精神的社区环境，还能增加物业的潜在价值，提升企业市场竞争力。在环境文化建设方面，企业要注重社区自然环境和人文环境的构建，充足的休闲娱乐空间和设备实施，以及良好的自然环境，可以为社区营造出理想的环境氛围。根据不同年龄段的业主，构造不同的环境文化，如老年和孩子实现文化需求的最主要的是场所，因此要加强健身、游乐等设备设施以及一些绿化设施的建设，他们的文化更具有区域性，而中青年更需要的是文化实践，如咖啡厅、舞厅等。在行为文化方面，企业可以积极开展社区活动，如运动会、合唱比赛、篮球赛等，加强业主之间的相互交往、娱乐和学习，增进邻里关系，勾勒出社区的风尚和精神面貌。在精神文化方面，企业可以开展一系列的文化活动，建立社区公约，增强业主之间的凝聚力，创建具有社区特点的精神文化。

（五）加强品牌建设

房地产品牌是一种品位和格调，它是消费者在购买房产后与该房产有关的全部体验，包括品牌忠诚度、品牌认知度、品牌联想、品牌质量、品牌溢价能力，是公众对房地产产品理性认识和感性认识的总和。未来的时代是品牌力的时代，开创品牌成为现代房地产企业生存发展的必然选择，只有拥有品牌，才能在严酷的市场竞争中拥有优势。房地产企业走品牌经营之道，就必须跟着行业标杆学习，建立适合自己企业文化的 ISO 质量管理体系。要不断提高对产品品质的认知能力和关注度，在企业管理体制和激励模式的不断完善中，提升企业对制度、人和产品的管理水平，为投资者、客户和社会创造更多的价值。房地产行业 30 年的发展，已经涌现了一批非常好的房地产公司和项目品牌，在未来的竞争中体现出强大的溢价能力。要充分利用新媒体、新网络、新渠道的宣传，将品牌价值传递给消费者，增加消费者的体验和参与，当品牌进一步上升为消费者心目中的情感品牌、产生情感联系，即品牌的价值与消费者形成某种联系时，消费者就会对品牌产生强烈的认同感，品牌溢价和盈利能力就会极大增强，形成"粉丝"经济和品牌优势，最终实现企业的品牌营销。

第二节 缤纷里·壹号街：缤纷不只陶潜诗，缤纷已成桃源景

一、引言

中国的特色小镇正以燎原之势在全国蔓延，逐渐成为我国产业转型升级的重要抓手。从类型上，特色小镇可分为文旅型特色小镇、科技型特色小镇、生态农业型小镇、康养型特色小镇、体育型特色小镇等。无论哪一种特色小镇，作为基础生活配套的商业街区都是开发商在规划时重点关注，却往往缺乏体系化解决方案的部分。

究其原因，从表面上看，是因为开发商在商业规划和运营上的经验欠缺，深层次的原因是在于，特色小镇的商业设施一方面承担基本的吃饭、购物、住宿功能，另一方面，它又在客观上面临着初始人流受限等客观受限因素，与其他类型的商业在操盘方式上都存在很大的差异。

小镇即社区，如何打造小镇的社区商业标杆，这个课题无论对特色小镇还是对社区商业，都有重大的探索意义。

二、绿城集团的理想小镇探索

绿城作为全国最知名的地产开发商之一，准确洞悉大环境趋势，并秉持一贯"真诚、善意、精致、完美"的开发理念进行项目的投资开发，绿城·桃源小镇就是在这样的背景下应运而生。

"理想小镇是绿城理想主义精神的必然使命和重要实践，是绿城开发理念的一以贯之。理想小镇是战略性产品，将有力推动公司向'理想生活综合服务商'转型。理想小镇蕴含着丰富而独特的内涵和价值，具有巨大的创造空间，也富有挑战性。公司需创新理念、深入研究、强化执行。建设理想小镇必须坚持理念先行，以'生活'为中心，以营造'生动的生活场景'为起点，努力丰富生活内容，培育文化氛围，实现可持续发展。"——宋卫平董事长对于营造理想小镇的重要指示

三、万街商业社区商业探索

万街商业成立于2014年，秉承"让社区生活更美好"的使命，以"交易、经营、服务"三大业务平台为基础，提供"前期策划、营销代理、招商运营、物业管理、金融投资、互联网+"六大模块服务，致力于成为"中国社区商业持续领先的平台服务商"，为业主提供优质的资产增值与变现服务。

截至2020年5月，万街商业已打造壹号街、火星一号、美好社区三条产品线，布局全国18座城市，操盘71个项目，是中国社区商业领域内服务链最为完善、产品线最为齐全的综合服务性集团企业。

四、项目研判篇

（一）项目基础情况

桃源小镇项目位于余杭区余杭街道闲林板块，距离黄龙商圈 16 km，距离西溪湿地 6 km。项目位于余杭街道闲林西路、圣地路，东临杭州城西居住区，西靠绿城桃花源项目，南邻五潮山国家森林公园西麓，北依未来科技城。随着杭州城市西扩，所属区域近年已逐步融入主城区板块。

整个桃源小镇项目占地 5 000 亩，其中 2 000 亩作为主力地产开发。本次研究的商业部分位于整体地块的核心位置，可以说属于整个项目最中心的地方。整个项目规划总户数约 10 000 户，2019 年已入住约 2 000 户，整体具备一定的人口基数；项目商业主要分为四大部分，即南区、北区、1 号会馆及 2 号会馆，总体量约 32 000 m²。

（二）项目人口分析

现有小镇人口，不足以支撑项目需实现的高度。经营支撑力度弱。万街商业团队入驻项目是 2015 年 7 月 31 日，已入住 1 095 户，约 3 000 人。2019 年 12 月达到 5 000 户，15 000 人。项目周边 2 千米约有 8 个楼盘，大概户数为 22 000 户，未来常住人口 6 万余人。周边人口是机会点，但如何导入是难点也是早中期运营最大关键点。

（三）项目 SWOT 分析

优势（S）：区域商业匮乏，档次低端，商业配套极度匮乏；项目体量大，能形成规模效应；现阶段周边无集中式商业，本项目把握时间节点将带来商业较大的机会点；周边道路条件较好；周边有一定的高端居住区，人口消费水平较高；绿城在杭州积累一定的品牌效应，有较好的开发经验。

劣势（W）：位于城市远郊区，人口基数小，对开发大面积的公建用地而言，挑战性较大；区域商业氛围不足，没有商业聚集性，难以吸引区域外部的消费人口；区域整体租金水平较低，项目为街区型商业，用地面积大，整体建设成本高；零售商家对区域认可度较低，招商难度大；自身存在一定的产品缺陷，单铺面积、商业动线等欠佳。

机会（O）：区域以生活配套为主，其他休闲娱乐业态存在发展空间；杭州中产阶层正在释放他们的精神需求；文艺区需求对创作空间有改善型需求；杭州文化消费将在未来几年出现井喷。

威胁（T）：宏观经济尤其是商业地产的发展具有不可预见性，导致商户的扩展速度降低，对于新店的开发持谨慎态度；闲林镇本身已有商业供应，易对项目客群截留。

五、商业定位篇

（一）消费者调研

为了实现本项目合理、科学的商业定位，本项目组针对小镇内部及项目周边区域的消费者进行了详细而有针对性的问卷调查，以获得对项目未来定位有帮助的信息。

（1）调研目的：通过对小镇内部以及周边区域消费者的调查，了解其对小镇现有商业的看法、消费者的偏好和习惯、消费者对项目的期望等信息。

（2）调研范围：桃源小镇内部居民及周边区域消费者。

（3）调研样本：桃源小镇以及周边区域总问卷数为 430 份，有效问卷为 385 份。

（4）调研结果：

1）小镇居民消费特征：

①收入水平有一定的差异化，购物消费金额不高，餐饮消费金额适中，属于平民大众化消费，休闲娱乐消费档次两极化。

②以目的性消费为主，但偏好就近消费，如商业具有特色，距离并不存在问题，主要消费时间为周末及下班后。

③经常光顾餐饮较多，以美食风味小吃店/摊、特色餐饮、休闲餐饮为主，休闲娱乐场所中，以 KTV、影剧院为主。

2）本项目商业看法：

①认为本项目商业缺失严重，定位需考虑周全，生活配套、休闲娱乐、特色餐饮、儿童娱乐场所均缺失。

②生活配套、特色餐饮、儿童娱乐是目前最受欢迎的商业业态。

③项目周边区域餐饮、休闲娱乐业态均处于缺失状态，本项目具有一定的市场竞争力。

3）商业需求特征：

①生活配套、特色餐饮、儿童娱乐场所、休闲娱乐场所需求迫切。

②餐饮业态中环境、卫生、服务是消费者较为关注的部分。

③休闲娱乐中 KTV、影院、儿童乐园等需求迫切，需注重打造体验式、个性化业态。

（二）商业性质思考

首先解决一个商业定性的问题——我们，是什么性质的商业体？

缤纷里·壹号街与其他特色小镇配套商业一样，面临的最为严峻的问题是，人气少的时候如何引入商业氛围？在内部人口尚不足以支撑商业体量之时，需要导入外部消费人群，而这就对小镇配套商业的"差异化主题定位"提出了很高要求。万街团队通过调研分析，提出了"微旅游＋特色小镇社区配套"的想法，跳出 1～3 km 社区商业的概念，不光立足本桃源小镇，不光立足周边 3 km 消费人群，做远郊商业吸引市区人口，做 2.5 天微度假＋城市近郊休闲的概念。以更广的视野，运营本项目！以更大的气魄，发展本项目！以更高的情怀，打造本项目！

"微旅游＋微度假"——微，是一种小确幸的感受，微旅行，是一种生活方式。一场说走就走的旅行，一段走在城市美好路上的心灵旅途。"2+3"的美好时光，雕刻在桃源小镇，在缤纷里·壹号街。

万街商业操盘团队以"微旅游＋微度假"为定位出发点，提出了四个精神打造微旅游模块体系：扩大消费半径、提升商业格局、营造差异体验、开创商业新定义。同时也从四个方向明确了如何落地执行微旅游价值：首先，商户层面，导入契合项目微旅游、微度假商家，形成一定的业态比例。其次，规划层面，情景化、特色化、主题化，为消费者创造度假式消费感受。再次，后期运营，联合旅行社、联合各协会、俱乐部，通过长期、有计划的运营，实现项目的繁荣发展。最后，资源层面，充分利用外部资源，对接外部资源，形成借势依托，补充客流，壮大声势。

（三）主题定位思考

在微旅游＋小镇配套的定性下，我们的主题是什么，如何诠释？

结合桃源小镇的特色，缤纷里·壹号街始创了"耕读文化体验式 BLOCK 街区"，以"耕读文化"为主题，构成了田园城市的生活意象，开启了耕读文化的当代复兴。

（1）小镇目标：实现中产阶级都市田园梦。

（2）小镇文化：耕读传家文化。

（3）品牌口号：桃源住在你心里。

（4）小镇战略：以万科良渚文化村对标，以绿城桃李春风为蓝本，以福建聚龙小镇学精神。

具体而言，在缤纷里·壹号街，团队希望打造出"复归自然的人居环境、禅意心境的心灵归属、舒缓人生的生活节奏、书香传家的文化传承"，来建立耕读文化的当代意义、世外桃源的都市模样，打造"闲居林下，都会桃源"的意向，构成田园城市的生活意象，开启耕读文化的当代复兴。

（四）商业定位呈现

"主题街区"已经在商业项目中被大量应用，而真正决定主题商业成败的，是如何将主题有效应用到商业的各个层面？就缤纷里·壹号街而言，如何实现耕读文化在商业上的体现？万街商业意识到，应当融入耕读文化的精神内涵，而不是简单植入。应当在多个层面植入，而不是点到为止。应当考虑商业的特殊属性，避免过于古典清冷。

万街商业团队从文化理念、建筑景观、商家业态、运营活动四个层面，全方位将"耕读文化"植入项目。下面主要介绍其文化理念和建筑景观。

（1）文化理念：缤纷1里路，桃源16楼。万街商业从商业街场景开始，注入"耕读文化"理念。每一栋楼，都应该有一个故事，都应该有在桃源耕读文化下的专属意象。"光肆、知屋、画楼、味馆、影场、闲楼、雨楼、云筑、竹院……"依托耕读桃源进行串联：以耕读文化为基础，以耕读文化中的"耕闲、耕乐、耕体、耕学"为依托，采用与其文化特征相符，足以表达桃源耕读精神文明、慢生活美学的"知、画、雨、云、闲、光"等文字串联桃源16楼。

这里是古代桃源商业，在此的当代复兴与再现。这里是古今桃源民，生活消费美学的精神憩所。缤纷1里路，桃源16楼，构建现代人对耕读文化的桃源意象，于耕读处见十六楼，在缤纷里得半日闲。桃源16楼，耕读16楼。整个街区应该塑造匹配，现代建筑风格与桃源耕读文化碰撞，现代中透着古典，古典中糅合现代的精髓。每一栋打造专属意象，每一栋都有独有的建筑符号。

（2）建筑景观：如何实现耕读文化在景观上的体现？如何在"大耕读、大田园、大桃源"的文化理念下，配备建筑景观元素，以现代手法演绎耕读文化？

缤纷里·壹号街通过四个原则来打造景观文化：第一，要与桃源及耕读文化结合；第二，要生动，有重要节点的唯一性；第三，以16棵大桃树为节点；第四，转变思路加入旅游概念。

1）入口庭院：树屋、桃境、树之书；

2）倒影池：耕读倒影、刻在桃树上的耕读文化；

3）叠水庭院：叠水桃花装置、夜景灯光、全自动旋转开放；

4）中心广场：音乐喷泉、梦境桃源、星光大道、全景水秀，真正实现社交、路演、走秀文化集合。

所有的节点尽量植入桃源及耕读文化：下沉集市广场、老年户外活动区、老年户外休息区、少儿户外活动区、少儿户外休息区、树下休息区、餐厅外摆区。

在小品景观的打造上，缤纷里·壹号街同样结合桃源及耕读文化，以现代的方式表现耕读意象。要把耕读闹的一面展示出来。目的性消费业态将以年轻人为主，年轻人喜欢更热、更碰撞、更反差。

场景体现总论：所有的故事，都带着缤纷的色彩。缤纷一里路，步步见缤纷。半亩桃源街，铺铺见桃源。

六、招商策略篇

（一）整体招商定位

缤纷里·壹号街以"桃源意象，小镇商业；耕读文明，体验街区"，作为整体招商定位，同时又区分南区和北区不同的定位：

南区——品质社区，南区业态以能够导入外部商家的资源为主，展现桃源耕读文化下的慢生活美学，在装修及内部装饰方面，尽量要求体现耕读文化精神。

北区——慢生活美学商业，北区保留：颐乐学院、小镇食堂（整改）、健康馆诊所；北区调整：儿童、美容置业、面馆、地下商场配套。

（二）消费者定位

缤纷里·壹号街三大主力消费客群是以生活配套以及目的性消费为主要消费诉求，通过本项目打造时尚生活中心而确立对本案商业的重新认知。依靠打造高端生活配套、特色餐饮汇集地、休闲体验式亲子娱乐商业，强化项目形象定位，塑造时尚、品质的商业消费场所，形成"目的性消费聚集地"。

（1）家庭客群：周边居住生活的家庭，以生活配套消费、亲子娱乐消费为主。

（2）旅游客群：喜爱旅游度假，且拥有一定消费力的客群，喜好周末或平日晚上亲近自然，享受生活，度假放松。

（3）年轻客群：年轻一族，喜爱美食，喜好热闹，喜爱跟朋友、同事一起享受丰富的生活。

由于目前小镇及其商业尚在发展阶段，加之市场惯性消费等影响，常住及流动人口支撑不足，应着重考虑扩大目的性消费业态的比例，并利用壹号街线上运营渠道扩大消费半径。

（1）项目自身各住宅业主：特色主力店增加消费吸引力。

（2）项目周边住宅 1.5 km 消费人群＋未来至项目旅游度假等消费人群：独特自营品牌，增强生存力。

（3）壹号街运营模式线上辐射 5 km：社区配套业态，锚固核心消费。

（4）其他目的性消费，吸引流动：休闲娱乐业态，消化难点位置。

（三）业态定位

结合消费者调研及项目定位，微旅游＋目的性消费五大业态方向见表 10-2。

表 10-2　微旅游＋目的性消费五大业态方向

业态方向	业种推荐方向
餐饮	杭州老店、名人餐厅、主题餐饮等
休闲娱乐	潮流微型影院、咖啡馆、酒吧、KTV、格调清吧、风情美容 SPA、茶艺馆、陶艺馆、温泉会所等

续表

业态方向	业种推荐方向
儿童教育	艺术培训、早教、智力开发、情景互动、母婴店等
文创、办公、艺术	书店、文创市集、图书馆、智能家居、智能装修、酒庄、红酒坊、跨界画廊、跨界琴行、潮流阵地等
老年业态	戏曲中心、老年大学、老年保健等
社区配套	超市、宠物店、鲜花店、银行、生鲜超市等

根据项目客群消费特征，分析并结合商业特性，判断大致的业态配比，见表10-3。

表10-3 业态配比

位置	主题定位	业态主题	对应业态种类	面积/m²	占比
南区（含下沉式广场）7 553 m²	基础生活配套区	生活配套	超市（含生鲜）、诊所、药店、干洗、宠物店、花店等	2 089	28%
		儿童业态	早教	1 187	16%
		餐饮美食	快餐、休闲餐饮、主题餐饮	1 694	22%
		老年业态	老年活动中心、颐乐学院	2 583	34%
北区 5 912 m²	品质娱乐休闲区	生活配套	银行（ATM）、美容美发等	590	10%
		休闲娱乐	养生SPA、足浴、茶艺、陶艺、mini影院等	1 835	31%
		餐饮美食	主题餐饮、特色餐饮、名人餐饮等	1 872	32%
		文创办公	书店、画室、众创空间等	911	15%
		儿童业态	儿童教育、培训、互动等	704	12%

南区与北区业态配比分别如图10-6和图10-7所示。

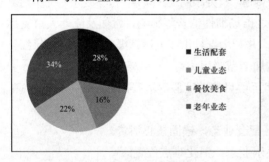

图10-6 南区业态配比

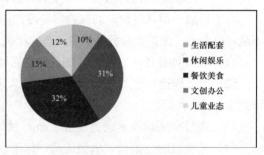

图10-7 北区业态配比

（四）形成招商组合拳

在小镇商业启动伊始，外部品牌对项目还未有认知之时，缤纷里·壹号街以业主为切入点，鼓励业主在居所旁边开一个店，服务身边的邻居。与寻常业主不同的是，特色小镇的业主往往是高度认可小镇理念，并且文化层次也较高的高净值人群，他们之中有相当一部分人都有"想开一个店"的"小而美"的理想，缤纷里·壹号街提供了一个平台，让这群业主的梦想得以落地，而这一群特殊的"商户"不仅在一开始为项目引入了商业氛围，他们的"业主身份"也能够在项目正式开业运营之后,汇聚身边的消费群体,保证有效地持续运营。

缤纷里·壹号街现有的70多家商户中,其中有至少12个商户是桃源小镇的业主。例如,颇受小镇桃源民好评的"木炭咖啡",就是业主所创。

虽有业主商户的入驻,作为配套商业,满足桃源民日常基本生活需求的业态和商户依然不可或缺。立足桃源小镇全龄化人群的定位,缤纷里·壹号街引入了包括幼儿教育、颐乐学院、生鲜超市、健身房在内的几大主力业态,形成了基础依托,满足桃源民的刚性高频消费需求。

此外,特色小镇更需要符合小镇定位、具有独特文化的商户。万街商业在深入研究各个特色小镇商业街区的基础上,采用了"定向招商"的模式,引入了包括"小镇部落"等商户在内,符合小镇定位,且具有小镇商业运营经验的多家商户。

业主商户+主力业态+定向招商,一系列招商组合拳,顺利为缤纷里·壹号街完成了商户导入。

(五)典型商家

(1) 衣:

/一念自在/爱上岁月的深度,喜欢禅衣茶服也正是喜欢那份静好

第一家亮相缤纷里的店是主营中式服装的"一念自在"。店主阮建军是一位住在泊恩郡的桃源民。这间50多平方米的小店,犹如一座迷你版的江南园林。店内的设计、装修、布置都由店主一手包办,我们在店里所能看到的一系列老物件,也都是他从自家老宅子里"救"回来的。极具年代感的物件:斗笠、蓑衣、长条凳,"00后"的小桃源民们,恐怕从来都没有见过。

店主说,他们欢迎所有桃源民去"一念自在",哪怕不买东西,坐下喝个茶聊聊天也是好的。在他看来,这种感觉就好像是在自家客厅里招待朋友一样,自在而且融洽。

/西束/你是我心中追寻的璀璨极光

暗夜星空中翩翩起舞的光之女神,真实的童话之境,还有什么比这更加美好?对美的向往如同对璀璨的极光的期盼,是每个爱美女性永恒的追求和梦想,这也正是西束品牌创立的初衷。西束主营潮流女装,结合欧韩时尚前沿,以经典、雅致、大气、舒适为宗旨,倡导属于现代都市女性时尚、自信的生活理念。

(2) 味:

/饭斗米/来自妈妈的味道

饭斗米的女店主是一位笑起来眼睛弯弯的漂亮妈妈,与自己的母亲和二姨一起经营着这家以糯米饭、炒粉干、鱼饼为特色的温州小食店。

糯米饭,最简单,也最难忘。聊到糯米饭配豆浆,温州人总是一脸的向往和乡愁。"FindMe",来自家乡味道的呼唤,就是饭斗米店名的由来。薄如蝉翼的馄饨皮,软糯饱满的糯米,为保证还原地道的温州味道,饭斗米坚持从温州当地选购食材。绝对新鲜,不添加任何色素和防腐剂是饭斗米的坚守。与所有疼爱宝宝的妈妈一样,店主希望每一个来饭斗米的孩子都能吃上干干净净、纯正健康的美食。

/家味水饺/唯有爱与美食不可辜负

作为店主的夫妻,一位是设计师,一位是摄影师。家味坚持食材一定用最好的,每天8点到店,店主都会亲自采购一天所用的新鲜蔬菜。水饺用的肉也是店主反复对比后,决

定不辞辛劳坚持每周凌晨3:00去东阳杀一头猪，并开车将猪肉带回杭州。"肉馅用的猪肉，肥瘦是有比例的。做肉馅时，瘦肉必须用手剁，才能保证口感的软糯和细腻。肉馅里绝对是不加鸡精和味精的。店里用的油都是从山姆超市采购"，饺子制作的每一个细节都体现了店主的认真与负责。

/ 总管渔村 / "老何"家的店

台州是店主"老何"的故乡。总管渔村为了保持最原始的美味，所有食材特地从台州进货。台州临海，有大量鲜美的鱼类，而且路程近，可以保持食材鲜美的口感。老何还特意跑去象山三顾茅庐请来了知名厨师坐镇总管；服务员也都是从星级酒店里面挑选出来的。总管渔村希望以全新的面貌，让每一位来品尝美食的顾客达到味蕾和身体的双重享受。

/ 小镇食堂 / 这些年一直与你相伴

桃源小镇的老业主都知道，自从落户小镇之后，除了过年，小镇食堂一直坚守在为桃源民服务的岗位上，即使是商业街改造，小镇食堂也排除万难，一直营业，只为那句"每天都有可口的饭菜等着业主们回家"的承诺。

2012年，小镇食堂的老板去日本旅游时，被日本干净、卫生、营养的分餐制打动，决心将这种健康的用餐方式带回国内。从开办至今，小镇食堂一直在追求膳食美味卫生的基础上，致力于营养与平衡，填补了餐饮管理服务的大空白。

/ 小镇部落 / 过不将就的生活，从吃好一点开始

2016年，年轻的合伙人创立了"阳光、朝气、绿色、健康"的"清晨餐饮"。清晨秉承厨祖烹饪之道，精心筛选原料、配方、特制秘方，以健康饮食为主题，烹制色香味俱全的美味佳肴，传承养生之道。

两年之后，小镇部落将继续延续"清晨"绿色理念落户缤纷里。如今，人们的生活节奏很快，忙碌、奋斗渐渐成为一种习惯，而忘却了生活的真谛。小镇部落希望如每天早上的第一缕阳光，带着朝气的生活态度，陪伴大家迎接每一天新的开始。

（3）娱：

/ 御坊堂 / 孝子亲则子孝，钦于人则众钦

御坊堂的店主是一位和蔼可亲的桃源民，店主选择御坊堂的初衷其实只是因为全家都有半个月修一次脚的习惯。为方便自己，更为了方便邻居特别是小镇的老人，能消除疲劳和解除伤痛，店主决定把御坊堂养生足浴落脚在小镇中。

考虑到一些老年人出行不便，御坊堂决定把修脚服务带到老人的家中。足不出户，让老人感受到来自子女般的温暖。店主不仅想将方便和健康带给小镇居民，更希望将爱心和孝心传承下去。

/ 战云台球馆 / 以球会友从此生活多了一抹色彩

台球是一项以年轻人为主的运动，战云是充满活力的年轻品牌。即将正式开业的台球馆令人眼前一亮，11张球桌都使用顶级的配件。店主骄傲地说："就球馆器材与配置来说，战云是周边最好的。"

外行看热闹，内行看门道。台球运动不仅是一项轻松愉快的休闲方式，其实是力与智的结合，更是一种思维的训练。会打球不难，打好球却不易。喜爱台球的桃源民们终于可以在小镇建立起自己的球友圈。以球会友，生活从此多了一抹色彩。

(4) 宿：

/ 桃源精选 / 你在市区订不到的酒店，我在家门口就住上了

好久不见的亲朋好友终于到访了。桃源民在开心的同时，是否烦恼过行程的安排？家中留宿不便，市区的酒店又太远。终于，家门口就有家文艺范十足的酒店梦已经实现了！

桃源精选的店主是位五星级酒店的设计师，所以21间房的设计既有民宿的味道又透着清新的文艺范儿。"一趟旅途中，若能遇到一家舒服的酒店，睡到一张醒来后像充满了电的床，通常都不会太糟。"灯光、床垫、花洒、枕头……你所想要的微妙舒适感，店主都已经考虑在内了。咖啡、果汁、中西式茶水、甜点，你没想到的下午茶，这里也有哟！

(5) 学：

/ 如鹿慕溪 / 教育是给孩子最好的礼物

如鹿慕溪&海伦钢琴音乐教室是一家位于桃源小镇的专业音乐培训机构。创始人翁老师发现，对于某些家庭来说，钢琴是孩子和音乐之间的一道坎。有的孩子学琴一两年后，觉得太枯燥不愿意再碰琴了。有的孩子虽然自己想学，奈何费用昂贵，就算咬牙买琴学琴，最后也被家长严苛的期待压垮。本该给孩子带来享受的音乐，却因为费用、方法等原因成为重担。一次偶然的机会，翁老师接触到芮卡轻松学音乐和艾茉森趣味钢琴课程。这不同于传统枯燥的一对一教学，而是配合互动游戏的小班化教学，让同龄的孩子们一起学习、游戏、成长。之后如鹿慕溪音乐教室又加入海伦钢琴教室的专业课程，形成一整套专业的教学体系。在教材方面采用《中国风钢琴入门教程》，让钢琴说中文，让孩子更理解。

七、运营服务篇

《论语》有云："春服既成，冠者五六人，童子六七人，浴乎沂，风乎舞雩，咏而归。"这是小镇文化的形象画面体现。缤纷里·壹号街以"耕读"为主题，也打造了一系列契合主题文化的运营服务，通过这些主运营服务，建立小镇生活的仪式感。

（一）仪式感活动

最具影响力的特色小镇项目无不是建立了独特的文化系统。阿那亚的社群情怀、拈花湾的心灵度假、田园东方的自然哲学、桃李春风的朋友欢悦、乌镇雅园的学院气息，这些响当当的项目，每一个无不是有着浓郁的文化气息。而作为小镇配套商业，也需要将这种文化气息植入，才能焕发出自己的生命力。

"缤纷不只陶潜诗，缤纷已成桃源景。"桃源小镇在打造过程中，形成了"春耕""冬祈"的小镇文化，缤纷里·壹号街同时也打造了专属特色活动，并且形成了每年定期的系列化，建立了文化上的仪式感：

(1) 开街仪式：冬祈大典亮相，名人大咖共同揭幕。

(2) 民谣音乐节：经典IP营造，缤纷音乐节。

(3) 小镇欢乐送：走出小镇，预演新零售，辐射大城西。

(4) 缤纷惠来：缤纷惠刊，一册在手游走缤纷里。

(5) 缤纷网红：缤纷网红，商家自主代言。

(6) 缤纷夜市：小镇电影节周周见，与业主跳蚤市场相聚。

(7) 缤纷剧场：桃源民大舞台，精彩汇聚。

（二）四季耕读，全龄人服务

（1）春耕生：邻里百家宴、青年 U-YOUNG 节、小镇植树节、春耕大典、风筝节。
（2）夏耕长：儿童海豚计划、奇妙社夏令营、小镇禅修堂、小镇国学堂、灯光秀。
（3）秋耕收：养生药膳、邻里运动会、文化艺术展、丰年庆、膏方节、长者服务。
（4）冬耕藏：冬祈大典、腊八节、元宵庙会、寻年味、冬令营、全家福摄影、小镇春晚。

（三）社群互动，拒绝城市病与中产焦虑

社群类型如图 10-8 所示。

颐乐学院	合唱社	腰鼓社	广场舞社	旅行社	乒乓球社	太极社	二胡社	桥牌社	摄影社
	健身舞社	公益社	瑜伽社	旗袍社	葫芦丝社	威风锣鼓社	诗社	舞蹈社	
年轻社团	篮球社	足球社	乐跑社	羽毛球社	顺风车社	健身社			
耕读馆	寻茶社	余英琴社	书法社	手工美术社	小小耕读社	文化艺术社	国画社	小小走秀社	

图 10-8　社群类型

八、总结

绿城·桃源小镇是中国城市耕读文化的小镇倡导者与践行者，凭借得天独厚的地理环境，倾力打造有山有水、有情有味的理想小镇。在优美的环境、宜人的居住条件之外，桃源小镇本着"晴耕雨读·一亩桃源"的目标，与万街商业的"让社区生活更美好"不谋而合，双方共同打造了"缤纷里·壹号街"，为桃源民提供高品质配套商业及服务。缤纷里·壹号街以约 32 000 m² 的服务体量，满足"桃源民"物质、情感、精神等多层次的需求，始创中国耕读文化体验式 BLOCK 街区。

一个成功的社区商业的打造，需要从定位包装、招商工作、市场推广、运营管理等全程各链接的无缝衔接，才能实现商业的完美绽放，才能呈现缤纷里·壹号街"市列珠玑，户盛罗绮，怡然自乐"的桃花源情境。

人是在生活里，不应在商业里。
人不是消费者，人应是生活者。
人不是单独调，人应是缤纷聚。

> **思考题**
>
> 1. 特色小镇的社区商业操盘面临哪些难点？
> 2. 如何将一个商业的主题定位全面融入项目的各个层面？
> 3. 如何将招商运营更好地进行有机的结合，为居民提供品质服务？